宋代文化研究

四川大學古籍整理研究所
四川大學宋代文化研究中心 編

朱子學專輯
第三十一輯

上海古籍出版社

圖書在版編目(CIP)數據

宋代文化研究. 第三十一輯 / 四川大學古籍整理研究所,四川大學宋代文化研究中心編. —上海：上海古籍出版社，2023.12
　ISBN 978-7-5732-1056-2

Ⅰ. ①宋… Ⅱ. ①四… ②四… Ⅲ. ①文化史－研究－中國－宋代　Ⅳ. ①K244.03

中國國家版本館CIP數據核字(2024)第062395號

宋代文化研究

（第三十一輯：朱子學專輯）
四川大學古籍整理研究所
四川大學宋代文化研究中心　編
上海古籍出版社出版發行
（上海市閔行區號景路159弄1-5號A座5F　郵政編碼201101）
（1）網址：www.guji.com.cn
（2）E-mail: guji1@guji.com.cn
（3）易文網網址：www.ewen.co
上海惠敦印務科技有限公司印刷
開本 700×1000　1/16　印張20　插頁4　字數317,000
2023年12月第1版　2023年12月第1次印刷
ISBN 978-7-5732-1056-2
B·1376　定價：98.00元
如有質量問題，請與承印公司聯繫

顧　　問（以姓氏筆畫爲序）
　　　　　三浦國雄　王水照　朱瑞熙　安平秋
　　　　　曾棗莊　鄧小南　劉　琳　龔延明
主　　編　郭　齊　尹　波
執行主編　陳希豐
編　　委（以姓氏筆畫爲序）
　　　　　刁忠民　王兆鵬　王智勇　王瑞來
　　　　　尹　波　李文澤　吳洪澤　周裕鍇
　　　　　曹家齊　郭　齊　陳廣宏　彭　華
　　　　　粟品孝　舒大剛　楊世文　劉復生

著作權使用聲明

　　本刊已許可中國知網（《中國學術期刊（光碟版）》電子雜誌社）以數字化方式複製、彙編、發行、信息網絡傳播本刊全文。該社著作權使用費將合併本刊稿酬一起支付。作者向本刊提交文章發表之行爲，即視爲同意上述聲明。

編者按：本專輯的十五篇論文，大部分爲 2023 年 7 月 1 日四川大學主辦的"歷史視域下的朱熹研究"高端論壇中學者的與會論文或會議發言稿的修訂稿，特此説明與致謝。

目　録

—朱子思想研究—

論朱子學"未發之前氣不用事"的思想 ……………………………… 陳　來　1

朱熹哲學之心論非心本論心學 …………………………… 蔡方鹿　肖裕傑　20

—朱子學史研究—

朱子學何以會成爲宋元以後的儒學主流 ……………………………… 王瑞來　34

南宋慶元黨禁後寧宗期對朱子學的接受 ……………………………… 徐公喜　49

宋元諸儒對朱熹《春秋》學的繼承與修正 …………………………… 張尚英　66

—朱子學文獻研究—

深度整理：朱子學文獻建設的一個方嚮 …………………… 尹　波　郭　齊　88

《朱子語類》與朱子學 ………………………………………………… 趙金剛　100

《書翰文稿》雜議 ……………………………………………………… 楊　燕　118

—海外朱子學研究—

宋代道學演變：三個美國漢學家的再思考 …………………………… 田　浩　138

日本接受朱子學的一個側面
　　——以《朱子語類》爲中心 ……………………………………… 三浦國雄　149

朱熹文集在日本的保存和研究情況 ………………………………… 市來津由彦　165

―宋儒與理學研究―

"宇宙間精妙之書"爲何滑向"村塾學究"之蒙書
　　——程若庸《增廣性理字訓》版本演變考論及其反思 ………… 許家星　191
《濂溪志》編纂的由來及其體例變遷 ………………………… 粟品孝　213
宋儒劉彝行實編年輯考 ………………………………………… 謝繼帥　238

―述　評―

漸入佳境：近百年張栻研究述要 ……………………… 楊世文　文建剛　287

《宋代文化研究》稿約 ……………………………………………………… 312

Contents

On the Idea of "the Chi That has not Aroused is not Effective" in
the Learning of Zhu Xi ·············· Chen Lai　1

The Discussion of Mind in Zhu Xi's Philosophy does not Fall into
the Study of Mind ·············· Cai Fanglu and Xiao Yujie　20

How Does the Learning of Zhu Xi Become the Mainstream of
Confucianism after Song and Yuan Dynasty ·········· Wang Ruilai　34

The Acceptance of the Learning of Zhu Xi during Lizong's Period
after the Qingyuan Proscription ·············· Xu Gongxi　49

The Inheritance and Revision on Zhu Xi's Study on *Chunqiu* by
Song-Yuan Confucius Scholars ·············· Zhang Shangying　66

Collation in Depth: An Approach on the Archival Development
of the Learning of Zhuxi ·············· Yin Bo and Guo Qi　88

Zhuzi yulei（朱子語類）and the Learning of Zhu Xi ······ Zhao Jingang　100

Discussions on *Shuhan wengao*（書翰文稿）·············· Yang Yan　118

The Evolution of Song-era Daoxue: Reflections of Three American
Sinologists ·············· Hoyt Cleveland Tillman　138

An Aspect of the Acceptance of the Learning of Zhuzi in Japan—
Centered on *Zhuzi yulei*（朱子語類）·············· Miura Kunio　149

The Preserving and Research Conditions of the Collected Works
　　of Zhuxi in Japan ·················· Ichiki Tsuyuhiko　165
How does a Universally Exquisite Books Descend to an Elementary
　　School Book: a Study and Reflection on the Printing of Cheng
　　Ruoyong's *Zengguang xingli zixun*（增廣性理字訓）
　　··· Xu Jiaxing　191
The Origin of the Compilation of Lianxi Gazetteer（濂溪志）and Its
　　Style Changes ························· Su Pinxiao　213
A Chronological Compilation of the life of Song Confucian Liu Yi
　　··· Xie Jishuai　238
Into a Better Circumstance: Summarizing the Study of Zhang Shi for
　　the Recent a Hundred Years ········ Yang Shiwen and Wen Jiangang　287

論朱子學"未發之前氣不用事"的思想

清華大學國學院　陳來

摘　要：南宋真德秀《西山讀書記》記載了朱子回答黃榦的"未發之前，氣不用事，所以有善而無惡"一語，這提出了氣質之性與已發未發的關係問題，對後世的朱子學發展產生了深遠影響。後世朱子學者有將朱子答語理解爲對天地之性的肯定的看法，我們稱之爲"天地之性派"；而不同意朱子這種看法，強調未發是氣質之性，不全爲善的學者，我們則稱之爲"氣質之性派"。此外，這一問題還深刻地影響了朝鮮儒學對於理發氣發問題的論辯與思考。"未發之前氣不用事"是朱子本人較少討論的問題，却成爲後來朱子學研究所關注的重要問題，這需要在整體的朱子學中才能得到表達。

關鍵詞：朱子學；未發之前；氣質之性；韓國儒學

一

朱子在乾道年間，因早期受李侗的影響，及李侗死後受湖湘學的影響，集中思考"未發已發"的問題，而在乾道五年(1169)最後確定了他的以伊川思想爲基礎的已發未發説。在這一時期朱子有關已發未發的思考中，並未出現"氣"對已發未發的影響的討論。

但其晚年，由於"氣質之性"觀念的確立，在有關"未發"的討論中，"氣"的觀念成爲討論中的一個要素。南宋真德秀《西山讀書記》卷二論氣質之性條，先列"張子曰：形而後有氣質之性，善反之則天地之性存焉，故氣質之性，君子有弗性者焉"。然後附載了龜山楊氏曰、朱子曰數條，最後附朱子的高第弟子黃榦論性的一段問答式文字，其中引述了朱子晚年的一個看法。這段文字是：

> 勉齋黃氏曰：自孟子言性善，而荀卿言性惡，揚雄言善惡混，韓文公言性有三品。及至橫渠張子，又分爲天地之性、氣質之性，然後諸子之説始定。……蓋自其理而言之，不雜乎氣質而爲言，則是天地賦與萬物之本然者，而寓乎氣質之中也。故其言曰："善反之，則天地之性存焉。"蓋謂天地之性未嘗離乎氣質之中也。而其以天地爲言，特指其純粹至善，乃天地賦予之本然也。曰："形而後有氣質之性，而有善惡之不同，何也？"曰：氣有偏正，則所受之理隨而偏正；氣有昏明，則所受之理隨而昏明。木之氣盛，則金之氣衰，故仁常多而義常少。金之氣盛，則木之氣衰，故義常多而仁常少。若此者，氣質之性有善惡也。曰："既言氣質之性有善惡，則不復有天地之性矣，子思子又有未發之中，何也？"曰：性固爲氣質所雜矣，然方其未發也，此心湛然，物欲不生，則氣雖偏而理自正，氣雖昏而理自明，氣雖有贏乏而理則無勝負。及其感物而動，則或氣動而理隨之，或理動而氣挾之，由是至善之理聽命於氣，善惡由之而判矣。此未發之前，天地之性粹然至善，而子思所謂中也。《記》曰："人生而靜，天之性也。"程子曰："其本也真而靜，其未發也五性具焉。"則理固有寂感，而靜則其本也，動則有萬變之不同焉。嘗以是質之先師，答曰："未發之前，氣不用事，所以有善而無惡。"至哉此言也！①

照這個材料，朱子的女婿黃榦（勉齋）從張載提出天地之性、氣質之性說起，對張載論性的各種說法用朱子思想做了詮釋。針對有人認爲"氣質之性"的概念提出後，"天地之性"和"未發之中"應該不存在了，黃榦提出，未發之前，天地之性粹然至善，這就是未發之中，並引用了《禮記·樂記》和二程的説法作爲證

---

① ［宋］真德秀：《西山讀書記》卷二《氣質之性》，《景印文淵閣四庫全書》第705册，臺北：商務印書館，1986年，第46—47頁。

明。這是以未發之前有天地之性,來確認未發之前有未發之中。爲了這個討論,他特地請教朱子,朱子的回答是"未發之前,有善無惡",這一回答否定了那種以氣質之性而否定未發之中的看法。特別是,朱子對未發時何以有善無惡的解釋是,因爲未發時"氣未用事",即氣尚未發生作用。這也意味著,"未發"一定是氣未用事的狀態,而"已發"則是氣已用事的狀態。這樣一來,氣的用事與否就可以成爲界說未已發的一個基本要素。這整段論述應是朱黃二人對話的原生脈絡。

這個對話,特別是朱子的答語,在後來的朱子學史上發生了久遠的影響。爲了研究的方便,這段文字我命之爲《勉齋論性説》。

朱子回答黃榦論性的這段話,不見於《朱子文集》《朱子語類》,也不見於黃榦的文集,但在宋元明清時代,廣泛見於朱子學的相關文獻,如《性理羣書》《近思録集解》等。今人常見的《宋元學案》"橫渠學案"上在張載"形而後有氣質之性,善反之則天地之性存焉,故氣質之性,君子有弗性者焉"下也附載了黃榦的這一整段文字:

> 勉齋黃氏曰:自孟子言性善……(中略)曰:既言氣質之性有善惡,則不復有天地之性矣。子思又有未發之中,何也? 曰:性固爲氣質所雜矣,然方其未發也,此心湛然,物欲不生,則氣雖偏而理自正,氣雖昏而理自明,氣雖有贏之而理則無勝負。及其感物而動,則或氣動而理隨之,或理動而氣挾之,由是至善之理聽命於氣,善惡由之而判矣。此未發之前,天地之性粹然至善,而子思所謂中也。《記》曰人生而靜,天之性也,程子曰其本也真而靜,其未發也五性具焉,則理固有寂感,而靜則其本也,動則有萬變之不同焉。愚嘗以是而質之先師矣,答曰:未發之前,氣不用事,所以有善而無惡。至哉此言也。①

可見《宋元學案》所述與真德秀記述的朱黃問答是一致的。張載的原話是關於氣質之性的討論,黃榦的文字也是與氣質之性有關的討論,所以《宋元學案》的編者亦將之附列在張載的論述之下。《宋元學案》的編者有可能是從真德秀的

---

① [清]黃宗羲原著,[清]全祖望補修,陳金生、梁運華點校:《宋元學案·橫渠學案》,北京:中華書局,1986年,第694—695頁。

書中抄錄了黃榦的這段文字。當然,自從明代《性理大全》卷五載錄了這段問答後,其流行更加廣泛,《學案》也可能取自《性理大全》。

元代劉因《四書集義精要》:

> 黃榦問:性既爲氣質所雜矣,而未發之中若何? 曰:未發之前,氣不用事,所以有善而無惡。①

劉因《精要》所載朱子答黃榦語,與真德秀書所記一致;但略去了黃榦論未發的一大段,而把提問直接連接至朱子的答語。照劉因所錄,黃榦的問題是,如果性受到氣質的影響,那麽未發之中還會是善嗎?朱子回答說,未發是善,因爲氣此時不發生作用。這樣一來,氣(及氣質之性)對"未發之中"有無影響,便成了這一對話中的核心問題。事實上,這裏的提問在真德秀《讀書記》中並非黃榦提出的問題,而是黃榦學生所提的問題。很明顯,劉因所錄,是一個簡化的版本,但也確實把問題突出了,這個問題換句話說,就是確認人性有氣質之性後,人還有未發之中嗎? 或在何種意義上承認未發之中? 未發是純善無惡嗎? 從另外一個角度說,氣未用事時不影響心,但此時氣對性有無影響? 氣質之性在未發時對心有無影響?

根據我們以往對朱子哲學的研究,朱子有關已發未發的討論,有兩個意義:一個是性情的已發未發,一個是未發時心和已發之心。② 從而在朱子思想中,"未發之中"可有二義:一是指性(即天命之性),二是未發之心。在朱黃問答這裏顯然有一個問題,朱子在此處所說的未發之前(以及未發之中),是指心還是指性? 朱子所針對的問題,是氣對性的影響,還是氣對心的影響? 照真德秀所錄,黃榦論性說是因氣質之性之說而起,故其所說未發之前應是指性而言;但黃榦開始所說的"方其未發也,此心湛然",又應是指未發時心。所以,面對這個問題,朱子哲學的處理必然不可能是單一的。黃榦所述的解決方式是:既承認氣質對性有影響,從而確認氣質之性的概念;同時又認爲未發時心不受氣的影響,是未發之中,因爲未發時氣尚未對心發生作用。如果從體用的角度看,"氣未用事"應是一個作用層面的問題。氣質之性是一個屬於"體"的層面

---

① [元]劉因:《四書集義精要》卷二四《論語二十》,《景印文淵閣四庫全書》第 202 册,第 291 頁。
② 陳來:《朱子哲學研究》,北京:生活·讀書·新知三聯書店,2010 年,第 209 頁。

的問題,心是屬於用的層面(不考慮心統性情的模式),所以"氣未用事"應該是就心而言的,指氣未對心發生影響的内心狀態。因爲,氣質之性的概念本身就是確認了氣對性的先天影響,不可能是"氣未用事"的。而且,從性善論的立場看,性之本善與氣的用事與否無關。所以氣不用事應是針對未發之心而言的。

歷史上多數學者還是把朱子與黄榦的討論視爲性善論的一種討論,把朱子"氣未用事"的說法僅當成對性善的辯護。如明代丘濬認爲:

> 未發之前,氣不用事,所以有善而無惡。性善故人皆可爲堯舜,必稱堯舜所以驗性善之實。①

《朱子學的》所載,雖然未指爲朱子答黄榦語,但其來自答黄榦語無疑。"有善無惡"一句後面所接的一段,應非朱子答黄榦問未發語,是編者將朱子另外一句論性善者與之並列,此句原見於《朱子語類》卷五十五。並列的原由,應是認爲朱黄問答是論性所以善而無惡,與孟子性善論的思想是一致的。於是就出現了兩種解讀:這種把朱子答語看作是對天地之性的肯定的看法,我們稱之爲"天地之性派"。若不同意朱子這種看法,強調未發是氣質之性,不全爲善,我們稱之爲"氣質之性派"。

二

前面舉列的是有關朱黄問答的一些文本,及提出一些其中包含的問題。

事實上,黄榦記載的這一問答,在理學史上引起過不少討論。據明人張九韶《理學類編》:

> 雙峰饒氏曰:朱子嘗與勉齋言,喜怒哀樂未發之時氣不用事。蓋此時惡自沈在下面,善之本體呈露。少焉接物便打動了性。譬之水,方其澄静之時,清底在上,濁底在下,少間流出,清底先出來,流來流去,濁底亦隨後出。但聖人純是清底,聖人以下則有清多底,有濁

---

① [明]丘濬輯:《朱子學的》卷下,《四庫全書存目叢書》子部第6册影印明正德刻本,濟南:齊魯書社,1996年,第551頁。

多底,清多者便是氣質之美。①

饒魯生活在南宋末,是黃榦的學生,他承接這個討論是很自然的。在他看來,七情未發時,氣未發生作用,此時不是没有惡,而是惡沈在心的下面,只有善呈露於外。待到心與外物接觸,性動情發,善念流出,惡念亦流出。惡念便是以氣質爲根源而造成的。有惡的性原來在心的下面,當人心與物相接後,氣質的作用就造成了惡念。"惡沈在下面"這句話,合理的解釋應是指沈在心的下面;沈在心的下面,就應該是指氣質之性(因爲天地之性無惡)。但是,這一惡在心底説,認爲未發時有惡根存在,雖不悖於氣質之性之説,然而與朱子答黃榦的未發無惡説,是並不一致的。這可以説屬於氣質之性派。

明代朱子學者胡居仁《居業録》曰:

> 黃勉齋言,性雖爲氣質所雜,然其未發也,此心湛然,物欲不生,氣雖偏而理自正,以釋子思未發之中。又引朱子未發之前氣不用事爲證,竊恐誤也。夫偏濁之人未發之前已失其中,故已發不能和。②

照胡居仁的理解,朱黃的對話中,黃榦的主張是性雖雜氣質,但未發時此心湛然,没有物欲産生,氣没有影響到理,即氣没有影響到未發之中。但黃榦這個觀點是胡居仁所不讚成的,他也不讚成黃榦用朱子的話作爲對自己的支持。同時,他理解黃榦的著眼點是未發時心,而不是性。胡居仁主張,不能説任何人任何時候的未發之心都是中,不善的人在静時的意識狀態雖屬未發,但已經氣昏理塞,故其心不是中,而是有所偏倚。也就是説,不善之人未發時雖然氣未用事,但已經氣昏理塞,不是中了。③ 這種未發不中説是集中於未發之心,但在人性論立場上也可歸於氣質之性派。他提及的理氣偏正説,在心性論的分析上,對後來的討論也起了深化的作用。

上節曾引劉因的簡化版,類似的簡化版後來也常有出現。清人陳沆《近思録補注》:

> 此未發之前,天地之性,純粹至善,而子思之所謂中也。愚嘗以

---

① [明]張九韶:《理學類編》卷七《性命》,《景印文淵閣四庫全書》第709册,第824頁。
② [明]胡居仁:《居業録》卷八《經傳第八》,《景印文淵閣四庫全書》第714册,第77頁。
③ 陳來:《宋明理學》,北京:生活·讀書·新知三聯書店,2010年,第260頁。

是質之先師矣,曰未發之前,氣不用事,所以有善而無惡。至哉此言也。①

這裏所録黃榦的話,略去了其引述《禮記》和二程的部分,直接把黃榦論未發的一句與朱子答語連接到一起。

顧九錫《經濟類考約編》:

> 氣質之性有善惡也,然而未發之前氣不用事,粹然有善無惡,此子思所謂中也。②

這裏把氣質之性的善惡直接連接到朱子答黃榦語的討論,當然是過於簡化,但也是有意義的。因爲,據本文前引真德秀所録及《宋元學案》所録,這一討論本來就是因氣質之性的問題所引起的。

清熊賜履《下學堂劄記》:

> 性中豈有兩物對立而並行也哉?又曰:性即理也一語,自孔子後,惟伊川説得盡,擷撲不破。性即天理,那得有惡?又曰:未發之前氣不用事,所以有善而無惡。二程發揮孟子性善之旨,朱子發揮二程之言以發揮孟子性善之旨,可謂至矣盡矣。數百年而後猶有持無善無惡之説以惑世,反詆前賢爲非是者,豈不大可笑哉。③

這也是把朱子答黃榦的話理解爲發揮二程的性善思想,並用以反對王學無善無惡之説。

清應撝謙《性理大中》:

> 撝謙曰:皆是祖伊川性即理也之説。陽明不喜考亭,至言性亦曰性之體即天理。蓋性至難言,見得己性分明,天地萬物之性一以貫之矣。又曰:未發以前氣不用事,故有善而無惡。撝謙曰:未發以前氣不用事,獨不曰理亦不用事乎?未發只是渾然一氣,亦是渾然一

---

① [清]陳沆:《近思録補注》卷二,《續修四庫全書》第 934 册影印清稿本,上海:上海古籍出版社,2002 年,第 740 頁。
② [清]顧九錫:《經濟類考約編》卷上,清康熙刻本。
③ [清]熊賜履:《下學堂劄記》卷一,《續修四庫全書》第 947 册影印清康熙刻本,第 159 頁。

理,若以未發爲理,已發爲氣,失之遠矣。①

此説不像上述多數朱子學者只是稱引朱子答黄榦語,而是提出問題。他質疑朱子此説,認爲如果説未發之前"氣"不用事,那麽未發之前"理"也應當不用事,這實質上是否認朱子理學性發爲情的思想。由此,他也反對"未發爲理,已發爲氣"的思想,這一説法雖然不是直接來自朱子,但屬於朱子學則無疑。他主張未發是渾然一氣,也是渾然一理,反對用理、氣來分别未發、已發,這個思想就走向理氣合一論了。

清汪紱《理學逢源》:

> 才即知覺運動,所謂生之謂性也。有是性即有是才,性是主帥,才其卒徒,是性之所具也。性之本體渾是理,氣不用事,性發而爲情則才實奉而行之。②

理(性)發爲情的過程中,氣不用事則順。這便涉及朝鮮時代大講特講的理發氣發的問題了。事實上,黄榦的論性説中已經提氣動理隨、理動氣挾的問題了。所以朝鮮時代的理發氣發論也會聯繫到黄榦的這些説法。

當然,堅持朱子答黄榦語的思想,還是正統朱子學家的立場,如張伯行《濂洛關閩書》:

> 朱子曰:未發之前氣不用事,所以有善而無惡。喜怒哀樂情也,其未發以前則性也。性故有善而無惡,然其所以有善而無惡者,以氣不用事故耳。若氣則不能無善惡之分矣。③

張伯行沿著朱子的思路,明確認爲未發即性,性有善無惡。本來,從孟子的立場看,應該説性之善與氣無關,與氣有關者應是心。但自從宋代氣質之性的思想出現後,就有了新的問題:如果氣質之性也是性,却是有善有惡的,那麽,能不能説有一種未發是指氣質之性,從而未發就不是善而無惡的? 氣質之性派

---

① [清]應撝謙:《性理大中》卷一〇,《續修四庫全書》第 949 册影印清康熙刻本,第 609—610 頁。
② [清]汪紱:《理學逢源》卷一内篇,《續修四庫全書》第 947 册影印清道光十八年敬業堂刻本,第 215 頁。
③ [清]張伯行輯注:《濂洛關閩書》卷一三《健順章句下》,《四庫存目叢書》子部第 24 册影印清同治重刻正誼堂全書本,第 430 頁。

便是肯定這一點的。

在北宋以前,如果天地之性就是孟子的性善之性,那麼未發之中即是性善之性。自從氣質之性的觀念提出後,未發之中究竟何所指？是不是還是專指天地之性,就成了需要辨析的問題。可惜,朱子本人並没有給予明確回答。

在《朱子哲學研究》中我們曾指出,按照朱熹哲學,"性發爲情,情根於性"這個理論,若特殊地看,即四德與四端相對應,固可自圓其説。然而人總還有發而不善的情感念慮,這些情究竟是否也發自本然之性？如果説這些情也是四德之性所發,則善之性發爲不善之情,體用便無法一致,這顯然是一個很大的矛盾。解決矛盾的出路之一是狹義地理解性之已發的情,即認爲《中庸章句》講的喜怒哀樂實際上只是指四端,並非説一切七情皆爲性理之發。出路之二是四端七情分理氣,朱熹曾説:"四端是理之發,七情是氣之發。"①實際上,還有一條出路,即如果廣義地把情理解爲一切情,則未發之性就不能是仁義禮智本然之性,而應當是氣質之性。因爲朱熹哲學中的氣質之性既體現有理的作用又體現有氣的作用,氣質之性有善有惡,從這裏才能使體用一致,不過這又是朱熹不曾説過的。《語類》有一條"喜怒哀樂未發之時只是渾然,所謂氣質之性亦皆在其中,至於喜怒哀樂却只是情"②,似略有此意。③ 如本節前面所述,朱子不曾明確説過的,在朱子之後的朱子學中開始論説了,從而使得未發的討論得到進一步展開。

三

黄榦所引朱子語作"未發之前氣不用事",而在後來的討論中,也往往被述爲"未發之前氣未用事",古人引用前人觀點,本來就不嚴密,不過這兩種表達基本上是没有差别的。然而,不管用哪種表述,具體的理解和詮釋可以不同,自己借用來闡發的觀點仍可不同。如對"未發"從性去理解是主性派,而對"未發"從心去理解是主心派。主心派有主張未發爲中者,亦有主張未發不中者。

---

① [宋]黎靖德編,王星賢點校:《朱子語類》卷五三,北京:中華書局,1986年,第1297頁,輔廣録。
② [宋]黎靖德編,王星賢點校:《朱子語類》卷四,第64頁,黄㽔録。
③ 陳來:《朱子哲學研究》,第246頁。

未發從性去理解亦分爲二,以未發指天地之性爲天地之性派,以未發是氣質之性爲氣質之性派。氣質之性派往往持未發不中説,而天地之性派往往持未發之中説。對朱子後學來説,困難在於,事實上,這些觀點各自都能在朱子語錄中找到根據。

這裏我們梳理一下"氣未用事"的論述。先來看《四書大全》中的兩條材料:

> 徽庵程氏曰:"未發之前氣未用事,心之本體不待正而後正。發而中節則心之用無不正,亦不待正之而後正。夫有不正而後正,心體靜而未發,何待於正乎。惟此心之用發不中節,始有不正而待於正耳。"①

這是説,未發之前是心之體,已發之後是心之用。未發之前心體既正且靜,無須正心功夫。他把"氣未用事"解釋爲"心體靜而未發"。這種觀點不説未發是性,而説未發之前是心之本體,還是屬於主心派,持未發爲中説。

> 勿齋程氏曰:人生而靜,氣未用事,未有人與道之分,但謂之心而已。感物而動,始有人心道心之分焉。精一執中皆是動時工夫。②

這裏以"人生而靜氣未用事"指心,即未發之心,認爲心在此時尚無人心道心之分。這個看法也是主心派的理解與運用。

明代薛瑄説:

> 無極而太極,氣未用事,故純粹至善而無惡,及動而生陽、靜而生陰,則善惡分矣。③

薛瑄這裏討論的是太極陰陽問題,不是已發未發問題,但他的論述説明當時的朱子學者已經把"氣不用事"當成理學固有語彙,使用於各種場合,可見朱子答黃榦此語在朱子學中被熟悉的程度。

薛瑄又説:

---

① [明]胡廣等編:《四書大全·大學或問》,《景印文淵閣四庫全書》第205册,第86頁。
② [明]胡廣等編:《四書大全·中庸章句序》,《景印文淵閣四庫全書》第205册,第868頁。
③ [明]薛瑄:《讀書録》卷二,《景印文淵閣四庫全書》第711册,第570頁。

> 心統性之静,氣未用事,心正則性亦善。心統情之動,氣已用事,心正則情亦正,心有不正則情亦不正矣。①

薛瑄以性静情動爲基本觀點,從而主張把心統性情分析爲心統性和心統情,又進而把心統性説爲心統性之静,把心統情説爲心統情之動。然後主張性之静時氣未用事,此時心正,而性善;情之動時氣已用事,此時心正則情亦正。看他所説,性静而氣未用事時,心是正的,不會不正。情動而氣已用事時,心可能正,也可能不正;心正則情善,心不正則情亦不正。這種觀點不管氣的用事與否,心之統攝的作用是主導的,重點仍落在心上,持未發心正説,亦屬主心派。②

明代魏校撰《莊渠遺書》:

> 或曰:人生而静,氣未用事,其性渾然至善。感於物而動,氣得用事,故其情有善有不善。曰:如是則體用二原矣。性善情亦善,静時性被氣稟夾雜,先藏了不善之根,故動時情被物欲污染。不善之萌芽纔發,存養於静默,消其不善之根;省察於動,纔覺不善之萌芽,便與鋤治。積習久之,本體渾然是善,發用處亦粹然無惡矣。一理散爲萬事,常存此心則全體渾然在此,而又隨事精察力行之,則其用燦然各有著落。③

或曰的説法,是認爲所謂氣未用事的人生而静,是指本性,而性是至善的;氣得用事是指心感物而發動爲情,情則有善有惡。這種説法中預設了一種性情體用關係。魏校則認爲若主張性善而情有不善,這種觀點的體用未能一致,其意以爲,若情有不善,必是性中有不善之根,此不善之根來自氣稟對性的夾雜;只有通過動静功夫的長久積習,化除了氣稟夾雜,性之本體才能渾然是善,發用

---

① [明]薛瑄:《讀書續録》卷八,《景印文淵閣四庫全書》第711册,第802頁。
② 拙著《宋明理學》在論述薛瑄時指出:"這裏的'氣未用事'和'氣已用事',接近於未發和已發的範疇。"(第254頁)
③ [明]魏校:《莊渠遺書》卷五,《景印文淵閣四庫全書》第1267册,第796頁。《明儒學案》亦録此段,但最後二句標點有誤,其作:或曰:"人生而静,氣未用事,其性渾然至善;感於物而動,氣得用事,故其情有善有不善。"曰:"如是則體用二原矣。性善情亦善,静時性被氣稟夾雜,先藏了不善之根,故動時情被物欲污染。不善之萌芽纔發,存養於静默,消其不善之根;省察於動,纔覺不善之萌芽,便與鋤治,積集久之,本體渾然,是善發用處,亦粹然無惡矣。"[清]黄宗羲、沈芝盈點校:《明儒學案·崇仁學案三·體仁説》,北京:中華書局,2008年,第51—52頁。

的情也粹然無惡了。這個觀點與饒魯惡沈在下面的說法接近,而用根子的概念把問題表達得更清楚,屬於氣質之性派。

清李光地撰《榕村語錄》:

> 在人之性即所以爲人之理,則在天之理即天所以爲天之性,性也理也,一而不二,故原其所自來,則粹然至善而不雜矣。當其寂而無感之先,氣未用事,所謂人生而靜天之性也,亦何不善之有。惟發不中節,然後有惡,是善其本然,惡其後至,故曰謂之惡者本非惡,但或過或不及便如此。①

李光地也認爲,作爲性理的源頭,氣未用事時人生而靜的天性,有善無惡。已發而不中節,才産生了惡,所以善是本然的,惡是後至的。這是主張未發之性是本然純善,已發才有惡,而惡的本質是過或不及。這屬於天地之性派。

四

清初朱子學家陸隴其《三魚堂日記》:

> 既又思之,朱子言心之未發如鑑空衡平、無正不正之可言;又曰未發之前氣不用事,若與此不同,何故?曰:朱子所言是就無病之人說,無病之人只怕得發時生作;若有病根潛伏,則當其未發便叫不得無偏倚。②

這是把朱子《大學或問》中論物之未感時的心體,當作論心之未發,與朱黄答問中的"未發"之說相對比。這裏所說的若有病根未發便不是中,與王陽明的思想一致。③ 與前述饒魯之說亦接近,持未發有不中說。

清王澍《大學困學錄》:

> 故當其未感之時,氣不用事,鑑空衡平之體,至靜至虛,雖在常人

---

① 〔清〕李光地:《榕村語錄》卷一八,《景印文淵閣四庫全書》第 725 册,第 277 頁。
② 〔清〕陸隴其:《三魚堂日記》卷五,《續修四庫全書》第 559 册,影印清同治九年浙江書局刻本,第 518 頁。
③ 參陳來:《有無之境——王陽明哲學的精神》,北京:生活・讀書・新知三聯書店,2009 年,第 80 頁。

亦無得失之可議。及感於物,而能如其心之本然者而出,雖須臾之頃,纖芥之微,亦未嘗少違其天則焉,則鑑空衡平之用,流行不滯,正大光明,亦何不得其正之有哉。①

這裏也是用《大學或問》中的鑑空衡平心體,作爲未感未發時的本心,並以之爲氣不用事的狀態,認爲未發之心無善惡無得失。

如上面所顯示的,朱黄問答,涉及朱子在《大學或問》中對心體的一段描述。《大學或問》説:

> 人之一心,湛然虛明,如鑑之空,如衡之平,以爲一身之主者,固其真體之本然,而喜怒憂懼,隨感而應,妍媸俯仰,因物賦形者,亦其用之所不能無者也。故其未感之時,至虛至靜,所謂鑑空衡平之體,雖鬼神有不得窺其際者,固無得失之可議;及其感物之際,而所應者,又皆中節,則其鑑空衡平之用,流行不滯,正大光明,是乃所以爲天下之達道,亦何不得其正之有哉?唯其事物之來,有所不察,應之既或不能無失,且又不能不與俱往,則其喜怒憂懼必有動乎中者,而此心之用始有不得其正者耳。②

這段論述因集中在《大學》的知識論表達上,所以只講"虛明",而没有提及"善惡"。雖然没有提及善惡,但從這段論述來看,亦可比照朱子答黄榦語,瞭解其觀念。從其中"其未感之時,至虛至靜,所謂鑑空衡平之體","及其感物之際,而所應者,又皆中節",可知所謂"未感之時"即朱子答黄榦所說的"未發之前","其感物之際"當然就是指已發而言。可見這裏確實談到未發已發的問題。所以朱子在《大學或問》中説未發之時心體至虛至靜,如鑑空衡平,這雖然是從知識論出發的論述,其實與朱子答黄榦"未發之前,有善無惡"是相當的。但是這裏朱子並未提到氣對未發的影響。朱子這裏講的未感之時的體,是指心之本體,而不是性,强調未發之心無得失,這是主心的一種講法。

朱熹《答黄子耕》書論修改這一段或問説:

---

① 〔清〕王澍:《大學困學録·傳七章》,《四庫存目叢書》經部第 173 册影印清乾隆二年刻積書岩六種本,第 543 頁。

② 〔明〕胡廣等編:《四書大全·大學或問》,《景印文淵閣四庫全書》第 205 册,第 85—86 頁。

> 人之心,湛然虛明,以爲一身之主者,固其本體。而喜怒憂懼隨感而應者,亦其用之所不能無者也。然必知至意誠,無所私係,然後物之未感,則此心之體寂然不動,如鑑之空、如衡之平。物之既感,則其妍媸高下,隨物以應,皆因彼之自爾,而我無所與。此心之體用所以常得其正,而能爲一身之主也。①

可見朱子淳熙中修改《大學或問》時的關注點,是未發之心的鑑空衡平雖然是心的本體,但如果沒有知至意誠的功夫,本體的狀態就難以保持。而不是說未發的鑑空衡平,是氣不用事的條件下得以保持的。前者強調功夫,後者強調禀賦。但朱子後學一般認爲,《大學或問》這裏講物之未感,心體湛然虛靜,如鑑空衡平,是肯定未發之中的。朱子後學討論未發問題時都以《大學或問》這一段爲重要依據。

清人陸隴其《松陽講義》中討論了《大學或問》的這個表述:

> 朱子《或問》言之甚詳。曰:"人之一心湛然虛明,如鑑之空如,衡之平,以爲一身之主者,固其真體之本然。而喜怒憂懼隨感而應,妍媸俯仰因物賦形者,亦其用之所不能無者也。故其未感之時,至虛至靜,所謂鑑空衡平之體,雖鬼神有不得窺其際者,固無得失之可議,其感物之際,而所應者又皆中節,則其鑑空衡平之用,流行不滯,正大光明,是乃所以爲天下之達道,亦何不得其正之有哉。"此是先解"正"字。又曰:"惟其事物之來有所不察,應之既或不能無失,且又不能不與俱往,則其喜怒憂懼必有動乎中者,而此心之用始有不得其正者耳。"此是解"不得其正"。大抵正者,即中庸所謂發而皆中節;不得其正者,事未來先有個期待之心,或事已應過又留在心下。是不應發而發不中節者,或正應事時應有偏重,是發得有過有不及不中節也。或問所謂"不能無失",即偏重而不中節也。所謂"不能不與俱往",即事未來而期待,事已過而又留不中節也。《或問》從未發說來,傳文却只就發處說起,蓋未發之前氣未用事,無得失之可言。其實也有得失,

---

① [宋]朱熹撰:《晦庵先生朱文公文集》卷五一《答黄子耕七》,朱傑人、嚴佐之、劉永翔主編:《朱子全書》第22册,上海:上海古籍出版社,合肥:安徽教育出版社,2002年,第2379頁。

如異學之寂滅,衆人之冥頑,但其工夫只是戒謹恐懼而已,不待乎正其所不正也。①

所謂傳文就發處説起,指《大學》傳七章所説"有所忿懥""有所恐懼""有所好樂""有所憂患",因爲恐懼、憂患等都是已發。而《大學或問》講"未感之時至虛至靜,無所謂善惡得失",是從未發説來。所以陸隴其認爲《大學或問》講未感之時至虛至靜即是"未發之前,氣未用事"的狀態。但陸隴其並不讚成朱子未發之前無得失可言的思想,認爲未發之前也有得失,這就是持未發不就是中,未發也非有善無惡的立場。這説明他是注重未發之心而論之,屬於主心派,持未發有不中之見。他雖然没有提及氣質的問題,但其結論近於氣質之性派。

清施璜認爲:

愚謂未發之前,氣未用事,此心寂然不動,渾然至善。及發而中節,則無往而不善;發不中節,然後有不善。故君子于思慮方發之時,用省察工夫,以去夫外誘之私而充其本然之善也。②

此説也是把未發之前、氣未用事,理解爲心的寂然不動狀態,此時純粹是善。已發而不中節,始有不善。善是本然而有的,不善則是後有的。他的觀點是主心派,持未發爲中的觀點。

五

在韓國歷史上,朝鮮時代的性理學中,由於發展了理發氣發的辯論,朱子答黄榦語以及黄榦的論性説,在辯論中的影響也相當深遠。已發未發的理論本來是以聯繫、確定一定的工夫爲目的的,但在朝鮮時代性理學中,往往也獨立爲一種心性論的構建。本節只簡述李退溪和李栗谷的相關思想,朝鮮時代其他思想家的討論待另文專論。

李退溪的思想中曾論及於此,他主張:

---

① 〔清〕陸隴其:《松陽講義》卷一,《景印文淵閣四庫全書》第 209 册,第 856 頁。
② 〔清〕施璜:《五子近思録發明》卷一道體,見《近思録專輯》第 8 册,上海:華東師範大學出版社,2015 年,第 37 頁。

> 性即理，固有善無惡。心合理氣，似未免有惡。然極其初而論之，心亦有善無惡。何者？心之未發，氣未用事，唯理而已，安有惡乎？惟於發處，理蔽於氣，方趨於惡。此所謂幾分善惡。①

退溪此説爲心本善論，認爲氣未用事是指心之未發而言，他所説的心之未發是"極其初而論之"，可知其所説的心之未發實即心之本體，認爲心之本體只是理，只有理對心的作用；若發時氣未發生作用，理不受障蔽，故有善無惡；心之已發，氣已用事，氣蒙蔽了理，才有惡的出現。

其答人問此曰：

> （問）又嘗竊意七情猶可謂之有善惡者，以其氣未必純善故也。但未知氣本未純善，則當其未發，謂之善惡未定，可也，其謂之純善無惡者，何義？
>
> （曰）湛一，氣之本。當此時未可謂之惡。然氣何能純善？惟是氣未用事時，理爲主，故純善耳。②

湛一氣之本，雖然是張載之言，但退溪這裏的引用，當以之與朱子湛然虛明之説相當，故實是同意朱子關於未感之時人心湛然虛明、至虛至靜、如鑑空衡平的思想。同時他強調，未發時氣未用事，但以理爲主宰，理顯現爲心，所以純善無惡，這比朱子答黄榦只講氣未用事而有善無惡，而不及於理，要更爲全面一些。

但他又説：

> 程子心本善之説，朱子以爲微有未穩者。蓋既謂之心，已是兼理氣，氣便不能無夾雜在這裏。則人固有不待發于思慮動作，而不善之根株已在方寸中者，安得謂之善？故謂之未穩。然本於初而言，則心之未發，氣未用事，本體虛明之時，則固無不善。故他日論此，又謂指心之本體，以發明程子之意，則非終以爲未穩，可知矣。③

---

① （朝鮮）李退溪：《退溪先生文集》卷一三《與洪應吉》，《退溪全書》第 4 册，漢城：驪江出版社，1990 年，第 95 頁。
② （朝鮮）李退溪：《退溪先生文集》卷三九《答李公浩問目》，《退溪全書》第 9 册，第 96 頁。
③ （朝鮮）李退溪：《退溪先生文集》卷一四《與鄭子中別紙》，《退溪全書》第 7 册，第 4 頁。

按這裏的說法，一般來説，現實的心是合理氣的，不可能是純善的，一定會夾雜惡，所以常人思慮未發時，不善的根株已在心內。但他仍然堅持，就本於初、極其初而言，心之未發，氣未用事，是心之本體虛明之時，無有不善。則他所謂"本於初、極其初"應指在根本的層次上，只能理解爲就本體言。這無異於說常人心之未發並不就是心之本體，常人心之未發有不善之根，而心之本體並無不善。就其對心之本體的堅持而言，其思想近於天地之性派，而對常人未發的看法就近於氣質之性派的未發不中説了。可見他是把這兩種看法在不同層次上加以安置而作了綜合。

李退溪又曾作《靜齋記》：

> 若曰靜而氣未用事，則所謂氣者靜處無而動處有，所謂理者靜處明而動處暗，安見其理氣合一、流行無端之妙乎？……滉既述《靜齋記》寄時甫，別有小簡曰：向所論靜時氣未用事，故理得自在。此意與孟子性善之論同，乃亦是極本窮源而言也。及夫氣動而流於惡也，理亦何嘗有一刻停息。但爲氣之所蔽，故理不得昭融透徹、主張發揮爾。然則理非靜有而動無，氣亦非靜無而動有明矣。①

這是從根本上質疑氣未用事說，主張在宇宙論上理氣永遠合一、流行無始，氣不可能在哪一時段不用事或不存在。退溪很擔心對"氣未用事"的討論變成對宇宙論意義上的理氣論的一種論述，從而導致氣在某一時段的存在缺席。

李栗谷也對此進行了討論，他認爲：

> 大抵未發則性也，已發則情也，發而計較商量則意也。心爲性情意之主，故未發已發及其計較，皆可謂之心。發者氣也，所以發者理也。其發直出於正理，而氣不用事，則道心也。七情之善一邊也，發之際，氣已用事，則人心也。七情之合善惡也，知其氣之用事，精察而趨乎正理，則人心聽命於道心也。不能精察而惟其所向，則情勝欲熾，而人心愈危，道心愈微矣。②

---

① （朝鮮）李退溪：《退溪先生文集》卷四二《靜齋記》，《退溪全書》第 10 册，第 39 頁。
② （朝鮮）李栗谷：《栗谷全書》卷九《答成浩原壬申》，上海：華東師範大學出版社，2017 年，第 347 頁。

與所有學者的理解不同,栗谷不是把"氣不用事"僅僅理解爲未發,而是把氣未用事也用來表述爲已發時的一種狀態,所以他説"其發直出於正理,而氣不用事,則道心也。發之際,氣已用事,則人心也"。他講的是發出之時氣的用事與否,則這裏的討論就和朱子學傳統中的氣未用事的未發論不同了。

他也討論到未發時的氣未用事:

> 性雖有善惡,而當其未發之際,幾微不動,四德渾然,氣未用事,故中庸謂之中。中者,大本也。及其既動,其氣清明,惟理是從,則乃中節之情而是達道也,豈有纖毫之疵累乎?惟其氣質不齊,其動也,氣或不清,不能循理,則其發也不中。而馴至於惡,自其初動而已然,非厥初必善而厥流乃惡也。①

他這裏講的未發是性的未發,故提到四德渾然。他所説的氣未用事,是指未發之中,是性未發爲情的狀態。當性發爲情,氣開始用事,氣的作用是體現在清明或是不清明。氣若清明便會順從於理,氣若不清明就不能循理,於是發而不中。可見,氣的作用即體現爲可以在性發爲情的具體過程中發生重要的影響。

在《人心道心圖》中他也説:

> 理本純善,而氣有清濁。氣者,盛理之器也。當其未發,氣未用事,故中體純善。及其發也,善惡始分。善者,清氣之發也。惡者,濁氣之發也。其本則只天理而已。情之善者,乘清明之氣,循天理而直出,不失其中。可見其爲仁義禮智之端,故目之以四端。情之不善者,雖亦本乎理,而既爲污濁之氣所掩,失其本體而橫生,或過或不及。本於仁而反害仁,本於義而反害義,本於禮而反害禮,本於智而反害智,故不可謂之四端耳。②

這裏所説的未發和氣未用事,也是指中體,即"理本純善"的性體。與宋元時代的朱子學不同,李退溪和李栗谷都是在理氣雙立撑開的架構中來處理心性已發未發的問題。栗谷依據這個架構認爲,性未發爲情時,氣未用事,便是理主其事,在這個意義上,栗谷是性體派,而其關於未發是性的討論是天地之性派;

---

① (朝鮮)李栗谷:《栗谷全書》卷二〇《答安應休》,第449—450頁。
② (朝鮮)李栗谷:《栗谷全書》卷一四《人心道心説壬午》,第512—513頁。

他同時又認爲,性發爲情時,氣用其事,情是乘氣而發,氣有清濁,故情有善惡。可見他同時注重氣對情的先在性和決定作用,故對情的溯源是重視理氣兩方面的,可以説是接近氣質之性説的結論。

　　深入研究表明,朱子哲學中,有些問題他本人只做過很少論述,但在後世朱子學的發展中,經不斷的關注而成爲朱子學内在的重要討論。由於朱子本人的論述很少,這些問題在後世的不斷討論中被關注、被集中化,並由此形成了朱子學内部的不同觀點或派别。這些問題的重要性只有在整體的朱子學研究中才能充分表達出來。而這一過程也使得朱子哲學體系中的各種邏輯可能性得以漸次展開。

　　朱子學内部,有許多内在的討論,因爲與當代哲學沒有對應討論,故往往不受學者的重視,這是深入朱子學研究須要加以改變的。另外,本文的討論取徑,既不是單純的問題研究,也不是單純的概念研究,而是語詞、概念與問題相結合的研究,嘗試將之應用於朱子哲學與近世東亞理學史的哲學思想研究。

朱熹哲學之心論非心本論心學

四川師範大學哲學學院 蔡方鹿 肖裕傑

摘　要：王陽明在《朱子晚年定論》中判定朱子晚歲"悔悟"轉向心學，後世學界也有朱熹哲學算不算心學的爭議。朱熹高度重視作爲宋明理學的核心範疇之一的"心"，對心及心與性、心與理、心與氣的關係論述詳密，從廣義角度看，或可稱朱學心論爲心學。但須將朱熹哲學之心論與陸王心本論之心學加以區分，陸九淵、王陽明將心作爲宇宙本體、萬物主宰，其"心"既是認識主體，又是宇宙本體、萬物本原。朱熹則在認識論及倫理學的意義上論心，否認心具有宇宙本體的意義。朱熹中晚年的思想轉向主要是由泛觀博覽、重視道問學逐步向收斂身心，反己立本，重視未發前的修養工夫，把道問學與尊德性、外求知識與向內用力結合起來的方嚮轉化，而不是轉向心本論之心學。

關鍵詞：朱熹；心學；心本論；心論；陸王心學

"心"字首見於甲骨文，其原始意義爲人和動物的心臟。後逐漸用來指稱人的精神意識，並由心概念發展爲心範疇，包括諸子百家論心，又形成心學。所謂心學，一般具有多重涵義。

一是廣義的心學，包括諸子百家論心，如何由心概念發展爲心範疇、心學的？心字的原始意義是人和動物的心臟，後逐漸具有人的精神意識的含義。人們對心學有不同的解釋，也與各種經典和文獻記載有關。它們又是怎樣體現出中國心學這一稱謂的？總結一下廣義心學的各種涵義,它們是如何共同體現古今人們所說的心學的？如果力有所及,還可聯繫韓國性理學中的心學概念和有關派別、人物的心學思想,如退溪學、艮齋學等,它們亦是與中國心學有關的(廣義的)東亞心學思想的有機組成部分。一般來說,廣義心學即是儒家的心性之學,也包括諸子百家對心的論述。

二是心本論心學,這是比較典型、核心的心學。如陸九淵心學、王陽明心學等。對於朱熹哲學算不算心學,學術界存在著爭議。而吳澄反對把心學特指爲陸九淵心學。他說:"此心也,人人所同有,反求諸身,即此而是。以心而學,非特陸子爲然,堯、舜、禹、湯、文、武、周、孔、顏、曾、思、孟,以逮邵、周、張、程諸子,蓋莫不然。"①吳澄對心學下的定義是:反求諸身,以心而學,而不論是否以心爲宇宙本體。這樣一來,就把諸多人物包括進來,擴大了心學的範圍。實際上吳澄所謂的心,是指聖人之道,道是本心的發見,心與道相通,"心與道一",不可外心而求道。所以以上吳澄所列舉的這些心學人物,也就是朱熹道統論中傳聖人之道的人物。可見吳澄所編造的心學史,與朱熹宣揚的道統史是一脈相承的。這又是吳澄對朱熹思想的吸取。他說:"故獨指陸子之學爲本心之學者,非知聖人之道者也。聖人之道,應接酬酢,千變萬化,無一而非本心之發見。"②反對把心學僅歸于陸九淵之學,認爲心學包括了所有傳儒家聖人之道的學問。因爲在吳澄看來,聖人之道無非是"本心之發見"。從這個意義上講,吳澄所謂心學,已超出陸氏心學的範圍。但就其理論基礎而言,仍是以心學爲主。他把道說成是本心所固有,就此而論,這是對陸九淵"道未有外乎其心"思想的繼承。

三是佛教、道家道教心學。這也是中國心學的重要内涵,在心學發展史上產生了重要影響,對中國心學的發展具有重要意義。應進一步研究儒佛道三教之間心學的聯繫與區別,以及佛教心學與宋明理學之心學的關係。

總之,對心學的深入探討具有重要理論價值和學術意義。

而朱熹哲學之心論應爲廣義的心學,而非心本論之心學。在中國哲學"心"範疇發展史上,朱熹哲學之心論產生了重要影響。進一步展開對中國心

---

① [元]吳澄:《吳文正集》卷四八《仙城本心樓記》,《景印文淵閣四庫全書》第1197册,第500頁。

② [元]吳澄:《吳文正集》卷四八《仙城本心樓記》,第500頁。

學的研究,弄清心學的多重意蘊及與相關學派理論包括與朱熹哲學之心論的關係,對促進中國心學研究的深入開展,具有重要的理論價值和學術意義。

一、理學與心的相關性

　　心是中國傳統哲學的普遍、基本的概念,亦是宋明理學的核心範疇之一。大體上心具有主體意識、能動的認識能力、心理狀態或活動、天地萬物的本原或万物存在的根據、倫理道德觀念等涵義。在對心的内涵的規定上,理學各派存在著一致處和不同點。

　　宋明理學各派均吸取了孟子"心之官則思"[①]和荀子"心居中虛以治五官"[②]的觀點,以及佛教心學"本覺真心……亦名佛性"[③]等重視主觀能動性的思想,並加以發展,把心規定爲知覺思維,認爲心是認知主體,是區別於感性認識的理性認識,強調理性思維有高於感性的一面;心具有認識事物及事物之理的功能;心具有主觀能動性,能夠自主地應事接物,並預知未來,使事物的變化按人們主觀預定的方嚮發展。這是對中國哲學心概念内涵的豐富。

　　張載提出"人本無心,因物爲心"[④]的思想,認爲人心所得到的認識,以物爲其内容。其堅持以物決定心,而不是由心決定物的反映論的觀點。並看到感性認識的局限,主張通過盡心來認識事物及事物之理。他説:"今盈天地之間者皆物也。如只據己之聞見,所接幾何? 安能盡天下之物? 所以欲盡其心也。"[⑤]陸九淵指出:"心於五官最尊大。"[⑥]把心作爲區別于感官的思維器官和認識論概念。認爲心之官能思,是理性認識,強調"心官不可曠職"[⑦],以充分發

[①] [宋]朱熹撰:《四書章句集注·孟子集注》卷一一《告子章句上》,北京:中華書局,1983年,第335頁。
[②] [清]王先謙著,沈嘯寰、王星賢整理:《荀子集解》卷一一《天論》,北京:中華書局,2012年,第303頁。
[③] 參見[唐]宗密:《原人論·直顯真源第三》,《大正新修大藏經》第45册,新竹:佛陀教育基金會出版部,1990年,第710頁。
[④] [宋]張載著,章錫琛點校:《張載集·張子語錄下》,北京:中華書局,1978年,第333頁。
[⑤] 《張載集·張子語錄下》,第333頁。
[⑥] [宋]陸九淵著,鍾哲點校:《陸九淵集》卷一一《與李宰》,北京:中華書局,1980年,第149頁。
[⑦] 《陸九淵集》卷三五《語錄下》,第435頁。

揮心之思的職能。朱熹重視心的認識論功能,強調"人心之靈莫不有知,而天下之物莫不有理"。① 他與張載一樣明確提出心與物主客體對立的概念,認爲心有知,物有理,主張通過格物窮理來達到認識的目的。王陽明把陸九淵的心發展爲更加抽象、更具主觀能動作用的良知概念,使主體思維的能動性得到更充分的發揮。他説:"心者,身之主也,而心之虛靈明覺,即所謂本然之良知也。"②認爲良知是先驗的認識主體,是辨別是非之心。

以上可見,宋明理學各派均以心爲認識論概念,充分肯定認知主體的能動性,這是各派的共同之處。尤其是氣學派張載和理學派朱熹明確提出了主客體對立的心、物概念,强調並重視主體對於客體,心對於物及物之理的認識。所以那種認爲中國古代哲學缺乏認識論,缺乏主客體對立的概念的觀點是缺乏根據的。

對心的内涵的界定最大的不同莫過於朱熹與陸王之間。朱熹僅以心爲認識主體,其心不具有宇宙本體的意義;陸九淵、王陽明不僅以心爲認識主體,而且把心作爲宇宙本體,心既是認識論概念,又是本體概念。朱熹把心的主宰作用僅限於認識論和心對性、情的關係範圍内,是有條件的、相對的;陸九淵、王陽明則把心作爲宇宙萬物的主宰。③ 此外,朱熹認爲,"心非仁,心之德是仁"④;陸九淵則認爲,"仁即此心也"⑤;王陽明亦認爲,"心,一而已,以其全體惻怛而言,謂之仁"⑥,把心等同於仁。朱熹認爲,心中不僅有理,而且有欲,心分爲道心和人心,因此"心有善惡"⑦之別;陸王則認爲"心即理",心只是一心,

---

① [宋]朱熹撰:《四書章句集注・大學章句》,第6—7頁。
② [明]王守仁著,吴光、錢明、董平、姚延福點校:《王陽明全集》卷二《傳習録中・答顧東橋書》,上海:上海古籍出版社,1992年,第47頁。
③ 牟宗三先生客觀地看到朱熹論心與陸王論心之不同。他説:"在伊川朱子,性只成存在之理,只存有而不活動,心只是實然的心氣之心,心並不即是性,並不即是理,故心只能發其認知之用,並不能表示其自身之自主自决之即是理……此即分心理爲能所,而亦即陽明所謂析心與理爲二者也。"(參見牟宗三:《心體與性體》第一册,臺北:正中書局,1990年,第105頁。)認爲程頤、朱熹所論之心,並不是性,亦不是理。心只是發揮其認識論的功能,而不具備如性理那樣的宇宙本體之屬性。性理亦不具有如主體之心那樣的認識論功能。正因爲程朱將心理分爲能所,"能"指主體,"所"指客體,所以王陽明批評朱熹析心與理爲二,實際上這反映了朱熹與陸王論心之不同。
④ [宋]黎靖德編,王星賢點校:《朱子語類》卷二〇,北京:中華書局,1986年,第474頁。
⑤ 《陸九淵集》卷一《與曾宅之》,第5頁。
⑥ 《王陽明全集》卷二《傳習録中・答顧東橋書》,第43頁。
⑦ 《朱子語類》卷五,第89頁。

反對把心分二,不講氣稟之雜,所以"至善者,心之本體也。心之本體,那有不善?"①這些方面體現了宋明理學中朱熹與陸王兩大流派對心的不同看法。

另須指出,張載、胡宏、朱熹等均嚴厲批判了佛教以心爲宇宙本原的思想。張載指出:"釋氏不知天命,而以心法起滅天地,以小緣大,以末緣本。"②胡宏指出:"爲釋氏所引,以心爲宗,心生萬法,萬法皆心,自滅天命,固爲己私。小惑難解,大礙方張,不窮理之過也。"③朱熹高度評價了張載對佛教心本論的批判,他指出:"釋氏'心法起滅天地'之意,《正蒙》斥之詳矣。"④並强調:"天地乃本有之物,非心所能生也。若曰心能生天之形體,是乃釋氏想澄成國土之餘論。"⑤通過批判佛教心學來否定心本論哲學。

以上張載、胡宏、朱熹等對佛教心本論哲學的批判,説明宋明理學中的氣學派、湖湘學派中的胡宏,尤其是朱熹理學一派均否認心有宇宙本原的意義,因此不宜把朱熹理學及其心論視爲心本論之心學,它與陸王心學有明顯區別。

二、朱熹心論

朱熹哲學的心是一個認識論的範疇,兼具善惡的倫理學意義。心作爲認知主體,具有認識萬物及萬物之理的功能和屬性。朱熹所論及的知覺思慮之心、虛靈無限之心、主宰之心、道心與人心相分合一的心,都是在認識論及倫理學的意義上論心,心並不具有宇宙本體的意義,這不僅是他心論的特點,亦是他整個心性之學的特點。只是在當朱熹把心的内涵擴大,將心視爲天地之心時,此天地之心便是宇宙的本原而生生不息,但此天地之心已與有知覺思慮的人心不同。此外,朱熹對心與氣的關係也作了論述,體現了其心論的特點。

1. 心爲知覺思慮

以心爲知覺思慮,這是朱熹哲學心範疇的基本内涵,表明其心是認知主體

---

① 《王陽明全集》卷三《傳習録下》,第119頁。
② 《張載集·正蒙·大心》,第26頁。
③ [宋]胡宏著,吴仁華點校:《胡宏集·知言·陰陽》,北京:中華書局,1987年,第9頁。
④ [宋]朱熹著,郭齊、尹波點校:《朱熹集》卷七二《張無垢中庸解》,成都:四川教育出版社,1996年,第3788頁。
⑤ 《朱熹集》卷七〇《記疑》,第3687頁。

之心,具有認識的功能。他説:"有知覺謂之心。"①"心者人之知覺,主于身而應事物者也。"②認爲知覺是心的屬性,它産生於耳目對外物的視聽,從而把知覺視爲對外物的反映。

朱熹哲學的心,除有知覺外,還具有思慮的功能。他説:"耳目之官不能思。"③"心則能思,而以思爲職。"④認爲思維功能是心之官獨有的,思是一種比知覺更進一步的認識。如果説,知覺是認識過程中的初級階段的話,那麽,在知覺基礎上就要進到對理的認識。對理的認識是心之思的職能,朱熹以是否能思,把心之官與耳目之官區別開來。

2. 心爲主宰

這是朱熹對心的屬性做出的又一界定。他説:"心,主宰之謂也。"⑤所謂主宰,指管攝、統禦。主宰有二義:一是指主於一身而言,二是指主於萬事。

朱熹概括説:"心者,人之所以主乎身者也,一而不二者也,爲主而不爲客者也,命物而不命於物者也。"⑥所謂主於一身,指心能夠統禦人身體的各個部位和感覺器官,如耳、目、鼻、舌、身等,這些感官都受心的支配。所謂心主於萬事,指萬事萬物管攝於心,心主宰物及其變化,而非物主宰心。

朱熹在這裏強調心"爲主而不爲客",心是主體,與客體相區別,心作用於物,而不被物所管攝,突出了主體的能動性。由此可見,那種認爲中國哲學缺乏主客體對立的認識論的觀點是缺乏根據的。

需要指出,朱熹哲學以明確的理本論而不是心本論爲特徵,其心爲主宰與理爲主宰具有兩種不同的意義。心爲主宰限於認識論方面及倫理學問題,而理爲主宰則是指整個宇宙的主宰。他説:"心固是主宰底意,然所謂主宰者,即是理也。"⑦朱熹並以理爲主宰的觀點批評了佛教只講心爲主宰而不講天理的心本論思想,指出:"正爲不見天理,而專認此心以爲主宰,故不免流於自私耳。"⑧這

---

① 《朱子語類》卷一四〇,第 3340 頁。
② 《朱熹集》卷六五《大禹謨解》,第 3436 頁。
③ 《朱子語類》卷五九,第 1414 頁。
④ [宋]朱熹撰:《四書章句集注·孟子集注》卷一一《告子章句上》,第 335 頁。
⑤ 《朱子語類》卷五,第 94 頁。
⑥ 《朱熹集》卷六七《觀心説》,第 3540 頁。
⑦ 《朱子語類》卷一,第 4 頁。
⑧ 《朱熹集》卷三〇《答張欽夫》,第 1288 頁。

表明朱熹是反對脫離天理論而專講心爲主宰的。

3. 道心與人心

朱熹指出，人的知覺之心按其知覺的來源和内容分爲兩種不同的心。"或問'人心、道心'之別。曰：'只是這一個心，知覺從耳目之欲上去，便是人心；知覺從義理上去，便是道心。'"①所謂道心，指以義理爲内容的心，仁義禮智之義理爲善，道心亦爲善。所謂人心，指原於耳目之欲的心，人生有欲，饑食渴飲，"雖聖人不能無人心"②。故"人心亦不是全不好底"③，而是"可爲善，可爲不善"④。

在道心與人心的相互關係上，朱熹强調兩點：一是道心以人心爲基礎，二者相互依存，相即不離；二是道心爲主，人心聽命於道心。朱熹雖然提出道心與人心相分的思想，但他仍指出道心、人心並非二心，它們只是一心的兩種表現。心與理、欲雖有聯繫，但亦有區別，故不能把道心直接等同於理，把人心直接等同於欲。

4. 心與氣

朱熹哲學的氣是構成萬物的材料，氣從屬於理，以理爲存在的根據。在心與氣的關係上，朱熹認爲心屬氣之虛靈，即氣中的虛靈部分是構成知覺之心的要素，但心又不完全等同于氣，心以理爲存在的根據，是理氣結合的產物。他説："心之知覺，又是那氣之虛靈底。聰明視聽，作爲運用，皆是有這知覺。"⑤指出氣之虛靈表現爲心之知覺，主體的認知功能和屬性源於虛靈之氣，虛靈屬於氣，虛靈的屬性即知覺。通過虛靈與知覺，把氣與心聯繫起來。可見，心之知覺離不開氣。但朱熹所謂的心之知覺不僅是氣之虛靈所爲，而且知覺還以理爲根據，心是理氣結合的產物。"問：'知覺是心之靈固如此，抑氣之爲邪？'曰：'不專是氣，是先有知覺之理。理未知覺，氣聚成形，理與氣合，便能知覺。譬如這燭火，是因得這脂膏，便有許多光焰。'"⑥朱熹將心與氣的關係比喻爲燭火

---

① 《朱子語類》卷七八，第 2009 頁。
② 《朱子語類》卷七八，第 2011 頁。
③ 《朱子語類》卷七八，第 2009 頁。
④ 《朱子語類》卷七八，第 2013 頁。
⑤ 《朱子語類》卷六〇，第 1430 頁。
⑥ 《朱子語類》卷五，第 85 頁。

與脂膏的關係，沒有脂膏便沒有燭火，沒有氣之虛便是沒有心之知覺，但由於包括脂膏在內的萬物都是以理爲本體，是理氣結合的産物，那燭火最終也是以理爲其存在的根據。

朱熹認爲，不僅心之知覺是氣之虛靈，而且人心本身的認識功能也由形氣與主體發生感應而引起。他説："人心但以形氣所感者而言爾。具形氣謂之人，合義理謂之道，有知覺謂之心。"①認爲心與形氣之間具有感應關係，但心不是被動地感應形氣，而是可以能動地主宰形氣。心對於氣的能動作用表現爲由道心去主導形氣。他説："由道心，則形氣善；不由道心，一付於形氣，則爲惡。"②指出以道心主宰形氣，則爲善；聽命於形氣，不發揮心的主宰作用，則流爲惡。在心氣關係上，朱熹的認識論與倫理學是互相聯繫的。

朱熹有時把心比喻爲陰陽。他説："性猶太極也，心猶陰陽也。"③在朱熹哲學的邏輯結構中，性、太極與理相當，爲形而上的本體範疇；陰陽則是與氣相當的形而下的範疇。朱熹明確表示："心之理是太極，心之動静是陰陽。"④相對於太極是心之理而言，陰陽是心的動静的表現，即心的存在根據是理，心的表現形式是陰陽，心與理、氣均不相脱離。

朱熹哲學心氣關係的實質是，心之知覺來自氣之虛靈，但以理爲存在的根據。有了知覺之理，理與氣合，才産生心之知覺。理不僅是知覺的根據，而且"所覺者，心之理"⑤，理又被心所認識，成爲知覺的對象。

以上可見，在朱熹以天理爲最高範疇的哲學邏輯結構中，心的地位十分重要而獨特。朱熹哲學對心的內涵及屬性做出的規定，對心與氣關係的論述，反映了朱熹心論的特點，表現出理本論哲學與心本論哲學的明顯區別。這裏並不存在所謂的理本論與心本論的矛盾，也不能因爲朱熹對心的論述詳密，就把朱學稱爲"圓密宏大之心學"⑥。須知理本論與心本論雖有相關性而同屬宋明理學，但也有其各自特定的界説，終不能把二者混爲一談，否則宋明理學思潮

---

① 《朱子語類》卷一四〇，第 3340 頁。
② 《朱子語類》卷六二，第 1486 頁。
③ 《朱子語類》卷五，第 87 頁。
④ 《朱子語類》卷五，第 84 頁。
⑤ 《朱子語類》卷五，第 85 頁。
⑥ 錢穆：《朱子新學案》（上），成都：巴蜀書社，1986 年，第 361 頁。

中客觀存在的各流派的分野，就會失去意義，且與思想史的實際不符。如果從廣義的角度講心學，而不是以心本論來界定心學，或可以朱熹對心高度重視，以及對心與性、心與理的關係論述詳密，而將朱學稱之爲心學，但至少應對廣義角度的朱熹心學與特定的陸王心本論之心學加以區別。

三、《朱子晚年定論》與朱熹思想的轉向

王陽明(1472—1529)於正德三年(1508)三十七歲龍場之悟後，思想由朱學轉向了心學。爲了減輕傳統的壓力，他寫作了《朱子晚年定論》(以下簡稱《定論》)，表明自己雖與朱子有"相抵牾"的部分，但這部分正是朱子"中年未定之說"，而與朱子"晚歲"所"悔悟"而轉向心學相同。即陽明"龍場之悟"雖然與朱子"中年"相"異"，却與其"晚歲"相同。

從文本形式上看，《定論》是陽明從朱熹《文集》中節錄朱熹與人論學書三十四通。《定論》始出即引起衆議，其是非得失莫衷一是，正如陳榮捷先生所言，"此論出後，即引起強烈反動，弄成一巨大風波，鼓動一百五十年，爲我國思想上一大公案"。① 可見在當時產生的廣泛影響。現代學者亦以各種切入點作出評議②，而頗有價值。總的來說，《定論》受詬病之處在於其"年歲顛倒"與"朱陸異同"爭論。本文在以往研究的基礎上，根據郭齊、尹波編注的《朱熹文集編年評注》，把《定論》所采朱熹與人論學書，一一核查其"年歲"，以此來客觀評價朱熹與人論學的思想傾向，以及《定論》的地位和價值，亦涉及朱熹哲學與心學的關係問題。

1.《答黃直卿》("爲學直是先要立本")在紹熙二年③(1191)，朱熹六十二歲。2.《答吕子約》("日用工夫")在淳熙十二年④(1185)，朱熹五十六歲。

---

① 陳榮捷：《朱學論集》，上海：華東師範大學出版社，2007年，第230頁。
② 參見陳來：《朱子書信編年考證》(增訂本)，北京：生活・讀書・新知三聯書店，2007年；束景南：《朱熹年譜長編》，上海：華東師範大學出版社，2001年。另見[清]王懋竑著，何忠禮點校：《朱熹年譜》，北京：中華書局，1998年。
③ [宋]朱熹著，郭齊、尹波編注：《朱熹文集編年評注》卷四六《答黃直卿》，紹熙二年，第六册，福州：福建人民出版社，2019年，第2271頁。
④ 《朱熹文集編年評注》卷四七《答吕子約》，淳熙十二年，第六册，第2316—2317頁。

3.《答何叔京》("前此儱侗拜稟博觀之敝")在乾道四年①(1168),朱熹三十九歲。4.《答潘叔昌》("示喻天上無不識字底神仙")在淳熙十一年②(1184),朱熹五十五歲。5.《答潘叔度》("熹衰病")在淳熙末③,朱熹約六十歲。6.《與呂子約》("孟子言學問之道")在淳熙十二年④(1185),朱熹五十六歲。7.《與周叔謹》("應之甚恨")在淳熙十二年⑤(1185),朱熹五十六歲。8.《答陸子靜》("熹衰病日侵")在淳熙十三年⑥(1186),朱熹五十七歲。9.《答符復仲》("聞向道之意")爲淳熙十年(1183)以後⑦,即朱熹五十四歲之後所作。10.《答呂子約》("日用功夫不敢")在淳熙十三年⑧(1186),朱熹五十七歲。11.《與吳茂實》("近來自覺向時")在淳熙七年⑨(1180),朱熹五十一歲。12.《答張敬夫》("熹窮居如昨")在淳熙二年⑩(1175),朱熹四十六歲。13.《答呂伯恭》("道間與季通講論")在淳熙三年⑪(1176),朱熹四十七歲。14.《答周純仁》("閑中無事")在慶元四年⑫(1198),朱熹六十九歲。15.《答竇文卿》("爲學之要")在淳熙十三年(1186)以後⑬,即朱熹五十七歲之後。16.《答呂子約》("聞欲與二友俱來")在淳熙十三年⑭(1186),朱熹五十七歲。17.《答林擇之》("熹哀苦之餘")在乾道六年⑮(1170),朱熹四十一歲。18.《答林擇之》("此中見有朋友")在淳熙七年⑯(1180),朱熹五十一歲。19.《答梁文叔》("近看孟

---

① 《朱熹文集編年評注》卷四〇《答何叔京》,乾道四年五月,第五册,第1955—1956頁。
② 《朱熹文集編年評注》卷四六《答潘叔昌》,淳熙十一年,第六册,第2259頁。
③ 《朱熹文集編年評注》卷四六《答潘叔度》,淳熙末,第六册,第2256頁。
④ 《朱熹文集編年評注》卷四七《與呂子約》,淳熙十二年,第六册,第2314頁。
⑤ 《朱熹文集編年評注》卷五四《與周叔謹》,淳熙十二年,第七册,第2645頁。
⑥ 《朱熹文集編年評注》卷三六《答陸子靜》,淳熙十三年,第五册,第1704頁。
⑦ 《朱熹文集編年評注》卷五五《答符復仲》,淳熙十年以後,第七册,第2712頁。
⑧ 《朱熹文集編年評注》卷四八《答呂子約》,淳熙十三年九月十三日,第六册,第2319頁。
⑨ 《朱熹文集編年評注》卷四四《與吳茂實》,淳熙七年春,第六册,第2149頁。
⑩ 《朱熹文集編年評注》卷三一《答張敬夫》,淳熙二年十二月,第四册,第1506頁。
⑪ 《朱熹文集編年評注》卷三三《答呂伯恭》,淳熙三年四月,第四册,第1612頁。
⑫ 《朱熹文集編年評注》卷六〇《答周純仁》,慶元四年,第七册,第2951頁。
⑬ 《朱熹文集編年評注》卷五九《答竇文卿》,淳熙十三年以後,第七册,第2904頁。
⑭ 《朱熹文集編年評注》卷四八《答呂子約》,淳熙十三年,第六册,第2320頁。
⑮ 《朱熹文集編年評注》卷四三《答林擇之》,乾道六年,第五册,第2091頁。
⑯ 《朱熹文集編年評注》卷四三《答林擇之》,淳熙七年春,第五册,第2105頁。

子")疑在淳熙十一年(1184)前後①,朱熹五十五歲前後。20.《答潘恭叔》("學問根本")在淳熙十三年②(1186),朱熹五十七歲。21.《答林充之》("充之近讀何書")當在乾道中③,即朱熹四十歲左右。22.《答何叔京》("李先生教人")在乾道二年④(1166),朱熹三十七歲。23.《答何叔京》("熹近來尤覺昏憒")在乾道三年⑤(1167),朱熹三十八歲。24.《答何叔京》("向來妄論持敬之説")在乾道三年⑥(1167),朱熹三十八歲。25.《答林擇之》("所論顔孟不同")在乾道五年⑦(1169),朱熹四十歲。26.《答楊子直》("學者墮在語言")作於紹熙二年(1191)以後⑧,即朱熹六十二歲以後。27.《與田侍郎子真》("吾輩今日")在慶元元年⑨(1195),朱熹六十六歲。28.《答陳才卿》("詳來示")在慶元元年⑩(1195),朱熹六十六歲。29.《與劉子澄》("居官無修業之益")在淳熙十三年⑪(1186),朱熹五十七歲。30.《與林擇之》("某近覺向來")在乾道六年⑫(1170),朱熹四十一歲。31.《答吕子約》,此處包括兩封《答吕子約》書——"示喻日用工夫"與"誨喻'工夫且要得見'",王陽明將兩書合在一起,都是在慶元元年⑬(1195),朱熹六十六歲。32.《答吴德夫》("承喻仁字之説")且置淳熙中⑭,朱熹五十歲左右。33.《答或人》⑮("中和二字")在乾道五年⑯(1169),朱熹四十歲。34.《答劉子澄》("日前爲學")在淳熙十年⑰(1183),朱熹五十

---

① 《朱熹文集編年評注》卷四四《答梁文叔》,淳熙十一年前後,第六册,第2146頁。
② 《朱熹文集編年評注》卷五〇《答潘恭叔》,淳熙十三年,第六册,第2418頁。
③ 《朱熹文集編年評注》卷四三《答林充之》,乾道中,第五册,第2108頁。王陽明原文爲林充之,《朱熹文集編年評注》避寧宗諱,改爲林擴之。見校記。
④ 《朱熹文集編年評注》卷四〇《答何叔京》,乾道二年秋,第五册,第1933頁。
⑤ 《朱熹文集編年評注》卷四〇《答何叔京》,乾道三年春,第五册,第1950頁。
⑥ 《朱熹文集編年評注》卷四〇《答何叔京》,乾道三年夏,第五册,第1952頁。
⑦ 《朱熹文集編年評注》卷四三《答林擇之》,乾道五年,第五册,第2091頁。
⑧ 《朱熹文集編年評注》卷四五《答楊子直》,紹熙二年以後,第六册,第2193頁。
⑨ 《朱熹文集編年評注》續集卷五《與田侍郎子真》,慶元元年,第十一册,第4770頁。
⑩ 《朱熹文集編年評注》卷五九《答陳才卿》,慶元元年夏秋間,第七册,第2929頁。
⑪ 《朱熹文集編年評注》卷三五《與劉子澄》,淳熙十三年秋,第四册,第1693—1694頁。
⑫ 《朱熹文集編年評注》别集卷六《與林擇之》,乾道六年冬,第十二册,第4981頁。
⑬ 《朱熹文集編年評注》卷四八《答吕子約》,慶元元年,第六册,第2324—2325頁。
⑭ 《朱熹文集編年評注》卷四五《答吴德夫》,淳熙中,第六册,第2189頁。
⑮ 此書《答或人》實爲朱熹《答林擇之》一書。
⑯ 《朱熹文集編年評注》卷四三《答林擇之》,乾道五年,第五册,第2101頁。
⑰ 《朱熹文集編年評注》卷三五《答劉子澄》,淳熙十年七月二十一日,第四册,第1681—1682頁。

四歲。

　　以上是朱熹三十四封書信較爲具體的時間。如果按照李紱對朱熹年歲早、中、晚的劃分，即"朱子得年七十一歲，定以三十歲以前爲早年，以三十一至五十歲爲中年，以五十一歲至七十一歲爲晚年"①，在朱熹五十一歲到七十一歲之間就佔有二十二封，在三十一歲到五十歲則有十二封，陽明所謂"多出於晚年者"是比較明顯的，這或許是陽明《定論》問世之後獲得始料不及的效果的原因。如錢德洪稱："自是爲朱子論異同者寡矣。師曰：'無意中得此一助！'"②袁慶麟跋曰："及讀是編，始釋然……若夫直求本原於言語之外，真有以驗其必然而無疑者，則存乎其人之自力，是編特爲之指迷耳。"③錢、袁氏均對《定論》持正面的肯定意見，認爲《定論》自有其啓迪爲學者之益處，如從錢德洪所記陽明之語——"無意中得此一助"可知，如若無人唱和，陽明何有此嘆？

　　雖然在王陽明所引朱熹《朱子晚年定論》的三十四封書信中，晚年佔到二十二封，中早年有十二封，但畢竟不都是晚年所作，在年歲上有失誤之處。所以王陽明亦說："某爲《朱子晚年定論》，蓋亦不得已而然。中間年歲早晚，誠有所未考，雖不必盡出於晚年，固多出於晚年者矣。然大意在委曲調停以明此學爲重。"④王陽明《定論》即使有"年歲早晚"考證之缺憾，但在另一方面，從王陽明以收斂身心，反己立本、向内用功的角度來採摘朱熹書信，無疑發掘了一個新的審視朱熹學說的理論切入點，這也無怪乎陽明能得到後儒的支援和讚同，而體現了學術發展由朱學到心學的趨向，以及《定論》的地位和價值。

　　王陽明所列舉的朱熹之書信不論其是否作于朱熹晚年，然其中確實包括了朱熹本人對自己存在著的更多的重視讀書求義理，而不太重視反求諸心的前說的檢討。王陽明客觀地看到了朱熹對自己前說的反省，亦表現出某種重視内在的治心之學的工夫。即在某種程度上朱熹對自己以往泥守書冊，支離無紀的治學傾向加以反省，以做到收斂身心，反己立本。只不過陽明看到的朱熹一定程度上重視收斂身心，是否就是類似于陸九淵的心本論之心學？重視

---

① ［清］李紱撰，徐公喜點校：《朱子晚年全論》，南昌：江西高校出版社，2000年，第296頁。
② 《王陽明全集》卷三《朱子晚年定論》，第127頁。
③ 《王陽明全集》卷三《朱子晚年定論》，第142—143頁。
④ 《王陽明全集》卷二《傳習錄中·答羅整庵少宰書》，第78頁。

心,以己意說經,是否就是以心爲本的心學?朱熹當然也受到陸九淵簡易工夫治學方法的影響。所以不能因爲王陽明所列舉的朱熹書信有的不是晚年所作,就否定朱熹思想中確實存在著由讀書窮理轉向重視內在、反求諸己,並將這兩個方面結合起來的傾向,即把博與約、泛觀博覽與反己立本相結合。

值得思考的是,根據《朱熹文集編年評注》能夠確定下來,朱熹不僅在晚年,而且在中早年也有傾向於心學方法論的地方,而檢討了自己在收斂身心、反己立本方面存在著不足的問題。這說明了朱熹的什麼思想?儘管它與陸王的心本論宇宙觀有別,但畢竟檢討了自己的思想於尊德性上的不足,而主張將道問學與尊德性結合起來。這對學術的發展具有重要意義。而王陽明在朱熹這種傾向(自我檢討)的基礎上,發展出心學來,進一步糾正朱熹已發現了的自己學說的偏向。這也是學術發展傾向的一個表現。

通過《朱熹文集編年評注》來查閱王陽明《朱子晚年定論》中朱熹文章的寫作年代及所體現的思想傾向,可以看出,朱熹已認識到了自己思想上存在著的相對忽視內在的尊德性,而偏重於外在的道問學的偏差,而且有的還是在中青年時,朱熹就已經通過與人書信來修正自己的觀點。就此而言,朱熹思想中亦存在著某種傾向于內求於心的方法論之處。這些都是通過考訂朱熹文章寫作於哪一年才能得出的結論。由此可見《朱熹文集編年評注》對於朱熹文集編年的重要性,其編年與朱熹學術思想的變化有密切聯繫。

需要指出,朱熹思想的轉向,主要是通過檢討自己對內盡心、尊德性不夠,而由泛觀博覽、重視道問學逐步向收斂身心,反己立本,重視未發前的修養工夫,把道問學與尊德性、外求知識與向內用力結合起來的方嚮轉化,而不是轉向心本論之心學。朱熹中晚年思想的轉向,雖然一定程度糾正了以往喜讀書、重視格物致知而忽視向內用力以求本心的疏忽,但仍與陸九淵、王陽明的心本論之心學有明顯區別。所以要看到朱熹思想並不只是道問學、格物致知、向外用力這樣一些傳統的印象,朱熹有對此加以自我反省並有所糾正。同時也應對王陽明寫作《朱子晚年定論》的目的作客觀的了解,即爲了減輕傳統的壓力而把自己的心學思想說成是與朱子的"晚年定論"相同。而不至於把朱熹哲學包括了收斂身心、反己立本、以心求理、內外結合之心論混同於心本論哲學。

近期,日本著名學者市來津由彥發表了《郭齊、尹波編注〈朱熹文集編年評注〉をひもとく》①的書評,對《朱熹文集編年評注》一書關於編年的記述樣態、該書的利用價值,以及朱熹活動的簡易年表等作了評價和肯定,亦對《朱熹文集編年評注》一書的價值和意義作了介紹和好評。這對於擴大朱熹思想的影響,客觀評價朱熹、王陽明的關係,具有重要意義。

另外,李退溪不僅繼承而且發展了朱子哲學心性論。退溪對朱子心性論的發展,集中體現了他本人心性論的特點。與朱子心性論相比,李退溪擴大了心的内涵,把一人之心與天地之心、己之心與己心以外的千萬人之心的溝通聯繫,取消彼此的差别,這便是對朱子天地之心與人心有别思想的發展。退溪繼承朱熹,爲己重視心,而陽明心學,心乃本體。退溪治心,重在踐履,也與王陽明心學有所區别。

---

① 載日本《東洋古典學研究》第 55 集,2023 年。

朱子學何以會成爲宋元以後的儒學主流

日本學習院大學東洋文化研究所、四川大學古籍整理研究所　王瑞來

摘　要：一個明顯的歷史事實是，儒學在南宋以後儘管學派衆多，但道學大宗朱子學則是地位難以撼動的主流。爲什麽朱子學會取得這樣的地位？納入宋元變革的歷史脈絡中加以考察，似乎可以從這樣一些方面給出回答：一是朱熹本人與政界主流的聯繫；二是朱子學自身的因素；三是源自宋朝的政治遺傳；四是朱子學在政治上更傾向整合皇權；五是中原和北方遼金西夏崇儒的文化地理基礎；六是出於元廷的政策導向；七是朱子學與元廷的互相接納；八是朱子學整合諸學說的結果；九是吸收儒學以外的思想資源；十是廣域涵蓋的衆多弟子的弘揚；十一是出於朱子學目光向下的通俗普及；十二是出於北方儒士的接受與揄揚。這樣諸多因素所形成的合力，在元代統一的勢態下，道學南北合流，覆蓋全域。

關鍵詞：朱子學；南宋；元代；儒學；宋元變革

引言　何以是朱子學一統儒學江湖？

自南宋以來，迄止於近代，從廟堂到江湖，幅波中繼，繼往開來，儒學以朱子學一統天下。儒學流派衆多，猶如萬溪奔流，何以是朱子學一統天下？如果我們將其置於宋元變革社會轉型的歷史脈絡中加以考察，則可以

給出一定的回答。在考察朱子學的歷史地位的同時，對於作爲儒學走向近代的極爲重要的中間環節，我們有必要對大一統的元代投射極大的關注。對於元儒承先啓後的學術貢獻，也應當給予充分的肯定。

一、宋元變革歷史脈絡中的朱子學

學派間不斷的爭鳴論辯、取長補短的學術整合，是朱子學逐漸壯大的内在因素。而南宋慶元黨禁的打壓，作爲外部促因，使原本注重於民衆教化的朱子學紮根於地方，通過從事教育活動和慈善事業來宣傳理念，張揚聲勢，形成凝聚力强固、影響力廣泛的道學大宗。嗣後又借黨禁解禁之東風，一躍成爲朝廷認可其官學地位的道學主流。

自南宋到元代，在地方上活躍的士人，除了在各級官府爲吏，從事地方教育的也爲數甚夥。學校教什麽，士子學什麽？除了各種實際技能以外，最主要的就是儒學，這是當時的政治課。那麼，所學習的儒學，具體内容又是什麽？簡言之，是朱子學。

從地域而言，朱子學是江南儒學的主幹。承繼這樣的客觀現實，宋元易代之後，没有遭受戰爭重創的江南，朱子學更爲發展，成爲統一後影響全國的學問集散地。特別是元朝後來恢復的科舉規定考試以《四書》爲主要内容，以朱熹的集注爲唯一標準，則更使道學的官學地位確固難移。

其實元朝的規定也體現了歷史的延續，或者説承繼自南宋的道學積澱。在南宋中後期的理宗朝，以朱子學爲核心的道學已經確立了官學的正統地位。淳祐元年（1241），朱熹從祀孔廟，朝廷正式規定《四書章句集注》作爲官學和科舉的教材。王朝鼎革只是作爲歷史演進的自然段，並不反映時代變革的邏輯關係。政策的延續性，則反映了超越王朝的帝國同一性。朱子學地位在元代的再度確認並得以維持，不僅體現了不同朝廷的政策延續，更反映出江南儒學藉由政治力向全國範圍的擴展。

歷史的結果大多由合力構成。以朱子學爲主的江南儒學之所以能在元代佔據官學的正統地位，也是多方面的合力所致。

二、朱子學成爲宋元以後儒學主流的諸要因

（一）朱熹本人與政界主流的聯繫

朱熹在年輕的時候，就"遍交當世有識之士"，①建立起廣泛的人脈，後來與很多政界要人都保持著良好的個人關係。他的爲人與學問，也被這些人所敬重和推崇。比如，孝宗時曾位至首相的陳俊卿，就"尤敬朱熹，屢嘗論薦"。而朱熹對陳俊卿也保持著同樣的友誼，陳俊卿去世時，朱熹曾不遠千里，前往哭喪，還爲陳俊卿的兒子陳宓撰寫過墓誌銘。②另一位宰相虞允文，也十分推崇朱熹。當孝宗問起虞允文認不認識朱熹時，虞允文說道，朱熹的學問不在程頤之下。正是虞允文的這句話，讓孝宗決定把朱熹召至經筵，作爲輔導他的老師。

除了宰相等重量級的要人之外，朝廷中一些有影響的名臣也對朱熹推崇備至。比如朱熹被任命爲秘書郎，就是出自參知政事龔茂良的推薦。③以抗爭權相而聞名的胡銓，在離開經筵之際，也推薦了朱熹。④孝宗初年擔任侍講的有名文人汪應辰，在外放離任時，亦曾"舉朱熹自代"。⑤迫使精神不正常的光宗退位，扶持寧宗即位的趙汝愚，更是直接把朱熹作爲待制引到經筵。趙汝愚後來在與韓侂胄的政爭中敗北，由於其對朱熹的獎掖推崇，也直接導致了韓侂胄發動慶元黨禁，對道學進行打壓。⑥

在孝宗、光宗兩朝擔任宰相的周必大，與朱熹更是有著密切的個人關係。二人有不少書信往來，很多都是學術層面的交往。在朱熹的老師胡憲墓表《籍溪胡先生憲墓表》中，周必大縷述了宋代儒學道統傳承，最後講道："元晦以先

---

① [宋]黃榦：《勉齋集》卷三六《朝奉大夫華文閣待制贈寶謨閣直學士通議大夫諡文朱先生行狀》，《景印文淵閣四庫全書》第1168册，第423頁。
② [元]脱脱等：《宋史》卷三八三《陳俊卿傳》，北京：中華書局，1977年，第11790頁。
③ 《宋史》卷三八五《龔茂良傳》載："宣諭獎用廉退，茂良奏：'朱熹操行耿介，屢召不起，宜蒙録用。'除秘書郎。"（第11844頁）
④ 《宋史》卷三八三《虞允文傳》載："胡銓以臺評去，允文奏留之經筵。銓薦朱熹，上問允文識熹否？允文謂熹不在程頤下，遂召熹，熹不至。"（第11798頁）
⑤ 《宋史》卷三八七《汪應辰傳》，第11879頁。
⑥ 《宋史》卷三九二《趙汝愚傳》，第11987頁。

大夫之命,事原仲如父。既盡得其言行之美,而又日進焉,今遂爲世儒宗。"①周必大寫作墓表之時,朱熹雖已有了一定的名氣,但還沒有達到令人仰視的程度。因此,周必大對朱熹的學術價值以及未來的學術地位也有著準確的預測。"爲世儒宗"可以說是同時代人對朱熹較早的高度評價。也正是因爲周必大對朱熹如此推崇,"慶元黨禁"便把周必大首列爲"四惡"之一。

朱熹在世時,與衆多政界主流要人有著相當多的交往。這些要人的推崇,不僅讓朱熹聲名鵲起,也讓朝野對朱熹宣導的道學有了廣泛的了解。後來慶元黨禁的打壓以及解禁後的逆反,便成爲朱子學一躍成爲道學大宗的外部客觀因素之一。

(二)朱子學自身的因素

產生年代久遠的六經繁難,或佶屈聱牙,或歧義叢生,還存在斷篇殘簡,又有真僞難辨的問題。因此,朱熹等宋代理學家在重新詮釋六經的基礎上,將六經的衍生物《論語》《孟子》《大學》《中庸》特別抽出,確立了"四書學"。這四部經典既保留了六經原旨,又有時代發展,最重要的是"四書"通俗易懂,容易被各種文化層次的人接受。

在語錄體著作流行的宋代,朱熹把"四書"看成是六經的語錄。對於六經與"四書"的關係,元人胡炳文有個很有意思的比喻:"六經,天地也。四書,行天之日月也。"並且說:"子朱子平生精力之所萃,而堯、舜、禹、湯、文、武、周、孔、顔、曾、思、孟之心之所寄也。"②這句話也是強調朱熹對"四書"的提倡與闡發。

"四書學"的確立與推廣,讓儒學走出了原始經學狹小的象牙塔,使經學走向理學。二者結合,爲儒學的發展開闢了新的廣闊空間。於是,提倡"四書學"的朱子學便受到朝野的普遍歡迎。"楊侯一語崇經學,士子爭相讀四書。"③元代房祺編纂的金遺民詩總集《河汾諸老詩集》中的這句詩,反映的正是江山鼎

---

① [宋]周必大:《周益國文忠公文集》卷三五《籍溪胡先生憲墓表》,見王瑞來校證:《周必大集校證》,上海:上海古籍出版社,2020年,第525頁。
② [元]胡炳文:《雲峰集》卷三《四書通序》,《景印文淵閣四庫全書》第1199册,第761頁。
③ [元]房祺編:《河汾諸老詩集》卷二張宇《閑述二首》之一,《四部叢刊》初編影印烏程劉氏藏影寫元尊賢堂本。

革後朱子學北上贏得廣泛受衆的狀況。

（三）源自宋朝的政治遺傳

由於朝廷的提倡，大量習舉業的士人都把朱子學作爲通往仕途的敲門磚來加以研習。宋理宗朝的許月卿就指出過這樣的現象："嘉定以來，士大夫專以朱氏之學爲仕途捷徑。"①由這條捷徑成功走入仕途的士大夫們，又成爲後來士人所效法的榜樣。實惠的利益驅動，首先讓朱子學在產生士大夫的士人精英層獲得了廣泛的接受。而這樣的接受必然會像水波漫延，影響到所有的知識層以及社會的各個角落。

爲了應對大量的需求，一貫以刊刻科舉時文牟利的民間書坊也刊刻了大量朱子學的著作，這在客觀上也擴大了朱子學的影響。元代儘管長時期停廢科舉，但士人的期待，加之文化運行的慣性力，依然讓朱子學在社會上擁有廣泛的市場。

（四）朱子學在政治上更傾向整合皇權

謀求與皇權的協調與共生，就決定了朱子學在南宋也比吕祖謙、陳亮等其他主張在政治上強力制約皇權的學派更佔有政治優勢。② 這種政治路向與策略主導下的朱子學，進入元代，與主流政治不至於發生衝突，反倒借助於民間的影響爲新朝廷所接受。

一個明顯的謀求與皇權的協調與共生的事例是，元好問等人推尊元世祖忽必烈爲"儒教大宗師"，忽必烈很高興地接受了這一提議。③ 這種巧妙方式，讓以朱子學爲主的儒學超越民族，在新的環境下獲得了政治支持。

（五）中原和北方遼、金、西夏崇儒的文化地理基礎

在遼、金、西夏治下的北方與中原，並非是一片蠻荒之地，承繼唐宋的社會

---

① ［明］程敏政編：《新安文獻志》卷四五載許月卿《婺源朱塘晦庵亭祠堂碑》，《景印文淵閣四庫全書》第 1375 册，第 575 頁。
② （美）田浩：《宋代思想史的再思考》，《復旦學報》2019 年第 1 期。
③ ［元］陳桱：《通鑑續編》卷二四《秋七月蒙古以張德輝參議中書省事》載："（張德輝）與元好問啓請世祖皇帝（忽必烈）爲儒教大宗師，帝悦而受之。"元刊本，葉 2b。

文化,前後入主中原的遼金政權,自認是中國的正統,不僅以"中國"自稱,也在深層次接受中原文化的進程中,紛紛崇尚儒學。早在918年,遼太祖耶律阿保機就說"佛非中國教",而聽從太子耶律倍"孔子大聖,萬世所尊,宜先"的建議,興建孔廟,並在春秋舉行祭祀。① 金熙宗不僅在上京興建孔廟,還封孔子後裔爲衍聖公。親往孔廟祭奠的金熙宗甚至這樣講道:"孔子雖無位,其道可尊,使萬世景仰。"②《金史》本紀還記載熙宗"頗讀《尚書》《論語》"③。從金朝前期的熙宗,到後期的章宗,作爲九五之尊的帝王,都曾親至孔廟,面對孔子像,恭恭敬敬地"北面而拜"。④ 西夏的仁宗更是把素王昇爲帝王,尊孔子爲文宣帝。⑤ 此前的景宗還曾組織翻譯儒學經典,"譯《孝經》《爾雅》《四言雜字》爲蕃語",毅宗時向宋朝"求九經、唐史、《册府元龜》及宋正至朝賀儀,詔賜九經"。⑥ 宋朝統治以外的中原乃至北方政權尊孔崇儒的政治導向,既影響到當時當世的社會文化,也作爲一種傳統傳遞給了後來的元朝統治者。早在滅宋十多年前的1267年,在蒙古腹地就有"蒙古敕上都重建孔子廟"之舉,此時蒙古文字甚至還未創制。⑦ 有這樣的背景,後來對北上的道學大宗朱子學的接受,也是順其自然。這種文化地理基礎,無疑是朱子學在宋元以後從江南席捲中原、北方乃至全域的重要因素。

(六) 出於元廷的政策導向

早在窩闊台時期,已由孔子後裔孔元措主持取代成吉思汗時使用的西夏樂,將漢文化的舊金禮樂用於蒙古朝廷。⑧ 並召名儒"直釋九經,進講東宫"。⑨ 忽必烈從儒學經典《易經》"大哉乾元"立國號爲"元",建元"中統"。伴隨著全

---

① [元]脱脱等:《遼史》卷七二《義宗倍》,北京:中華書局,1974年,第1209頁。
② [元]脱脱等:《金史》卷四《熙宗紀》,北京:中華書局,1975年,第77頁。
③ 《金史》卷四《熙宗紀》,第78頁。
④ 《金史》卷四《熙宗紀》、卷一〇《章宗紀》,第78、230頁。
⑤ 《宋史》卷四八六《夏國傳》下,第14025頁。
⑥ 《宋史》卷四八五《夏國傳》,第13995、14002頁。
⑦ [明]陳邦瞻:《宋史紀事本末》卷一〇〇《蒙古立國之制》,北京:中華書局,2015年,第1101頁。
⑧ [明]宋濂:《元史》卷七二《郊祀志》載:"又用孔氏子孫元措言,合祭昊天后土,始大合樂作牌位,以太祖、睿宗配享。"北京:中華書局,1976年,第1781頁。
⑨ [明]宋濂:《元史》卷一四六《耶律楚材傳》,第3459頁。

國統一，漢民族聖人孔子的地位越來越高，元成宗下詔說"孔子之道，垂憲萬世"，通令全國一律崇奉。① 到元武宗時期，孔子被封爲"大成至聖文宣王"，② 達到前所未有的崇高地位。崇奉孔子，必然會崇奉儒學的當代形態道學，推崇道學的主流朱子學。

並且，在漢族以及漢化程度較深的其他民族士人的影響下，在窩闊台時期，蒙古統治者就曾以"儒通吏事"和"吏通經術"爲標準③選拔官員，由此可見其對儒學經術的重視。後來又根據耶律楚材的提議，設置了儒户。儒户的設置儘管是對待佛道等教徒的政策參照，又把士人與工匠、屠夫等編户齊民，等同相待，但也給成爲儒户的士人帶來免除賦役的優待。

重要的是，從南宋晚期"士籍"的出現，到元代儒户的設置，不憑血緣，不靠門第，無恒産的士終於以精神貴族的身份確立了地位。這種身份地位的確立，無疑與江南儒學生發的道學巨大影響有關。從元代多達十萬户的儒户到清代太平天國之後的一百五十萬人之多的鄉紳，其間若明若暗的聯繫，展示著宋元變革的軌跡。

（七）朱子學與元廷的互相接納

宋亡之後，由金入元的北方士人較少擁有華夷之辨的意識，對蒙元統治並無太多的抵觸。這些在政治上居於優勢的士人，影響了由江南北上的士人，二者合流，共同弘揚道學。並且隨著時間的推移，多數士人逐漸不再強調"夷夏大防"，認同蒙元的合法統治，認爲"天命歸元"④。

這種在政治倫理意識上對元廷的接受，又讓元廷更爲樂於接納道學這種已從盛行的江南向北方浸潤的儒學新形態。朱子學的主要傳人魏了翁的後人請求重建鶴山書院，稱元朝爲"聖明之朝"，而盛元時期的元文宗又認同故宋魏了翁傳承性命道德之學，而命虞集"題鶴山書院，著記以賜之"⑤，就是明顯的一例。

---

① 方齡貴：《通制條格校注》卷五《廟學》："至元三十一年七月，欽奉聖旨：諭中外百司官吏人等，孔子之道，垂憲萬世，有國家者，所當崇奉。"北京：中華書局，2011年，第210頁。
② [明]宋濂等：《元史》卷二二《武宗紀》，北京：中華書局，1976年，第484頁。
③ [明]宋濂等：《元史》卷八三《選舉志三》，北京：中華書局，1976年，第2072頁。
④ 參見蕭啓慶：《元朝史新論》，臺北：允晨文化，1999年，第114—136頁。涂雲清：《蒙元統治下的士人及其經學發展》，臺北：臺灣大學出版中心，2012年，第88頁。
⑤ [元]虞集：《道園學古錄》卷七《鶴山書院記》，《景印文淵閣四庫全書》第1207冊，第112頁。

（八）朱子學整合諸學説的結果

弱勢的南宋中央政權無力對強勢的地方社會施以全面的思想鉗制,特別是面對"慶元黨禁"之後的道學逆反,朝廷基本採取了放任的態度。在這樣的政治背景之下,地方繁榮的經濟環境又滋潤了學術交流的興盛。類似春秋戰國時期的百家爭鳴,也在外敵壓力下的承平環境中得以産生。

各學派學説之間並非處於涇渭分明的狀態,而是通過交往論辯而互相吸收。其中強勢的朱子學則整合了諸如湖湘性學、陸九淵心學以及浙東事功之學等各種學説的一些因素,最終成爲主流,從而在元代定於一尊。美國學者田浩就認爲,朱熹在 1190 年以後,更加願意與陸九淵門人建立共識。①

回溯道學的發展史,各個學派當初的確是壁壘森嚴,井河難犯。正如《宋元學案》所言,"當乾道、淳熙間,朱、張、吕、陸四君子皆談性命而辟功利,學者各守其師説,截然不可犯"。② 不過,這種狀況,首先由陳亮開始大聲疾呼,開始扭轉,③繼又由於"慶元黨禁"嚴酷打壓而形成了同舟共濟的凝聚力。從而,道學諸學派雖論旨、師從各異,但逐漸走向趨同。

道學諸學派間的融合貫通,不僅體現在學問的內容上,還反映在學者的師從上。比如被《宋元學案》列入"東萊門人"的鞏豐④,就是"學吕氏者也,然亦及學朱氏"。而另一個學者孫應時的師承,則爲陸九淵、朱熹、吕祖謙。⑤ 一個人

---

① （美）田浩:《朱熹的思維世界》,南京:江蘇人民出版社,2009 年,第 227 頁。
② ［清］黄宗羲撰,全祖望補修,陳金生、梁運華點校:《宋元學案》卷五六《龍川學案》"龍川門人:簽判喻蘆隱先生偘",北京:中華書局,1986 年,第 1850 頁。
③ 《宋元學案》卷五六《龍川學案》"龍川門人:簽判喻蘆隱先生偘"載:"陳同甫崛起其旁,獨以爲不然。且謂,性命之微,子貢不得而聞,吾夫子所罕言,後生小子與之談之不置,殆多乎哉! 禹無功,何以成六府? 乾無利,何以具四德? 如之何其可廢也! 於是推尋孔、孟之志,六經之旨,諸子百家分析聚散之故,然後知聖賢經理世故,與三才並立而不廢者,皆皇帝王霸之大略。明白簡大,坦然易行。"第 1850 頁。
④ 《宋元學案》卷七三《麗澤諸儒學案》"東萊門人:提轄鞏栗齋先生豐",第 2447 頁。
⑤ 孫應時師承陸九淵,見張淏《寶慶會稽續志》卷五載:"年方弱冠,從江西象山陸公九淵悟存心養性之學。"［宋］張淏:《寶慶會稽續志》,《宋元方志叢刊》影印本,第 7 册,第 7153 頁。又《陸九淵集》卷三六《年譜》載陸九齡與學者書亦云:"子静(九淵)入浙,則有楊簡敬仲、石崇昭應之、諸葛誠之、胡拱達才、高宗商應朝、孫應時季和從之游,其餘不能悉數,皆寘寘篤學,尊信吾道,甚可喜也。"［宋］陸九淵:《陸九淵集》,北京:中華書局,1980 年,第 488 頁。師承吕祖謙,孫應時《燭湖集》卷一六《哭吕東萊先生》詩,有"鏡曲重攜杖,京都再及門。詩書窺梗概,耳目竟煩昏"句,［宋］孫應時:《燭湖集》,(轉下頁)

連起了幾個學派,也是折射道學流派非斥而相容的典型案例。

(九) 吸收儒學以外的思想資源

自從域外佛教傳來,不僅刺激了中國本土宗教道教的發展,其思想也影響了儒學。三教交互影響是很早便出現的狀況,北宋的理學則更多地吸收了禪宗等佛教的思想資源,三教合一成爲明顯的思想潮流。① 南宋開始大盛的道學,承繼這一潮流,從格物致知做起,更多地關注到内心世界,無論朱子學、陸學,抑或是其他儒學流派,都不同程度地對儒學以外的各種思想資源有所吸收。

這種思想融合不僅豐富了儒學自身,使儒學本身擁有了更爲旺盛的生命力,也讓原本信仰其他宗教的人們對儒學感到親切,從而擴展了受衆和影響。特別是注重於移風易俗、普及教化的朱子學,與地域社會的民衆接觸密切,以相容和包容的姿態來平視其他信仰,使人們對朱子學較少產生排斥感。

進入元代,朝廷對儒釋道一視同仁的宗教政策的施行,其實也包含儒學自身吸收不少其他宗教思想的因素,因而才不被排斥。元廷在恢復科舉後指定朱子學爲唯一的取士標準,儘管像是一種具體的技術性施策,但其客觀效果已使儒釋道一視同仁的政策開始向儒學、特別是向朱子學傾斜。這種政治因素與地域社會受衆廣泛的狀況合流,朱子學成爲全社會的儒學主流則是勢所必然。

(十) 廣域涵蓋的衆多弟子的弘揚

美國學者田浩曾利用陳榮捷統計的朱熹門人數字,做過這樣的分析,

(接上頁)《景印文淵閣四庫全書》第1166册,第714頁。吕祖謙《東萊吕太史文集》附録卷三《哀詩》載此詩,徑題"門人孫應時",[宋]吕祖謙著、黄靈庚、吴戰壘主編:《吕祖謙全集》第3册,杭州:浙江古籍出版社,2017年,第753頁。師承朱熹,張淏《寶慶會稽續志》卷五載:"登淳熙乙未進士第。初尉黄巖,士民惜其去,欲共置田宅留居焉,辭不受。朱文公熹爲常平使者,一見即與定交。"《宋元方志叢刊》影印本,第7册,第7153頁。[宋]朱熹:《晦庵先生朱文公文集》卷五四,有《答孫季和應時》書二篇,皆爲教誨門人語,而此卷亦標作"知舊門人問答",見朱傑人、嚴佐之、劉永翔主編:《朱子全書》第23册,上海:上海古籍出版社,合肥:安徽教育出版社,2002年,第2535—2538頁。清萬斯同所撰《儒林宗派》,亦於卷一〇"朱子門人"和卷一一"吕氏學派""陸氏學派"均記有孫應時之名。[清]萬斯同:《儒林宗派》,《景印文淵閣四庫全書》第458册,第556、562、565頁。

① 參見王瑞來:《宋代士大夫的精神結構與社會轉型——以趙抃崇佛爲視點的考察》,《國際儒學》2023年第1期。

378名學生的籍貫,福建佔43%,浙江21%,江西21%,其餘15%來自其他地區。① 衆多弟子在廣域範圍進行的道學弘揚,讓朱子學較之其他道學流派聲勢更大,影響更廣。這種聲勢與影響不能不被從上到下的各個階層與勢力所矚目和利用。

道學,是江南儒學的主要顯現。其實,作爲道學的面相,朱子學僅僅是呈現出一種主流形態。從北宋理學發展而來的南宋道學,是一個集合概念,具有廣泛的包容性,涵蓋了那個時代的儒學名家以及衆多的士人乃至布衣學者。以私淑弟子成爲南宋後期朱子學重要傳人的魏了翁就曾這樣縷述過道統:"自井田、封建壞,君師之職分不明,六經之道千數百年幾爲未試之書。國朝自周、程、張氏及近世朱、張、呂氏相與扶持綿延,斯道復明。"②

從魏了翁的縷述看,北宋是周敦頤、二程、張載,南宋是朱熹、張栻、呂祖謙,這是一個涵蓋很廣泛的道統概括,沒有強調朱子學一枝獨秀。其實,南宋後期以降的道學就是這樣一種集合的形態,魏了翁的概括很準確。唯其集合,沒有排他,才具有凝聚力,方顯恢宏,方有不斷的壯大,從而顯示出強大的影響力。

(十一)出於朱子學目光向下的通俗普及

以朱子學爲主的江南儒學,一反艱深繁瑣的經學注疏傳統,以通俗易懂的言傳身教來普及教化。朱熹主張下學上達,學由漸進,當時陸九淵覺得朱熹一派的作法支離破碎,主張"見性明心,不涉箋注訓詁,而直超于高明光大",但朱熹則"每不然之,以爲江西之學近乎禪",③其實朱陸異同僅僅是在於尋求真理的路徑有別。

朱熹的主張是針對資質平平的普通人而言,陸九淵則是面向悟性很高的聰明人而發。入學取徑的差異,便讓後來很多學者由陸學轉向了朱學。元人黃溍就曾講到過這種學術轉向:"四明之學,祖陸氏而宗楊袁,其言朱子之學者,自黃氏震、史氏蒙卿始。"

---

① (美)田浩:《朱熹的思維世界》,第283頁。
② [宋]魏了翁:《鶴山集》卷七四《中大夫秘閣修撰致仕楊公墓誌銘》,《景印文淵閣四庫全書》第1173冊,第164頁。
③ [元]劉壎:《隱居通議》卷一《朱陸》,《景印文淵閣四庫全書》第866冊,第24頁。

爲什麼會產生這樣的學術轉向呢？從黃溍接下來講的黃震和史蒙卿的治學主張與特點應當可以概見："黃氏主於躬行，而史氏務明體以達用。"①"躬行"與"明體以達用"都是注重學以致用的實踐操作。錢穆先生指出，"朱子在經學中，於禮特所重視"②。在具體操作上，比如對鄉飲酒禮，朱熹也做了簡化的改革。③ 錢穆先生又説："朱子治禮，則以社會風教實際應用爲主。"④當然，雖説當時道學顯現出的表象爲由陸轉朱，但其實並不是對陸學的簡單放棄，而是二者融合。按南宋後期劉辰翁的話説，就是"貫徹朱陸"⑤。

朱子學這種放下身段的普及操作，不僅在南宋，在元代也爲各個文化水準的社會層次所易於接受。其實，從本源來看，儒學從來都是一種關懷現實的學問，貼近生活。孔子就説"未知生，焉知死"，強調的是當下的世界。縱觀儒學發展的歷史，經歷過魏晉玄學以及個别理學的形而上的艱深玄虚，而以朱子學爲主的道學，又在平民文化興盛的宋元社會轉型大背景下，回歸貼近民衆。

南渡之後的平民文化，一直籠罩在戰争的陰影下，不追求永恒，不嚮往虚幻，關注生活日常，珍惜身邊的實際。這種意識，在南宋繪畫中也有顯現，全景式的宏大叙事消失了，有的是畫面的截景邊角，剩山剩水。南宋畫家認爲這才是真山真水，可以把玩的眼前存在。文化藝術的相通，便讓朱子學也敏感地捕捉到這樣的社會意識，自然而然地走了一條下行路綫。朱子學向社會努力推廣與浸透狀況，從《宋史翼》的一則記載中也可以觀察到：朱熹弟子程永奇"冠婚喪祭，悉用朱氏禮，鄉族化之"⑥。

（十二）出於北方儒士的接受與揄揚

在元統一之前，江南波濤澎湃的道學僅僅透過個别因素對處於相對分裂

---

① ［元］黃溍：《文獻集》卷九下《將仕佐郎台州路儒學教授致仕程先生墓誌銘》，《景印文淵閣四庫全書》第1209册，第562頁。
② 錢穆：《朱子之禮學》，《朱子新學案》第4册，臺北：聯經出版事業公司，2010年，第127頁。
③ 楊華：《朱熹與宋代的鄉飲酒禮變革——兼論禮典設計對地方官僚政治的回應》，《武漢大學學報》2019年第3期。
④ 錢穆：《朱子之禮學》，《朱子新學案》第4册，第128頁。
⑤ ［宋］劉辰翁：《須溪集》卷七《黃純父墓誌銘》載："（黃丙炎）自其父得聞象山之學於其諸大父，益貫徹朱陸。"《景印文淵閣四庫全書》第1186册，第549頁。
⑥ ［清］陸心源：《宋史翼》卷二五《程永奇傳》，北京：中華書局，1991年，第269頁。

狀態的北方有著微弱的波及。遼金以來,漢唐經學加上理學因素在北方只是悄然存續。高度吸收中原文化的金朝治域,儼然成爲幾乎可以與兩宋相媲美的科舉社會,成長出大批士人,對周程理學也有研習傳播。蒙金、蒙宋之間的戰爭帶來的流離,造成了學者的流徙,如被俘的趙復燕京講學等,客觀上促進了朱子學的北上傳播。南北士人合流,與政治結合緊密的北方儒士姚樞、許衡等人對朱子學的接受和大力弘揚,更爲加速了朱子學在北方的傳播。元人蘇天爵就留意到這一現象,他曾這樣講述許衡在傳播朱子學方面的作用:"既相世廟,遂以其學推行天下。迄今海内家蓄朱子之書,人習聖賢之學者,皆文正公輔相之力也。"① 連明太祖朱元璋都注意到了許衡在元廷支持下所起的巨大作用:"北夷元世祖入主,其文武才能不求備於一士,可謂之天人矣。其名能於一藝,當用之時,雖一藝不能備者,則不用焉。當是時,元得一士而立綱紀,明彝倫,半去胡俗,半用華儀,中國得生全者,我漢儒許衡是也。如此者不三十年之間,華夷儒風競起,人雖不爲名儒,昔之不效者,今識字矣。所以雲從龍、風從虎,聖人作而萬物睹,信有之。"②

　　停廢幾十年的科舉,在元仁宗之時得到恢復。這與儒者李孟作爲帝師對元仁宗的影響有很大關係。"時武宗、仁宗俱未出閣,徽仁裕聖皇后求名儒職輔導,公首當其選。大德元年,武宗撫軍北邊,仁宗時留宫中。公日陳善言正道,從容啓沃,多所裨益。"③ 有了這樣的影響,才有了後來的結果:"(仁宗)皇帝御極,陞先儒周敦頤、程顥、程頤、司馬光、張載、邵雍、朱熹、張栻、吕祖謙、許衡從祀。廣弟子員爲三百,進庶民子弟之俊秀相觀而善業精行成者,拔舉從政。又詔天下三歲一大比,興賢能。"④ 正是由於北方及在朝儒士的廣泛接受與大力揄揚,才使儒學也完成了南北統一,朱子學覆蓋全域。

---

　　① [元]蘇天爵撰,陳高華、孟繁清點校:《滋溪文稿》卷三〇《題晦庵先生行狀後》,北京:中華書局,1997年,第509頁。
　　② [明]朱元璋撰,胡士萼點校:《明太祖集》卷一六《辯答禄異名洛上翁及謬贊》,胡士萼點校本,合肥:黄山書社,1991年,第346—347頁。
　　③ [元]黄溍著,王頲點校:《黄溍集》卷二三《元故翰林學士承旨中書平章政事贈舊學同德翊戴輔治功臣太保儀同三司上柱國追封魏國公謚文忠李公行狀》,王頲點校本,杭州:浙江古籍出版社,2013年,第705頁。
　　④ [元]程鉅夫:《大元國學先聖廟碑》,李修生主編:《全元文》卷五三六,南京:江蘇古籍出版社,1998年,第339頁。

三、南北合流，朱子學覆蓋全域

　　江南儒學北上，在元朝統一中國大陸之前，像涓涓細流那樣悄然而緩慢地浸透，是結合各種偶然因素的個別傳播，可謂"潤物細無聲"。借政治統一之勢，無戰亂與疆界的阻隔，以朱子學爲主的江南儒學，則像大潮一般湧向中原和北方，實現了道學的南北統一。關於這一點，我們可以通過一例虛構的個案來具體觀察。

　　宋末元初，在江南朱熹的故鄉有位叫熊禾的學者，從輔廣學，是朱熹的三傳弟子。在著述方面，他寫下許多朱熹未來得及撰述的著作，豐富了道學。熊禾的文集《勿軒集》前有一篇託名許衡寫的序文，①對熊禾的成就做了高度評價。

　　《熊勿軒先生文集序》云："先生生文公考亭閭里，雖未及門受業，其真才實學，著書立言，實有功于文公也。"直接指出熊禾是朱熹功臣。文集序還通過訴説熊禾之幸與不幸來表達作者自己的見解："惜乎遭末宋叔世，不能以竟其蘊，乃時之不幸，非先生之不幸也。然其遺書尚存，嘉惠後學，於以立綱常，關世教，紹統緒，實斯文之幸，天下後世之幸。"通過講述幸與不幸，指出了熊禾的貢獻，這就是"立綱常，關世教，紹統緒"。文集序很看重名聲不顯的熊禾所帶給"天下後世之幸"，在開頭就鋪墊了這一層意思："文之傳世，豈易云乎？不深于道德，不能以爲文；不關乎世教，不足以言文。道德其本，世教其用與。求其真才實學，全體大用，具天地之綱常，壽斯民之命脈，紹聖賢之統緒者，吾于建陽熊先生足徵焉。"

　　文集序的這些話，其實是在強調熊禾在傳承道統方面的重大作用。許衡去世時，熊禾剛剛三十未過半。沒有資料表明二人有過交集。據考證，文集序是明人託名許衡所爲。爲何要託名許衡？前面曾經述及，許衡作爲姚樞的弟子，在元朝統一之前的道學傳播中，發揮了重要的作用。統一之後，許衡與江南儒學產生了直接的接觸，學承北方的許衡對江南儒學的朱子學道統有著明確的認同。這種認同則折射了道學的南北統一而無殊。這樣的背景，讓明人

---

① ［元］許衡撰，許紅霞點校：《許衡集》卷八《熊勿軒先生文集序》，北京：中華書局，2019 年，第 304 頁。按《四庫提要》以 "禾卒于仁宗皇慶元年，自至元訖皇慶，相距三十餘年，何以先稱其疾卒" 作爲證據，認爲此序 "年月錯繆、依託顯然"。祝尚書先生認爲是明代書商所爲。參見祝尚書：《宋人別集敘錄》，北京：中華書局，1999 年，第 1476 頁。

架空建構了一個許衡與熊禾隔空交流的傳説。

許衡序文雖屬偽託,但值得深思的是,清人從思想脈絡的層面,却完全認同並接受了這一虛構的傳説。清人朱軾撰《史傳三編》卷七《名儒傳》六《熊禾傳》,在"論曰"部分這樣寫道:"禾與許衡出處不同,一則抱采薇之孤志,一則際從龍之盛遇。然禾謂衡倡明文公之學,啓沃君心,栽培相業,以開治平之原;而衡序禾遺集有立綱常、關世教、紹統緒之稱。蓋其心同,其道同,易地則皆然也。殆孟子所謂其趨一者是耶。"① 檢視《勿軒集》卷一,朱軾所轉述熊禾評論許衡的言論出自熊禾所撰《考亭書院記》,其云:"過江來,中州文獻欲盡,自左丞覃懷許公衡,倡明公學,家誦其書,人尊其道,凡所以啓沃君心、栽培相業、以開治平之原者,皆公餘澤也。"② 這表明,儘管許衡幾乎完全没有可能與熊禾見過面,但熊禾顯然對許衡有著較深的瞭解。這段話不僅評價了許衡推廣普及朱子學之功,更是高度讚揚了許衡以朱子學"啓沃君心,栽培相業,以開治平之原"的政治意義。

入世的儒學從誕生之日起,便有著明確的爲拯救亂世開藥方的意識,而經歷"獨尊儒術"之後,儒學的政治學意義更被光大。宋亡後隱居不仕的熊禾認同仕元的許衡所發揮的作用,無疑是在異族入主中原的特殊背景下,對許衡以道學規勸君相,以文化蠻的肯定。

道學的南北合流,道統歸一,從明人建構和清人認同的熊禾與許衡隔空交流傳説也可以略見一斑。

結語:元儒繼往開來

在朱子學的基礎之上,元儒有著繼往開來的使命感,針對性地對道學進行了補充和弘揚。比如與朱熹同里的熊禾就認識到具有開創之功的朱熹還有許多學術事業尚未來得及做:"謂朱子平生精力,惟在《易》與《四書》兩部,《詩》僅完稾,《尚書》開端而未及竟,三《禮》雖有《通解》,缺略尚多。勉齋黄氏、信齋楊

---

① [清]朱軾:《史傳三編》,《景印文淵閣四庫全書》第 459 册,第 125 頁。
② [元]蘇天爵:《元文類》卷二九《考亭書院記》,《景印文淵閣四庫全書》第 1367 册,第 361 頁。

氏粗完《喪制》二編,而授受損益精意,竟無能續。若《春秋》,則不過發其大義而已。"①"當吾世不完,則亦愧負師訓矣。"②使命感使然,熊禾"因於每經取一家之説爲主,而裒衆説以疏之。剖析異同,多擴先儒所未發"③。僅此一例,我們便可以概見道學在元代的發展與充實。

元儒的成就奠定了後世的學術基礎。此後的明清,儘管統治者的族屬不同,政治環境也差别巨大,但宋元變革已將地域社會塑形,上百年形成的傳統也有著強大的慣性力,因此從廟堂到江湖,朱子學的主體地位屹立不倒,並且生根開花,大放異彩,衍生出諸如陽明學等許多儒學流派,影響從中國一直覆蓋迄止於近代的漢字文化圈。

---

① [清]陸心源:《宋史翼》卷三四《熊禾傳》,第369頁。
② 《宋元學案》卷六四《潛庵學案》劉氏門人《參軍熊勿軒先生禾》,第2068頁。
③ [清]陸心源:《宋史翼》卷三四《熊禾傳》,第369頁。

南宋慶元黨禁後寧宗期對朱子學的接受*

上饒師範學院朱子學研究所　徐公喜

摘　要：嘉泰二年（1202），"慶元黨禁"弛禁。之所以會快速弛禁，主要是基於宋寧宗政治權力的平衡，以及韓侂胄對待道學派態度轉變所起的作用，而當時"真僞已別，人心歸正"的局面也爲弛禁提供了條件。"嘉定更化"後，由於寧宗對理學抱有一定的希望，作爲韓侂胄政治對立面的史彌遠、衛涇等權臣對以朱子學爲核心的理學的支持與褒揚，加之劉爚、真德秀等朱子門人後學不遺餘力地推崇，使得寧宗接受了朱子理學，並對朱子賜諡，不斷促進朱子學在國家、民間教育與祭祀中滲透。這是朱子學走向官學化、制度化的重要方面。

關鍵詞：寧宗期；朱子學；"慶元黨禁"；政治平衡

一、"慶元黨禁"弛禁與朱熹平反

説到朱子學官學化開始的歷程，就不能不提及慶元黨禁的解除。自慶元元年（1195）黨禁開始，到嘉泰二年（1202）韓侂胄向寧宗請旨"弛學禁""稍示更改"，建議寧宗弛僞學之禁，追復趙汝愚資政殿大學士，朱熹以華文閣待制致仕，同時恢復一批黨禁時所罷理學派官員的職位，任用真德秀等理學士大夫。從此，朱子學地位得到

---

* 本文爲國家社科基金規劃項目"傳統朱子學學史研究"（18ZBX065）的階段性成果。

迅速提升，逐漸步入官學化的新時代。在此，就必然會有一個疑惑，即弛禁之日正值韓侂胄權臣之勢如日中天，朱熹爲什麽會得到平反，也就是弛禁原因是什麽？

嘉泰二年，寧宗、韓侂胄對慶元黨禁的弛禁原因主要有以下幾個方面。

第一，宋王朝寧宗政治權力的平衡。

孝宗時代就是一種權力平衡政治，道學派士大夫和非道學派官僚之間總是不斷地爭鬥，爭鬥往往是以政治朋黨的面目出現，很少在學術上展開衝突。即使是唐仲友與朱熹的論戰，抑或林栗與朱熹的論戰，也並非完全是道學派與反道學派的學術思想爭論。不同派別所關注的領域不同，影響力也有差異。孝宗時代前期，道學派在民間繁榮發展，有相當的影響力，他們大多又屬於道德型、清議型士大夫，而反道學派則多爲事功型、才吏型士大夫，兩派之間矛盾衝突不可避免。隨著道學士大夫科舉入仕的強化，不斷向朝廷權力滲透，其社會影響日益擴大。孝宗淳熙後期，以周必大入相爲標誌，道學派終於形成爲能夠與反道學派分庭抗禮的政治勢力。這種結果是孝宗願意看到的，孝宗期待權力平衡分配策略的實現。何俊即認爲："慶元黨禁主要是政治上的派系鬥爭的產物，與此前的儒學思想論爭並無直接的關係，這種性質，決定了黨禁主要表現爲政治上的仕途罷黜，而不是學術思想上的封殺與清算。"[①]可以説，其對慶元黨禁性質的把握，是揭示寧宗、韓侂胄對待道學派態度的一個重要指向牌。

紹熙内禪，寧宗繼位，觸發了趙汝愚與韓侂胄的矛盾，寧宗需要在權力平衡中做出抉擇。對其而言，最爲重要的是權力穩定。作爲"慶元黨禁"主要當事人，寧宗的天平抉擇對於政治權力格局具有舉足輕重的意義。慶元前已經形成以趙汝愚、留正、王藺、周必大等爲核心的道學政治集團，以及以朱熹爲首的道學學術集團。道學趙黨不公平地對待（或言打壓）以韓侂胄爲首的反道學士大夫集團，不但引起了反道學集團以及一般士大夫的不滿，而且也打破了寧宗權力平衡的期望，包括宋皇室的基本要求。寧宗不會容忍來自宗室（趙汝愚）相權的威脅以及道學素王（朱熹）對皇權的干預。沈松勤認爲宋代"近倖之所以如此權傾一世，並非是因爲竊取了'陛下之柄'，而恰恰是孝宗利用近倖勢

---

① 何俊：《慶元黨禁的性質與晚宋儒學派別的整合》，《中國史研究》2004 年第 1 期。

力,削弱宰相諫諍之權而強化皇權的表現"①。寧宗回復黃艾提出罷黜朱熹的原因就指出,"始除熹經筵耳,今乃事事欲與聞"②,指責朱熹居然借著侍講身份,多次進劄論議朝政,破壞規矩,超越其本身職責,引起皇帝猜忌。而且朱熹又以素王帝師身份説教,更有挾君之嫌,引得寧宗不滿。這些都涉及政治事宜。朱熹七次侍講都是圍繞《大學》正心誠意、格物致知,讓一個剛繼位的 27 歲年輕皇帝聽起來感覺枯燥無味,所以寧宗以爲"朱熹所言,多不可用"。寧宗此時對於朱熹及其學問的態度主要就是不滿與無用,他還没來得及讀朱子之書,没來得及考慮國家治理的理論問題。真正領悟朱子學對治政的意義,需要一定的政治歷練時間。寧宗理政最大的策略就是北宋趙匡胤以來一貫的"權力平衡",這一政治策略也保證了寧宗三十年的皇位穩定。就這一點而言,寧宗還是具有"雄才"的。因此,此時寧宗非常忌諱朋黨之争。張端義《貴耳集》曾言:"朝廷大患,最怕攻黨。伊川見道之明,不能免焉。淳熙則曰道學,慶元則曰僞党,深思由來,皆非國家之福。"③

慶元黨禁時期,正是在寧宗直接授意和支持下展開了對道學集團趙汝愚、朱熹的清算。寧宗以"御批"形式進行了重要人事調整,支持與其最大利益高度一致的韓侂胄集團,共同反對道學集團。故而,朱熹才會説寧宗"即位未能旬月,而進退宰臣,移易臺諫,皆出陛下之獨斷,中外咸謂左右或竊其柄"④。吴獵則指出:"陛下臨御未數月,今日出一紙去宰相,明日出一紙去諫臣,昨又聞侍講朱熹遽以御劄畀祠,中外惶駭,謂事不出於中書,是謂亂政。"⑤王介也説:"陛下即位未三月,策免宰相,遷易臺諫,悉出内批。"⑥韓侂胄一派充分利用寧宗濫用御筆,使實際政治權力向韓侂胄一派傾斜。

然而,慶元黨禁的重點並非指向朱子學派學術團體,而是政治權力集團。故而,黨禁開始後,反道學派不斷上書攻擊、誣陷理學。中書舍人汪義端甚至

---

① 沈松勤:《南宋文人與黨争》,北京:人民出版社,2005 年,第 180 頁。
② [宋]李清馥撰,徐公喜等點校:《閩中理學淵源考》卷一九《侍郎黃伯耆先生艾》,南京:鳳凰出版社,2011 年,第 305 頁。
③ [清]永瑢等:《四庫全書總目》卷五七《慶元黨禁》,北京:中華書局,1997 年,第 521 頁。
④ [宋]朱熹:《晦庵朱文公先生文集》卷一四《經筵留身面陳四事劄子》,朱傑人、嚴佐之、劉永翔編:《朱子全書》第 20 册,上海:上海古籍出版社,合肥:安徽教育出版社,2002 年,第 680 頁。
⑤ 《宋史》卷三九七《吴獵傳》,北京:中華書局,1985 年,第 12086 頁。
⑥ 《宋史》卷四〇〇《王介傳》,第 12153 頁。

"欲盡除"僞學之黨,但未得到寧宗同意。因爲寧宗知道,韓侂胄一派權力過於集中,"一時名士排擊殆盡"①,對皇權是有所威脅的。因此,寧宗一方面提出"論奏不必更及舊事,務在平正,以副朕救偏建中之意"②,提出"緩和",要求限制打擊面,不能大算老賬;另一方面對韓侂胄一派實施削弱措施,1199—1201年間,罷胡紘吏部侍郎、何澹知樞密院事,劉德秀出知婺州,京鏜去世,這樣反道學派原有骨幹先後或罷或死,寧宗拔除了來自韓黨對皇權的威脅。對立雙方的主要人物或逝世,或離開政治舞臺,政治集團力量削弱,寧宗的地位得到穩固。《宋史》即稱寧宗朝"初年以舊學輔導之功,召用宿儒,引拔善類,一時守文繼體之政,燁然可觀。中更侂胄用事,内蓄群奸,至指正人爲邪,正學爲僞"③。

第二,韓侂胄對待道學派的態度起到作用。

慶元黨禁時期的韓侂胄對待道學派的態度具有複雜多樣性。侂胄當權後期就開始有了弛禁迹象。《宋史·韓侂胄傳》言:"逮(京)鏜死,侂胄亦稍厭前事,張孝伯以爲不弛黨禁,後恐不免報復之禍。侂胄以爲然,追復汝愚、朱熹職名,留正、周必大亦復秩還政,徐誼等皆先後復官。僞党之禁寖解。"④

而在韓侂胄自我認識中,他與趙汝愚爭鬥行爲"實非其本意",曾言:"某初無此意,以諸公見迫,不容但已。"⑤"諸公"指的就是趙汝愚、朱熹。朱子門人曹彦約也持類似看法,認爲韓侂胄"攻逐黨人,實非平原本意"⑥。學者高紀春也認爲,"韓侂胄與趙汝愚的矛盾促成了反道學派與韓侂胄的合流,但在聯合打擊趙汝愚、朱熹等道學派的鬥爭中,雙方的動機却不盡相同。在反道學派那裏,主要是爲打擊道學而利用韓侂胄;在韓侂胄方面,則主要是出於自衛的目

---

① [元]佚名撰,汪聖鐸點校:《宋史全文》卷二九上《宋寧宗一》,北京:中華書局,2016年,第2446頁。
② [宋]李心傳撰,徐規點校:《建炎以來朝野雜記·甲集》卷六《御筆禁言舊事》,北京:中華書局,2000年,第140頁。
③ 《宋史》卷四〇《寧宗紀四》,第781頁。
④ 《宋史》卷四七四《韓侂胄傳》,第13775頁。
⑤ [宋]佚名撰,汝企和點校:《續編兩朝綱目備要》卷五,慶元五年春正月庚子,北京:中華書局,1995年,第88頁。
⑥ [宋]曹彦約撰,尹波、余星初點校:《曹彦約集》卷一二《上丞相論都城火災劄子》,成都:四川大學出版社,2015年,第279頁。

的,打擊道學並非其本意"。① 韓侂冑與趙汝愚之間的權力鬥爭是慶元黨禁的核心内容,"慶元道學之興廢,繫乎趙忠定之去留。彼一時也,聖賢之道學其爲厄已甚矣"②。余嘉錫更是直截了當地指出:"侂冑之與慶元黨人,本無深仇積怨,直因不得節鉞,以賞薄怨望汝愚。因朱子爲汝愚所引,忌其名高,故先去之。又因當時人心憤憤不平,遂以叛逆坐汝愚,以僞學誣朱子,爲一網打盡計。"③況且,朱熹在侍講過程中把矛頭指向了韓侂冑,而此時寧宗與韓侂冑正打得火熱,朱熹批評寧宗、韓侂冑,必然引發新的矛盾。同時,應該說此時的韓侂冑非"力主其說者",而是受反道學派牽制掣肘。

　　無論是韓侂冑本人,還是宋時學人,都認爲:在黨禁中,真正力主打擊道學、堅持黨禁的並不是韓侂冑,而是以京鏜、何澹、劉德秀、胡紘爲首的反道學派士大夫。當旁人問及韓侂冑,韓的回答也很明確:"問其人,乃知京鏜、劉德秀實主其事。"④李心傳在《道命錄》中認爲:"僞學之禁雖出侂冑,而力主其說者,宰執京鏜、何澹,臺諫劉德秀、胡紘也。至是,德秀、紘皆去,侂冑也稍厭前事。凡以僞學得罪者,往往奉祠、補郡。"⑤《續編兩朝綱目備要》也提出:"初,學禁之行也,京鏜、何澹、劉德秀、胡紘四人者,實横身以任其責,爲韓侂冑斥逐異己者,群小附之,牢不可破。"⑥因此,在這些積極製造黨禁的官僚離開政壇後,韓侂冑在獨攬權柄、權力鼎盛之際,慶元黨禁的步伐反而驟然鬆弛下來,這與韓侂冑擺脫了這些人的牽制掣肘不無關係。

　　嘉泰元年(1201),葉適被重新起用爲荆湖南路轉運判官,後知泉州府,授兵部侍郎之職。這也在客觀上表達了韓侂冑對待黨禁的態度。加之韓侂冑作爲北伐恢復主戰派,其北伐需要減少打擊面,且此時道學集團力量更趨勢微,原有的政治異己勢力難以對自己再構成威脅。道學派有諸多北伐的支持者,

---

① 高紀春:《道學與南宋中期政治——慶元黨禁探源》,河北大學 2001 年博士學位論文,第 80 頁。
② [清]黄宗羲著,全祖望補修,陳金生、梁運華點校:《宋元學案》卷三〇《劉李諸儒學案·道命錄序》,北京:中華書局,1986 年,第 1089 頁。
③ 余嘉錫:《四庫全書提要辯證》卷六《慶元黨禁》,北京:中華書局,2007 年,第 338—339 頁。
④ [元]佚名:《宋史全文》卷二九上《宋寧宗一》,第 2463 頁。
⑤ [宋]李心傳輯:《道命錄》卷七下,《四庫全書存目叢書》史部第 82 册影印明刻本,濟南:齊魯書社,1996 年,第 323 頁。
⑥ [宋]佚名:《續編兩朝綱目備要》卷七,嘉泰二年二月,第 124 頁。

是内部争取團結的對象。史載"侂胄圖恢復而意向移,學禁自是懈矣"①,保證内部和睦安寧,以便全力對外。另有《慶元黨禁》説韓侂胄是擔憂樹敵過多,而消釋内外敵,以防他日報復。

不管韓侂胄真實想法如何,他對待黨禁的態度並非確定無疑。諸多事實表明,韓侂胄黨禁的關注點在政治權力鬥争方面,對待理學具有"寬鬆"的傾向。早在慶元四年(1198)時,韓侂胄就同意給予道學"洗濯自新者"祠禄,反映對於道學黨禁有了鬆弛的迹象。我們目前看到的正史文獻大都是經由道學學者編著,對於韓侂胄的評價,總體偏向貶低。但是,通過現存文獻,亦能夠看出,時人對韓侂胄的評價還是存在分歧。周密《齊東野語》就提出韓侂胄"身隕之後,衆惡歸焉;然其間是非,亦未盡然"②。時人辛棄疾等對於韓侂胄北伐也給予了相當的評價,作詞讚頌之,期待韓侂胄北伐。

第三,"真僞已別,人心歸正",爲韓侂胄建議寧宗弛禁提供了條件。

慶元黨禁的發動重點是以趙汝愚爲首的權臣者,爲趙汝愚、朱熹進行辯解的在仕者成爲直接的被打擊者,並不過多關注學術界各派的分歧和争論,因而列入黨籍的59人就不僅僅只是道學派,也包括一般士大夫。有些朱子學派的重要人物並没有被列入黨籍名錄,如黄榦。浙學因與科舉場屋關係密切,所遭受的打擊反而超過朱子學派。黨禁的"禁僞"有著擴大化的傾向,士人普遍受害,造成人人自危的局面,整個社會渴望平和。隨著趙汝愚、朱熹的去世,黨禁黨争的原有具體目標已經逝去,嘉泰二年(1202),臺諫上奏寧宗提出"今陰陽已分,真僞已別,人心趨向已定,望播告中外,專事忠恪"③。

故而,在以上因素及朱子門人後學的努力下,從嘉泰二年(1202)慶元黨禁開始弛禁,給予趙汝愚、朱熹平反。爲朱熹平反,對於朱子學的發展意義非凡,這是宋王朝重新審視與認識朱子學的開始,自此以後的700年的歷史時期裏,在統治階層層面,朱子學幾乎再未受到質疑,而是不斷受到重視,由認識到接受,由接受到官學化,由官學化再到制度化,成爲國家意識形態的指導思想與規範。

---

① [宋]佚名:《續編兩朝綱目備要》卷七,嘉泰二年二月,第125頁。
② [宋]周密撰,張茂鵬點校:《齊東野語》卷三《誅韓本末》,北京:中華書局,1983年,第51頁。
③ [宋]佚名:《續編兩朝綱目備要》卷七,嘉泰二年二月,第124頁。

二、"嘉定更化"與寧宗對朱子學的接受

　　開禧三年,宋寧宗、史彌遠等誅殺韓侂胄,改明年爲嘉定元年,史稱"嘉定更化",形成了以知樞密院事史彌遠、右丞相錢象祖、參知政事衛涇等爲代表的新宰執群體。在政治上,朝廷爲趙汝愚平反,贈諡"忠定";分別特賜理學家諡號;表彰呂祖儉、呂祖泰與慶元六君子等;"薦引諸賢",召林大中、樓鑰等15位理學人士入朝,重新起用,並實施雕版印行朱熹著作等教學與科舉上有助於理學官學化的措施,以圖取得理學人士的擁戴,客觀上大大提高了理學派的地位。與此同時,黃榦撰朱熹《行狀》明確闡發理學道統譜系,將朱子作爲承續孔子到二程以來的傳承人,朝野呼聲甚高。尤其,嘉定二年(1209)底宋朝以爲朱熹"集諸儒之粹,有功於斯文",諡議云:"蓋孔氏之道,賴子思、孟軻氏而明,子思、孟軻之死,此道幾熄。及本朝而又明,濂溪、橫渠、二程子發其微,程氏之徒闡其光,至公而聖道燦然矣。"①賜諡朱熹曰"文"。

　　嘉定二年朝廷賜諡在宋王朝朱子學"官學化"進程中有著重要的意義。這是宋王朝國家對朱子學認可與接受的表達。劉述先《道統的建構與朱子在宋明理學中地位的衡定》認爲"道統的存續才是朱子與其同道的中心關注之所在"②。如果僅僅是追諡而没有從理學道統上評價朱子學,是没有現在這樣特殊涵義的。因爲,對於士大夫賜諡是慣例,而且嘉定時對宋以來理學先賢都予以追諡。嘉定九年(1216),張栻諡"宣"、呂祖謙諡"成";嘉定十年,陸九淵諡"文安";嘉定十三年,周敦頤諡"元"、程顥諡"純"、程頤諡"正";嘉定十六年,張載諡"明"。而邵雍早在神宗熙寧年間就賜諡"康節"。值得注意的是,除陸九淵諡"文安"、邵雍諡"康節"爲復諡外,其餘均爲單諡,顯然有所區別。這種區別來源於當時對東南三賢與陸九淵學術評價的差異。陸九淵諡"文安",指明象山之學統緒源於孟子之學。而東南三賢等爲單諡,高於陸九淵,就是將東南三賢之學與陸九淵心學作了層次上的明確區別,覆議認爲:"其後又得南軒張氏、晦庵朱氏、東萊呂氏續濂溪、明道、伊川幾絶之緒而振起之,六經之道晦而

---

　① 《宋史》卷三九《寧宗本紀三》,第754頁。
　② 劉述先:《道統的建構與朱子在宋明理學中地位的衡定》,《朱子學刊》第19輯,2009年。

復明。是三君子,奉常既已命諡矣。又有象山陸氏,自總角時,聞誦伊川語,嘗曰:'伊川之言,奚爲與孔子、孟子之言不類?'"①正是基於這樣的認識,象山與東南三賢之學被分割。嘉定二年朝廷賜諡朱熹詔書,是朱子學官學化過程中"國家認可與接受"的標誌,是官方對程朱理學作爲道統地位的正式確認。當然,還需要看到,嘉定年間,對宋以來其他理學先賢也給予追諡,賜諡朱熹並不意味著當時朱子學已經成爲整個國家的學術主導,更不能夠說已經成爲國家指導性學說,"朱子學"尚未"官學化"。

那麼,爲什麼在嘉定更化後,寧宗對朱子理學的態度發生了巨大變化?之所以如此,主要有以下幾方面因素。

首先,寧宗對理學抱有一定的希望。表面看來,寧宗一朝,朝野"皆言相不言君",寧宗無所作爲而"垂拱仰成"。但是,畢竟已經坐了14年皇位,寧宗帝王的作用還是不可忽視的。除統治者政治平衡術的因素外,寧宗皇帝認爲朱熹的理論"有德於朝"。

其次,作爲韓侂胄政治對立面的史彌遠、衛涇等權臣對以朱子學爲核心理學的支持與褒揚,以及余端禮、鄭僑等朝廷大臣作爲理學與反理學調和派的積極努力與平衡。

在寧宗朝,總體上是韓侂胄、史彌遠等柄權。"嘉定更化"後,史彌遠、衛涇等權臣對理學的支持無疑是朱子學得以發揚的重要因素。史彌遠本身就出身於與道學淵源頗深的四明史氏家族。其父史浩濡染三教,以儒爲本,樓鑰在《史浩碑銘》中稱史浩"貫通經史"。史浩任相時期,薦舉了大批理學士人,如淳熙五年(1178)朱熹任南康知軍就是史浩推薦的,其他舉薦的士人有陸九淵、葉適、楊簡、袁燮、薛叔似、趙善譽等,於理學有昌明之功。而史彌遠師從楊簡,與理學士人關係從密,深受理學影響。

爲鞏固權力,寧宗、史彌遠從兩方面入手。一方面,肅清韓侂胄勢力,甚至不惜擴大化,凡是支持過韓侂胄北伐恢復的一律視作韓黨,葉適、陸游等均被罷官,以扭轉長期以來形成的黨禁之風。另一方面,接受理學人士劉爚提出的"薦引諸賢"及真德秀"褒崇名檢"的建議。理學群體是韓侂胄打壓的對象,史

---

① [宋]李子愿編,[清]李紱增訂:《象山先生年譜》,《宋人年譜集目 宋編宋人年譜選刊》,成都:巴蜀書社,1995年,第272頁。

彌遠從政治考慮出發,需要扶持韓党對立面,援引理學之士入朝,任用黄度、樓鑰、楊簡等原慶元黨人,並且啓用了真德秀、魏了翁等朱子學知名之士。理學之士既有朱子一派,更多還有陸學士人。史彌遠當權時期採用了不同於韓侂胄"近習政治"運作模式的"宰相政治"①,不僅僅任用理學士大夫,而且還大量起用清流人士。可以說,宋寧宗、史彌遠在嘉定年間採取了包容策略,避免了黨争産生的影響。這種包容策略是以維護其政治地位爲出發點的,一旦其權威受到威脅時,他們是不能够接受的,甚至對於理學家就有一種"陽崇陰摧"態度。"嘉定而後,陽崇之而陰摧之"②。對於真德秀、魏了翁的罷黜就是如此,"傅伯成以諫官論事去,蔡幼學以詞臣論事去,鄒應龍、許奕又繼以封駁論事去。是數人者,非能大有所矯拂,已皆不容於朝。故人務自全,一辭不措,設有大安危、大利害,群臣喑嘿如此,豈不殆哉!"③

值得注意的是,史彌遠集團其他成員如衛涇、喬行簡、鄭清之等對理學也是相當親近的。嘉定七年,衛涇在湖南安撫使任上就曾奏請賜謚張栻。衛涇還薦舉過滕璘、輔廣、李燔及真德秀等朱子門人後學。從中亦可看出衛涇對於理學尤其朱子學抱持的是能够接受的態度。除此之外,還有一大批非理學學派士大夫在理學發展的大勢驅動下,採取了支持或不排斥理學的態度,這對於理學的官學化發展進程也是有益的。如寧宗嘉定元年(1208),詔議朱熹賜謚時,有大臣建議謚號爲"文忠",而太學博士章徠奏議謚狀,指出"惟公(朱熹)躬履純誠,潛心學問,近承伊洛,遠接洙泗"④,主持覆謚的吏部員外郎劉彌正亦推崇朱熹在理學"道統"的地位,主張賜謚單字"文",他們的奏議反映了在朝士大夫的普遍認識。

"嘉定更化"中,史彌遠很好地利用這樣的身份實現了對理學士人的拉攏,達到樹立其崇理的形象的目的。對於史彌遠弛禁道學、推動道學運動,後人多有評述。大多數人認爲史彌遠就是利用理學家的影響來强化專權統治,這方

---

① 參見安倍直之《南宋孝宗朝的皇帝側近官》,《東洋學集刊》88 卷,2002 年,第 83—103 頁;寺地遵:《韓侂胄專權的成立》,《史學研究》2005 年第 247 期,第 20—43 頁。
② 《宋元學案》卷首《宋元學案序録》,第 18 頁。
③ 《宋史》卷四三七《真德秀傳》,第 12963 頁。
④ [宋]葉紹翁撰,馮惠民、沈錫麟點校:《四朝聞見録·丁集·文公謚議》,北京:中華書局,1989 年,第 153 頁。

面的出發點肯定是有的。而理學也借史彌遠之力,得以實現發揚光大的雙贏目標。寧宗、史彌遠畢竟讓不少理學士大夫能夠參與朝政,理學士大夫才有機會借助獲得的權力、地位和聲望,影響朝野輿論公議,採取推動朱子學的措施,最終影響了南宋朝廷國策。"正是在史彌遠的主導下,道學開始由民間走向官方。"①作爲一個學派,能夠得到最高權力的肯定,對其發展無疑具有重要意義。

最後,門人後學不遺餘力地推崇朱子學。

朱子學自下而上,由民間而及於官方,繼而影響到帝王,改變了帝王當權者對朱子學的認識,並從慶元學禁中解放出來,門人後學在此過程中起到了重要作用。並且,門人後學對朱子學官學化、世俗化所起到的助推作用往往同時發生。寧宗、史彌遠爲理學平反,援引理學之士入朝,促使理學之士得以發揮作用。嘉定元年,針對於黨禁的有限解禁,後學真德秀在上殿奏劄中繼續呼籲解除學禁:"先破尚同之習,廣不諱之塗,朝政得失,俾臣下各盡所懷,而不以立異爲可厭,褒崇名檢,明示好尚,俾人人有士君子之行而不以沽譽爲可疑,則士氣伸而人心正,風俗美而治道成。"②嘉定四年(1211),朱子門人劉爚遷國子司業,上奏乞開僞學禁止。門人後學樓鑰、真德秀等人也爲"學禁遂開"做出了貢獻。真德秀在《攻媿集原序》中說:"當邪說充塞之時,首倡學者共尊朱公,後卒賴其言,而學禁遂開,道統有續。"③真德秀等的請求獲得了寧宗的肯定,明詔解除學禁。故《宋史·真德秀傳》說:"自侂胄立僞學之名以錮善類,凡近世大儒之書,皆顯禁以絕之。德秀晚出,獨慨然以斯文自任,講習而服行之。黨禁既開,而正學遂明於天下後世,多其力也。"④全祖望《題真西山集》認爲:"乾、淳諸老之後,百口交推,以爲正學大宗者,莫如西山。"⑤然而,黃百家述其父宗義之語道:"鶴山識力橫絕,真所謂卓犖觀群書者;西山則依門傍户,不敢自出一頭地,蓋墨守之而已。"⑥評價真西山說其"墨守朱子學",是有悖於史實的,真西山在朱子學官學化過程中發揮了重要作用。

---

① 何俊:《南宋儒學建構》,上海:上海人民出版社,2013年,第228頁。
② [宋]真德秀:《西山先生真文忠公文集》卷二《戊辰四月上殿奏劄》,《四部叢刊初編》影印明正德刊本。
③ [宋]真德秀:《西山先生真文忠公文集》卷二七《攻媿先生樓公集序》。
④ 《宋史》卷四三七《真德秀傳》,第12964頁。
⑤ 《宋元學案》卷八一《西山真氏學案》,第2708頁。
⑥ 《宋元學案》卷八一《西山真氏學案》,第2696頁。

僅僅解除學禁,這還遠遠不夠。門人劉爚在嘉定和議後不久,就向史彌遠提出了"薦引諸賢"的建議,推動了朝廷對理學士人之起用,其中包括一些朱子門人。朱子學派在朱子生前已經在朝野佔據重要位置,諸多門人擁有官職,有著相當的影響。據陳榮捷所統計:朱子門人 467 人之中,有官職者只 131 人,佔 28%;私淑 21 人之中有官職者 11 人,佔 52%。① 這其中有的是任職於朱子生前者,有的是任職於朱子逝世後者以及兼跨兩階段者。如果不是因爲慶元年間存在激烈的朋黨之爭觸及朱熹,一定程度削弱了學派的力量,或許朱子學的官學化進程會更早。朱子門人大多是在朱熹晚年時師從朱子,按照時間推算,可以推定,不少門人在寧宗朝時期有官職在身。加之朱子後學入朝者,已經形成了朱子學派士大夫群體。

在朱子學的傳播過程中,朱子門人注意發揮團體力量,建立了讀書講學集會制。爲確保這種學友聚會講習的常規化,黃榦專門訂立了《同志規約》:"以每日各讀一經一子一史,而以《論語》《周易》《左傳》爲之首。日記所讀多寡,所疑事目,並疏於簿。在郡者月一集,五十里外者季一集,百里外者歲一集。每集各以所記文字至,與師友講明而問難之。大要欲明義利之分,謹言行之要,以共保先師遺訓之意。"②對於講學集會時間、內容與目標等做了制度化的規範。這種集會既促使朱子門人之間保持經常性的聯繫,強化了學派的團結,又在講學集會中消除門人之間的學術紛爭,更大程度統一了對朱學的認識與理解,大大提高了朱子學派的凝聚力。這是其他學派在當時所無法做到的,這種組織建設對於朱子學的傳播起到了重要保障作用。

黃榦、真德秀等門人後學還積極開展了一系列爲理學爭取地位的活動。嘉定二年(1209)在討論朱熹受謚問題時,劉克莊代筆作《侍講朱公覆謚議》,提出應當給予朱子謚"文"。嘉定年間,魏了翁多次爲周敦頤、二程、張載請謚,最終獲得賜謚。元人虞集表彰魏了翁在理學由民間而爲官學中的功績時指出:"其立朝惓惓焉,以周、程、張四君子易名爲請,尊其統而接其傳,非直爲之名也。及既得列祀孔廟,而贊書乃以屬諸魏氏,七君子之公論,固已

---

① 陳榮捷:《朱子門人》,上海:華東師範大學出版社,2007 年,第 12 頁。
② [宋]鄭元肅錄,陳義和編,吳洪澤點校:《勉齋先生黃文肅公年譜》,吳洪澤、尹波主編《宋人年譜叢刊》第 11 冊,成都:四川大學出版社,2003 年,第 7227 頁。

與之矣。"①同時,嘉定以後,黃榦、陳淳等門人後學通過不同形式將朱熹列入道統,重塑朱熹地位,爲朝廷對朱熹之學重新認識以及其地位提升,奠定了基礎條件。毫無疑問,嘉定以後,程朱理學已經成爲一股強大的政治力量與社會思潮。

當然,理學的發展並非一帆風順。一些所謂理學士人、朝臣,其學術傾向是受到政治路徑制約,依附於史彌遠集團權力的。黃榦稱:"丞相誅韓之後,所以潛消禍變者,其於大本不爲無助,惟其懲意外之變,遂專用左右親信之人,往往得罪於天下之公議,世之君子遂從而歸咎于丞相;丞相不堪其咎,遂斷然屛逐而去之,而左右親信者其用愈專矣。"②並且,諸多理學之士將朱子學僅作爲取仕之資,對朱子學大義往往斷章取義、割裂掇拾,根本不可能深入理會。"比年熹之書滿天下,不過割裂掇拾,以爲進取之資,求其專精篤實,能得其所言者蓋鮮。"③周密也認爲"世又有一種淺陋之士,自視無堪以爲進取之地,輒亦自附於道學之名。裒衣博帶,危坐闊步。或抄節語錄以資高談;或閉眉合眼號爲默識。而扣擊其所學,則於古今無所聞知;考驗其所行,則於義利無所分別"。④這些難免對理學學人產生一定的負面影響。因此,在理學的發展過程中,也不時出現曲折,存在著一些去理學化傾向。如《宋史·真德秀傳》稱:"更化之初,群賢皆得自奮。未幾,傅伯成以諫官論事去,蔡幼學以詞臣論事去,鄒應龍、許奕又繼以封駁論事去。是數人者,非能大有所矯拂,已皆不容於朝。"⑤

三、寧宗朝朱子學在國家與民間教育的滲透

嘉定二年朝廷賜謚朱熹,對於朱子學的接受與"官學化"具有重要意義,但還只是政治意義爲主,對朱子學思想文化的接受還包括國家教育與其他層面。

---

① [元]虞集:《鶴山書院記應制》,李修生主編:《全元文》卷八三九,第 26 册,南京:鳳凰出版社,2004 年,第 442 頁。
② [宋]黃榦:《勉齋先生黃文肅公文集》卷九《與金陵制使李夢聞書九》,《中華再造善本》影印元刻延祐二年重修本。
③ 《宋史》卷四二二《徐僑傳》,第 12615 頁。
④ [宋]周密:《齊東野語》卷一一《道學》,第 203 頁。
⑤ 《宋史》卷四三七《真德秀傳》,第 12958 頁。

寧宗朝慶元黨禁以後朱子學在國家民間教育與祭祀中的滲透，是朱子學官學化、制度化的重要方面。

第一，《白鹿洞書院學規》普遍成爲學規。

南宋後期，朱熹的《白鹿洞書院學規》不僅在其創辦講學的書院中推行，而且很快成爲書院統一的學規，並逐漸成爲各級各類州縣學乃至太學、民間私學的辦學準則。

朱子以後，李燔、張洽、黄義勇等都曾擔任過白鹿洞書院院長，延以《白鹿洞書院教條》。陳文蔚擔任鵝湖四賢寺山長，主講《白鹿洞講義》。大量朱熹門人後學擔任中央與地方學官，進入官學系統。鄧慶平曾統計，"在講學教育方面，朱子門人當中至少有 25 人擔任過各地州縣學教授乃至太學博士等職，還有其他一些門人爲官時曾主管和整頓官學教育，此外朱子門人創建和講學的書院也至少有 34 所"①。黄榦到各地任職都重視興辦學校，並以《白鹿洞書院學規》爲教育本根。黄榦兩度知漢陽軍時，大力整頓軍學，規範學校制度，申嚴釋奠禮儀，合祀五先生，考核課程，期望"使此邦之士知道統之有傳，聖賢之可慕"②。吳昌裔調眉州教授，"取諸經爲之講説，揭《白鹿洞規》，放潭州釋奠儀，祀周、程五賢，士習丕變"③。吳柔勝任職國子正，"始以朱熹《四書》與諸生誦習，講義策問，皆以是爲先。又于生徒中得潘時舉、吕喬年、白於長，擢爲職事，使以文行表率，於是士知趨向，伊、洛之學，晦而複明"④。葉武子調郴州教授後，"一以《白鹿洞學規》爲諸生準程，刻《四書章句集注》以授之"⑤。他們通過掌握一定官方教育（官學）權力，運用朱子教育理念，推廣學規，傳授四書。另外，門人後學通過擔任州縣學、書院主講，傳播朱子學在州學、縣學以及書院的學校制度、教育內容與行爲規範，完全按照朱子學規的做法。王陽明對這個學規評價就非常高，認爲"夫爲學之方，白鹿之規盡矣"⑥。

在此同時，大量朱門弟子如陳淳等從事私塾教育，傳播朱子之學。一些門

---

① 鄧慶平：《朱子門人群體特徵概述》，《中國哲學史》2012 年第 1 期。
② ［宋］黄榦：《勉齋先生黄文肅公文集》卷一八《漢陽軍學五先生祠堂記》。
③ 《宋元學案》卷六三《勉齋學案》，第 2045 頁。
④ 《宋史》卷四〇〇《吳柔勝傳》，第 12148 頁。
⑤ 《宋元學案》卷六九《滄州諸儒學案上》，第 2305 頁。
⑥ ［明］王守仁著，吳光、錢明、董平、姚延福點校：《王陽明全集》卷七《文錄四·紫陽書院集序》，上海：上海古籍出版社，1992 年，第 289 頁。

人後學及學者按照《白鹿洞書院教條》進行辦學和管理書院。或以《教條》爲原則，制訂了一些"學規"，將其具體化，如陳文蔚《雙溪書院學規》、徐元傑《延平郡及書院諸學榜》，最爲著名的是門人程端蒙及傳人董銖依照《白鹿洞書院揭示》原則制訂了《程董二先生學則》。這個學則堪稱我國教育史上第一個學校行爲準則。後饒魯將《教條》《學則》合編時指出：

> 《白鹿洞教條》乃文公朱先生所集聖賢之成訓，而《學則》者，鄉先生程董二公所爲，文公嘗有取焉者也。今合二者而揭之，一則舉其學問之宏綱大目，而使人知所用力；一則定爲群居日用之常儀，而使人有所持循。即大、小學之遺法也。學者誠能從事於此，則本末相須、內外交養，而入道之方備矣。若夫近世之所謂規者，則文公不以施之鹿洞，而謂必不得已而後取之，故今亦不敢列於此云。①

但是，如果僅僅只是各級州縣學、基層私學推崇朱子學，則屬於州縣學官員或其他士大夫、士人個人行爲的民間層次，並不能代表官方意識。朱子學《學規》《學則》需要在國家行爲層面被認可、接受與推行，才能够說具有了官學化意義。在這方面，朱子學門人後學及其他士大夫進行了積極努力的推薦。嘉定五年（1212），劉爚趁勢而上書要求將《白鹿洞規》頒示太學，獲得批准："侍講朱熹守南康日于白鹿洞書院揭示學規，皆聖賢教人大指學者立身之要，謹錄以進，請頒下兩學，爲諸生齋規與舊學規並行。從之。"②《白鹿洞書院揭示》頒示於太學，表明其成爲國家高級學府的學規。

第二，《論孟集注》逐漸進入全國學校、書院，成爲官方教育的重要內容。

《宋史·劉爚傳》記載，嘉定五年（1212）劉爚請求"取熹《四書集注》刊行之"③。然《宋史》所說刊行《四書集注》並不準確。真德秀撰《劉文簡公神道碑》只是提到劉爚認爲，應"以《論語》《孟子》爲門，《大學》《中庸》爲準"④，並沒有提到劉爚請求刊行《四書集注》之全部。在此之前的嘉定四年（1211），李道傳也

---

① ［元］程瑞禮撰，姜漢椿校注：《程氏家塾讀書分年日程·綱領》，合肥：黃山社，1992年，第5頁。
② ［宋］真德秀：《西山先生真文忠公文集》卷四一《劉文簡公神道碑》。
③ 《宋史》卷四〇一《劉爚傳》，第12171頁。
④ ［宋］真德秀：《西山先生真文忠公文集》卷四一《劉文簡公神道碑》。

曾上書，提議"下詔有司，取是四書，頒之太學，使諸生以次誦習，俟其通貫浹洽，然後次第以及諸經"①，並提出定周、邵、二程、張五先生從祀，但是並沒有得到朝廷的許可。

之所以沒有被許可，乃是嘉定時期南宋朝廷政治與學術平衡策略的一種反映。孔廟從祀屬於國家政教制度之一，是儒學制度化的表現形式。儒者從祀孔廟問題具有獲得官方承認的象徵意義，有著政治與學術的雙重意義。相比較於提出朱熹等從祀來説，將朱子《論語》《孟子》列爲官方教材還是更容易被接受的。寧宗將《論語集注》《孟子集注》頒於學官，正式成爲官方教材，這是朱子學在國家教育體系制度中邁出的重要一步，也是其官學化過程中的重要一環，當然，這並不意味著朱子學就已經成爲官學主導。正如美國學者狄百瑞《道學與心學》所説，"他注的《論語》和《孟子》雖被批准爲官方學説，但沒有把他注的《四書》作爲一個整體"②。事實上，早在漢唐時代，《論語》就已成爲婦女、學童的啓蒙讀本。北宋神宗更定科舉法，從王安石議，列《論語》《孟子》《禮記》與《周禮》爲經科考試内容，而《禮記》中包含《大學》《中庸》篇，無形中科舉考試已經包含了四書内容，但不能夠與將四書列爲一個體系相提並論。在寧宗時期，只是《論孟集注》被列爲學校講學依據，遠遠沒有實現以《四書集注》作爲科舉考試重要内容。

在朱子學官學化過程中，朱子學派發展還有一個顯著的特點，就是重視對小學蒙學及讀書之法的推廣。朱熹非常重視蒙學教育，編有《論語訓蒙口義》《訓蒙絶句》《童蒙須知》《小學》等，將對小學蒙學的重視與其大學之道相結合。門人後學繼承了朱熹這一傳統，紛紛自編童蒙教材，如陳淳作《啓蒙初誦》《訓蒙雅言》，程逢源作《增廣性理字訓》等，元程端禮以朱熹"爲學之道莫先於窮理，而窮理之要，必在於讀書"③爲原則，編撰有《程氏家塾讀書分年日程》。陳淳《啓蒙初誦》因形式簡潔，流傳很廣，被譽爲"比《三字經》更早的南宋啓蒙書"，經過後人逐漸改編，終於形成更通俗的《三字經》，並普及到一般百

---

① ［宋］李心傳輯：《道命録》卷八，第 327 頁。
② William T. De Bary, *Neo-Confucian Orthodoxy and the Learning of the Mind-and-Heart* (NewYork: Columbia University Press, 1981).
③ 《晦庵朱文公先生文集》卷一四《行宫便殿奏劄二》，朱傑人、嚴佐之、劉永翔編：《朱子全書》第 23 册，上海：上海古籍出版社，合肥：安徽教育出版社，2002 年，第 668 頁。

姓家庭。①

第三，門人後學通過爲地方州縣學作《學記》等宣揚朱子學説。

宋代地方州縣官學學校以及書院是最爲主要的人才培養機構。從目前文獻看，宋代在學校、書院修建完善後都會聘請各級行政官員、名家大儒撰寫"學記"，儼然成爲一種時尚。宋代歐陽修、王安石、蘇軾、陸游、辛棄疾的文集中都留有不少"學記"。《朱文公文集》存有《静江府學記》《衢州江山縣學記》《瓊州學記》《福州州學經史閣記》《漳州龍岩縣學記》等大量學記，總數達 20 餘篇，這些"學記"深刻闡發了朱子的教育理念。淳熙六年朱熹作《信州鉛山縣學記》，提出了"開發其聰明，成就其德業"的明確教學目標。五十年後的紹定元年（1228），真德秀作《鉛山縣修學記》，傳承發展朱子《白鹿洞書院教條》教育主旨，以爲"灑掃應對即性命道德之微，致知格物即治國平天下之本，體與用未嘗相離也"，"工于本心之理不暇求，當世之務不暇究，窮居無以獨善，得志不能澤民"②，特別強調"學與事"相互關係，在一定程度上肯定了知行合一的意義。紹定三年（1230），陳文蔚作《鉛山西湖群賢堂記》表彰朱熹："其講學之功，道統之繼，辨異端似是之非，發前聖未明之藴，扶人極，立世教，有功于萬世者。"③顯然，這些行爲，對於朱子學説在鉛山等地縣學的廣布是有著積極意義的。

第四，修立程、朱等先賢祠廟宣揚與推行其思想。

此外，門人後學還通過修立周、程、朱、張等人的祠廟，以及爲州學、縣學、書院塑立聖先師孔子、朱子像，作朱文公祠堂記等不同載體、形式、場合歌頌朱子，宣揚朱子，推行其思想。各地各級州縣儒學以及伸延到基層鄉村的書院、社學、廟學、私塾私學，不同層次教育都不同程度地受到了朱子學乃至理學的影響，亦受到官方的重視，使之更加官學化。南宋嘉定元年（1208），爲紀念朱陸"鵝湖之會"，門人徐子融在鵝湖寺旁建"四賢祠"，授徒講學。南宋紹定三年（1230），鉛山知縣章謙亨設立群賢堂，並請陳文蔚作《記》、徐元傑撰《贊》。紹定六年（1233），陳文蔚於"鵝湖四賢祠"聚徒講學，徐元傑追隨講學數年。1250

---

① （美）劉子健：《比〈三字經〉更早的南宋啓蒙書》，收入氏著《宋史研究彙編》，臺北：聯經出版事業公司，1987 年，第 303—306 頁。
② ［宋］真德秀：《西山先生真文忠公文集》卷二五《鉛山縣修學記》。
③ ［宋］陳文蔚：《克齋集》卷一《鉛山西湖群賢堂記》，《景印文淵閣四庫全書》第 1171 册，第 150 頁。

年,江東提刑蔡抗奏請於朝廷,理宗皇帝賜名"四賢祠"爲"文宗書院"。明代"鵝湖書院"正式建院。

第五,推進"文化下移""化俗鄉里",教化形式多樣性。

在朝理學家們推崇朱子之學,不斷獲得當權者接受的同時,民間理學家還積極推進"文化下移""化俗鄉里",爲朱子學營造良好的社會基礎與輿論風尚。朱子學派除通過講學、授徒、著述進行理學思想普及外,門人後學還效仿朱子推行社倉,建立祠堂,推廣鄉約,抵制佛道,以身作則,大大加快了"文化下移"的步伐,促使理學思想不斷深入民間,從而取得了"化俗鄉里"的實際效果。僅以鄉約推行來看,門人後學就非常重視,在民間鄉里重點推行《呂氏鄉約》以及經朱熹增損的《呂氏鄉約》,如福建潘柄居家,"遂取聖賢格言爲訓,又以《呂氏鄉約》隱括繼其後,凡存心養性之道、律己治人之功,條目具列,終身所行不出於此"①。新安程永奇"居家嘗仿伊川宗會法以合族人,又舉行《呂氏鄉約》,冠婚祭喪悉用朱子禮法,鄉族化之"②。淳祐年間,朱子再傳陽枋在合州巴川(今重慶市銅梁區)"與友人宋壽卿、陳希舜、羅東父、向從道、黃叔高、弟全父、侄存子、王南運講明《呂氏鄉約》書,行之於鄉,從約之士八十餘人"③。也有依據《呂氏鄉約》以及經朱熹增損《呂氏鄉約儀禮》,改造形成宗族鄉約,如江西胡泳作《南康胡氏鄉約》,曾請黃榦作跋,胡氏"兄弟孝友,同居合爨,人無間言,又能推其施之家者而達之鄉,其有補於風教大矣"④。鄉約爲朱子學的傳播奠定了良好基礎,也成爲一個很好的示範作用。

---

① [宋]李清馥:《閩中理學淵源考》卷二七《潘瓜山先生柄》,第363頁。
② [明]程敏政輯撰,何慶善、于石點校:《新安文獻志》卷六九《格齋先生程思永奇墓誌銘》,合肥:黃山書社,2004年,第1702頁。
③ [宋]陽枋:《字溪集》卷一二《附錄·紀年錄》,《景印文淵閣四庫全書》第1183冊,第434頁。
④ [宋]黃榦:《勉齋先生黃文肅公文集》卷二〇《跋南康胡氏鄉約》。

宋元諸儒對朱熹《春秋》學的繼承與修正[*]

四川大學古籍整理研究所 張尚英

摘 要：朱熹《春秋》學最爲獨特的地方在於大力反對以一字褒貶解《春秋》，主張《春秋》是據事直書，看《春秋》"只如看史樣看"，但朱熹沒有對此展開深入論説。黄震、吕大圭、吴澄、黄澤、趙汸、程端學等爲代表的宋元諸儒通過深入批判一字褒貶，構建據事與筆削文辭并列或者完全據事的解經體系，繼承、發展與修正了朱熹之説。這既豐富了朱子學的内容，又使《春秋》學在元代出現與"尊胡"并列的"宗朱"一派，初步形成系統的、具有可操作性的據事解經詮釋體系，産生衆多探討《春秋》經傳中事件經過、人物、職官、地名、疆域、天文曆法、兵法、器物宫室等類編與專題著作。

關鍵詞：朱熹；《春秋》學；黄震；吕大圭；吴澄；黄澤；趙汸；程端學

在朱熹的學術體系中，《春秋》學的地位顯然不能跟《四書》學相比，朱熹也没有《春秋》學專著。但由於他獨特的學術地位與他《春秋》學觀點自身藴含的合理性，其《春秋》學對後世《春秋》學產生了重要影響。本文擬從宋元諸儒對朱熹《春秋》學説的繼承與修正，來管窺朱熹《春秋》學在宋元的影響以及其思想學説在宋

---

[*] 本文爲教育部中華優秀傳統文化專項課題（A類）重點項目（尼山世界儒學中心/中國孔子基金會課題基金項目）"巴蜀《春秋》學研究及文獻整理"（23JDTCA062）階段性成果。

元的傳承與發展。

一、朱熹《春秋》學的獨特之處：
反一字褒貶、主據事直書

從朱熹的著作與《朱子語類·春秋》所載來看，他對《春秋》的性質與大旨、三傳、解讀《春秋》之法等《春秋》學的基本問題都有論述。

關於《春秋》的經學性質，朱熹給予了充分肯定，說："《春秋》本是嚴底文字，聖人此書之作，遏人欲於橫流，遂以二百四十二年行事寓其褒貶。恰如大辟罪人，事在欸司，極是嚴緊，一字不敢胡亂下。"①"愚謂孔子作《春秋》以討亂賊，則致治之法垂於萬世，是亦一治也。"②朱熹的看法沒有超出在他之前的孫復、石介、劉敞、程頤、胡安國等人以《春秋》爲萬世制法之書、經世之大法、存天理滅人欲之傳心要典的範圍。對《春秋》大旨，朱熹曰"正誼不謀利，明道不計功；尊王，賤伯；內諸夏，外夷狄，此《春秋》之大旨，不可不知也"③，亦是漢唐以及他之前宋儒關於《春秋》大義的基本看法。由此，朱熹關於《春秋》經學性質與大旨的看法，基本是對前人之說的總結，並沒有獨特之處。對於三傳，他主張："《左氏》是史學，《公》《穀》是經學。史學者記得事却詳，於道理上便差；經學者於義理上有功，然記事多誤。"④這樣的觀點亦不是朱熹獨創。北宋王晳、朱長文等人已有類似說法。

朱熹《春秋》學最爲獨特的地方在於大力反對以一字褒貶解《春秋》，主張《春秋》是據事直書，看《春秋》"只如看史樣看"⑤。

關於一字褒貶，他多次說："《春秋》只是直載當時之事，要見當時治亂興衰，非是於一字上定褒貶。"⑥"若謂添一箇字，減一箇字，便是褒貶，某不敢信。"⑦"聖人光明正大，不應以一二字加褒貶於人。若如此屑屑求之，恐非聖人

---

① [宋]黎靖德編，王星賢點校：《朱子語類》卷八三，北京：中華書局，1986年，第2174頁。
② [宋]朱熹：《四書章句集注》，北京：中華書局，1983年，第272頁。
③ 《朱子語類》卷八三，第2173頁。
④ 《朱子語類》卷八三，第2152頁。
⑤ 《朱子語類》卷八三，第2148頁。
⑥ 《朱子語類》卷八三，第2144頁。
⑦ 《朱子語類》卷八三，第2145—2146頁。

之本意。"①明確指出《春秋》的褒貶不是通過字辭之别來體現的。因傳統《春秋》學的一字褒貶主要是通過《春秋》義例來實現的,故朱熹又對《春秋》義例提出了質疑。他説:

> 《春秋》之有例固矣,奈何非夫子之爲也。昔嘗有人言及命格,予曰:"命格,誰之所爲乎?"曰:"善談五行者爲之也。"予曰:"然則何貴?設若自天而降,具言其爲美爲惡,則誠可信矣。今特出於人爲,烏可信也?"知此,則知《春秋》之例矣。②
>
> 《春秋》傳例多不可信。聖人記事,安有許多義例!如書伐國,惡諸侯之擅興;書山崩、地震、螽、蝗之類,知災異有所自致也。③
>
> 近世説《春秋》者太巧,皆失聖人之意。又立爲凡例,加某字,其例爲如何;去某字,其例爲如何,盡是胡説!④

"命格"是討論人的命運所用的概念。朱熹認爲命格的各種説法出於五行家之口,並非人的命運天生如此,所以不可信。與之類似,《春秋》之例亦出於後世學者的歸納,而不是孔子修《春秋》時就有,因此三傳以來後世諸儒所歸納的義例不可信。而這些義例中,朱熹最爲反對的又是日月時例與名稱爵號例。其言:

> 或有解《春秋》者,專以日月爲褒貶,書時月則以爲貶,書日則以爲褒,穿鑿得全無義理!⑤
>
> 只是被孔子寫取在此,人見者自有所畏懼耳。若要説孔子去褒貶他,去其爵,與其爵,賞其功,罰其罪,豈不是謬也!其爵之有無與人之有功有罪,孔子也予奪他不得。⑥

朱熹反對一字褒貶的重要理由是孔子作《春秋》是"據事直書,善惡自作"。他説:

---

① 《朱子語類》卷八三,第 2148 頁。
② 《朱子語類》卷八三,第 2147—2148 頁。
③ 《朱子語類》卷八三,第 2147 頁。
④ 《朱子語類》卷五五,第 1318 頁。
⑤ 《朱子語類》卷八三,第 2146 頁。
⑥ 《朱子語類》卷八三,第 2146—2147 頁。

故孔子作《春秋》，據他事實寫在那裏，教人見得當時事是如此，安知用舊史與不用舊史？今硬説那簡字是孔子文，那簡字是舊史文，如何驗得？①

　　《春秋》所書，如某人爲某事，本據魯史舊文筆削而成。今人看《春秋》，必要謂某字譏某人。如此，則是孔子專任私意，妄爲褒貶！孔子但據直書而善惡自著。今若必要如此推説，須是得魯史舊文，參校筆削異同，然後爲可見，而亦豈復可得也？②

　　當時史書掌於史官，想人不得見，及孔子取而筆削之，而其義大明。……不過如今之史書直書其事，善者惡者了然在目，觀之者知所懲勸，故亂臣賊子有所畏懼而不犯耳。③

在朱熹看來，孔子取魯史筆削成《春秋》，表達褒貶大義，但這些褒貶大義不是通過個別的文辭改動表達出來的，而是直書其事，通過事件本身來展現的。

《春秋》本身具有的"史"的性質與借事明義的特點，使朱熹關於《春秋》"據事直書"的主張有其自身的合理性，對當時拘於一字褒貶的穿鑿附會之風亦有糾偏之功，再加上朱熹在宋元時期的地位與影響，爲很多宋元學者所接受。但朱熹沒有《春秋》學專著系統落實如何"據事"展現《春秋》大義，沒有説明何以聖人"據事直書"能成經，而史官"據事直書"却只能爲史，"看史樣看《春秋》"得出的大義與看史有何區别；且散見於各處的朱子《春秋》學觀點還時有矛盾之處，故宋元諸儒在繼承其説時，又有所發展與修正。

二、宋元諸儒對"一字褒貶"的深入批駁

　　朱熹反對以一字褒貶解《春秋》，並重點批駁日月時例、名稱爵號例，宋元諸儒繼承了這一點，對之進行了發展，將《春秋》中日月時、名稱爵號等的使用情況作了更爲細緻的梳理，黄震、吕大圭、吴澄等人就是其代表。

---

① 《朱子語類》卷八三，第 2145 頁。
② 《朱子語類》卷八三，第 2146 頁。
③ 《朱子語類》卷五五，第 1318 頁。

由於日月時例、名稱爵號例具有不合理處,朱熹以前,一些不反對一字褒貶的學者亦對之進行了批駁。如杜預著有《春秋釋例》歸納《左傳》解《春秋》之例,但他認爲除了卿佐之喪,託日以見義外,《春秋》不以日月爲例,"凡日月者,所以紀遠近、明先後。蓋記事之常,錄各隨事而存其日月,不有闕也"。① 啖助雖主張"《春秋》之文,一字以爲褒貶,誠則然矣"②,但又明確批駁日月時例,説:"《公》《穀》多以日月爲例,或以書日爲美,或以爲惡。夫美惡在於事迹,見其文,足以知其褒貶,日月之例,復何爲哉?"③受其影響,陸淳對《春秋》中記時月日的情況分門別類進行了歸納梳理,以證其與褒貶無關。一些學者在闡發日月時例、名稱爵號例時亦有一些獨到的見解。如宋代蘇轍對《春秋》中書時、書月、書日的具體情況與原因進行了分析。宋元諸儒正是運用了前人的這些成果對朱熹之論進行了闡釋。

黄震(1213—1281)爲學宗朱熹,被稱爲四明專宗朱氏之最④。黄震在《春秋》學上同朱熹一樣,堅決反對以褒貶凡例治《春秋》,他的《春秋日抄》便是"私撼先儒凡外褒貶凡例而説《春秋》者,集録之"⑤。他對以例治《春秋》進行了更爲嚴厲地批駁,認爲以例治《春秋》會影響對《春秋》義理的揭示,而成爲以經釋凡例。他説:

> 自褒貶凡例之説興,讀《春秋》者往往穿鑿聖經,以求合其所謂凡例,又變移凡例以遷就其所謂褒貶。如國各有稱號,書之所以別也。今必曰以某事也,故國以罪之,及有不合,則又遁其辭。人必有姓氏,書之所以別也。今必曰以某事也,故名以誅之,及有不合,則又遁其辭。事必有月日,至必有地所,此記事之常,否則闕文也。今必曰以某事也,故致以危之,故不月以外之,故不日以略之,及有不合,則又

---

① [晉]杜預:《春秋釋例》卷一"大夫卒例",《景印文淵閣四庫全書》第 146 册,臺北:臺灣商務印書館,1986 年,第 25 頁。
② [唐]陸淳撰,吴人整理,朱維錚審閲:《春秋集傳纂例》卷一《三傳得失議第二》,上海:上海書店出版社,2012 年,第 160 頁。
③ [唐]陸淳撰,吴人整理,朱維錚審閲:《春秋集傳纂例》卷九《日月爲例義第三十五》,第 266 頁。
④ 清人全祖望在《宋元學案》卷八六《東發學案序録》中評價説:"四明之專宗朱氏者,東發爲最。"
⑤ [宋]黄震:《黄氏日抄》卷七《讀春秋》,元後至元三年慈溪黄氏刊本,第 2 頁 b。

爲之通其辭。是則非以義理求聖經,反以聖經釋凡例也。聖人豈先有凡例而後作經乎? 何乃一一以經而求合凡例耶?①

這裏黃震認爲國各有號、人各有姓氏,《春秋》書國、書姓氏是爲了有所別;事情發生有日月、公與夫人等返回肯定是從相應的地點返回的,記載日月與地點是記事的基本要素。可見,黃震在朱熹的基礎上對孔子不以一字褒貶作《春秋》作了更爲細緻的説明,但他僅以"闕文"來解釋不同於"記事之常"的情況,不夠有説服力。相比之下,吕大圭的論述更爲深入。

吕大圭(1227—1275)爲朱熹三傳弟子,他繼承朱熹反對一字褒貶的觀點,認爲以日月、名稱爵號爲褒貶是造成歷代解《春秋》者聚訟紛紛,"聖人之意益以不明"的原因。並且,他還對朱熹没有説明的何以《春秋》中記事日月時、名稱爵號上會有差異,進行了解説。他説:

大抵《春秋》以事係日,以日係月,以月係時。事成於日者書日,事成於月者書月,事成於時者書時。故凡朝、覲、蒐、狩、城、築、作、毁,凡如此者,皆以時成者也。會、遇、平、如、來、至、侵、伐、圍、取、救、次、遷、成、襲、奔、叛、執、放、水、旱、雨、雹、冰、雪、彗、孛、蜚、螟,凡如此者,或以月成,或以日成也。崩、薨、卒、弑、葬、郊廟之祭、盟、狩、敗、入、滅、獲、日食、星變、山崩、地震、水災,凡如此者,皆以日成也。其或宜月而不月,宜日而不日者,皆史失之也。②

與黃震認爲記事都要記月日不同,吕氏認爲舊史根據事情發生發展的規律來選擇書時、書月或書日,有些事情本非一日之事,自然不可能書日,只能書月或書時;有些事情是一日而成之事,當然應當書日。這樣一來,《春秋》中日、月、時的差異,不是聖人的微言大義,而是史例。至於據史例當月而不月者,當日而不日,則是"史失之"。爲了能使日月不寓褒貶的説法通貫全經,吕氏又説《春秋》中有"因其所書月日之前後而知其是非"的情況③,但這是記事自然呈現的效果,"以是謂聖人以日月之書不書寓褒貶則誤矣"④。需要説明的是,上述

---

① [宋]黃震:《黃氏日抄》卷七《讀春秋》,第1頁—第2頁a。
② [宋]吕大圭:《春秋五論·論二》,清康熙十九年刻《通志堂經解》本,第9頁b—10頁a。
③ [宋]吕大圭:《春秋五論·論二》,第10頁a。
④ [宋]吕大圭:《春秋五論·論二》,第11頁b。

吕氏闡發的《春秋》記事在日月時上有差異的原因,并非原創。蘇轍受唐代陸淳啓發最早提出此説,林之奇在蘇説基礎上有所闡發。① 不同的是,蘇轍反對日月時例,但并不反對《春秋》有其他義例。吕氏通過吸取蘇轍之説,深化了朱熹的日月時例之論。

對名稱爵號例,吕大圭繼承朱熹之論,明確説:"《春秋》據事直書,而善惡自見。名稱爵號從其名稱爵號,而是非善惡則係乎其文,非書名者皆貶,而書字者皆褒也。"②對同一人物或同類人物名稱爵號稱呼不一致的情況,吕大圭分析有四種原因。一是因事之大小而辭有詳略,"其書人、書氏、書爵者,詳辭也;其直書國者,略辭也"③。二是前目後凡,即前面已詳列,后面省略。三是蒙上文殺其辭,比如莊公元年"夫人孫于齊"不稱"姜氏",是因爲在前一年的桓公十八年有"公與夫人姜氏遂如齊"的記載,"今年孫于齊者,即如齊之姜氏也"④,故承上文省略。四是時變之升降、世道之盛衰,楚、吴稱呼前後的變化,大夫稱名、稱氏的變化是因楚吴浸盛,大夫浸强。這將朱熹關於名稱爵號例的批駁向前推進了一步。

元人吴澄(1249—1333)爲朱熹四傳弟子,以紹朱子之統自任,故在一字褒貶的問題上,尊從朱子,説:

> 夫其所謂褒貶者,以書時、書月、書日爲詳略其事,以書爵、書人、書國爲榮辱其君,以書字、書氏、書名、書人爲輕重其臣而已。噫,事之或時、或月、或日也,君之或爵、或人、或國也,臣之或字、或氏、或名、或人也,法一定而不易,豈聖人有意於軒輊予奪之哉?⑤

吴澄認爲《春秋》中書寫日月時與名稱爵號都是"法一定而不易",不是聖人有意於軒輊予奪,即日月時、名稱爵號的書寫是魯史的既定書寫原則,孔子並没有以之進行褒貶予奪。而且,爲了進一步論證此説,他對日月時與名稱爵號的

---

① 蘇轍之説詳見其《春秋集解》卷一"(隱公三年)三月,公及邾儀父盟於蔑"條,林之奇之説詳見趙汸《春秋師説》卷中所引。
② [宋]吕大圭:《春秋五論·論二》,第10頁a。
③ [宋]吕大圭:《春秋或問》卷一六"鄭伐許"條,清康熙十九年刻《通志堂經解》本,第6頁a。
④ [宋]吕大圭:《春秋或問》卷七"夫人孫于齊"條,第1頁b。
⑤ [元]吴澄:《吴文正集》卷一二《春秋諸國統紀序》,《景印文淵閣四庫全書》第1197册,第215頁。

書寫情況進行了較黃震、吕大圭更爲細緻的分析歸納。

就日月時例，吴澄主要是借用了陸淳之説，他自己曾明確説："陸氏所纂'書日書月書時例'，已得其當，今悉從之。"①根據吴澄所引陸氏之説，可將《春秋》中"法一定而不易"的日月時書寫分爲四種情況。其一，按事情發生發展的規律，或書日，或書月，或書時，前述吕大圭採用的蘇轍之説便可歸爲這一類。其二，以能否確定具體日期决定是否書日，如"天王歸入書月，以魯史不定知王室事故也，若王史則當書日"②。其三，以事情重要程度，或書日，或書月，或書時，如"内大夫如外但書時，會葬者即書月，重喪事也，盟以結二國之好，國之大事，故例皆書日"③，"弑君皆書日，大其事也。殺他國君亦然。外殺公子、大夫皆但書時，降於君也"④。其四，按前述三種類型"當書而不書"與"不當書而書"的情況。這種情況相對比較複雜，"日"與"月"不同。就"日"而言，當書日而不書，是因爲舊史本來有闕文，或者史官記事時他國"告辭不具"；不當書日而書，是情況特殊，比如公即位皆不書日，而定公六年書日，是因爲"定公以昭公之喪六月乃至，故書日以明其既殯而即位，且志非常也"⑤；外災或書月，或書時，而昭十八年"夏四月壬午，宋、衛、陳、鄭災"，是因爲四國同日災，"天下所異，故特書日"⑥。對"月"來説，當書月而不書，是因爲上文同月之事已書月，下文没必要重複書月，或者舊史闕文；不當書月而書，是因爲"同月下文有大事須書月，故於上文書之，亦有同時上文有大事既書月矣，若下文不書月則似同月，故書月以别之"⑦；或者是情況有别，比如興作本只紀其時，但僖公二年正月"城楚丘"特書月，是因爲城楚丘是"内爲外城"⑧。

上述吴澄關於日月時例的内容，幾乎全是採用的陸淳《春秋集傳纂例》中《日月爲例義》，不過爲了更好地闡明《春秋》不以一字爲褒貶的主張，他對陸氏有嫌疑以日月爲褒貶的地方進行了删節。如對當書月而不書的情況，陸淳所

---

① [元]吴澄：《春秋纂言總例》卷一，《中華再造善本》影印國家圖書館藏元刻本，第11頁a。
② [元]吴澄：《春秋纂言總例》卷一，第12頁b。
③ [元]吴澄：《春秋纂言總例》卷一，第13頁a。
④ [元]吴澄：《春秋纂言總例》卷一，第12頁b—13頁a。
⑤ [元]吴澄：《春秋纂言總例》卷一，第12頁b。
⑥ [元]吴澄：《春秋纂言總例》卷一，第12頁b。
⑦ [元]吴澄：《春秋纂言總例》卷一，第11頁b。
⑧ [元]吴澄：《春秋纂言總例》卷一，第14頁a。

列較吳澄多一種類型,即"隱公時不書正月,以明讓德"①,認爲隱公十一年除元年書正月,其余十年都不書正月是由于要凸顯隱公讓桓之德,這實際有以日月爲褒貶的意味,故吳澄引用時將其删除了。

對名稱爵號例,吳澄從兩個方面進行批駁,發展朱熹之説。其一,認爲"經書爵、字、氏、名及人並准命數"②,結合《周禮·典命》中各等人物的命數(爵位品級)與《春秋》經中的人物稱謂,繪製了各類人物的命數表,以之爲《春秋》中人物的稱謂規則。其二,由於《春秋》中人物稱謂非常複雜,僅以命數稱謂原則不能完全概括所有的情況。對特殊情況,主張一字褒貶的學者常以爲蘊含有褒貶大意,而吳澄認爲這些都與褒貶無關,或是史書根據特殊場合的特殊處理,或是史書因當時實際情況而載,或是史書誤載。

按命數稱謂原則,一般是"大國之士一命者、其次國之大夫、小國之卿亦皆稱人"③,但在遇到周王與諸侯這樣的特殊場合下,三命、再命之卿也降稱人,即"亦有國君厭於王、國卿厭於君而降稱人者"④。吳澄認爲僖公二十九年經"夏六月,公會王人、晉人、宋人、齊人、陳人、蔡人、秦人盟于翟泉"等最能體現這一點。根據《左傳》,此次與僖公盟會的是王子虎、晉狐偃、宋公孫固、齊國歸父、陳轅濤涂、秦小子憖,《春秋》都稱"人"。對此,吳澄認爲晉狐偃、宋公孫固、齊國歸父、陳轅濤涂都是三命之卿,秦憖爲再命之卿,"今皆降而稱一命之人者……以公在,故厭而稱人也"⑤,而王子虎以王子之貴,本應稱名,"但以諸國之卿既皆稱人,則王子虎亦不復稱名也"⑥。與《左傳》"卿不書,罪之也",葉夢得"以諸侯爲無君,故貶大夫而人之也"⑦,等等,以稱人爲貶不同,完全沒有從褒貶的角度來解釋。

按命數稱謂原則,楚國爲子爵之國,不應有三命之卿。而僖公四年"楚屈完來盟於師,盟於召陵"中的屈完,歷來學者都認爲"屈"是氏,"完"是名,吳澄

---

① [唐]陸淳撰,吳人整理,朱維錚審閲:《春秋集傳纂例》卷九《日月爲例義第三十五》,第270頁。
② [元]吳澄:《春秋纂言總例》卷二,第32頁b。
③ [元]吳澄:《春秋纂言總例》卷二,第30頁a。按引文裏"大夫",原誤作"大大",據四庫本改。
④ [元]吳澄:《春秋纂言總例》卷二,第30頁a。
⑤ [元]吳澄:《春秋纂言》卷五,第90頁a。
⑥ [元]吳澄:《春秋纂言》卷五,第90頁a。
⑦ [宋]葉夢得:《春秋傳》卷一〇,清康熙十九年刻《通志堂經解》本,第16頁a。

也讚成這點,并給出了理由。曰:

> 屈,氏;完,名。其時楚未有三命大夫,而此書氏名者,蓋因其來盟,桓公以霸主奉王命,命之爲三命之卿。若後世承制命官之類,蓋以獎進楚人也。①

吴澄認爲對"屈完"稱氏與名,是因爲當時爲了表彰屈完代表楚國來盟,桓公以霸主身份奉王命,類似後世"承制命官",任命屈完爲三命之卿。也就是說屈完被封爲三命之卿是歷史實事,史書據實而書。這與主一字褒貶的學者認爲稱氏與名"進"屈完,是孔子修《春秋》時有意的筆削,角度完全不同。

按命數稱謂規則,諸侯一般稱爵,但《春秋》中亦有諸侯稱名的情況。對諸侯稱名,《禮記·曲禮》有"諸侯不生名……諸侯失地名,滅同姓名"的原則,《春秋》學者一般遵循以解經。但這一原則實則不能通貫全經。遇到不能通貫時,主一字褒貶的學者常將之與褒貶相結合起來,而吴澄則認爲這些情況是"雖去國而未失其國,則不名也;亦有小國之君,其名無可考而不名者"②,史書是據實直書。而且,因朱熹曾言僖公二十五年"衛侯燬滅邢"的經文中"燬"字是因下文有"衛侯燬卒"而誤增,吴澄因之,明確反對"滅同姓名",曰:"漢儒有滅同姓名之説,然諸侯之滅同姓者多矣,何以獨名衛侯耶?"③

上述吴澄討論《春秋》中人物稱謂的方法,簡而言之就是人物本身的身份與具體情況相結合。其實,主張一字褒貶的《春秋》學者在方法上與之相同。如《穀梁》解莊公二十六年"曹殺其大夫"曰:"大夫而不稱名姓,無命大夫也。"④何休注《公羊》時所歸納的"天子上士以名氏通,中士以官録,下士略稱人"⑤,"天子三公氏采稱爵"⑥。孔穎達疏《左傳》時也說:"再命而名見於經,知諸侯之卿,再命、三命皆書名,一命乃稱人。諸侯之臣既然,則王朝之

---

① [元]吴澄:《春秋纂言》卷五,第13頁a。
② [元]吴澄:《禮記纂言》卷一下,《中華再造善本》影印上海圖書館藏元元統二年吴尚等刻本,第146頁b。
③ [元]吴澄:《春秋纂言》卷一〇,第32頁a—b。
④ 《春秋穀梁傳注疏》卷六莊公二十六年"曹殺其大夫"條,清嘉慶刊阮元校刻《十三經注疏》本,北京:中華書局,2009年,第5181頁。
⑤ 《春秋公羊傳注疏》卷一隱公元年"秋七月,天王使宰咺來歸惠公、仲子之賵"條,清嘉慶刊阮元校刻《十三經注疏》本,北京:中華書局,2009年,第4771頁。
⑥ 《春秋公羊傳注疏》卷五桓公八年"祭公來,遂逆王后於紀"條,第4817頁。

臣亦然。"①宋人葉夢得在解隱公元年"冬十有二月祭伯來"經文時,也按命數對人物的稱謂進行了詳細歸納②。葉氏歸納的命數稱謂與吴澄有同有異,吴澄雖未明言,但觀其所論當是借鑑了葉夢得之説。由此,主張一字褒貶的人也認同《春秋》的人物稱呼有的是根據其本來的身份。所不同的是,因具體情況,人物稱呼與所謂的命數不符時,主張一字褒貶的學者認爲這種改變蕴含了褒貶之義,而吴澄認爲這只是據事直書,與褒貶無關。

由於材料不足,《春秋》中涉及的人物只有極少數明確記載了命數,一些人物的稱謂是名是氏也不易確定,這就意味著無論是從命數來判斷人物的名、氏,還是從名、氏來判斷人物的命數都難免有推測的成分,有的甚至是主觀臆測,没有任何根據,比如上引以爲齊桓公命屈完爲三命之卿。故吴澄所歸納的命數稱謂原則以及一些特殊情況不一定準確,但這樣的歸納也在一定程度上反映了《春秋》中人物稱謂的實際情況,深化了對名稱爵號例的批駁。

朱熹只是指出以日月時例、名稱爵號例解《春秋》"穿鑿得全無義理",但爲何是穿鑿,何以類似的事情在名稱爵號、日月時等方面記載不同,没有作進一步的闡釋。宋元諸儒繼承他的觀點,綜合總結吸取前人,尤其是陸淳、蘇轍、葉夢得、林之奇等前人之説,作了更爲細緻的説明與論證。表面上,宋元諸儒對日月時例、名稱爵號各種情況的歸納總結,在方法上與前人并没有多大區别,有的甚至直接採用的是主張一字褒貶學者的論據。但由于前提、出發點、角度不同,對日月時、名稱爵號的一般原則,主張一字褒貶的學者以爲是孔子修《春秋》確立的原則,而黄、吕、吴等人以爲是史書的記事規則;對日月時、名稱爵號的特殊情況,主張一字褒貶的學者以爲是孔子筆削以表明褒貶之義,黄、吕、吴等人以爲是事情本來特殊,孔子只是據事直書。雖然,宋元諸儒在批駁一字褒貶時,也難免穿鑿與主觀臆斷,但其注重從事件本身來探討《春秋》之義,對主張字字有深意,過分强調以字詞來討論《春秋》褒貶之義的方式是一種糾正,一方面讓朱子的《春秋》學説更深入人心,一方面對《春秋》的詮釋角度與方式也產生了重要影響。

---

① 《春秋左傳正義》卷八莊公六年"春王正月,王人子突救衛"條,清嘉慶刊阮元校刻《十三經注疏》本,北京:中華書局,2009年,第 3830 頁。
② [宋]葉夢得:《春秋傳》卷一,第 8—9 頁。

三、宋元諸儒構建"重事"的解經體系

朱熹之前,除劉知幾以史學家的立場,認爲"夫子之所修者,但因其成事,就加雕飾,仍舊而已"①,《春秋》爲夫子所修之史,其餘學者如劉敞、胡安國等人雖不否認《春秋》中有魯史舊文,但以爲這只是個別現象。至朱熹爲糾正當時拘於一字褒貶解《春秋》而致穿鑿附會的學風,大力提倡孔子修《春秋》據事直書,注重從事件本身來解釋《春秋》,《春秋》中據事直書的成分就不再是零星點點,而是一種普遍的存在。宋元諸儒在接受這一點的同時,必須要解決朱熹没有解決的經史之別、《春秋》大義闡發等問題,由此他們圍繞"事"(或者説魯史舊文)在《春秋》中的地位(比例),構建了"重事(史)"的詮釋體系。其方嚮有二:一爲論證孔子修《春秋》是據事(史)直書與筆削文辭并行;二爲論證《春秋》中孔子之義體現在對事件的選擇上,即筆削的是事而不是文辭。

(一)吕大圭、黄澤、趙汸:據事實與筆削文辭并列

吕大圭大力批駁日月時例與名稱爵號例,深化了對一字褒貶的批判,但没有解決孔子如何賦予《春秋》大義的問題。爲此,吕大圭提出了達例與特筆之説。達例就是如日月時、名稱爵號等"一因其事實而吾無加損焉"的内容②。特筆則是"史之所無而筆之以示義,史之所有而削之以示戒者"的内容③,如"元年春王正月"中的"王"便是聖人筆之,而吳楚之君不書葬是聖人削之。達例體現的是"聖人之公心",即實事求是書寫,没有私意融入其中,所以"所書非必聖人而後能,雖門人高弟預之可也"④。而特筆是明是非的"聖人之精義","非聖人則不能與於此"⑤。在吕氏看來,治《春秋》必須區分《春秋》中的

---

① [唐]劉知幾著,[清]浦起龍通釋,王煦華整理:《史通通釋》,上海:上海古籍出版社,2009年,第383頁。
② [宋]吕大圭:《春秋五論·論三》,第13頁b。
③ [宋]吕大圭:《春秋五論·論三》,第13頁b。
④ [宋]吕大圭:《春秋五論·論三》,第14頁a。
⑤ [宋]吕大圭:《春秋五論·論三》,第14頁a—b。

達例與特筆,"學者之觀《春秋》,必知孰爲《春秋》之達例、孰爲聖人之特筆,而後可觀《春秋》矣"①。

顯然,達例即是朱熹所言的據事直書,而特筆則是孔子筆削魯史文辭而成,蕴含了孔子賦予《春秋》之義。"特筆"讓《春秋》與史書有了本質區别,避免了朱熹"據事直書"説不便展示經史之别與孔子之意的問題。但"特筆"又打破了朱熹"據事直書"在《春秋》書寫中的唯一性。因此,吕大圭構建的達例與特筆相結合的《春秋》詮釋體系,回答了朱熹"今硬説那個字是孔子文,那個字是舊史文,如何驗得"的問題②,可以説是對朱熹之説的修正,亦可以説是對據事直書説與傳統筆削文辭説的一種折衷。

黄澤(1260—1346)爲學以程朱爲宗。在《春秋》學上,他充分意識到了朱熹完全以史視《春秋》引發的經史無别、聖人與史官無别的問題,曰:"近時説者則以爲夫子《春秋》非用例,若如此,則夫子作《春秋》止是隨事記録,止如今人之寫日記簿相似,有何意義……若説聖人止備録,使人自見,則但是史官皆可爲,何以見得《春秋》非聖人不能作?"③因此,他對朱熹之説有所修正。他説:"《春秋》固是經,然本是記事,且先從史看。"④突出《春秋》中"事"的重要性,强調從史事的角度了解《春秋》,這是對朱熹的繼承。不過,"先從史看"之"先",表明"從史看"只是解《春秋》的初始環節,并非全部過程。這與朱熹"只如看史樣看",視"史"爲解《春秋》的唯一途徑,已有很大不同。同時,爲了解決《春秋》中聖人之意的歸屬,黄澤一方面承朱熹之説讚成《春秋》多因舊史,是非與史同;一方面又認爲《春秋》中"有隱微及改舊史處"爲聖人用意。⑤ 可見,同吕大圭一樣,在黄澤心目中《春秋》是舊史與孔子筆削之文的結合體。針對這樣的結合體該如何來把握其經旨(大義)呢? 黄澤説:

> 學者須以考事爲先,考事不精而欲説《春秋》,則失之疏矣。夫考事已精,而經旨未得尚多有之,未有考事不精而能得經旨者也。又須

---

① [宋]吕大圭:《春秋五論·論三》,第14頁b。
② 《朱子語類》卷八三,第2144頁。
③ [元]趙汸:《春秋師説》卷上《論春秋述作本旨》,《中華再造善本》影印國家圖書館藏元至正二十四年休寧商山義塾刻明弘治六年高忠重修本,第3頁。
④ [元]趙汸:《春秋師説》卷上《論學春秋之要》,第4頁a。
⑤ [元]趙汸:《春秋師説》卷上《論春秋述作本旨》,第2頁b。

先曉史法,然後可求書法。①

"考事爲先",説明弄清事情本身的起因、經過、結果是得《春秋》經旨的前提,但"夫考事已精,而經旨未得尚多有之",又表明這一前提只是一個必要條件,而非充分條件。要完全了解《春秋》經旨還需先曉史法,然後求書法。黄澤又説:"事情既得,書法既明,然後可以辯其何以謂之經,何以謂之史。經史之辯既決,則《春秋》始可通。"②可見,得事情、明書法是黄澤通《春秋》的兩個步驟,其中得事情爲基礎、前提,明書法是最終方式。黄澤言明書法需先曉史法,但如何曉史法并借之明書法,現存黄氏著作没有作進一步的論述。受業於黄澤的趙汸對之進行了深入闡發。

趙汸(1319—1369)是元代新安理學的代表人物,尊崇朱學,但也看到了朱子《春秋》學存在的問題,認爲以《春秋》爲實録與泥於褒貶一樣,都不能得《春秋》經世之志,皆是虚辭。其曰:

> 莊周氏之言曰:"《春秋》經世,先王之志,聖人議而弗辯。"此制作之本意也。微言既絶,教義弗彰,於是自議而爲譏刺,自譏刺而爲褒貶,自褒貶而爲賞罰。厭其深刻者,又爲實録之説以矯之,而先王經世之志荒矣。此君子所謂虚辭者也。③

那麽如何才能探求《春秋》的經世之志呢?趙汸發揮黄澤的先曉史法再求書法的學説,構建了一個從史法出發的書法體系。

黄澤所言的史法,即《魯春秋》的撰寫規則,趙汸具體歸納爲"策書之例"十五條,并分爲"史事之録乎内者"(一至七條)、"史氏之録乎外者也"(八至十一條)、"史氏之通録乎内外者也"(十二至十五條)三類。黄澤所言的書法,即孔子修《春秋》的原則,趙汸總結爲"筆削之義"八條,即存策書之大體、假筆削以行權、變文以示義、辨名實之際、謹華夷之辨、特筆以正名、因日月以明類、辭從主人。這八條中,存策書之大體與辭從主人可歸爲一類。因爲"存策書之大體"是"有筆而無削者,以爲猶《魯春秋》也"④,"義有無待于筆削

---

① [元]趙汸:《春秋師説》卷下《論學春秋之要》,第3頁a。
② [元]趙汸:《春秋師説》卷下《論學春秋之要》,第4頁a。
③ [元]趙汸:《春秋屬辭序》,《春秋屬辭》卷首,清康熙十九年刻《通志堂經解》本,第2頁a。
④ [元]趙汸:《春秋屬辭序》,《春秋屬辭》卷首,第2頁b。

者,吾無加損焉"①;"辭從主人"是指"《春秋》本魯史成書,雖孔子作經,亦必禀君命而後得施筆削,自非有所是正,皆從史氏舊文,然其所是正者,亦不多見"②,即《春秋》記事以魯君、魯國爲中心,故其文以"史氏舊文"爲主。由此,這兩條主要是論述《春秋》非"孔氏所創一家之言"③,而是孔子依據魯史修成,經文主體是魯史舊文。假筆削以行權、變文以示義、辨名實之際、謹華夷之辨、特筆以正名可歸爲一類,皆是孔子在"國史有恒體,無辭可以寄文",借筆削文辭"寓其撥亂之志"。④ 這幾條筆削見義不是相互對立的,而是你中有我,我中有你,相互包含,展現了孔子筆削的方式(不書、變文、特筆)與内容側重點(辯名實、謹華夷、正名等)。"因日月以明類"是借日月之書與不書來顯示經義,實際就是以日月時爲例。趙氏認爲"事以日決者繫日,以月決者繫月,逾月則繫時"的史氏恒法,已不適用世衰道微的東周的複雜情況,以致"是非得失混淆",史之所書"或文同而事異或事同而文異",不能反映東周"上下内外之無别,天道人事之反常",故《春秋》"假日月以明其變,決其疑"。⑤ 而且,以日月明義與前述的筆削顯義是互爲經緯的,"事之存乎筆削者既各以類明,而日月之法又相爲經緯,以顯其文,成其義"⑥。

　　黄、趙師徒對朱熹《春秋》學存在的問題有充分的認識,爲了解決這些問題,他們提出了辨析史法(史官書法)與《春秋》書法的詮釋路徑,并構建了一個系統的《春秋》書法體系。這個體系承認《春秋》中有直接據魯史舊文的内容,也有孔子筆削文辭的情況,同吕大圭一樣是對朱熹之説的一種修正;將"存策書之大體""辭從主人"這樣據魯史舊文或者説據事直書的内容,納入了整個書法體系,表明采用魯史舊文也融入了孔子之意,并且以爲《春秋》多因舊史,則表明"據事直書"爲主體,是對朱熹之説的繼承與發揮。

(二) 吴澄、程端學:所書皆非常之事

　　爲解決朱熹"據事直書"説如何體現孔子之意的問題,吴澄、程端學没有采

---

① 〔元〕趙汸:《春秋集傳》卷一隱公元年"春王正月"條,清康熙十九年刻《通志堂經解》本,第1頁b。
② 〔元〕趙汸:《春秋屬辭》卷一五,第1頁a。
③ 〔元〕趙汸:《春秋屬辭》卷一五,第2頁a。
④ 〔元〕趙汸:《春秋屬辭》卷八,第1頁a。
⑤ 〔元〕趙汸:《春秋屬辭》卷一四,第1頁。
⑥ 〔元〕趙汸:《春秋屬辭》卷一四,第1頁b—2頁a。

用吕、黄、趙三人的折衷思路,而是借助傳統《春秋》學"常事不書"的理論,對所謂孔子修《春秋》"筆則筆,削則削"的具體對象進行了改造。傳統的筆削説認爲孔子筆削的對象是魯史中的具體文辭,而吴澄、程端學則以爲孔子筆削的具體對象是魯史中所載的事情,對選擇進入《春秋》的事情則依魯史之文辭,没有修改,而"孔子之意就表現于對'事'的選定"①。

"常事不書"是《春秋》學中的一條重要詮釋原則,發源于三傳。《公羊傳》在桓公四年"春正月公狩于郎"、桓公八年"八年春正月己卯烝"、桓公十四年秋八月"乙亥嘗"幾條經文處發揮"常事不書"原則,以爲狩、烝、嘗等皆是常有之事,本來是不該記載的,在這幾處記載是爲了表達譏刺之意。《穀梁傳》解莊公二十四年"夏公如齊逆女"言:"親迎,恒事也,不志。"②《左傳》桓公五年"凡祀,啓蟄而郊,龍見而雩,始殺而嘗,閉蟄而烝,過則書"③,也表達了常事不書,非常方書之意。不過,三傳的"常事不書"原則主要適用於祭祀、蒐狩與親迎等,範圍比較小。何休、范寧、杜預、徐彦、楊士勛、孔穎達等人的三傳注疏也將"常事不書"限制于上述範圍。常事不書,意味所書皆非常。開啓"新《春秋》學"的主要學者趙匡則擴大了"非常之事"的類別,增加了"常事不書"的適用範圍。他説:

> 祭祀、婚姻、賦税、軍旅、蒐狩,皆國之大事,亦所當載也,其合禮者,夫子修經之時,悉皆不取;故《公》《穀》云常事不書,是也;其非者及合於變之正者,乃取書之而增損其文,以寄褒貶之意。……慶瑞、災異及君被殺被執,及奔、放、逃、叛、歸、入、納、立,如此並非常之事,亦史册所當載,夫子則因之而加褒貶焉。④

在趙匡這裏,非常之事分爲兩大類。一類爲事情有常、有非常兩種情況,孔子修《春秋》取非常情況記載,上述三傳涉及的就是這類。就這一類,趙匡在三傳所言的祭祀、婚姻、蒐狩基礎上又增加了賦税、軍旅兩種。另一類則是慶瑞、災異,及君被殺被執,及奔、放、逃、叛、歸、入、納、立等本身就是非常之事。經過

---

① 張立恩:《元代〈春秋〉學研究》,成都:巴蜀書社,2023年,第205頁。
② 《春秋穀梁傳注疏》卷六莊公二十四年"夏公如齊逆女"條,第5179頁。
③ 《春秋左傳正義》卷六,第3796—3798頁。
④ [唐]陸淳撰,吴人整理,朱維錚審閲:《春秋集傳纂例》卷一《趙氏損益義第五》,第162頁。

趙匡的發揮，《春秋》中所書非常之事大大增加。啖、趙、陸開創的"新《春秋》學"爲宋代《春秋》學的先聲，對宋代《春秋》學產生了重要的影響，故宋代劉敞、孫覺、胡安國、葉夢得、高閌、張洽等人也常以"常事不書"解《春秋》中相關經文。雖然啖、趙、陸與宋人運用"常事不書"解經的範圍較三傳及其注疏擴大了很多，但"常事不書"仍只是眾多解經原則中的一種，且孔子書非常之事時仍"增損其文以寄褒貶之意"。

而在吳澄、程端學那裏，常事不書，書非常之事成了孔子修《春秋》最基本的原則，適用于全經。吳澄明確說"《春秋》常事不書"①，"非常者書，常者不書"②，程端學亦言"《春秋》即事以立教，而其所書皆非常之事"③，"《春秋》二百四十二年皆非常之事"④。基于此，他們對筆削理論進行了新的闡釋，并對何爲非常之事進行了界定，對如何因事以見義進行了說明。吳澄言：

> 《春秋》，魯史記也。聖人從而修之，筆則筆，削則削，游、夏不能贊一辭。修之者，約其文，有所損，無所益也。其有違於典禮者，筆之；其無關於訓戒者，削之。⑤
>
> 《春秋》，刑書也，常事不書，失禮失儀乃書。書之者，貶之也，所以示懲也。⑥
>
> 《春秋》常事不書，唯變異則書。⑦

在吳澄看來，孔子修《春秋》時"有所損，無所益"，即對魯史只有删削，沒有增添文字，更不可能增添事件，且删掉的是魯史中關於整個事件的記載，不是個別字詞。這與以往以爲孔子修《春秋》對魯史在文字上有增有減顯然不同。"有損無益"配合"常事不書"，就讓《春秋》一書所載皆是魯史中的非常之事，載非常之事的文字皆是魯史舊文。"其無關於訓戒者，削之""失禮失儀乃書""唯變

---

① ［元］吳澄：《春秋纂言》卷一，第4頁b。
② ［元］吳澄：《春秋纂言》卷五，第46頁a。
③ ［元］程端學：《春秋本義序》，《春秋本義》卷首，清康熙十九年刻《通志堂經解》本，第3頁a。
④ ［元］程端學：《春秋本義》卷首《春秋本義通論》，第5頁a。
⑤ ［元］吳澄：《吳文正集》卷一八《春秋備忘序》，《景印文淵閣四庫全書》第1197冊，第198頁。
⑥ ［元］吳澄：《吳文正集》卷三六《樂安重修縣學記》，《景印文淵閣四庫全書》第1197冊，第390頁。
⑦ ［元］吳澄：《春秋纂言總例》卷一，第16頁a。

異則書"則表明有關訓戒、不合典禮、變異,是吳澄確立"非常之事"的標準。程端學之説與吳澄大致相同,但也有些許差別。他説:

> 於是削魯史之合於禮者,筆魯史之不合於禮者,以訓後世。①
> 削者,削其常事;筆者,筆其非常可爲後世大戒者也。②

"削其常事""筆其非常"較吳澄"其有違於典禮者,筆之;其無關於訓戒者,削之",更爲明確地表達了"常事不書"的原則。程端學將"以訓後世"作爲"筆魯史之不合於禮者"的目的,則與吳澄將筆"違于典禮者"與削"無關于訓戒者"并列有所不同。吳澄所言的關于訓戒之事,可能是褒善的,亦可能是貶惡的,而程端學所言則使《春秋》中所書"非常之事"全變成了不合禮之事,全是反面教材,《春秋》成了有貶無褒之書。

程端學還從兩個方面對如何因事以見義作了論述。其一,從事情發生的原因來推斷事情當事人之罪,以揭示事情所代表之意,他説:"《春秋》有自然之法,因是事而著是理⋯⋯即其因以見其情,則其罪有輕重焉。"③其二,通過屬辭比事,使人自見其義。程氏所謂"屬辭比事"是指要了解一事之義,需聯繫前後相關之事,以及結合其所處時代的大背景變化進行分析,因爲"一事必有首尾,必合數十年之通而後見,或自《春秋》之始至中,中至終⋯⋯大凡《春秋》一事爲一事者常少,一事而前後相聯者常多"。④ 爲了更好地説明屬辭比事之法,程端學將屬辭比事區分爲"大屬辭比事"與"小屬辭比事"。所謂"大屬辭比事"就是"合二百四十二年之事而比觀之",實際就是要結合時代大勢的變化,即吕大圭所謂的世變來評價《春秋》中所載事情之義。他對《春秋》二百四十二年的權力下移、夷夏關係的時勢變化作了非常詳細的描述:

> 《春秋》之始,諸侯無王未若是之甚也,終則天王不若一列國之君。始也諸侯之大夫未若是之張也,終則專國而無諸侯。始也夷狄未若是之橫也,終則伯中國滅諸侯。始也諸侯之伐國未甚也,終則至

---

① [元]程端學:《程氏春秋或問》卷一,清康熙十九年刻《通志堂經解》本,第4頁a—b。
② [元]程端學:《程氏春秋或問》卷三,第3頁a。
③ [元]程端學:《春秋本義》卷首《春秋本義通論》,第1頁a。
④ [元]程端學:《春秋本義》卷首《春秋本義通論》,第4頁a。

於滅同列之國。①

"小屬辭比事"則是"合數十年之事而比觀之"，以見其前因后果與由微至著、自輕至重、始之不慎至卒不可救的過程，他舉了幾類典型事例：

> 始也大夫執一國之權，終則至於弑其君。始也子弟預一國之政，終則至於篡其位。始也諸侯專恣而妄動，終則至於滅其身。始也夫人昏姻之不正，終則至於淫亂而奔亡。……凡《春秋》之事無不皆然。②

由上，程端學借助"即其因見其情"與大、小屬辭比事，完全建立起了一個以事爲中心揭示《春秋》之意的詮釋體系。

吳澄、程端學對筆削理論的改造，較好地解決了朱熹"據事直書"說與《春秋》大義如何實現的問題，與呂大圭、黃澤、趙汸將據事與筆削文辭折衷相比，是全面貫徹了朱熹的"據事直書"說。但他們以"常事不書"爲筆削的基本原則，將不合禮之事作爲《春秋》的主要甚至是全部內容，以《春秋》爲刑書，所載只有惡事沒有善事，難以體現孔子所褒揚的內容，又背離了朱熹"孔子但據直書而善惡自著"之意。比他們稍晚的趙汸就對此進行了批評。趙汸認爲"《公羊》常事之例唯時祀、時田言之，以其皆有常時故也；《穀梁》於親迎言之，猶未失本意，而未嘗泛及他事"③，《公》《穀》的常事不書，"乃筆削之一義耳，不可通於全經"④，以一經所書皆爲非常，而常事不書，是"後儒求之大過"⑤。應該説，趙汸的批駁還是比較中肯的。

結　語

反對一字褒貶與據事直書是朱熹《春秋》學核心觀點的一體兩面，前者著

---

① ［元］程端學：《春秋本義》卷首《春秋本義通論》，第4頁b。
② ［元］程端學：《春秋本義》卷首《春秋本義通論》，第4頁b—5a。
③ ［元］趙汸：《春秋屬辭》卷二，第8頁b。
④ ［元］趙汸：《東山存稿》卷三《春秋集傳序》，《景印文淵閣四庫全書》本第1221冊，第221頁。按：此處趙汸以"常事不書"爲筆削之義，但在《春秋屬辭》卷一五"辭從主人"之"十四內辭類"處又言"《公羊》誤以爲筆削之旨，蓋不知夫子所修乃魯史成書"，又以"常事不書"爲史法。
⑤ ［元］趙汸：《春秋屬辭》卷一五，第19頁a。

眼于破,後者著眼于立。黄震、吕大圭、吴澄、黄澤、趙汸、程端學等宋元諸儒亦從這兩個方面繼承、發展與修正了朱熹之説,對朱子學在宋元的發展以及《春秋》學的演變都產生了重要的影響。

朱子學内容豐富,體系宏大。開創者朱熹雖構建了其基本體系,對主要内容有所論述,但因爲個人精力有限以及時代發展的原因,有很多地方没有充分展開,一些思考也不够成熟。朱門後學對此展開深入探討、解説是朱子學發展不可或缺的内容。《春秋》學便是朱子本人没有充分討論的内容,宋元諸儒以名稱爵號、日月時例爲中心深入批駁"一字褒貶"之説,構建"重事"的解經體系,繼承、修正與發展了朱熹《春秋》學,對宋元朱子學發展意義重大。

作爲《春秋》學的重要組成部分,宋元諸儒對朱熹《春秋》學的繼承與修正,在以下幾個方面影響了《春秋》學的發展。

其一,《春秋》學在元代形成與"尊胡"并列的"宗朱"一派。程頤、朱熹都是理學的重要代表人物,在《春秋》學上二人雖都承認《春秋》爲經世大法的性質,但在解經方式上則相對。程頤主張一字褒貶,以文辭解經,朱熹則反對一字褒貶,強調據事解經。程、朱都没有完整的討論《春秋》學的專著①,但私淑程頤的胡安國《春秋傳》因宋高宗的推崇及對尊王攘夷大義的大力闡發,在宋代影響很大,到元代便成了程頤一派《春秋》學的代表,備受世人重視。而朱熹一派,及門弟子張洽雖著有《春秋集傳》《春秋集注》等書,但其除了在反對胡安國"夏時冠周月"等個別問題上承朱熹之説外,其主程頤、胡安國的學術取向更加明顯②,其也没有胡安國《春秋傳》的社會影響力。故在元代,相比胡安國《春秋》學與朱熹的其他學説,朱熹《春秋》學的影響力要小得多。延祐復科時,《詩》以朱熹爲主,《尚書》以蔡沈(朱熹高足)爲主,《周易》以程頤、朱熹爲主,而《春秋》則是"許用三傳及胡氏傳"③,就是最好的證明。在這樣的背景下,黄震、吕大圭、吴澄、黄澤、趙汸、程端學等人對朱熹《春秋》學説的強調、繼承發揮與修正,無疑增加了朱熹《春秋》學説的影響力,他們自身也在胡安國《春秋傳》佔據主

---

① 按:程頤雖有《春秋傳》,但據《宋史·藝文志》載僅有一卷,今天《程氏經説》所存也只有一卷,只對《春秋》部分經文作了解説。

② 詳參李曉明:《論張洽"得程遺意"而非"補朱未備"——從〈春秋集注〉學術宗屬看宋明經學分野》,《中國哲學史》2018年第3期。

③ [明]宋濂等撰:《元史》卷八一《選舉一·科目》,北京:中華書局,1976年,第2019頁。

導地位的情況下，成爲"宗朱"一派，豐富了《春秋》學的發展歷程。

其二，系統的、具有可操作性的據事解經詮釋體系初步形成。朱熹反對一字褒貶，主張《春秋》據事直書，從詮釋的角度可概括爲"據事解經"。《春秋》經文記載的是一些歷史事件，借事明義是其區別于其他儒家經典的獨特之處。所以從本質上說，對《春秋》詮釋都是圍繞事情展開的。只不過，在朱熹之前，學者們要麽如《公》《穀》一樣主要關注記載事件的文辭蘊含的深義，很少論及事件本身的前因後果及事件間的相互聯繫展現的意義；要麽如《左傳》一樣主要在列舉《春秋》所涉及時間範圍內的歷史事件，對其大義揭示較少①。而朱熹提出"據事直書"，強調應該從事件，而不是文辭來探討《春秋》之義，黄震、吕大圭、吳澄、黄澤、趙汸、程端學等人在此基礎上，構建了以據事與筆削文辭并列（吕大圭）、或者以據事爲主（黄澤、趙汸）、或者全據事解經的詮釋體系。吳澄、程端學二人更是通過"非常之事"的確定、屬辭比事的論述，對據事直書的具體形式、據事如何得《春秋》之義等關鍵問題做出了回答。可見，經過宋元諸儒的努力，系統的、具有可操作性的據事解經詮釋體系初步形成，而不是如有的學者所言"據事解經在元代備受冷遇"②。這一解經體系在明代經湛若水、熊過等人進一步發展、完善，成爲"明代《春秋》學的重要支柱"③。

其三，宋元諸儒爲闡發朱熹"據事直書"對《春秋》經傳中史實的強調，促進了元明清三代衆多探討《春秋》中事件經過、人物、職官、地名、疆域、天文曆法、兵法、器物宫室等類編與專題著作產生。比如梳理《春秋》經傳事件的紀事本末體著作就有元人徐安道著《左傳事類》、明人孫範著《左傳分國紀事本末》、清人高士奇《左傳紀事本末》等幾十種。這些專題著作成爲20世紀經學轉型後，從史學研究《春秋》經傳的重要參考，比如顧棟高《春秋大事表》"至今仍是研治《左傳》及春秋時代歷史的重要參考書"④。

最後需要注意的是，由于《春秋》經傳所記事件、人物、職官等複雜，又有殘缺，而且時代久遠，其他史料的記載也不充分，故很難有一種詮釋方式能通貫

---

① 《左傳》中的凡例、"君子曰"、書、不書等也有涉及闡發《春秋》之義的地方，但整體來講，其不是《左傳》解經的主要方式。
② 周翔宇：《明代〈春秋〉詮釋史論》，成都：電子科技大學出版社，2017年，第148頁。
③ 周翔宇：《明代〈春秋〉詮釋史論》，第209頁。
④ 趙伯雄：《春秋學史》，濟南：山東教育出版社，2014年，第471頁。

全經，再加上"揭示《春秋》中聖人之意"的根本認知没有改變，宋元諸儒在繼承與修正朱熹《春秋》學説的過程中，又難免有無奈與悖論之處。如本是要强調"據事直書"，但爲了突出孔子之意，吕大圭、黄澤、趙汸等不得以對據事直書與筆削文辭進行了調和與折衷；朱熹反對以日月時、名稱爵號等爲代表的一字褒貶，進而反對以例治《春秋》，但吴澄《春秋纂言總例》、趙汸《春秋屬辭》又都采取了歸納義例的形式；依事解經本是因不滿依文辭解經的穿鑿附會而產生，但其在解經時也没能克服這一點，如對人物命數的判斷，對常事、非常事的區分，對史法、書法的區分，等等，時有主觀臆斷及穿鑿附會的情況發生。

深度整理：朱子學文獻建設的一個方嚮[*]

四川大學古籍整理研究所 尹波 郭齊

摘 要：朱子學文獻建設是一個開放性的系統工程，包括朱子及朱子學派全部著述的存佚調查，全球現存朱子學著述的版本、收藏、目録編制，搜集編排，標點校勘，内容考辨，注釋評論，研究歷史和現狀的梳理，特色文獻、分類文獻的集成與研究，專題資料匯編或選編，等等。國際朱子學已有近千年的歷史，當前仍然方興未艾，繼續向縱深發展。朱子學的新發展對賴以支撑的朱子學文獻建設提出了新的更高要求。其中，深度整理是一個重要的方嚮。所謂深度整理，不是簡單的校點，而是以研究的姿態作考據，是一種研究性的整理。如對原文内容真實性、準確性及文獻來源的考訂，注釋，編年，輯佚，辨僞，相關傳記資料，年表、版本資訊、序跋、歷代評論的匯集附録，以及人名、地名、篇名索引的編制等。本文在全面梳理相關整理研究歷史和現狀基礎上，以朱子三大代表作朱子文集、《朱子語類》、《四書章句集注》爲例，具體闡述深度整理這一朱子學文獻建設的戰略發展方嚮。

關鍵詞：朱熹；朱子學；文獻；深度整理；宋明理學

國際朱子學已有近千年的歷史，當前仍然方興未

---

[*] 本文爲國家社科基金項目"朱熹著述歷代序跋集成與研究"（22BZX055）階段性成果。

艾,繼續向縱深發展。"兵馬未動,糧草先行",朱子學的新發展對賴以支撐的朱子學文獻建設提出了新的更高要求。其中,深度整理應是一個重要的方嚮。

朱子學文獻建設是一個系統工程,包括朱子及朱子學派全部著述的存佚調查,全球現存朱子學著述的版本、收藏、目錄編制,搜集編排,標點校勘,内容考辨,注釋評論等。該工程是開放性的,無所不包。如研究歷史和現狀的梳理,特色文獻、分類文獻的集成與研究,專題資料匯編或選編,都是重要的内容。

研究歷史和現狀的梳理。當前,我們面臨新的歷史條件,即全球化和新技術革命。一方面,世界政治、經濟、文化格局的不斷打破和更新,中國的高速發展和全面步入現代化,日益驅使我們具備全球化視野,形成全球化觀念,不再拘於一隅來思考問題。另一方面,人類業已經歷三次技術革命,現在又面臨全新的第四次技術革命。這些深刻動搖了傳統學術研究賴以存在的根基,深刻改變了傳統學術延續發展的條件。爲了加快構建中國特色哲學社會科學學科體系、學術體系、話語體系,推動中華優秀傳統文化創造性轉化、創新性發展,新條件下各學科各領域全面的學術反思勢在必行。由於朱子學在中國哲學史、文化史及東方文化中佔有特殊的地位,其研究歷史和現狀的成果梳理與文獻匯編尤爲重要。

20世紀50年代末朱謙之的《日本的朱子學》是較早涉足朱熹研究狀況的專書。70年代以後,學術界開始關注朱熹研究史方面的問題,一是中國大陸、中國臺灣、日本、美國先後編制了朱熹研究論著目錄,二是發表了二十餘篇相關論文。這些論文以介紹中國大陸境外朱熹研究的歷史和現狀爲主,如(美)陳榮捷對歐美朱熹研究狀況的介紹,(日)島田虔次、吉田公平、深澤助雄、後藤延子、臺灣學者費海璣、大陸學者高令印對日本朱熹研究狀況的介紹,高令印、徐遠和、黎昕對臺灣朱熹研究狀況的介紹,以及韓思藝對韓國朱熹研究狀況的介紹等。對國内朱熹研究狀況撰文進行回顧檢討的,則只有辛冠潔、張立文、蔡方鹿等少數學者。此外尚有一些有關評論散見於書評、學術會議與動態綜述以及其他論著中。從整個朱子學的立場來看,以上這些研究顯然都還是簡略而零散的。因此,我們得到這樣一個判斷:自宋末以來,對朱熹研究的得失從未進行過全面系統的清理和總結。

近千年來,朱熹研究成果累累,但也早已存在研究觀點方法陳舊以及成果大量簡單重複、選題帶有明顯盲目性等問題。既有的成就與失誤、經驗與教訓是什麼？哪些問題應該作爲定論加以總結，哪些問題尚需繼續或重新探討？哪些是重點、難點、薄弱點，應加大研究力度？怎樣從國際朱子學的高度來描述研究歷史，總結經驗教訓，預測未來走向？朱熹研究怎樣更好地服務於經濟文化建設？宋元明清"前科學時期"的朱熹研究應予認真清理與合理評估，舊中國及港澳臺學者、海外學者的研究立場、觀點和方法有待重新審視，中華人民共和國成立以來大陸朱熹研究的曲折歷程值得深刻反思。這些都有賴於對既有研究成果的系統梳理和匯編。

特色文獻、分類文獻的集成與研究。這是朱子學文獻建設的一個新角度，如朱子著述歷代序跋集成與研究。朱子著述序跋指朱熹撰著、編著的每種文獻首末所載之該書歷代序言和跋語，其中部分序跋也保存在別集、書目等群籍中。朱子著述宏富，版本紛繁，每一種著述、每一種版本都載錄了篇幅不等的序跋，數量巨大。這些序跋以獨特的形式，或記錄作者的生平事迹，或叙述作品的刻印傳播源流，或考正史實文字的訛誤，或闡發作者的思想觀點，或論定作者的歷史地位，或評價作品的學術價值，從而成爲朱子研究的一種特殊形態，具有其他文體和形式不可替代的重要作用。朱子著述序跋同時也是朱子研究文獻中獨具特色的組成部分，對於朱子研究史的反思和材料積累具有重要作用。

在既往的研究中，這部分文獻並未受到足夠的重視。除個別零星的引用研究外，迄今爲止尚未有人將其作爲一個專題，從總體上進行系統集錄、整理、研究，這不能不說是一個明顯的缺憾。

全面系統收集海内外相關文獻，仔細梳理，合理取捨，精心整理，科學編排，並充分利用其獨特資料，分專題對朱子生平事迹、思想、作者評論、作品價值、版本源流、文獻訂誤等方面展開全面研究，將進一步夯實朱子研究的文獻基礎，爲朱子研究史的編纂積累材料，從而對整個國際朱子學的縱深發展起到推動作用，具有獨到的學術價值。

專題資料匯編或選編。這是朱子學文獻建設不可或缺的重要方面。如黄宗羲的《宋元學案》及王梓材、馮雲濠的《宋元學案補遺》，黄宗羲的《明儒學案》，徐世昌的《清儒學案》及楊向奎的《清儒學案新編》，宋代以來主要的朱子學者基本上都已囊括其中，形成了一個完整系列。《宋元學案》中的"晦翁學案"上、下及《宋元學案補遺》中的"晦翁學案補遺"上、下共 487 人,"西山蔡氏學案"22 人,"勉齋學案"50 人,"潛庵學案"36 人,"木鐘學案"43 人,"南湖學案"30 人,"九峰學案"15 人,"北溪學案"40 人,"滄洲諸儒學案"277 人,"鶴山學案"52 人,"西山真氏學案"32 人及各案補遺屬朱子學派,其他"豫章""五峰""劉胡諸儒""玉山""艾軒""南軒""東萊""艮齋""止齋""水心""龍川""梭山""象山""清江""徐陳諸儒""慶元黨案"各案及補遺中也多有可歸入朱子學派者。《明儒學案》中的"河東學案"15 人,"三原學案"6 人,"崇仁學案"10 人,"白沙學案"13 人,"諸儒學案"49 人中的多數,皆可歸入朱子學派,其他學者學術旨趣與朱子學相通者也不在少數。徐世昌《清儒學案》疊床架屋,取捨失當,世有"龐雜"之譏,以致楊向奎有《清儒學案新編》之作。然篳路藍縷,搜羅宏富,也功不可沒。粗略觀之,其中的"桴亭學案"26 人,"楊園學案"23 人,"潛庵學案"15 人,"三魚學案"33 人,"敬庵學案"13 人,"孝感學案"18 人,"安溪學案"24 人,"白田學案"7 人,"慎修學案"10 人,"梁村學案"14 人,"健餘學案"10 人,"雙池學案"4 人,"臨桂學案"9 人,"翠庭學案"8 人,"蘇齋學案"29 人,"石矍學案"24 人,大致可歸入朱子學派。其餘浩繁篇幅,當入朱者也不少,須逐人爬梳。

但此學案系列也存在明顯的缺點。一是以"儒"涵蓋百家,諸學混雜,非朱子學之項目。二是或囿門户之見,或主旨模糊。如《明儒學案》以"大宗屬姚江",王學佔學案總數的一半以上,對朱子學的品評難免有失公允。《清儒學案》貪多務博,兼收並蓄,莫衷一是。三是以學術旨趣爲綱,未能呈現學術發展"史"的脈絡。四是過於簡略,羅列資料,尚難言系統深入的研究和全面詳盡的評介。另外有少數重要學者未列入,也不能説無所遺漏。這些都有待系統整理和調整。

二

近千年來,歷代學者對朱子學文獻進行搜集、整理、研究,取得了很大成績。尤其是 20 世紀末以來,展現出超越前人的規劃性、系統性,出現了一大批填補空白,有特色、有新意、有實用性的成果。如陳來《朱子書信編年考證》、束景南《朱熹佚文輯考》、顧宏義《朱熹師友門人往還書劄彙編》、趙炳熙《朱熹研究論著索引（1900—1985）》、吳以寧《朱熹及宋元明理學研究資料（1900—1988）》、林慶彰《朱子學研究書目（1900—1991）》、吳展良《朱子研究書目新編（1900—2002）》、謝水華《1990—2015朱子學研究論著索引》、梁松濤《朱子學文獻輯刊》、藤本幸夫《日本現存朝鮮本研究》、朱新林《日本朱子學派文獻彙編》、樂愛國《20世紀朱子學研究精華集成》等。

尤其是國家社科基金重大招標項目"朱子學文獻整理與研究""東亞朱子學的承傳與創新研究""朱子門人後學研究""日本朱子學文獻編纂與研究""明清朱子學通史"，教育部重大攻關項目"百年朱子學研究精華集成"，對日、韓爲代表的東亞朱子學文獻、20世紀朱子學研究文獻及相關文獻做了空前系統的搜集整理。國家重點文化工程"全球漢籍合璧工程"也可在一定程度上補充歐美朱子學文獻的不足。其中，最值得關注的是"朱子學文獻整理與研究"。

該項目於2011年立項，由5個子課題組成，即"歷代朱子學著述叢刊""歷代朱子學論述文類""歷代朱子著述珍本叢刊""朱子學專科目録編撰""朱子學文獻專題研究撰著"。各子課題研究的最終成果，結集爲開放性大型叢書《朱子學文獻大系》（日本早年曾編集大型叢書《朱子學大系》，匯集大量朱子學重要資料於一編，以致西方學者的相關研究一度曾主要依賴於日本資料），下轄《歷代朱子學著述叢刊》《歷代朱子學研究文類叢編》《歷代朱子著述珍本叢刊》《朱子學文獻研究學術文庫》四部不同類型的叢書。其中《歷代朱子學著述叢刊》擬按學科、著述或學術議題分編專輯，如《朱子經學專輯》《朱子〈四書〉學專輯》《朱子〈近思録〉專輯》《朱陸異同專輯》等，以集中提供經過精選精校的歷代朱子學重要研究著述的閱讀文本。《歷代朱子學研究文類叢編》擬按專題分類輯集散見各種典籍的朱子學研究篇章，如序跋、劄記、語録、書信等，以集中提供經過遴選類編的歷代朱子學研究文獻散篇的閱讀文本。《歷代朱子著述珍本叢刊》擬按時代分編《朱子著述宋刻集成》《元明刻本朱子著述集成》等，以集中提供高模擬影印的朱子著述歷代珍稀版本。《朱子學文獻研究學術文庫》擬收入具有文獻學研究屬性的各種論著撰述，如《朱子學古籍總目》《朱子學史籍考》《朱子與弟子友朋往來書信編年》等。

目前，已經出版的成果有《朱子全書》《朱子全書外編》《朱熹師友門人往還書劄匯編》《朱子學著述序跋題記資料匯編》《朱子著述宋刻集成》11種，《元明刻本朱子著述集成》28種，《近思録專輯》《歷代"朱陸異同"典籍萃編》《歷代"朱陸異同"文類匯編》《近思録文獻叢考》等。其他如《朱子學古籍總目》《朱子學文獻書目》《近百年朱子學研究論著索引》《歷代朱子學者及其著述目録》《朱子學研究相關書目》等重要選題均在推進中。顯然,這是有史以來朱子學文獻建設規模最大、最全面系統的宏偉規劃,意在將迄今爲止的朱子學原始文獻、研究文獻一網囊括,並配備系列的檢索工具書。它的順利完成無疑將長期沾惠整個國際朱子學界。

以上這些,標誌著朱子學文獻的建設進入了一個全新的時期。

然而,就整理層面而言,迄今爲止的朱子學文獻建設總體上還停留在淺表的階段,即傳統的點校或匯集編排,可稱之爲基礎整理。而我們認爲,在當前朱子學文獻建設的新起點上,爲了適應朱子學深入發展的新需要,大力推進朱子學文獻尤其是核心文獻的深度整理是十分必要的。

二

所謂深度整理,不僅要準確標點,精心校勘,而且要以研究的姿態做考據,是一種研究性的整理。如對原文内容真實性、準確性及文獻來源的考訂,注釋,編年,輯佚,辨僞,相關傳記資料、年表、版本資訊、序跋、歷代評論的匯集附録,以及人名、地名、篇名索引的編制等。以朱子的三大代表作爲例:

(一) **朱子文集**。對該書文獻的現代整理始於1996年四川教育出版社的校點本《朱熹集》。其後臺灣德富文教基金會於2000年出版了標點本《朱子文集》,上海古籍出版社、安徽教育出版社於2002年出版了標點本《朱子全書》。在此基礎上,我們嘗試進行了深度整理,已於2019年出版。主要做了如下工作:

1. 編年。朱子文集共含詩文詞4641篇(首)。其中,有相當數量的詩文寫作年代不明,給使用者造成了很大困難。歷代學者僅對個別篇章作年有零星考論,今人陳來《朱子書信編年考證》、束景南《朱熹年譜長編》、顧宏義《朱熹師友門人往還書劄匯編》、郭齊《朱熹新考》中之《朱熹詩詞編年考》也對部分作品作年做了考證。本書參考前人成果,首次對全部詩文逐篇考定撰作年月時日(外集疑似之詩文69篇除外),注於題下。凡前賢漏考、失考、所考不當及錯誤者,予以詳細考辨。新考定作年及糾正、補充前人結論,最重要者凡200餘條。

蔡方鹿先生撰寫萬字書評《學術與編年》，對本書編年作了較高評價，認爲"對於研究掌握朱熹學術思想前後發生的變化，進而動態地把握朱熹思想的形成過程及其最後的定論，意義重大"，"朱熹思想中亦存在著某種傾向心學之處，這些都是通過考訂朱熹文章寫作於哪一年，才能得出的結論"。①

2. 注釋。朱子文集歷史上從未有過全面注釋，清儒王懋竑曾有志於此，惜未成書。朝鮮李滉作《朱子大全書節要》，節選朱子文集書信部分的約五分之三，加以摘要注釋。其門人記錄李滉講解《節要》的內容，成《朱子書節要記疑》，注釋數量遠超《節要》。鄭經世《朱文酌海》選擇範圍更廣，涉及詩以外各種文體，被稱爲《節要》羽翼。在此三書基礎上，宋時烈以畢生精力成《朱子大全劄疑》，摘出有疑問的語句或篇章進行注解，範圍包括字詞、人名、地名、典故、標點，也廣泛涉及思想內容及朱子生平等方面。其後又有金昌協《朱子大全劄疑問目》和金邁淳《朱子大全劄疑問目標補》，以及李恒老、李竣《朱子大全劄疑輯補》等問世，繼續對此前各書進行拾遺、補缺、正誤。對一部個人文集傾注如此巨大的熱情和付出如此巨大的勞動，在中外文化史上罕有其例。雖然朝鮮學者注釋的初衷是研習咀嚼朱子文集，其方式是討論講解，大量內容是作爲外國人對異國語言文化的理解琢磨，因而或許顯得過於瑣碎，但許多內容不乏新見，值得認真參考。文集共收朱熹詩詞 762 篇，1 218 首，部分作品尤其是詩詞創作背景、本事、人事、典故不易弄清，脫胎前賢，點化古語，給使用者造成了不小的理解困難。本書對全部詩詞逐篇作了解題和箋注，主要注釋疑難詞句、典故、特殊背景、思想內容及人、事，凡 5 333 條，較好地解決了閱讀理解問題。

3. 輯佚。近千年來，對朱熹集外佚文的搜集一直受到歷代學者的重視，其主要成果有明朱培《文公大全集補遺》8 卷、清朱玉《朱子文集大全類編補遺》、清朱啓昆《朱子大全集補遺》2 卷、清陳敬璋《朱子文集補遺》5 卷、朝鮮朴世采《朱子大全拾遺》、洪啓禧《朱子大全遺集》等。當代學者束景南《朱熹佚文輯考》、郭齊《朱熹新考》一書中之《朱熹佚文錄考》所輯佚詩文較多。然而即使在這樣的基礎上，也還有漏網遺珠陸續被發現，主要是散見的法帖碑刻及收藏於民間不見於著錄的文獻等。本書對近年來新發現的朱熹佚詩文予以特別關

---

① 蔡方鹿：《讀〈朱熹文集編年評注〉》，《中國文化》2020 年第 52 期，第 428、433 頁。

注,力爭做到無使遺漏。除此前搜集的佚文編爲遺集 3 卷、外集 1 卷外,近年新發現的 10 余篇佚文,已經初步研究,作爲階段性成果發表於《文學遺產》、《光明日報》、日本《儒教學會報》、《歷史文獻研究》等重要學術刊物。這些寶貴的佚文,爲朱熹生平思想的研究提供了新資料。如從《續藏經》中輯出的朱熹《與開善謙禪師書》和《祭開善謙禪師文》,幾乎是記錄朱熹早年一度棄儒從釋細節的唯一資料,對於了解此階段朱熹思想變化至關重要。又如罕爲人知的朱熹婺源祖墓第二次紛争始末,就是通過新發現的朱熹與婺源親友的四封書信揭諸於世的。

4. 辨僞。歷代搜集的朱熹佚文,僞作誤題甚多,如族譜、家譜之序,手書作品之僞(有以高價拍賣者)等。前賢陸續做過零星考辨,今人束景南《朱熹佚文輯考》《朱子佚文辨僞考録》、郭齊《朱熹新考》中之《朱熹佚文疑僞考》等也有所辨析,然出於僞託或出自他人的作品仍然大量充斥其中,如《訓蒙絶句》《性理吟》《朱子家訓》等國内外影響巨大,至今仍廣泛傳播,被學界大量引用、研究。本書集近千年來歷代學者辨僞之大成,第一次利用中、日、韓三國所藏資料,澄清了歷史上一直懸而未決的《訓蒙絶句》《性理吟》《朱子家訓》的作者問題,糾正了學界錯誤的引用與研究;甄別認定了數十年來僞託誤題之朱熹詩文 300 餘篇(首),剔除了《朱熹集》《朱子全書》等所誤收的朱熹佚文 148 篇(首),其成果先後於《文藝研究》《光明日報》《歷史文獻研究》《宋史研究論叢》等刊物發表;並首次編制出《僞託誤題朱熹詩文存目》,杜絶了以訛傳訛。不僅是佚文,就連集内也有僞託誤題之文。如收入別集的《登閤皂山》《送單應之往閤山》《別陳講師》《題赤城觀》《寄陳講師》《送李道士歸玉笥三首》6 篇 10 首詩皆應爲道流僞託,卷七十六《三先生論事録序》爲陳亮所作,應予剔除等。

5. 評論。歷代學者對朱熹詩文進行研究賞析,留下了大量的評論資料。但這些資料未經系統搜集整理,散見於南宋以來群籍之中,難於檢尋,無法爲使用者利用。本書參考曾棗莊主編《中華大典·宋文學分典》之朱熹部分等資料,同時進行了相關輯録,首次將歷代學者關於朱熹詩文的研究評論資料附於集中,分爲單篇之評論和總體之評論,總計 1 284 條,大大方便了讀者。

(二)《朱子語類》。此書流行本爲中華書局王星賢點校本,後又有鄭明等點校《朱子全書》本。中華本雖然號稱當時最好的版本,但仍然存在不少整理方面的問題。首先是版本掌握不全,校勘未精。如臺北"故宫博物院"藏嘉定九年宋刻殘本李道傳編《晦庵先生朱文公語録》、日本九州大學藏朝鮮古寫寶祐二年再校徽州本《朱子語類》就未進入點校者視野。劉傑作《中華書局本〈朱子語類〉校讀劄記》，據上述二本列舉中華本數十處校點錯誤。徐規作《新本〈朱子語類〉訂誤舉例》，指出其史實記載錯誤或字句失校數十處。張春雷、馮青作《〈朱子語類〉校補疏誤訂正》，指出中華本"因不明俗字而失校""因字形相近而失校""因不明俗語而失校""因態度粗疏而失校""因不辨史實而失校"幾類錯誤。甘小明作《〈朱子語類〉校勘十則》，指出中華本"徵引不確""文字訛誤""句讀失誤"的錯誤。駱娟作《〈朱子語類〉校勘舉隅》，對照朝鮮古寫本，指出中華本的若干點校錯誤。石立善作《古本"朱子語録"考》，列舉中華本之底本未收宋代朱子語録書 24 種。胡秀娟的博士學位論文《〈朝鮮古寫徽州本朱子語類〉研究》第四章"《徽州刊朱子語類》與黎靖德本《朱子語類》比較"、第五章"朝鮮古寫本有而黎靖德本無之朱子語録考"、第六章"朝鮮古寫本與黎靖德本之語録詳略考異"、第七章"朝鮮古寫本與黎靖德本差異之字詞句比較"通過詳細比較考察，指出中華本之底本遺漏了至少 25 種《朱子語類》版本參考，且另外 10 種版本只收録部分，遺漏了大量朱子語録，因而並非齊全的版本，其他方面也存在不少錯誤。這些都説明中華本有進一步修訂甚至重新整理之必要。

2016 年，上海古籍出版社出版了徐時儀、楊艷匯校之《朱子語類匯校》。該書以日本九州大學藏朝鮮古寫寶祐二年再校徽州本《朱子語類》爲底本，通校臺北正中書局 1982 年以日本内閣文庫藏覆成化本修補"國家圖書館"藏成化九年陳煒覆刻本的影印本，參校王星賢點校本、《朱子全書》本，輔以宋刻《晦庵先生朱文公語録》、明抄宋刻《晦庵先生朱文公語録》、明萬曆朱崇沐刻本、清康熙呂留良刻本、《四庫全書》文淵閣本、應元書院刻本、光緒劉氏傳經堂賀瑞麟校刻本、靜嘉堂文庫本和日本内閣文庫藏覆成化本等。朝鮮古寫徽州本保留了許多黎靖德編《朱子語類》所無的内容，而《匯校》又將他本有而底本無的條目散入校勘記中，故此書可謂目前最完整的《朱子語類》，對使用者做了一件極爲有功的工作。在此基礎上，最近徐時儀又出版了與楊立軍合作整理的新版《朱子語類》，採用簡體橫排，加專名綫，以便讀者。

然而，以上工作仍然停留在基礎整理層面，一些深層次的文獻問題並未得到解決。首先，《語類》中所記内容的真實性需要逐條考察。如陳淳記録的著名的論斷"《四子》,六經之階梯;《近思錄》,《四子》之階梯"①,朱熹女婿、傳人黃榦就説:"先《近思》而後《四子》,却不見朱先生有此語。陳安卿所謂'《近思》,《四子》之階梯',亦不知何所據而云。"②以致清儒王懋竑、夏炘等也紛紛質疑,聚訟至今。此類全書應該不少,有必要一一甄别。其次,同一講論往往有多人記録而互有不同處,何者有所出入抑或誤解,何者方爲朱子原意,也須在全面掌握朱子思想發展脈絡基礎上做出判斷。再次,書中存在大量重複的内容,或門人記録重複,或朱子自己在不同場合反復表述重複,宜歸併去重,以求簡明。朝鮮宋時烈《朱子語類小分》、安鼎福《朱子語類節要》、李栽《朱語要略》、魚有鳳《朱子語類要略》、李縡《朱子語類抄節》、李光佐《朱子語類抄》精選體現朱子思想的核心内容,去其重複,就是走的這一路徑。最後,如上所述,《語類》中俗語、人事、史實有礙理解者不少,尤其是外國學者深感頭痛。時至今日,有必要也有條件做出一部《朱子語類注》。朝鮮李滉有《語録解》一書,匯集《語類》中難懂的語句和口語表達進行講解,開該書注釋的先河。其後又有柳希春的《朱子語類訓釋》、李宜哲的《朱子語類考文解義》,後者堪稱綜合性注解的代表之作。日本早年就編制了《朱子語類人名地名書名索引》《朱子語類語句索引》。1973年出版的《朱子語類大全》,囊括了《朱子語類》研究的成果。近年溝口雄三發起了《朱子語類》日語全譯,計劃花費20年時間,目前已出版17卷,可見他們所下的功夫。而國内僅有龍文玲等《朱子語類選注》,只選注了27卷中有關朱子教育思想和治學見解的論述。陳紹燕的《〈朱子性理語類〉譯注》,也只選注了有關性理的部分内容。

　　以上可見對《朱子語類》文獻的深度整理所下功夫我們可能還不如朝鮮、日本。雖然他們多只從便於學習和疏通漢語的角度出發,有過於瑣細煩冗之嫌,但可供借鑑處亦復不少。如果能在目前起點上下大功夫,對《語類》進行深度整理,編成一部《朱子語類粹編箋注》之類的書,相信對學界是深有裨益的。

　　(三)《四書章句集注》。該書有多種標點本,而以中華書局本爲數十年來權威通行本。許家星作《〈四書集注〉點校獻疑——以中華書局本爲中心》,指

---

① [宋]黎靖德編,王星賢點校:《朱子語類》卷一〇五,北京:中華書局,1986年,第2629頁。
② [宋]黃榦:《勉齋先生黃文肅公文集》卷六《復李公晦書》,《中華再造善本》影印元刻延祐二年重修本。

出其引文句讀、行文句讀、人名誤漏、校勘疏忽、分節不當等錯誤數十處。李昱作《〈四書章句集注〉標點舉誤》，指出中華本標點的若干不當。賴區平作《〈四書章句集注〉校讀記》，列舉中華本文字疑誤、標點疑誤、分節疑誤及版本問題、排序問題數十條。殷漱玉作《朱熹〈論語集注〉點校本勘誤》，指出 2012 年版中華本專有名詞誤加底綫、誤加或漏加分隔符號、漏加或錯用引號、漏加頓號逗號引號、章節劃分錯誤等失誤。申淑華作《中華書局版〈四書章句集注〉點校釋誤》一、二，指出其引文疏於考證、注釋體例的忽視、其他點校錯誤等近百條。這說明即使在基礎整理層面上，該書也還存在諸多需要訂正的問題。而以解決深層次文獻問題爲宗旨的深度整理，也亟待提上議事日程。

　　許家星認爲，朱子首次構建的四書學體系，需要做整體性觀照。對構成四書學的根本性著作，《章句集注》而外，如《四書或問》"四書語類""四書文集"《中庸輯略》《論孟精義》皆應逐一考察，相互繫連，動態比較。這無疑是深化《章句集注》整理研究的根本路徑。

　　其實，自南宋以來，歷代學者對該書文本已不乏深度整理的探索。顧炎武《日知錄》勾勒相關歷史云："自朱子作《大學中庸章句》《或問》《論語孟子集注》之後，黃氏有《論語通釋》。其采語錄附于朱子《章句》之下，則始於真氏（真德秀）。祝氏仿之，爲《附錄》。後有蔡氏（蔡模）《四書集疏》，趙氏（趙順孫）《四書纂疏》，吳氏《四書集成》，論者病其氾濫。於是陳氏（陳櫟）作《四書發明》，胡氏（胡炳文）作《四書通》。而定宇之門人倪氏（倪士毅）合二書爲一，頗有刪正，名曰《四書輯釋》。永樂所纂《四書大全》特小有增刪，其詳其簡，或多不如倪氏。"①值得注意的如真德秀《四書集編》，選錄《四書或問》《朱子語類》《中庸輯略》相關論述來解釋《章句集注》，開朱子四書學整體觀照之先河。顧氏提及之外，如蔡節《論語集說》、金履祥《語孟集注考證》、趙悳《四書箋義》、張存中《四書通證》、詹道傳《四書纂箋》、程復心《四書章圖》，也都著重於《章句集注》文獻的深度考證。其他如日本早年編制了《朱子四書集注索引》《朱子四書或問索引》，大槻信良《四書章句典據考》逐條考證該書注釋的出處，並梳理區分朱子採納他人之說之"舊說"和本人論述之"新說"；臺灣學者陳逢源《朱子與四書集

————————
① ［清］顧炎武著，［清］黃汝成集釋：《日知錄》卷一八《四書五經大全》，上海：上海古籍出版社，1985 年，第 1385—1386 頁。

注》詳細考察該書的注解體例、援據手段；束景南《朱子大傳》考證朱子四書學的形成是一個動態過程，該書的刊刻，先後有丁酉說、浙東說、丙午說、己酉說、庚戌說、甲寅說諸版本，皆深有功於學人。極而言之，如田智忠博士的論文《論朱子"曾點氣象"研究》，僅就朱子對《論語》曾子言志一章的詮釋，花費了碩、博六年時間，詳細考察了《集注》《語類》《文集》涉及本章的歷次修改，最後得出了水到渠成的結論。這種精神是尤其值得鼓勵的。如果我們在前賢的基礎上下大功夫，對該書文本作深入透徹的研究，編纂一部《四書章句集注校證匯釋》之類的扎實文獻，是不是對後續研究深有裨益呢？

以上只列舉了朱子的三種文獻，朱子的其他文獻和其他朱子學者的文獻需要進一步深度整理的就更多了，需要付出長期不懈的艱苦勞動。有的學者也許會說，朱子學文獻不都擺在那兒嘛，重要的都有整理本，有必要疊床架屋，再在文獻上花功夫嗎？我們認為，文獻是研究的基礎，任何立論都是從對文獻的把握出發的。粗略把握和深刻把握，研究的結果是迥然不同的。對文本的把握含混而粗疏，必然導致錯誤的結論。可以說，對文獻把握的好壞一定程度上決定著研究的水準。雖然朱子學的研究已經取得了很高的成就，但顯而易見，我們對相關文獻的把握遠沒有達到透徹理解和精準詮釋的程度，沒有得到解決的重大文獻問題很多，空間很大。在目前文獻整理基礎上，勾畫出大致輪廓是沒問題的，也不難達到相當的水準。但要推動國際朱子學繼續向縱深發展，深化、細化、精準化，使將來的朱子學不同於今天的朱子學，實現新的超越，恐怕還是需要升堂入室，回過頭來，在文本的研習咀嚼上再下功夫，或重下功夫。"橫看成嶺側成峰，遠近高低各不同。不識廬山真面目，只緣身在此山中。"要識得廬山真面目，跳出此山固然重要，但不入此山，所識廬山面目一定不全，終歸也就不真。所以我們說，深度整理是朱子學文獻建設的一個重要方嚮。

《朱子語類》與朱子學

清華大學哲學系　趙金剛

摘　要：在以往的研究中，《朱子語類》僅被視爲研究朱子思想的文獻，其編纂過程中展現的思想特質尚未得到關注。《朱子語類》以文獻編纂的形式"述朱"，此一"述"的過程就包含了"作"，體現了編纂者對朱子學思想邏輯的理解，體現了一種知識秩序空間的建立。《朱子語類》的成書包含一從"語錄"到"語類"的過程，"類編"的出現是爲了盡可能消除語錄記錄者的記憶偏差而導致的材料可靠性問題，而"類編"本身又加進了編纂者對朱子思想的理解，分類的門目與類目間的理解，展現了朱子後學對朱子思想體系的不同理解。黃士毅分二十六個門目，按照強調形上學的思路，對門類進行了排序。黎靖德則在此基礎上創設細目，進一步優化材料，在材料的優化中體現自己對朱子思想的認識，特別是從細節上對朱子學的思想邏輯進行了再勾勒。《朱子語類》以及其他不同時期各類型朱子文獻的編纂本身就體現了朱子學的展開與發展。

關鍵詞：朱熹；語錄；語類；類編；知識秩序；思想邏輯

朱子學的發展，既包括哲學思想的闡發，也包含思想文獻的整理。但是應該看到，優秀的文獻整理者也一定對思想有著深刻的把握，並能在文獻的整理過程中寓"作"於"述"，通過文獻傳遞思想。《朱子語類》（以下簡稱《語類》）並不是朱熹手書而成的著作，而是學生記錄的"語録",是朱子及門人等討論問題的"語音"的文字轉换。在我們研究朱子思想的過程中,《語類》扮演著十分重要的位置,透過《語類》,我們可以了解朱子晚年思想的發展,没有《語類》而只依靠《朱子文集》《四書章句集注》等著作的話,很多哲學問題的豐富性亦無法展開。① 但學者對《語類》的使用僅僅是"材料"性質的,對《語類》本身的研究也主要體現在文獻學和語言學②。可以説,關於《朱子語類》本身的思想性研究還未充分展開,特别是《語録》《語類》的編纂與朱子學的關係,尚未得到重視。其實,《朱子語類》以文獻編纂的形式"述朱",此一"述"的過程就包含了"作",體現了編纂者對朱子學思想邏輯的理解,體現了一種知識秩序空間的建立。

本文嘗試將《語類》本身作爲研究中心,將研究從文獻擴展到思想。本文從《語録》《語類》的編纂出發,特别關注"類編"背後的知識秩序問題,試圖揭示《語類》本身所反映的朱子學闡發問題,尤其是朱子後學對朱子思想邏輯的理解。同時,本文將討論以文獻編纂爲"述朱"形態中的"作"的問題,以期將《語類》與朱子學、朱子門人的研究更緊密地聯繫起來。

一、從"語録"到"語類"

在以漢唐經學爲主導的時代,"語録"並未成爲儒家思想的重要載體,其光大與禪宗的興起有密切關係。理學語録體的流行無疑受了佛教的影響,而理學採用"語録"體,與其思想内容,特别是對"心性"的詮釋、發揮,亦有著較爲密

---

① 關於《語類》的重要性,歷史上有各種争論,參鄧艾民《朱熹與朱子語類》第(二)部分,收入[宋]黎靖德編、王星賢點校:《朱子語類》,北京:中華書局,1986年。清代學者朱沄澤(止泉)如此評價《語類》:《語類》一書,晚年精要語甚多,五十以前,門人未盛,録者僅三四家。自南康、浙東歸,來學者甚衆,誨諭極詳,凡文詞不能暢達者,講説之間,滔滔滚滚,盡言盡意。義理之精微,工力之曲折,無不暢明厥旨。誦讀之下,聲咳如生,片肮懇精神,洋溢紙上……是安可不細心審思而概以門人記録之不確而忽之耶?(轉引自《朱子語類》,第9—10頁。)這個評價充分肯定了《語類》對於了解朱子思想的重要意義。
② 近些年,關於《語類》有很多文獻學上的新成果,如徐時儀先生等在九州大學圖書館藏古寫徽州本《朱子語類》(以下簡稱"徽州本")的基礎上整理出版了《朱子語類彙校》,以宋刻《晦庵先生朱文公語録》及明刻《晦庵先生朱文公語録》合編而成《朱子語録》,胡秀娟博士則出版了《朝鮮古寫徽州本朱子語類》一書,專門對"徽州本"進行了系統研究。這些研究主要是從文獻的角度入手,爲研究《朱子語類》和朱子學提供了新材料。除此之外的《語類》的研究則集中在語言學,特别關注《語類》裏保存的南宋語料。

切的關係。"語錄"在理學中"大行其道",《河南程氏遺書》《橫渠先生語錄》《龜山先生語錄》《上蔡先生語錄》《朱子語類》《傳習錄》等重要理學著作,均爲語錄。語錄甚至成爲某些理學家流傳下來的主要"著述"。①

然而,關於"語錄"能否準確地把握言説者的思想,"語錄"是否會因爲記録者的"記憶偏差""思想取向"而不同於言説者思想的原貌,這在理學"語錄"形成的初期就有争論。《朱子語類》卷九七中有一條語録記載了程頤對於語録的態度,以及朱熹的看法:

> 或問:"尹和靖言看語録,伊川云:'某在,何必看此?'此語如何?"曰:"伊川在,便不必看;伊川不在了,如何不看!(蓋卿録云:'若伊川不在,則何可不讀!')只是門人所編,各隨所見淺深,却要自家分别它是非。前輩有言不必觀語録,只看《易傳》等書自好。天下亦無恁地道理,如此,則只當讀六經,不當看《論》《孟》矣!……"先生又言:"語録是雜載。只如閑説一件話,偶然引上經史上,便把來編了;明日人又隨上面去看。直是有學力,方能分曉。"(謙。)②

當弟子將記録的"語録"拿給程頤看時,程頤表達出一種謹慎的態度,他擔心弟子僅僅停留在對言語的揣摩之中,而忽視了對其思想意指的體貼。然而在朱熹看來,雖然伊川有此態度,但讀其"語録"對了解二程思想却必不可少,如果能够以恰當的方式去讀"語録",就可以順著"語録"把握"先生之心"。伊川生前因爲親在,自可以當面討論,但伊川先生不在了,那就必須通過閱讀"語録"去理解伊川的思想。門人編撰的語録自然因爲記者的記憶、見識存在偏差,而不同於言説者思想的原貌,但"語録"還是有其獨特的價值,需要讀者認真分辨、選擇、下功夫,通過自己的"學力"去理解言説者的本意。從這個意義上來講,朱熹並不否認語録的價值,反而强調了語録的重要性。

當然,因爲"記者"的問題,朱熹的"語録"也難免上述問題,李性傳《饒州刊

---

① 關於理學與語録的關係,特别是語録興起的原因、語録的功過,可參看陳立勝:《理學家與語録體》,《社會科學》2015 年第 1 期。

② 《朱子語類》卷九七,第 2479 頁。關於此一問題,亦可參朱熹《程氏遺書後序》,見[宋] 程顥、程頤:《二程集》,北京:中華書局,2004 年,目録第 6 頁。[宋] 朱熹:《晦庵先生朱文公文集》卷七五,朱傑人、嚴佐之、劉永翔主編:《朱子全書》第 24 册,上海:上海古籍出版社,合肥:安徽教育出版社,2002 年,第 3624—3625 頁。

朱子語續錄後序》講：

> 池錄之行也，文肅黃公直卿既爲之序，其後書與伯兄，乃殊不滿意，且謂不可以隨時應答之語易平生著述之書。性傳謂記者易差，自昔而然。《河南遺書》以"李端伯師說"爲首，蓋端伯所記，伊川先生嘗稱其最得明道先生之旨故也。至論浩氣一條，所謂"以直養而無害"云者，伊川乃深不謂然。端伯猶爾，況於其他，直卿之云真是也。然嘗聞和靖先生稱伊川之語曰："某在，何必觀此書？"而文公先生之言則曰："伊川在，何必觀？伊川亡，則不可以不觀矣。"蓋亦在乎學者審之而已。[1]

這裏李性傳就指出了黃榦對"池錄"的不滿，但他依舊以朱熹對於語錄的態度爲自己辯護。當然，僅僅辯護是不夠的，如何能夠在最大程度上消解記憶偏差，使讀者更易"審"之，就成爲一個問題。由上可見，"語錄"既打開了理學思想闡發的空間，豐富了理學的思想文獻，也帶來了思想理解上的新問題，即如何保證"語錄"思想傳達的準確性，使其更好地傳遞"述者"的思想。

在本文看來，"語類"的出現，爲增強"語錄"的可信性，透過"語錄"了解言說者"本意"提供了契機。

朱熹弟子在從學之時，多有記錄師說筆記者，這自然與朱熹對"語錄"的積極態度有關。朱熹生前一些記錄已互相傳閱，朱熹對此亦有手定（輔廣所錄）。在朱熹"語錄"和"語類"的形成、流傳史上有所謂"五錄三類"之說（參表一）。可以看到，在朱熹"語錄"的發展史中，"語錄"的搜集與"語類"的編纂有一交替發展的過程，當某些"語錄"搜集刊刻完成後，就有弟子按照"類"的原則對之進行編纂。

表一　"五錄三類"與"語類"進化史

年　　代	錄	類
嘉定八年(1215)	李道傳於池州刊刻《池錄》	
嘉定十二年(1219)		黃士毅於眉州刊刻《蜀類》
嘉熙二年(1238)	李性傳於饒州刊刻《饒錄》	

---

[1] 《朱子語類》，第3頁。

續 表

年　代	録	類
嘉熙淳祐年間	王佖於徽州刊刻《婺録》	
淳祐九年(1249)	蔡抗於饒州刊刻《饒後録》	
淳祐九年至十二年(1252)		魏克愚等在《蜀類》基礎上增補饒録九家,爲《徽類》
咸淳元年(1265)	吴堅於建安刊印《建別録》	
景定四年(1263)、咸淳六年(1270)		黎靖德根據黄士毅所訂類目,糅合諸家而成《語類大全》

"語録"和"語類"都是廣義的"語録",但二者的區別也是十分明顯的。池本等"語録"的編纂明顯依從朱熹編定《二程遺書》等的方法,分人爲録。如《池録》是現今唯一傳存的"朱子語録",收録廖德明、輔廣等三十三位朱熹弟子所記語録,以記録時間爲序進行排列,黎靖德已經指出此點:

> 昔朱子嘗次程子之書矣,著記録者主名,而稍第其所聞歲月,且以"精擇審取"戒後之學者。李公道傳之刊池録也,蓋用此法。①

"語録"按記録者排序,更多的是"實録",保留朱熹與弟子討論的"原貌";而按人編排,弟子從學年代相對可考,較容易把握朱熹思想發展脈絡。

與之相較,"語類"則以思想分類爲優先,"類"優先於"記者","思想匯聚"優先於從學先後。如黄士毅在《池録》的基礎上,又搜集了三十八家朱熹弟子所記語録,按照講學内容分爲二十六類,這就打破了原有的以記録弟子爲"單元"的排列方式。

那麼黄士毅爲何要打破以"記者"爲主而採取的"類編"模式呢?"類編"的初衷何在? 黄士毅在《朱子語類後序》講:

> ……或病諸家所記互有重複,乃類分而考之。蓋有一時之所同聞,退各抄録,見有等差,則領其意者斯有詳略。或能盡得於言,而首

---

① 《朱子語類》,《卷目》,第24頁。

尾該貫；或不能盡得於言，而語脈間斷；或就其中粗得一二言而止。今惟存一家之最詳者，而它皆附於下。至於一條之內無一字之不同者，必抄錄之際，嘗相參校，不則非其聞而得於傳錄，則亦惟存一家，而注與某人同爾。①

在黃士毅看來，"記者"因爲資質等差異，會導致記錄出現偏差，而以類聚、類編彌補某個人對某個問題記錄的"主觀化"傾向，可以起到"參驗"的作用，這在一定程度上消解了記錄者的偏差所帶來的一些問題，也使得材料的可信度大大提升。雖然打破了以"記者"爲中心的舊有格式，但"語類"對同一類中的相關問題盡可能多地收錄不同弟子的記錄，並且幾乎每條語錄最後都標記出了記錄者姓名，詳細比對了不同弟子記錄的異同，這就使當時朱子言說相關問題的場景得到了盡可能的還原。同時，由於每一問題之下有不同弟子、不同時間的相關記錄，這又使得讀者能夠"參驗"、綜合地看待材料，從盡可能多的視角思考相關問題。同時，"語類"所附的《朱子語錄姓氏》標示了弟子從學年代等情況，所收條目自宋孝宗乾道六年（1170）到宋寧宗慶元五年（1199）朱子逝世前爲止，橫跨三十年之久，在一定程度上也爲展示朱子的思想歷程提供了便利。

本文認爲，"類編"的出現首先是爲了增強"語錄"可信度，通過類聚達到"參驗"的效果，盡可能地消除語錄記錄者的記憶偏差。這在理學"語錄"發展史中具有重要意義。但彌補"語錄"的記憶偏差僅是反映在最表層的"語類"編纂意圖，"語類"的編纂，尤其是其分類的原則，更能體現編纂者對朱熹思想邏輯的理解，反映了"朱子後學"對朱熹思想的不同把握。

二、"類編"與知識秩序

"類聚"可以還原某條記錄的客觀場景，但如何分"類"本身則含有對思想的主觀性理解。可以説，"類分"是按照對思想體系的理解而整理材料。章學誠在《文史通義》中講："物相雜而爲之文，事得比而有其類。知事物名義之雜出而比處也。非文不足以達之，非類不足以通之。"②在他看來，不按照一定的

---

① 《朱子語類》，第6頁。
② ［清］章學誠著，葉瑛校注：《文史通義校注》，北京：中華書局，1985年，第18頁。

"類"的原則就無法把握事物的秩序。當代西方哲學家福柯也有所謂"分類"與"知識型"問題,《詞與物》以一部中國百科全書的異質性分類學開始,展示思想與"符號組合順序"的關係,在福柯看來,分類是知識型的基礎,不同知識型背後展現的是不同的"知識的秩序空間的構建",他所要探究的則是"知識依據哪個秩序空間被構建起來"①。當然,福柯的"知識考古學"有其關於知識與權力的特殊思考,但他對知識分類的關注,至少給當下重新審視"類編"的意義提供了一個視角。

其實,探究分類與編排背後的思想意義在中國古代思想史上是較爲常見的現象,如《論語》《孟子》的注釋者,都曾試圖揭示二書篇章結構背後的思想邏輯②;朱熹與吕祖謙編纂《近思録》,將北宋四子的思想按照道體、爲學、致知等分爲十四類,也反映了他們對北宋理學思想邏輯的理解。這點在張栻重編《河南程氏粹言》時亦有明確表達:

……余始見之,卷次不分,編類不别,因離爲十篇,篇標以目,欲其統而要,非求效夫《語》《孟》之書也。……③

按照張栻叙述,《程氏粹言》本身没有"編類",他按照自己的理解對其進行重新編排,這樣就能方便掌握二程思想的要旨。根據理解,他將《粹言》分爲論道篇、論學篇、論書篇、論政篇、論事篇、天地篇、聖賢篇、君臣篇、心性篇、人物篇,同樣是整理北宋理學思想,但這與《近思録》的原則和邏輯就已經不盡相同。張栻言"非求效夫《語》《孟》之書也",也表達了他對《論語》《孟子》篇章邏輯的態度。

回到《朱子語類》。《語類》以"類"爲編排的首要原則,黄士毅按照他或某些朱熹弟子對朱子學的理解,對朱熹思想做了分類處理,"類"的選取和排序就

---

① (法)米歇爾·福柯著,莫偉民譯:《詞與物:人文科學的考古學》,上海:上海三聯書店,2016年,第8頁。可參考李超民:《福柯與章學誠的知識分類思想考察》,《圖書館雜誌》2014年第9期;亦參曼弗雷德·弗蘭克:《論福柯的話語概念》,汪民安、陳永國、馬海良主編:《福柯的面孔》,北京:文化藝術出版社,2001年,第90—94頁。

② 邢昺《論語注疏》每篇開篇都著力闡發該篇的主題,並討論此一篇章主題與前後主題的思想邏輯。這一現象也早就出現在趙岐對《孟子》的注釋當中,趙岐逐篇揭示"篇旨",並對前後關係進行説明。按照今人的觀點,《孟子》七篇僅取篇章開頭文字作爲篇題,可在趙岐看來並不如此,他認爲,這樣選取的篇題也是有其内容劃分依據的,同時篇章與篇章之間有著清晰的邏輯結構。其實,是否承認趙岐、邢昺的做法本身,就已經反映了不同的"知識秩序",反映了對文本的理解態度。

③ 《二程集》,第1167頁。

包含了編定者對朱熹思想的理解，他們在此秩序空間下構建了朱子的思想秩序。黄士毅定下二十六個門目，並爲黎靖德所繼承，這些門目爲：

> 理氣、鬼神、性理
> 學
> 大學、論語、孟子、中庸
> 易、書、詩、孝經、春秋、禮、樂
> 孔孟周程張邵朱子
> 吕伯恭、陳葉、陸氏
> 老氏、釋氏
> 本朝、歷代
> 戰國漢唐諸子
> 雜類
> 作文

在相關門目下，黄士毅標明門目裏所收語録的具體內容。如在"鬼神"下講：

> 其別有三：在天之鬼神，陰陽造化是也；在人之鬼神，人死爲鬼是也；祭祀之鬼神，神示、祖考是也。三者雖異，其所以爲鬼神者則同。知其異，又知其同，斯可以語鬼神之道矣，故合爲一卷。①

這就交代了他對鬼神問題的理解，以及在這一門目下對鬼神問題所作的分類。

黄士毅在《朱子語類後序》中講：

> 既以類分，遂可繕寫，而略爲義例，以爲後先之次第。有太極然後有天地，有天地然後有人物，有人物然後有性命之名，而仁義禮智之理則人物所以爲性命者也。所謂學者，求得夫此理而已。故以太極天地爲始，乃及於人物性命之原，與夫古學之定序。次之以群經，所以明此理者也。次之以孔孟周程朱子，所以傳此理者也。乃繼之以斥異端，異端所以蔽此理，而斥之者，任道統之責也。然後自我朝及歷代君臣、法度、人物、議論，亦略具焉。此即理之行於天地設位之

---

① 《朱子語類》，《門目》，第 28 頁。

後,而著於治亂興衰者也。凡不可以類分者,則雜次之,而以作文終焉。蓋文以載道,理明意達,則辭自成文。……①

然始焉妄易分類之意,惟欲考其重複。及今而觀之,則夫理一而名殊,問同而答異者,淺深詳略,一目在前,互相發明,思已過半。……②

可以看到,黃士毅的"類分"背後還有所謂"義例",也就是"類"的劃分原則以及類與類之間的排布邏輯。以"理氣""鬼神""性理"爲先,也即是以今天所關注的哲學問題爲理解朱熹思想的切入。按照理學話語,"理氣""鬼神""性理"這三個門目都與"道體"問題有關,說明這一系統是從"道體"切入朱子思想的。"學"則講爲學之方,通過爲己之學去把握道體。以下按朱子理解的治四書的順序排列四書,繼之以六經,這是講朱熹對儒家經典的理解,也是要學的具體對象。"孔孟周程張邵朱子"則與"道統"有關,是"學"的傳承譜系;呂伯恭、陳葉、陸氏,皆爲同時代人物,或爲學友,或爲論辯對手;老氏、釋氏則爲異端;本朝、歷代則是對歷史問題的討論;戰國漢唐諸子則論歷史人物;雜類收錄不易歸類的內容;作文則與今天的文學有關。可以說,黃士毅、黎靖德就是按照這一由"一理"張爲"萬目"的方式來把握、理解朱熹思想的。

蔡杭在《徽州刊朱子語類後序》中講:

《論語》一書,乃聖門高第所集,以記夫子之嘉言善行,垂訓後世。《朱子語類》之編,其亦效是意而爲之者也。或曰:"語必以類相從,豈《論語》意歟?"曰:"《學而》一篇所記多務本之意,《里仁》七章所記皆爲仁之方;若《八佾》之論禮樂,《鄉黨》之記言行,《公冶長》辨人物之賢否。《微子》載聖賢之出處,亦何嘗不以類哉!天下之理,'同歸而殊塗,一致而百慮',非有以會而通之,則祇見其異耳。《大傳》曰:'觸類而長之,天下之能事畢矣。'而伊川之誨學者亦必曰:'將聖賢言仁處類聚觀之。'然則《語類》之集,其有功於學者多矣!"③

這其實是蔡杭引用《論語》篇章分類的做法以及《周易》、伊川之言,對《語類》以

---

① 《朱子語類》,第6—7頁。
② 《朱子語類》,第7頁。
③ 《朱子語類》,第10頁。

"類"編纂朱子"語錄"的合理性的一種辯護,從中亦可反映出"類分"對於理解朱熹思想邏輯的意義。當然,這一思想邏輯的理解未必盡合朱熹本意,但它體現出了朱子後學的一種觀念,一種朱子學的知識圖景。

本文認爲,黃士毅等人採取"類編"的編纂形式對朱熹文獻進行整理,使得朱熹文獻的編纂本身具有了"思想"意義。朱子後學在文獻編纂過程中"寓作於述",其"類"的選取與前後邏輯排布,體現的是他們對朱熹思想體系的理解。因此,朱熹文獻的編纂一定程度上體現了朱子學本身的發展。

三、類分與知識圖景的差異

當然,黃士毅等所選擇的"類分"方法在朱子後學那裏並不是唯一的,朱子門人弟子以及再傳,對朱子學的思想邏輯結構、知識圖景有著不同的理解。從這些不同"類分"中,我們可以看出朱子學在朱熹身後不同的詮釋方嚮與發展動向,看到朱子後學對朱子思想系統的不同闡發。

現存的"語類"除了黃士毅奠定的分類系統外,還有《晦庵先生語錄大綱領》(以下簡稱《語錄大綱領》)及《朱子語略》《晦庵先生語錄類要》等書值得關注。《晦庵先生語錄大綱領》編纂者不詳,其分類、卷次如下:

卷一　心性情才
卷二　命
卷三　道德、道、德、誠敬
卷四　禮義仁智
卷五　禮樂、忠恕、忠信
卷六　中庸、中和、言行、志意、忿欲、喜怒、善惡、吉凶
卷七　賢者功用
卷八　聖者功用、一致之理、經權、信順
卷九　明經
卷十　尚論聖賢、陰陽造化、鬼神[1]

---

[1] [宋]佚名:《晦庵先生語錄大綱領》,中國國家圖書館藏宋刻本。

可以明顯看出,這十卷的結構與黃士毅所分門目有著較大差異。差異較爲明顯的是,黃士毅的分類中,經學明顯占了重要篇幅,《語錄大綱領》則没有對經學特别强調。此外,黃士毅的分類系統更强調理氣論的統領意義,《語録大綱領》則更突出心性論。如果參考朱子後學的其他著述,就會發現《語録大綱領》與陳淳的《北溪字義》以及程端蒙的《性理字訓》有著高度相似的分類和思想邏輯安排。《北溪字義》卷次分類如下:

　　卷上:命、性、心、性、情、才、志、意、仁義禮智信、忠信、忠恕、一貫、誠、敬、恭敬
　　卷下:道、理、德、太極、皇極、中和、中庸、禮樂、經權、義利、鬼神、佛老

關於《性理字訓》,《四庫提要》講:"考淳同時有程端蒙者,亦撰《性理字訓》一卷,其大旨亦與淳同。"① 認爲《北溪字義》宗旨與《性理字訓》相同。朱熹生前曾見過《性理字訓》,並稱其爲"一部大《爾雅》"②。《性理字訓》解字方式如"天理流行賦予萬物是之謂命""人所稟受莫非至善是之謂性",並按照命、性、心、情、才、志、仁、義、禮、道、德、誠、信、忠、恕、中、和、敬、一、孝、弟、天理、人欲、誼、利、善、惡、公、私的順序展開。比較來看,《北溪字義》《語録大綱領》與之高度相似,當是承繼其分類與邏輯原則。這樣的邏輯結構突出了性情論、道德修養論的邏輯優先性,與《語類》突出理氣論不盡相同③。

葉士龍編纂的《晦庵先生語録類要》的分類與上述又不盡相同。其卷次如下:

　　卷一　太極　命
　　卷二　心性情　氣
　　卷三　總論四端　仁
　　卷四　義　仁義　禮　智　敬義　敬

---

① 見[宋]陳淳:《北溪字義》,北京:中華書局,1983年,第96頁。
② 《晦庵先生朱文公文集》卷五〇,《朱子全書》第22册,第2330頁。
③ 關於《北溪字義》的編纂邏輯以及與《語類》的比較,參看鄧慶平:《朱子門人與朱子學》,北京:中國社會科學出版社,2017年,第74—75頁。鄧慶平博士對《北溪字義》的安排邏輯有著十分詳細的研究。

卷五　誠　道　忠恕　中心

卷六　陰陽造化　五行氣運

卷七　鬼神

卷八　古今人物

卷九　君道　禮制

卷十　祭祀　昏禮　喪葬　官制

卷十一　古今事類

卷十二　政術

卷十三　科舉　刑法　處變　儀刑　警戒　出處

卷十四　學術

卷十五　持養　爲學工夫

卷十六　論經傳子史古今文集

卷十七　讀書法

卷十八　議論　疑難　字訓義　論異端之學　雜説①

這一分類以"太極"爲先，與《語類》系統類似，但在之後的思想安排上，則與《語録大綱領》等類似，强調心性論的地位。但比之其他，此一系統"經世致用"的比重明顯較高，特别突出了朱子學實踐的向度，這就與前述更集中於思想表達有所不同。

此外，《朱子語略》雖然也按類進行分類，但現存本並未標出各類的具體内容，這就不利於詳細釐清其脈絡②。

上面其實已經指出，《語録大綱領》的知識圖景可以説是編纂者與程端蒙、陳淳等人的共識，黄士毅的分類則是其與黎靖德等人的共識。不同的朱子後學，對朱子思想系統的理解不盡相同，並將之呈現在文獻編纂之中。

那麽還需要進一步探討黄士毅的分類是否是自己的獨創嗎？

如果比照黄榦的《朱子行狀》與其他相關文獻，我們會發現，黄士毅的分類與思想邏輯叙述，與黄榦對朱子思想邏輯的理解有高度契合之處。《朱子行

---

① ［宋］葉士龍編：《晦庵先生語録類要》，鎮江：江蘇大學出版社，2018年影印明成化六年本。
② 關於《朱子語略》的每卷内容與可能分類，可參考傅雪《〈朱子語略〉研究》，上海師範大學碩士學位論文，2015年。

狀》在敘述朱子思想時講：

其爲道也，有太極而陰陽分，有陰陽而五行具，稟陰陽五行之氣以生，則太極之理各具於其中。天所賦爲命，人所受爲性，感於物爲情，統性情爲心。根於性，則爲仁、義、禮、智之德；發於情，則爲惻隱、羞惡、辭遜、是非之端；形於身，則爲手足、耳目、口鼻之用；見於事，則爲君臣、父子、夫婦、兄弟、朋友之常；求諸人，則人之理不異於己；參諸物，則物之理不異於人。貫徹古今，充塞宇宙，無一息之間斷，無一毫之空闕，莫不析之極其精而不亂，然後合之盡其大而無餘。①

謂聖賢道統之傳，散在方册，聖經之旨不明，則道統之傳始晦，於是竭其精力，以研窮聖賢之經訓：于《大學》《中庸》，……；於《論語》《孟子》，……；于《易》與《詩》，……；於《書》，……；於《春秋》，……；於《禮》，……；于《樂》，……。若歷代史記，……。周、程、張、邵之書，……。程、張門人，……。南軒張公、東萊吕公同出其時，……。至若求道而過者，病傳注誦習之煩，以爲不立文字，可以識心見性；不假修爲，可以造道入德；守虚靈之識而昧天理之真，借儒者之言以文老佛之説。學者利其簡便，詆訾聖賢，捐棄經典，倡狂叫呶，側僻固陋，自以爲悟；立論愈下者，則又崇獎漢、唐，比附三代，以便其計功謀利之私。……②

這一叙述與黄士毅《朱子語類後序》的描述以及《朱子語類門目》幾乎一致。並且，黄榦在《行狀》中對朱子經學注疏有專門説明，對朱子與當時思想家的關係亦有充分的介紹，這些幾乎完全體現在黄士毅的描述與分類當中③。根據鄧慶平博士考證，《朱子行狀》的具體寫作過程是：1207 年左右受朱熹之子朱在的囑託，黄榦先用了一兩年的時間準備，然後開始動筆，並求證於四方朋友，如是十年；1216 年草成，1217 年初定稿後，又不斷修改，再藏之四年；最後到了 1221

---

① 黄榦：《朝奉大夫華文閣待制贈寶謨閣直學士通議大夫謚文朱先生行狀》，《朱子全書》第 27 册，第 560—561 頁。
② 黄榦：《朝奉大夫華文閣待制贈寶謨閣直學士通議大夫謚文朱先生行狀》，第 562—563 頁。
③ 黄榦《聖賢道統傳授總叙説》對理學思想的邏輯叙述與《行狀》亦高度一致，與《朱子語類後序》的叙述的相似性也較高。此外，《語類》對經學的重視當與這一系統"語類"的參與者魏了翁、魏克愚、黄士毅、黎靖德等的"蜀人"學風有關。有蜀地標識的朱子後學，對經學往往特別强調。

年,黃榦才將之公開示衆。① "蜀類"刻於 1219 年,在黃榦公示《行狀》於衆前,而在其草成之後。黃榦一直關注著朱熹"語錄"的編纂②,他在《復李貫之兵部》一書中專門提及黃士毅。不排除黃榦在寫作《行狀》時,其間某個版本曾被黃士毅看到的可能性,也可能黃士毅對《語類》的分類標準參考過黃榦對朱熹思想的理解。更何況,黃士毅選擇類編,本身就爲了應對"語錄"所遭受的種種質疑,特別是"記憶偏差"問題,而這是黃榦特別提出和警惕的現象。黃士毅本人還類編過《朱子文集》,今不得見。此外,《語類》中黃士毅對朱子的提問,多偏向心性問題,這就與《語類》強調"理氣"的統領性有不完全一致的地方。本文以爲,一個合理的解釋是,黃士毅的類編並不依從自己的私人興趣,而是採取了某種對朱子思想的公共理解。有理由推測,黃士毅在分類的過程中參考了黃榦《行狀》對朱子思想的定性描述與邏輯結構,並將之融入《語類》的編纂之中。當然,這裏還需要討論《朱子語類》的編纂與《近思錄》的分類的邏輯順序的關係。《朱子語類》的分類排序與《近思錄》有很強的相似性,從上面對《朱子語類後序》的分析中即可看出。但《近思錄》沒有給經學專門的位置,而在《朱子語類》當中,經學佔了十分重要的比重,二者此處就不能一一對照起來了。反而《朱子行狀》給了"經學"相對獨立的叙述,其整體與《朱子語類》的安排更加呼應。因此,在本文看來,黃士毅編纂"語類"受黃榦《朱子行狀》的影響可能更大。

四、黎靖德的貢獻:"類"分的深化

現通行本《朱子語類》成於黎靖德之手。黎靖德繼承了黃士毅大的分類,但在材料編排上更加精細,並加進了自己的理解,使類目内部更具思想邏輯性。這也體現了黎靖德對朱子思想邏輯的理解。要之,黎靖德對《語類》的貢獻主要體現在以下三個方面:

一是"細目"的創設。

---

① 《朱子門人與朱子學》,第 227 頁。
② 關於黃榦與《朱子語類》的關係,參看《朱子門人與朱子學》第二章第二節"朱子門人與《朱子語類》的編輯過程"。

黃士毅創設了《語類》大的分類原則，但從目前保留的徽州本來看，他並沒有在大類下系統地進行再分類，而是只在鬼神部分做了三項具體分類，在少數地方對材料談論的問題進行標注。而黎靖德則幾乎在每一大類下又做了"細目"，如《語類》第一部分《理氣》又細分爲：天地、氣質、氣、陰陽五行、坎離、四時、暗虛、曆、數、地理。這些細目也是按照一定的邏輯展開的。如《太極天地上》分爲幾部分，先言"太極爲造化之樞紐"，理在邏輯上先於氣（"理氣先後"問題），而到了陳淳所錄"徐問"條，再落實到具體的天地分判與理的關係上，由此引出"天地"問題。但在具體的討論中先談"天地之心"，這不能不說含有對朱熹哲學的深刻理解，因爲"天地之心"這一概念在朱熹思想邏輯中具有樞紐性的"承上啓下"的作用，是形上連接形下的轉折，連接著存有論與倫理學，同時也是從對世界進行存有論的分析轉入實存性一體性闡述的關鍵。而在哲學上，"天地之心"這一概念體現著理對氣的主宰，在某種意義上也是理生氣的一種表達；在仁論上，朱熹更是將仁與天地生物之心直接聯繫起來。在討論完"天地之心"後，黎靖德又從天的概念的多義性與統一性開始討論現象世界的形成與結構。《理氣上》對此問題的討論主要集中在宇宙之形成、形體樣態、陰陽五行與世界結構等，是從大的方面總體論述"法象"，而《理氣下·天地下》則集中討論各種具體問題，包括天文、地理、氣象等。從這些細緻的轉合排列中，可以體會到黎靖德對朱子思想的把握。

　　這樣的安排幾乎體現在每一門目當中。由此，本文可以做一大膽推測，黃士毅設立了《語類》大的門目，而包括他在內的黎靖德之前的編纂者面對不同版本的"語錄"，僅是把材料打散放置在這一門目當中，新增的收集到的"語錄"，也很可能被打散，排在大的類之中；而黎靖德則在前人的基礎之上，對每一大類收錄的材料做了進一步細緻整理，並再次分類編排，這一分類過程包含著黎靖德對朱熹思想的思考。通過細緻比較黎靖德本與徽州本的異同，或可認爲細目問題不應是刊刻、傳抄導致的，而應該歸結爲黎靖德更爲細緻的編纂，或進一步歸結爲黎靖德對相關問題的邏輯理解。

　　二是將不同細目歸屬不同門目、大類，重新建立思想的點、綫、面聯繫。

　　黎靖德將"魂魄"這一小類置於卷三《鬼神》之中，而在徽州本中，則被置於卷五《性理二·性情心意等名義》之中。將"魂魄"放在"鬼神"這一類中探討，是基於"魂魄"作爲"在人之鬼神"這一向度的，其與人的生命構造的關係是這一安排的基準；而將其置於"性情心意等名義"這一類中，則關注"魂魄"與人的心性的關係，特別是魂魄與心的功能的關聯。其實，"魂魄"這一小類安置的不同，恰恰展現了朱熹思想中魂魄問題的兩個基本方嚮。這就體現出了不同的分類者對於材料屬性的不同理解。

三是一個類目下材料順序的調整、優化。

如，相比於徽州本，黎靖德本《語類》卷一自"帝是理爲主。（淳。）"這一條目起，順序等變化頗多。黎靖德本先言"帝是理之主宰"的含義，再言"蒼蒼之天"的含義以及其與理爲主宰的關係，再言"蒼蒼之天何以成立"等與天地有關的問題，邏輯上更爲通順。又如卷二黎靖德本於徽州本條目順序變化極大，徽州本先言"星"的問題，黎靖德本則先討論"天行"問題，從天行討論到日月星辰之行，再討論日月，再言五星等，再言"氣象"（屬天），再言曆法，再言地理。徽州本涉及土圭之法的大量條目，被黎靖德本置於討論《周禮》的相關部分中，可見黎靖德更注重論述內容的相關性、清晰性。匯校本土圭之法接有關日月的討論，而黎靖德本則接"數"條，以之開始討論地理。徽州本在討論完氣象後討論曆法。又如在卷三"鬼神"部分，直接與經典語句問答有關的條目，黎靖德大多將之放入《語類》相關經典的門類那裏討論，相對來說使得討論哲學問題的這幾卷更簡潔。再如，關於"讀書法"的幾卷，黎靖德完全做了重新編排，使其意指更加明確，並且循序漸進。而徽州本只是將材料匯集，少數地方標明細目，但無整體邏輯。

從這一條目順序的調整中，可以看到一卷之內，黎靖德本邏輯綫索更爲清晰，材料歸屬的原則較爲一致，材料與材料之間具有明顯的起承轉合關係。當然，材料順序的調整、優化等也帶來了對思想言說重點表達的不同，這點湯元宋博士曾以《朱子語類》卷一二二《吕伯恭》一卷爲例，具體分析了黎靖德本此卷 49 條語錄與黃士毅本 33 條語錄之間，在語錄選擇、編排、增删三方面的細微差別，指出黎靖德在此卷中較之黃士毅更具道統立場的編纂風格。①

本文以爲，黎靖德在前人基礎上對材料進行了大尺度的調整，進一步優化了《語類》的結構，使材料所要呈現的思想內涵更爲清晰，爲進一步消除語錄記

---

① 參湯元宋：《語類編纂與"朱吕公案"：以〈朱子語類〉爲中心的再考察》，《中國哲學史》2017 年第 1 期。

錄者的記憶性偏差提供了支撐。當然,不容否認的是,這一再編纂也加入了黎靖德對朱熹思想脈絡的理解,在"述"的過程中進一步體現了"作",這是在使用《語類》時要注意的一點。

結論:類編背後的"寓作於述"

陳榮捷先生指出:

> 《朱子語類》首列太極、理、氣、性諸卷,使人印象以爲凡此乃朱子之主要者。此一印象,在程朱學派之繼續發展中,著重理性,更爲加強,因而博得性理學之名。實則在朱子,不止於形而上學也。朱子從不忘孔子"下學(日用尋常)而上達(如天、性、命)"之教。①
>
> 《性理大全》之輯纂者乃以卷二十六至卷三十七屬於形而上學者,置於卷四十三至卷五十二屬於形而下者之前。此即顯示諸輯纂者並不珍視朱子之新方法。但在《朱子全書》此一次第,乃大爲改變。②

從陳榮捷先生的判斷中可以看出,分類以及分類順序,會影響讀者對朱子思想"秩序空間"的判斷,《性理全書》遵從了《朱子語類》的基調——強調形而上學,而這一基調隨著清代朱子學的發展發生了變化,這體現在《御纂朱子全書》的編纂當中。《御纂朱子全書·凡例》言:

> 惟《語類》一編,係門弟子記錄,中間不無訛誤,冗複雜而未理;《文集》一部則是其平生議論、問答、應酬、雜著,以至奏牘公移皆具焉,精粗雜載,細大兼收,令覽者苦其煩多,迷於指趣,學人病焉。今合此二書,撮取精要,芟削繁文,以類相次,裒爲全書以便學者。
>
> 《語類》及《性理大全》諸書,篇目往往以太極陰陽理氣鬼神諸類爲弁首,頗失下學上達之序。……

---

① 陳榮捷:《〈性理精義〉與十七世紀之程朱學派》,《朱學論集》,上海:華東師範大學出版社,2007年,第261頁。
② 陳榮捷:《〈性理精義〉與十七世紀之程朱學派》,《朱學論集》,第263頁。

故今篇目首以論學,次四書,次六經,而性命道德天地陰陽鬼神之説繼焉。

《語類》及《性理大全》篇目,**其部分次第亦多未當者**。如有天度日月星辰然後有曆法,不應以曆法在天度日月星辰之先;陰陽五行四時即氣也,不應不次於理氣之後;雷電風雨之屬非天文也,不應附于天文;主敬主静即存養也,不應別於存養;道統列周程張朱似已而,程門末派其人頗雜而不分;治道諸目不以九官六典爲之次第,前後其事頗亂而無序。若此之類皆關係義理不可不正。①

《御纂朱子全書》的編纂者並不滿意《語類》對朱子思想的邏輯理解,他們重新對《語類》和《文集》進行分類整理,其類目排序更突出"下學"而非"上達",一改《語類》的形而上學傾向。這裏需要指出的是,所謂次第未當,未必是黎靖德等對朱子思想邏輯理解真的有問題。《御纂朱子全書》的編纂者之所以如此評價黎靖德等,其實是因爲詮釋系統發生了變化,是前者按照清初對朱子學強調的重點、理解的方式,通過分類對其進行了"再詮釋"。這些是今天面對各種朱子學文獻時要特別自覺的。當然,今人按照哲學的方式對朱子思想進行研究,同樣也是一種範式轉化。

從上面的叙述中,我們可以清晰地看到,朱熹"語類"的編纂表面上看是"文獻"工作,其實背後體現的是編纂者對於朱熹思想的理解。每一個朱熹文獻的編纂者,都可能有他們對朱熹思想的獨特理解。不同的"語類"以及《性理大全》《御纂朱子全書》,以文獻編纂的形式"述朱",但其中的"作者"之義需要今人揭示並探討。

本文以爲,不同的"述朱"形式背後,由於"述朱"者自身的知識結構、思想意識的差異,反而有可能出現"寓作於述"的現象,朱子學當中的文獻編纂即體現著這一現象。此點或許需要在今後對歷代朱子學的研究中加以關注,進而豐富朱子學、朱子後學的研究,甚至可以從此出發,發展出"語類學"。

---

① [清]李光地等輯:《御纂朱子全書》,《摛藻堂四庫全書薈要》第249册,長春:吉林人民出版社,2005年,第7—8頁。

《書翰文稿》雜議

四川師範大學哲學學院　楊　燕

摘　要：《書翰文稿》是朱熹寫給表弟的信和《大學或問》書稿的合訂作品，關於這幅作品的討論很多，以訛傳訛的情況也不少，特別是其中《大學或問》部分的釋文，各種著述差異頗多，誤讀也頗多。另外，《書翰文稿》卷首有一幅二儒者的合像，筆者推測這個合像應該是朱熹和張栻，而不是目前大家通常以爲的朱熹與程洵。《書翰文稿》作品拖尾有文徵明跋文，跋文稱他看到的作品爲《中庸或問》，而《書翰文稿》中的作品是《大學或問》，這其中到底是文徵明太粗心？還是這篇文徵明的跋文有誤？或者是文徵明看到的作品另有其人呢？

關鍵詞：朱熹；《書翰文稿》；《大學或問》；張栻

朱熹幼時即筆力不凡，十一歲即被贊"筆力扛鼎"[①]。他的書法，在宋代具有很高的地位，一直以來都極受推崇。《吳越所見書畫錄》載明朝著名書畫家唐伯虎跋《朱文公顏淵注稿册》，曰："至於翰墨，沉着典雅，雖片縑寸楮，人爭珍秘，不翅如璠玙圭璧。"[②]唐伯虎的老師王鏊在《跋充道所藏朱文公書》中説："觀晦翁書，筆勢迅疾，曾無意於求工也，而尋其點畫波磔，無一

[①] 束景南：《朱熹年譜長編》卷上，上海：華東師範大學出版社，2001年，第63頁。

[②] ［清］陸時化撰：《吳越所見書畫錄》，上海：上海古籍出版社，2015年，第22頁。

不合書家矩矱,豈亦所謂動容周旋中禮者耶……公書自言初學魏武,其信然耶。觀此帖豈老瞞所嘗夢見也。"①可見,朱熹字寫得好爲大家公認。朱熹不僅有許多手書、碑刻、題匾等存世,同時他還有一整套的書法理論,對後世書法審美和實踐都有巨大的影響。但是,他作爲理學家的名氣實在是太大,這頗影響了人們對他書法的關注,套用現在時髦的一句話來説,朱熹就是一位被理學耽誤的書法家。

雖然朱熹不以書名世,但其書法實踐及書法理論的巨大聲望仍不可讓人忽視,這就造成了一方面大家珍視其作品,寶而重之;另一方面,又不免在因此帶來的巨大利益驅動下,出現了不少僞造之作。歷史上一直就有許多朱熹書法僞作流傳,近年來,更是在網絡和拍賣場上出現了一些"驚世之藏"。對此,有學人進行了精彩的討論和辨析。如方彦壽先生在《朱熹畫像考略與僞貼揭秘》中就對這些拍賣品中的《游雲谷詩卷》《贈門人彦忠、彦孝同榜登第詩册》等作了非常精彩細緻的證僞、揭秘,將其"僞"傳的前世今生説得清清楚楚②。四川大學古籍整理研究所的尹波和郭齊老師在《朱熹兩件手書作品真僞考辨》一文中對近年廣爲流傳的《篷户手卷》,榜書《千字文》進行了辨僞,並推測了這兩幅作品大概的成書時間③。

當然,對朱熹現在流傳於世的書法作品,除了辨僞之外,討論其藝術價值,其與理學之間的愛恨糾結關係等的文章也不在少數,這些無疑對大家更全面了解朱熹,以及深化朱子學研究都具有很好的推動作用,筆者在閱讀這些文章的時候,讚嘆諸作者思想深刻、邏輯清晰、論證精妙之餘,不免也有一些遺憾。具體到《書翰文稿》這幅作品來説,討論的人很多,相關的論文、著作非常豐富。但是因爲相關討論多,以訛傳訛的内容就更多;同時,對這幅作品卷首的畫像認定,筆者以爲目前流行的説法也有較大問題。如此等等,所以筆者不惜冒遼東白豕之風險,再次對這幅作品進行拉拉雜雜的論析,内

---

① [明]王鏊:《震澤集》卷三五《跋充道所藏朱文公書》,《景印文淵閣四庫全書》第1256册,第511頁。
② 方彦壽:《朱熹畫像考略與僞帖揭秘》,上海:華東師範大學出版社,2013年,第147、164頁。
③ 尹波、郭齊:《朱熹兩件手書作品真僞考辨》,《宋史研究論叢》第25輯,北京:科學出版社,2019年,第222—227頁。《千字文》這篇榜書,還是有不少人以之爲真。如高令印、高秀華於2016年在商務印書館出版的《朱子事迹考》第496頁,就直以此榜書《千字文》爲朱熹的作品而收入該書朱熹墨迹部分。

容頗爲雜亂，暫定名爲"雜議"。另外，帖中也有些筆者非常疑惑的問題，一併就此請教方家。

一、《書翰文稿》圖及二帖釋文

《書翰文稿》（又稱"行草書尺牘並大學或問手稿"），現收藏於遼寧省博物館（原東北博物館），該作品紙本墨書，分兩段，前段尺寸爲 33.5×45.3 釐米，後段尺寸爲 28.2×113.6 釐米。

實際上這幅作品由四部分構成，第一段有兩部分，分別是"朱熹合像"和"七月六日帖"（即"程允夫帖"）；第二段也是由兩部分構成，爲"大學或問誠意章手稿"和後人題跋。收傳印有"新安"、"王氏初翁"（此二印徐邦達以爲是卷前畫像畫師之印，中華珍寶館將此印誤作"王出翁氏"）、"程氏敬軒家書畫"、"寶觀"、"三龍"，清内府諸印（養心殿鑑藏寶、乾隆鑑賞、三希堂精鑑璽、宜子孫、嘉慶御覽之寶、宣統御覽之寶、宣統鑑賞、無逸齋精鑑璽①等），另有"朱公遷印"、"石渠寶笈"、"寶笈重編"、"東北博物館珍藏印"、"北海孫氏珍藏書畫印"、"孫承澤印"、"式古堂"（卞永譽印鑑）、"張篤行印"、"萬柳江村"（張篤行閑章）②等。

（一）"七月六日帖"及釋文

束景南在《朱熹年譜長編》中將該帖認定寫於慶元元年（1195）③，當時朱熹66歲。按朱熹該信中談及與呂祖謙弟呂祖儉編輯《呂祖謙文集》事、朱熹自身病老事，再聯繫1196年程洵即病死事，及1195年這個時段，呂祖儉與程洵皆在吉州事，等等，與信中所言皆合，因此，束氏的這個判斷應該是正確的。

---

① 1909年1月22日，清末皇帝愛新覺羅·溥儀開始用"宣統"作爲年號。"宣統鑑賞""無逸齋精鑑璽"成爲中國古代書畫作品在清末宮廷珍藏的依據。其中"無逸齋精鑑璽"是循祖制乾隆朝同璽文刻制，非宣統時獨有。

② 孫承澤（1593—1676），字耳北，一作耳伯，號退翁、退道人，明末清初政治家、收藏家。卞永譽（1645—1712），字令之，號仙客，清代書畫鑑賞家。張篤行，清初宮廷畫家，書法家，書畫鑑賞家。

③ 束景南著：《朱熹年譜長編》卷下，上海：華東師範大學出版社，2001年，第1222頁。

圖一　書翰文稿全圖，原作收藏於遼寧省博物館，圖片來自中華珍寶館

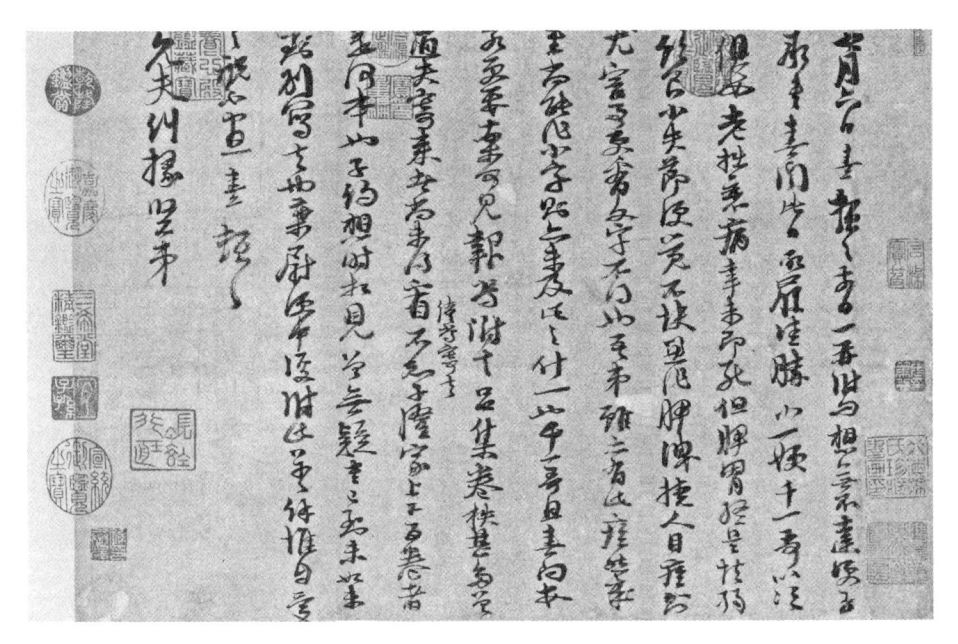

圖二 "七月六日帖",圖片來自中華珍寶館

該帖釋文如下:

  七月六日,熹頓首。前日一再①附問,想無不達,便②至承書。喜聞比日所履佳勝,小一嫂③,千一哥,以次俱安。老拙衰病,幸未即死。但脾胃終是怯弱,飲食小失節,便覺不快。兼作脾泄擾人,目疾則尤害事,更看文字不得也。吾弟雖亦有此疾,然來書尚能作小字,則亦未及此之什一也。千一哥且喜向安。若更要藥,可見報,當附去。呂集卷帙甚多,曾道夫寄來者,尚未得看,續當寄去,

---

 ① 朱傑人、嚴佐之、劉永翔編:《朱子全書》第26冊,上海:上海古籍出版社,合肥:安徽教育出版社,2002年,第675頁。《朱子遺集·與程允夫》根據《石渠寶笈續編》第十七養心殿藏宋朱熹書翰文稿,將此句記爲"前一日再附問";中國美術全集編委會編《中國美術全集書法篆刻編宋金元書法·七月六日帖》(北京:人民美術出版社,2014年)。此句釋文爲"前日一併附問"。
 ② 《朱子全書·朱子遺集·與程允夫》此處寫作"使",第675頁。
 ③ 高令印老師《朱子事迹考》第523頁,對本帖有釋文,此處寫作"小一梗"。另有部分斷句不同,此處不再列。

不知子澄家上下五①卷者是何本也。子約想時相見，曾無疑書已到未？如未到，別寫去也。葉尉便中復附此，草草。餘惟自愛之祝，不宣。熹頓首，允夫糾掾賢弟。

這段釋文基本上都能辨識。這裏談到的《呂集》即《呂祖謙文集》，子澄即劉清之，子約即爲呂祖謙的弟弟呂祖儉，曾無疑即曾三異。

各種網站和論及這篇文字的解讀論文或著述中，差錯最多的就是"小一嫂"的"嫂"字，多誤認爲是"梗"。"子澄家上下五卷者"，"五"誤讀爲"百"。關於這兩個字的確切釋文，我們只要簡單比對一些其他字帖即可分明。

首先看"七月六日帖"和王羲之"寶晉齋法帖"、董其昌"草書臨右軍帖"中"嫂"字的比對。後兩者都是寫的"嫂"字，三者寫法幾乎一模一樣，可見該帖中此字應爲"嫂"。朱熹學書求古、求似晉人風致，從這個"嫂"字的寫法也可以看出朱熹書法的一個來歷。

圖三　七月六日帖"嫂"　　圖四　王羲之寶晉齋法帖"嫂"　　圖五　董其昌草書臨右軍帖

以下是"七月六日帖"中"子澄家上下五卷者"之"五"字與王羲之"寶晉齋法帖"中的"五"字和"百"字的草書對比圖。

---

① 此處多書釋該字爲"百"。如劉永建主編《中國法書小品集萃·南宋》（杭州：浙江人民美術出版社，2019年），高令印《朱子事迹考》（北京：商務印書館，2016年），束景南《朱熹年譜長編》、《中國墨迹經典·朱熹書翰文稿》（上海：上海書畫出版社，2002年），劉琳等主編《全宋文》第250册卷五六一七《與程允夫帖》（上海：上海辭書出版社，2006年），郭齊、尹波點校《朱熹集》第九册《朱熹遺集·與程允夫帖》（成都：四川教育出版社，1996年），《朱子全書》第26册《朱子遺集》等，均釋該字爲"百"。釋文爲"五"的很少，如徐邦達《古書畫過眼要録·晉隋唐五代宋書法3》（北京：紫禁城出版社，2005年）第858頁、中國美術全集編委會編《中國美術全集書法篆刻編宋金元書法·七月六日帖》，釋文爲"五"。

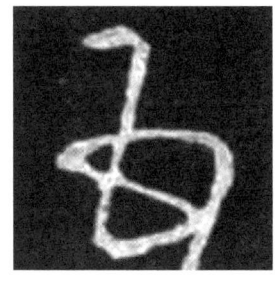

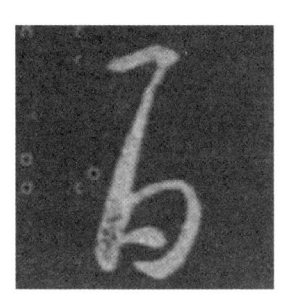

图六　七月六日帖"五"　　图七　王羲之寶晉法帖"五"　　图八　寶晉法帖"百"

三字從外形上看非常類似,甚至"七月六日帖"中這個字更像"百"。但仔細看筆順的話會發現,"七月六日帖"中這個字的筆順和寶晉法帖中的"五"一模一樣,和"百"完全不一樣。可見此字爲"五",而不是"百"。

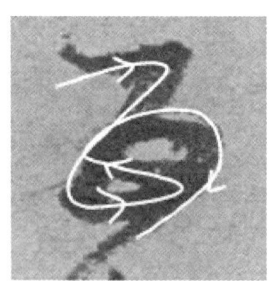

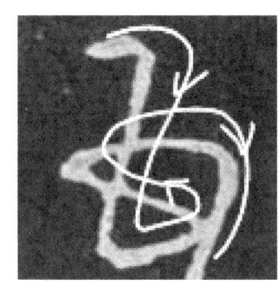

(二)《大學或問誠意章》釋文比對

1.《朱子事迹考》《中國墨迹經典·朱熹書翰文稿》《石渠寶笈》等與遼寧省博物館提供給中華珍寶館的圖片釋文比較(此處用的釋文底本爲遼寧省博物館提供給中華珍寶館的釋文)

> 我者是亦似矣。然反身①而誠,乃物格知至以後之事,言其窮理之至,無所不盡。故凡天下之理,反求諸身,皆有以②見其如目視、耳

---

① 高令印《朱子事迹考》第533、534頁,"身"寫爲"自",誤。
② 高令印《朱子事迹考》"以"寫爲"心",斷句到"見"字。《中國墨迹經典·朱熹書翰文稿》此處與高書同。誤。

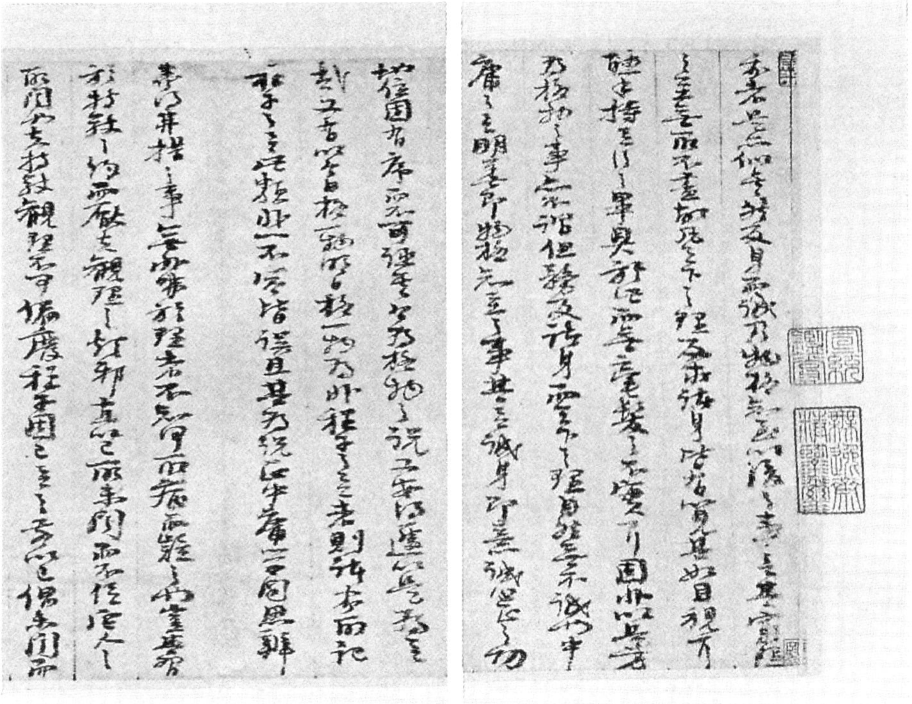

圖九　大學或問章書稿局部，圖片來自中華珍寶館

聽、手持、足行之畢具於此，而無毫髮之不實耳。固非以是方為格物之①事，亦不謂但務反諸身，而天下之理自然無不誠也。中庸之言明善，即物格②知至之事。其言誠身，即意誠心正③之功。地位固有序而不可誣矣。今為格物④之説，又安得遽以是為言哉。又有以今日格一物，明日格一物，為非程子之言者，則諸家所記程子之言，此類非一，不容皆誤。且其為説，正中庸學問思辨弗得弗措之事，無非⑤呻於

---

① 《朱子事迹考》"之"寫為"論"，誤。
② 《朱子事迹考》"物格"寫為"格物"，誤。
③ 《朱子事迹考》"意誠心正"寫為"誠意正心"，誤。
④ 《朱子事迹考》"格物"寫為"物格"，誤。
⑤ 《秘殿珠林石渠寶笈合編》第四册，"非"寫為"所"，與字帖合，本文此處所引遼寧省博物館提供給中華珍寶館的釋文誤。

理者,不知何所病而疑之也。豈其習①於持敬之約,而厭夫觀理之煩耶。直以己所未聞,而不信它人之所聞也。夫持敬觀理,不可偏廢,程子固已言之。若以己偶未聞,而遂不之信,則②有子之似聖人,而速貧速朽之論,猶不能無待於子遊而後定。今又安得遽以一人之所聞而盡廢衆人之所共聞者哉。又有以爲物物③致察,而宛轉歸己。如察天行以自強,察地勢以厚德者。亦似矣。然其曰物物致察,則是不察。④ 程子所謂不必盡窮天下之物也。又曰宛轉歸己,則是不察。⑤ 程子所謂物我一理,纔明彼⑥即曉此之意也。又曰察天行以自強,察地勢以厚德,則是但欲因其已定之名,擬其已著之迹,而未嘗如程子所謂求其所以然,與其所以爲者之妙也。獨有所謂即事即物,不厭不棄,而身親格之以精其知者,爲得致字向裏之意,而其曰格之之道,必立志以定其本,居敬以持其志。志立乎事物之表,敬行乎事物之内,而知乃可精者。又有⑦合乎所謂未有致知而不在敬者之指。但其語意頗傷急迫,既不能盡其全體規模之大,又無以見其從容潛玩積久貫通之功耳。嗚呼,程子之言,其答問反復之詳且明也如彼,而其門人之所以爲説者乃如此。雖或僅有一二之合焉,而不免於猶有所未盡也。是以不待七十子⑧喪,而大義已乖矣。尚何望其能有所發,而有助於後學哉。間獨惟念,昔聞延平先生之教,以爲爲學之初,且當常存此心,勿爲他⑨事所勝。凡遇一事,即當此就此事反復推尋,以究其理。待此一事融釋脱落,然進⑩循序少進,而別窮一事。

---

① 《朱子事迹考》釋文至此結束。
② 《秘殿珠林石渠寶笈合編》第四册,此處多一"以"字,與書帖同,遼寧省博物館與《中國墨迹經典·朱熹書翰文稿》此處誤。
③ 此處與後一句"物物",《中國墨迹經典·朱熹書翰文稿》,均寫作"物之",誤。
④ 《秘殿珠林石渠寶笈合編》此處無斷句。
⑤ 《秘殿珠林石渠寶笈合編》此處無斷句。
⑥ "彼",《中國墨迹經典·朱熹書翰文稿》寫作"德"。此處墨迹模糊不清,似"彼"也似"德",不好辨認。
⑦ 《中國墨迹經典·朱熹書翰文稿》《秘殿珠林》此處多"以"字,與書帖合。此處文本誤。
⑧ 《秘殿珠林》此處多"之"字,誤。
⑨ 《秘殿珠林》作"它"。
⑩ 《中國墨迹經典·朱熹書翰文稿》此處有注"(應爲後)",《秘殿珠林》"進"寫作"後",誤。書帖原文爲"進"。

《書翰文稿》雜議 | 127

如此之①久,積累之多,胸中自當有灑然處,非文字言語之所及也。詳味此言,雖其規模之大,條理之密,若不逮于程子。然其功夫之漸次,意味之深切,則有非它②説所能及者。開明其心術,使既③有以識夫善惡之所在,與其可好可惡之必然矣。至此而復進之,以必誠其意之説焉。則又欲其謹之於幽獨隱微之奥。以禁止其苟止④自欺之萌。而凡其心之所發,如曰好善⑤必由中及外,無一毫之不好也。始也⑥惡惡則必由中及外,無一毫之不惡也。夫好善而中無不好,則是其好之也。如好好色之真,欲其⑦快乎己之目,初非爲人之而好之也。惡惡而中無不惡,則是其惡之也,如惡惡臭之真。欲以足乎吾之鼻,初非爲人而惡之也。所發之真既如此矣,而須臾之頃,纖芥之微,念念相承,又無敢有少間斷焉。則庶乎内外昭融,表裏澄澈,而心無不正,身無不修矣。若彼小人,幽隱之間,實爲不善。而猶欲外托於善以自蓋⑧,則亦不可謂其全然不知善惡之所在。但以不知其真可好惡,而又不能謹之於獨,以禁止其苟且自欺之萌,是淪陷於如此而不自知耳。此章之説,其詳如此,是固宜爲自修之先務矣。然非有以開其知識之真,則不能有以致其好惡之實。故必曰欲誠其意者,先致其知。又曰知至而後意誠,然猶不敢恃其知之已至而聽其所自爲也。故又曰必誠其意,必謹其獨,而毋自欺焉。則大學功夫,次第相承,首尾爲一,而不暇它⑨術以雜乎其間,亦可見矣。後此皆然,今不……

以上是遼寧省博物館提供的釋文介紹,頁下注是該釋文與高令印《朱子事迹考》中的釋文及《中國墨迹經典·朱熹書翰文稿》以及《秘殿珠林石渠寶笈合

---

① 《中國墨迹經典·朱熹書翰文稿》《秘殿珠林》"之"爲"既",符合書帖,本文所用釋文此處誤。
② 《秘殿珠林》"它"寫作"他"。
③ 《秘殿珠林》無"既"字,誤。
④ 《中國墨迹經典·朱熹書翰文稿》此處有"(且)",《秘殿珠林》"止"寫作"且",誤。
⑤ 《秘殿珠林》此處多一"則"字,誤。
⑥ "始也",《秘殿珠林》作"如曰",誤。
⑦ 《中國墨迹經典·朱熹書翰文稿》"其"寫作"以",與書帖合。《秘殿珠林》、本文所用釋文皆誤。
⑧ 《中國墨迹經典·朱熹書翰文稿》"以""自"二字加方括號,"蓋"前多一"欺"字,"蓋"斷爲後句,與書帖此處修改塗抹情況相符合。
⑨ 《秘殿珠林》"它"作"他",誤。

編》第四册中《朱熹二帖》釋文的對照。正誤以笔者重新校對的遼寧省博物館藏該書稿作品釋文爲準（釋文見下）。

這几個文本斷句不同處有很多，此處僅標注了兩處斷句不同的地方，因爲這兩處斷句不同直接影響了對文意的理解，其他無傷理解的不同不再一一標出。

除此之外，與書稿原作相比較，其他三個版本辨識文字不同、顛倒、錯、漏、衍等多達二十多處。這種情況對於朱熹書法的研究來說，的確是有些讓人吃驚。各版本正誤的具體情況，已在頁下注標出，此處不再贅述。

2. 筆者整理的《書翰文稿大學或問誠意章》釋文與《朱子全書》①相比較及一些疑問。

……我者，是亦似矣。然反身而誠，乃物格知至以後之事，言其窮理之至，無所不盡。故凡天下之理，反求諸身，皆有以見，其如目視、耳聽、手持、足行之畢具於此，而無毫髮之不實耳。固非以是方爲格物之事，亦不謂但務反諸身，而天下之理，自然無不誠也。《中庸》之言明善，即物格知至之事。其言誠身，即意誠心正之功，地位固有序，而不可誣矣②。今爲格物之説，又安得遽以是③爲言哉。又有以今日格一物，明日格一物，爲非程子之言者，則諸家所記④程子之言，此類非一，不容皆誤。且其爲説，正《中庸》學問思辨弗得弗措之事，無所哱於理者，不知何所病而疑之也。豈其習於持敬之約，而厭夫觀理之煩耶？直⑤以己所未聞，而不信它⑥人之所聞也？夫持敬觀理，不可偏廢，程子固已言之。若以己偶未聞，而遂不之信，則以有子之似聖人，而速貧速朽之論，猶不能無待于子遊而後定。今又安得遽以一人之所聞⑦，而盡廢衆人之所共聞者哉？又有以爲物物致察，而宛

---

① 《朱子全書》第 6 册，第 530—534 頁。
② 此處《朱子全書》"即意誠心正之功"句後爲"故不明乎善，則有反諸身而不誠者，其功夫地位固有序，而不可誣矣"。
③ 《朱子全書》本此處多"而"字。
④ "記"今《朱子全書》本爲"説"。
⑤ 《朱子全書》本爲"抑直"。
⑥ 《朱子全書》本用"他"字。
⑦ 《朱子全書》本爲"未聞"。

轉歸己。如察天行以自强,察地勢以厚德者。亦似矣。然其曰物物致察,則是不察程子所謂"不必盡窮天下之物"也。又曰宛轉歸己,則是不察程子所謂物我一理,纔明彼即曉此之意也。又曰"察天行以自强,察地勢以厚德",則是但欲因其已定之名,擬其已著之迹,而未嘗如程子所謂"求其所以然,與其所以爲"者之妙也。獨有所謂"即事即物,不厭不棄,而身親格之以精其知"者,爲得致字向裏之意。而其曰"格之之道,必立志以定其本,居敬以持其志。志立乎事物之表,敬行乎事物之内,而知乃可精"者,又有以合乎所謂"未有致知而不在敬"者之指①。但其語意頗傷急迫,既不能盡其全體規模之大,又無以見其從容潛玩、積久貫通之功耳。嗚呼!程子之言,其答問反復之詳且明也如彼,而其門人之所以爲說者乃如此,雖或僅有一二之合焉,而不免於猶有所未盡也。是以不待七十子喪,而大義已乖矣!尚何望其能有所發而有助於後學哉!間獨惟念昔聞延平先生之教,以爲"爲學之初,且當常存此心,勿爲它②事所勝。凡遇一事,即當此③就此事反復推尋,以究其理,待此一事融釋脱落,然進④循序少進,而別窮一事,如此既久,積累之多,胸中自當有灑然處,非文字言語之所及也"。詳味此言,雖其規模之大,條理之密,若不逮于程子。然其功夫之漸次,意味之深切,則有非它⑤説所能及者。⑥

……開明其心術,使既有以識夫善惡之所在,與其可好可惡之必然矣。至此而復進之,以必誠其意之説焉。則又欲其謹之於幽獨隱微之奧。以禁止其苟且自欺之萌。而凡其心之所發,如曰好善,必⑦由中及外,無一毫之不好也。始也⑧惡惡,則必由中及外,無一毫之不惡也。夫好善而中無不好,則是其好之也。如好好色之真,欲以快乎

---

① 《朱子全書》本爲"旨"。
② 《朱子全書》本爲"他"。
③ 《朱子全書》本爲"且"。
④ 《朱子全書》本爲"後"。
⑤ 《朱子全書》本爲"他"。
⑥ 此處書帖有却。以下爲另一段。
⑦ 《朱子全書》本爲"則必"。
⑧ 《朱子全書》本爲"如曰"。

己之目,初非爲人之①而好之也。惡惡而中無不惡,則是其惡之也,如惡惡臭之真。欲以足乎吾②之鼻,初非爲人而惡之也。所發之真③,既如此矣,而須臾之頃,纖芥之微,念念相承,又無敢有少間斷焉。則庶乎内外昭融,表裏澄澈,而心無不正,身無不修矣。若彼小人,幽隱之間,實爲不善。而猶欲外托於善以自蓋,則亦不可謂其全然不知善惡之所在。但以不知其真可好惡,而又不能謹之於獨,以禁止其苟且自欺之萌,是④淪陷於⑤如此而不自知耳。此章之説,其詳如此,是固宜爲自修之先務矣。然非有以開其知識之真,則不能有以致其好惡之實。故必曰"欲誠其意者,先致其知"。又曰"知至而後意誠"。然猶不敢恃其知之已至,而聽其所自爲也,故又曰"必誠其意,必謹其獨,而毋自欺焉"。則大學功夫,次第相承,首尾爲一,而不暇它⑥衒以雜乎其間,亦可見矣。後此皆然,今不……

從現在流傳的文本與書稿的對照來看,除去古今用字習慣不同,如"他"與"它"類之外,約有近二十處不同。書稿中間有缺失,實際也是分開的兩段。但總體來説,這個墨迹文稿和今天所見到的刊行流傳的版本差別不大,相異的部分大都是不影響文句意思的虛詞。這也無怪乎文徵明在跋文中説"右晦庵先生中庸或問誠意章手稿,較今刊本一字不異,蓋定本也"。"一字不異"顯然是有點大而化之了,但"定本"説還是有一定道理的。

説到文徵明的跋文,各書記載亦頗讓人迷惑。爲了説明這個問題,現將其跋文原圖附於上。

此處非常清晰地可以看到其跋文爲"右晦庵先生《中庸或問誠意章》手稿,較今刊本一字不異,蓋定本也……"云云。然而在《秘殿珠林石渠寶笈合編》第四册第959頁,跋文釋文中却記爲"右晦庵先生大學或問誠意章手稿較今刊本一字不異,蓋定本也"。也因爲《石渠寶笈》的這個記載,今方彦壽先生在討論

---

① 《朱子全書》本無"之"字。
② 《朱子全書》本爲"己"。
③ 《朱子全書》本爲"實"。
④ 《朱子全書》本爲"是以"。
⑤ 《朱子全書》本爲"至於"。
⑥ 《朱子全書》本爲"假他"。

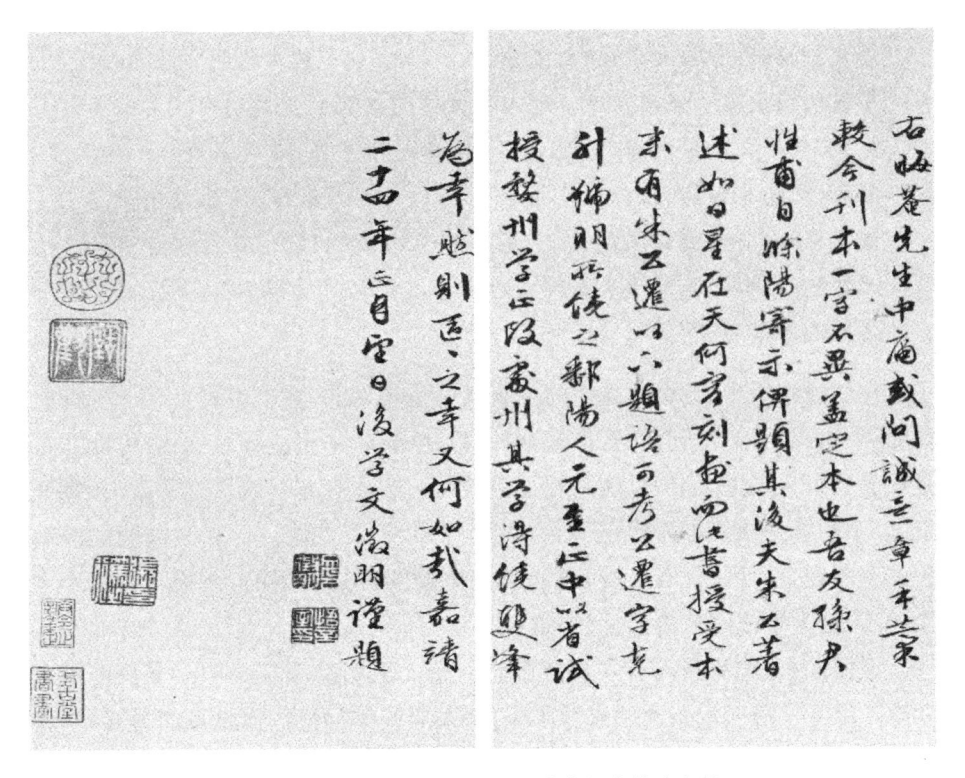

圖十 "文徵明跋文"局部，圖片來源中華珍寶館

到這幅書稿卷首的圖畫時，發現清阮元《石渠隨筆》卷三中的記載是錯誤的。因此他對這幅書稿到底是《大學或問誠意章》還是《中庸或問誠意章》進行了討論。他說：

> 清阮元《石渠隨筆》卷三中將其稱爲《中庸或問誠意章》。其文曰：
>
>> 朱子二帖，卷前畫白描二儒者小像。次幅寄程允夫（洵，號克庵）札，次幅《中庸或問誠意章草稿》。據《庚子銷夏記》，小像後尚有《獨游寶應寺》詩，今佚。
>
> 阮元此書名爲《石渠隨筆》，應是讀《石渠寶笈》的筆記或短札，但阮元顯然並沒有認真地閱讀原書，何出此言？在《寶笈三編》"朱熹二

帖"後幅《前人題跋》中,首條朱公遷跋即言"趙君彥達得晦庵朱子遺墨凡三幅……則《大學》傳之五章《或問》也……"跋中已明言此乃《大學或問》;最後一條明嘉靖二十四年文徵明跋說的更是明白:"右晦庵先生《大學或問誠意章》手稿,較今刊本一字不異,蓋定本也。……"其實,就是不讀跋文,以阮元清代漢學大師的學識,即便閱讀朱子墨迹原文,也能辨出此文應是《大學·誠意章》的內容。之所以會有如此低級的錯誤,蓋緣于朱熹所說的讀書不認真,"看得不精,其他文字便亦都草草看了"。①

在這段論析中,方彥壽先生的主張無疑是正確的,書稿確實是《大學或問》而非《中庸或問》。但阮元《石渠隨筆》中將其稱爲《中庸或問誠意章》可能並不是沒有看朱熹墨迹,他極可能是看了文徵明的跋才有此一說。方彥壽引《寶笈三編》中的第一幅跋來證明書稿是《大學或問》沒有問題。但以文徵明的跋爲證就有問題了。因爲《石渠寶笈》所引文徵明的跋是有誤的,文徵明在跋文中說的不是《大學或問》,恰恰是《中庸或問》。

這樣一來,難免讓人有一種錯亂感。是文徵明的跋文爲假?還是書稿有問題?或者文徵明的跋文原來並不是爲《大學或問》而寫,而是真的另有《中庸或問》書稿?

由文徵明的跋文而帶來的這一問題,也是本文無法解決,期待請教方家的地方②。

二、《書翰文稿》卷首畫像畫的是誰?

《書翰文稿》卷首畫了兩個人(見下圖),畫像的右側有兩枚印章,分別爲"新安"和"王氏初翁"。畫中位置靠近觀衆的一人,看著年紀較長,白須,右面

---

① 方彥壽:《朱熹畫像考略與僞貼揭秘》,第79—80頁。
② 關於文徵明跋文中將《大學或問》稱爲《中庸或問》的問題,中山大學的李宗桂老師在讀過本文後提出,有可能是古人因爲《四書或問》的流行,對《大學或問》或《中庸或問》在語言表達上區分並不如今人寫論文時要求這麼嚴格,在很多時候,有可能對兩者是混爲一談的。這一説法頗有道理。蓋此二書對今人來說必得嚴格區分才清楚,但對於文徵明時代的讀書人來說,此二書一體流傳,且爲讀書人的必讀書,人人皆知,反而不需要做嚴格區分了。

有幾顆黑痣,符合文獻中對朱熹相貌的描述,應是朱熹畫像無疑。方彦壽在《朱熹畫像考略與僞貼揭秘》①中,引陳榮捷《朱子新探索·朱子畫像》中的説法,右立清瘦白須老人符合朱熹右面頰有七黑子,有長須的標誌,確定爲朱子。那麽左立者爲誰呢?陳榮捷疑之爲張栻南軒。2007年9月蘇州博物館新館曾展出過這幅作品,遼寧博物館提供的文字介紹裏,認爲引首繪中的兩個人分别是朱熹和他的表弟程洵。2016年,高令印《朱子事迹考》一書中討論了這幅作品,也認爲畫中人分别是朱熹和他的表弟程洵②。之所以會有這樣的推測,大概是因爲這幅作品的前半段是朱熹寫給他表弟的信,同時,認爲這幅作品最開始的收藏人是其表弟的後人。《石渠寶笈合編·朱熹二帖》中談到這幅作品時説:"本幅宋箋本。三幅。第一幅,縱一尺六分,橫一尺八分,白描二人小照,儒者衣冠,無名款。"③對圖中所畫二人是誰這一問題存而不論。

圖十一 《書翰文稿》卷首畫像

---

① 方彦壽:《朱熹畫像考略與僞貼揭秘》,第76頁。
② 高令印、高秀華著:《朱子事迹考》,北京:商務印書館,2016年,第522、523頁。
③ [清]張照等編纂:《秘殿珠林石渠寶笈合編》第4册,上海:上海書店出版社,1988年,第955頁。

筆者更傾向于這幅畫畫的不是朱熹與程洵,而是朱熹與張栻。

原因如下:

首先,認爲畫上的另一個人是程洵的主要根據,是這幅畫後面緊跟著朱熹寫給程洵的信,而且這個作品好像是程家保存並輾轉流傳下來的。但大家需要注意的是,這個作品實際並不是一開始就是一體的。它開始應該是四部分分開的。朱熹給表弟寫的信和畫像以及後面的書稿和跋文肯定不是同一時期形成的一個整體。如此一來,據給程洵寫的信以及此信爲程家最初保存就推測畫像也出自程家就可能不成立,進而說畫上之人是程洵基本上就沒有什麽根據了。

著名的書畫鑑賞家楊仁愷先生在《中國古畫過眼要錄》中談到這個作品,他認爲在朱熹生前,畫像和文稿的部分有很大可能歸他自己保存,今天流傳下來的《大學或問誠意章》只是殘存的很少一部分。筆者以爲楊仁愷先生的這個推測更符合常理。朱熹寫作的手稿和自己的畫像更有可能開始是他自己收藏著,但是在後來的流傳過程中,有人同時得到了這部手稿的一部分、朱熹合像以及朱熹寫給他表弟的信,然後進行了重新裝裱,後又輾轉爲各時代名流鑑賞題跋補充,最後形成了現在看到的樣子。

另據清阮元《石渠隨筆》中的記載,這幅畫後面原來有《獨游寶應寺》詩,至阮元時此詩已不在了,他是根據《庚子銷夏記》知道的①。如此,則更可見此畫和朱熹寫給表弟的信是後來裝訂在一起的,畫的流傳和信的流傳軌迹並不是一直一致,畫作也大概不是程家人請人畫就或者保存的。所以,合畫像可能並不是朱熹和他的表弟。

如果另一個人畫的不是程洵,爲什麼我們推測他是張栻呢?

(一)朱熹和張栻的關係非比尋常

朱熹與張栻同爲"東南三賢",二人惺惺相惜,來往密切。二人於學術上互動交流甚多,並因此各有所進。且二人家世淵源頗深,稱爲世交故戚亦不爲過。朱熹的父親朱松與張栻的父親張浚同爲政和八年進士,彼此情分非常。

---

① [清]阮元:《石渠隨筆》,《續修四庫全書》子部第1081册,第442頁。

朱松後來入朝，也是蒙張栻之父張浚推薦①，可見二人關係很好。張浚的好友劉子羽，是朱熹的義父，劉子羽的弟弟劉子翬是朱熹的老師。用現在的話來說，張栻和朱熹共有一個非常親密且互動頗多的"微信群"，二人有共同的"朋友圈"。而跟自己的好朋友"合影"符合人之常情。當然，僅憑這一點還不足以判斷另一人一定是張栻。

（二）有朱張合像的先例

筆者認爲另一人是張栻的第二個原因是，乾道三年（1167）秋，朱熹時年39歲，張栻36歲，二人曾在當時進行過一次特別著名的嶽麓會講，這次會講"學徒千余，輿馬之衆，至飲池水立涸，一時有瀟湘洙泗之目焉"②，可以説在公衆心中，張朱二賢合體的印象非常震撼。這爲出現張朱合像提供了一個非常強大的文化背景。實際歷史中確實因此有了張朱二人合像的先例。下圖是明萬曆刻本《重修嶽麓書院圖志》③中的畫像，畫的正是朱熹、張栻二人講道嶽麓書院的事。

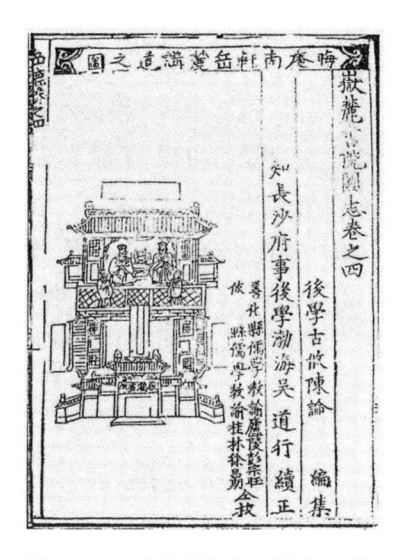

圖十二　《重修嶽麓書院圖志》畫像

（三）畫面構圖符合朱張二人身份

認爲是張栻的第三個原因是畫圖的結構。圖中二人，朱熹白須，另一人黑須，表示此人年齡較輕。朱熹比張栻年長三歲，按説不應該有這麽大的差别，但朱熹活得久，他七十歲時才去世。張栻在四十七歲時就去世了，所以張栻的畫像不可能有特别年老的樣子。圖中朱熹站在右手位，張栻站在左手位（從站

---

① "服除，以左相張浚薦，朝廷再召朱松"，見束景南《朱熹年譜長編》卷上，第42頁。
② ［清］趙寧：《嶽麓書院志》卷三，清康熙刻本。
③ ［明］陳論編集，吳道行續正，鄧洪波校補：《重修嶽麓書院圖志》，長沙：湖南大學出版社，2018年，第133頁。

立者的視角看,而非讀圖者的視角),左爲尊。張栻的聲名以及社會地位在相當長的時間內都高於朱熹。朱熹排在張栻之前的作法,一直到明弘治年以後才最後定型。"張朱"還是"朱張"的排序問題,再次證實了我們前面談到的第二個原因,即把朱熹和張栻放在一起討論,無論是當時還是後世,都有大量的先例。文字上並稱的習慣必然也會影響到圖畫的創作。而在宋及以後的很長時間內,張栻聲望高於朱熹,或者朱張並舉時,張栻排在朱熹前面的情況,與該圖中朱熹謙居下首的圖畫佈局是一致的。這也從另一方面證明,圖中另一人不可能是朱熹表弟程洵。

另外,也有學者①根據本圖的結構推測這是一幅東南三賢圖,圖上應原有三人,分別是呂祖謙、張栻和朱熹,只是因爲某種原因將呂祖謙裁去了。從構圖上講,似乎第三人的存在,讓這幅圖顯得更加完整,且東南三賢一起被畫出並膜拜也能說得過去。但是,如果真是三賢圖,裁去呂祖謙的行爲缺乏可靠的原因,目前也未見到類似的東南三賢圖,所以,這一說法只能是一種大膽的推測。然無論如何,這種說法與本文所持圖上爲朱熹與張栻二人的觀點不矛盾。

(四)畫中之人與張栻其他畫像的氣質和形象很類似

認爲另一人是張栻的第四個原因則是這個人像跟張栻的其他畫像比較,的確比較類似。下圖是《書翰文稿》卷首合像中的另一人與張栻畫像對比②。

古代中國人物畫重在氣質,按照圖像尋人大概十之八九會失望的。但一些基本的特質還是會得以保留,比如朱熹臉上的黑點。這三幅圖如果非要說他們完全一樣有些牽強,但三圖中人物的大概氣質、形象特徵具有極大的類似性是毋庸置疑的。特別是比較圖中的第二幅張栻像,和《書翰文稿》圖中的人物形象簡直完全一樣。

如果再結合明代宋濂對張栻外貌的描述:"姿貌俊偉,眉目聳秀,白而潤丰,下少須,神采煇然。椰冠紗巾,道服,青皁緣,係以絛。履白。"③幾乎可以肯

---

① 該文在發表前曾與研究朱熹的一些學者進行討論。清華大學的趙金剛博士即持此觀點。
② 對比圖來自[清]王開琬等著,鄧洪波等輯校:《張栻年譜·附錄一》,北京:科學出版社,2017年,第144、148頁。
③ [明]宋濂:《宋濂全集》第7册《宋學士先生文集輯補·宋九賢遺像記》,杭州:浙江古籍出版社,2014年,第2204頁。

图十三　張栻畫像對比

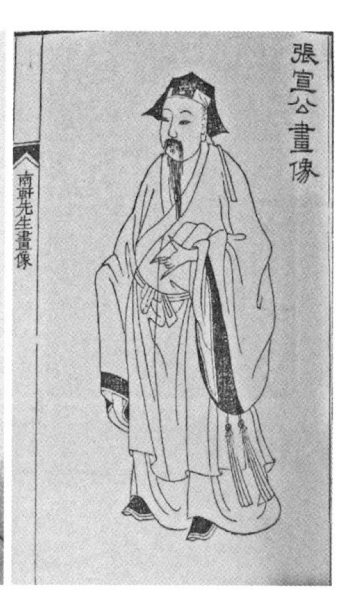

定,《書翰文稿》前面所附圖中的另一人就是張栻。因爲圖中二人,朱熹穿黑鞋,而另一人穿的正是白鞋,且他穿的道服裝飾有青黑色包邊,腰間係有絲絛,頭上戴的也正是又稱爲椰冠的道冠①。

　　鑑於以上四個原因,從文化背景、朱張二人關係、圖畫構圖、畫上人的氣質、形象等方面考慮,筆者認爲該作品前的合像爲朱熹與張栻,可命名爲"朱張會講圖"。

　　行文至此,其實關於這幅作品可討論的内容還有很多,比如畫面上的印鑑問題,拖尾部分的跋文問題,等等。鑑於篇幅,只能留待以後繼續討論。在現有有限的討論過程中,所面對的問題,讓筆者一次次如勘察案情一般,雖然有趣,但更多時候不免有些茫然和心驚。蓋因在討論朱熹書法時,發現有很多人並沒有去賞析朱熹的書法作品,不然,何至於有本文之畫蛇添足？此文之寫作,才疏學淺,行文匆忙,亦讓筆者惶恐,反復再三。雖如此,亦更發自省自警之心,今一併述之,與諸君共勉。

---

① ［明］顧起元撰:《説略》卷二一《服飾》:"椰子冠,道冠。"(民國三至五年上元蔣氏慎修書屋鉛印金陵叢書本)

宋代道學演變：三個美國漢學家的再思考

湖南大學嶽麓書院、美國亞利桑那州立大學　田浩（Hoyt Cleveland Tilman）　尹航譯，陳曦校譯

當我在閱讀包弼德（Peter Bol）的新著 *Localizing Learning*，尤其是他對以往的研究進行反思時，我有些感動，這也啓發我對自己近年的研究做出反思，並以此作爲回應。儘管我們使用不同的術語，對道學的看法有些不同，但包弼德的反思使我更清楚地看到我們的觀點有多少相同之處，讓我特別高興的是，他在以道學爲己任的群體中凸顯了呂祖謙的作用。包弼德還補充道："早在朱熹的學説正式進入科舉考試之前，道學便變爲了'朱子之學'。"儘管朱熹的注疏和其他文本是追隨者學習的起點，但他們在學習目標和方法上並非一致。①

在 1992 年出版的 *Confucian Discourse and Chu Hsi's Ascendancy* 中，我試圖揭示呂祖謙在道學中的作用，同時強調朱熹如何成功地縮小道學團體的範圍以符合他的"醇儒"概念，並將自己塑造成經典和儒家傳統的權威解讀者。② 有些學者批評我將朱熹描繪成容易對意見相左者動怒，力求主導道學以取代荆公新學在宋代教育和科舉中的地位，我曾撰文回應了這一批評（發表於 *Philosophy East and West*，後收入《朱熹的思維世界》增訂版）。文章討論了朱熹的鬼神觀，以及朱熹利用對

---

① Peter K. Bol, *Localizing Learning: The Literati Enterprise in Wuzhou, 1100 – 1600* (Cambridge, Mass: Harvard University Asia Center, 2022), pp.276 – 277.

② *Confucian Discourse and Chu Hsi's Ascendancy* (Honolulu: University of Hawaii Press, 1992).

孔子的祈禱來宣稱他和孔子之學有著相通的特殊氣類,此種做法前所未有,強化了他和孔子之間獨一無二的關係。[1] 例如,朱熹帶領學生向孔子祈禱時,保證要恪守師承,接續道學。因此,朱熹的《四書》集注最終爲宋朝科舉所採用,他本人入祀孔廟並使王安石被逐出孔廟,均來自朱熹奠定的基礎和制定的策略。後來我在與蘇費翔(Christian Soffel)合作的書中強調了郝經關於道學闡釋的多樣性,蘇費翔同樣關注到王柏和朱熹的某些分歧。[2]

包弼德繼續指出,關於婺州士人的研究使他認識到過去的研究中存在兩個錯誤。首先,他"太輕意接受道學所謂文學和公共話語無關的主張",然而,婺州士人始終重視文,將文學視爲與士人交遊和士人身份認同的必備條件。其次,他"未能發現'博學'對當地的持續吸引力以及他們對於各領域知識的渴望"。最終,這種對博學的關注"也對道學和向道學妥協的文學提出了批評"。[3]

我很感謝包弼德堅持不懈地完成了關於婺州士人文化的里程碑式的研究,他詳細論述了北宋後期至晚明婺州士人身份、人際網絡和文化創作方面的變遷。包弼德完成的這一宏大計劃與我曾經的夢想相似,不過,當時我很快意識到我缺少完成這個大工程的資源和能力。我希望開展一個類似的研究,以回應許多學者對於我強調呂祖謙的思想和活動的質疑。我一直認爲呂祖謙的這些思想和活動不僅促進了道學發展,還推動了治國理政、儒家經典、文學和歷史著作以及包括擴展知識和批判性思維的"博學"等方面的進步(正如包弼德所觀察到的,婺州"文"的概念包括了各領域的知識)。儘管我對後代歷史的了解有限,但在我看來,呂祖謙留給婺州的遺產在明清時期浙東思想和文化的各領域均有明顯體現。包弼德證實了呂祖謙(甚至陳亮)在婺州文化上的關鍵作用,並提供了一些我長期關注的人物如王世貞的豐富資訊。當然,近幾十年來,中國學術界在很大程度上重新評價了這些人物,但包弼德有他的特殊貢

---

[1] Hoyt Cleveland Tillman, "Zhu Xi's Prayers to the Spirit of Confucius and Claim to the Transmission of the Way," *Philosophy East and West* 54. 4(2004):489-513;田浩:《朱熹的思維世界》(增訂版)第十章,臺北:允晨文化,2008年;南京:江蘇人民出版社,2009年。

[2] 蘇費翔、田浩:《文化權力與政治文化——宋金元時期〈中庸〉與道統問題》,北京:中華書局,2018年;中文版相較於英文版增加了八篇作者的相關論文,並見英文版 *Cultural Authority and Political Culture in China: Exploring Issues with the Zhongyong and the Daotong during the Song, Jin, and Yuan Dynasties* (Stuttgart: Franz Steiner Verlag, 2012).

[3] Bol, Localizing Learning, p.277.

獻，尤其是他主持的中國歷代人物傳記資料庫（CBDB）爲這些研究提供了資料。

　　收到包弼德寄來的新書時（題贈語寫道："致 Hoyt，我的同道：思想史家和婺州研究者"），我驚喜地發現我所讀到的內容與我之前的預期根本不同。20世紀90年代中期，當我們覺得彼此都誤解或低估了兩人在1992年出版的書時，我們的友誼與合作經受了考驗。在其後的一次交談中，包弼德建議我們應該避免評論對方的著作。所幸的是，在1997年1月巴哈馬舉辦的宋史研討會上，我們"回到了相近立場"，我們的友誼恢復了活力並得以延續。他甚至向中文版《歷史上的理學》的出版社建議請我爲該書寫一篇簡介；此外，他還爲我和蘇費翔合著的《文化權力與政治文化——宋金元時期〈中庸〉與道統問題》撰寫書評。本文可作爲對這些善意的回報。但是，包弼德的幾位學生可能受到了那段緊張關係的影響，如祝平次和魏希德（Hilde De Weerdt）的博士論文都挑戰了我關於吕祖謙的研究成果。[1] 在我看來，包弼德的一些文章過於忽視作爲思想家的吕祖謙。於是我開始思考，祝平次和魏希德專注於朱熹建立的道學，由於吕祖謙的思想和朱熹的存在明顯差異，這導致他們也輕視吕祖謙，不認爲他是道學領袖。有一段時間，我甚至懷疑關注婺州是否會在一定程度上削弱我關於北宋後期到元末道學演變的觀點。儘管自巴哈馬研討會以來，我和包弼德有了許多共識，但更讓我欣喜的是，當我閱讀他的新書時，我看到我們各自在道學和吕祖謙的研究上不斷取得相似的認識。

　　我將用包弼德最近的兩本書來簡要說明我對於我們逐漸取得共識的看法。在《歷史上的理學》（Neo-Confucianism in History）中，他指出不同的術語，如道學、理學和心學，"都因側重哲學討論的某一個方面而忽略其他一些方面。使用'Neo-Confucian'的好處在於我們可以用它指向所有的思想派別，而無需拘泥於任何一個"。[2] 而且，在討論一個跨越幾個世紀的歷史問題時，"使

---

[1] 祝平次（Chu Ping-tzu），"Tradition Building and Cultural Competition in Southern Song China (1160–1220): The Way, the Learning, and the Texts，"哈佛大學博士學位論文，1998年；Hilde De Weerdt, *Competition over Content: Negotiating Standards for the Civil Service Examinations in Imperial China (1127–1279)*, Cambridge: Harvard University Asia Center, 2007. 並見中文版《義旨之爭：南宋科舉規範之折衝》，杭州：浙江大學出版社，2016年。

[2] Peter K. Bol, *Neo-Confucianism in History* (Cambridge: Harvard University Asia Center, 2008), p.78.

用外來的術語優於本土的傳統術語"。(288頁注1)於是,包弼德從程頤最早使用的"道學"開始講述這段歷史,而"道學"是程頤用來標識他和兄長程顥的真正儒學之術語。包弼德進一步強調:"我們可以説,從二程開始,理學家(the Neo-Confucians)將追求意識形態(義理)與成儒相聯繫,並將此與那個時代盛行的錯誤成儒觀念即致力於經學研究和文學創作並列起來。"(79—80頁)由於朱熹從二程追隨者提出的幾種學説中創立了"一個融貫的體系","幾乎可以説,在朱熹之後,理學(Neo-Confucianism)成爲了'朱子學'"。但陸九淵是個例外,一些學者認爲朱熹和陸九淵"構成理學整體的兩極",包弼德則稱這"不是普遍的觀點"(89頁)。因此,包弼德接受了陳榮捷將Neo-Confucianism視爲程朱哲學的觀點,暗含著不接受狄培理(Wm. Theodore de Bary)的觀點,狄培理認爲,Neo-Confucianism的範圍比理學更廣泛,它幾乎涵蓋了從韓愈到現代的所有儒家。由此,包弼德含蓄地回應了我的呼籲:學者在使用"Neo-Confucianism"這類標籤時應做出明確的界定。

由於包弼德主要關注跨越幾個朝代的哲學討論,因此他的選擇合理,便於他展開論述。然而,他承認僅憑哲學並不能解釋理學(Neo-Confucianism)的興起,指出在最近的研究中,儒家士人之間的辯論是影響理學興起的其他因素之一(103頁),這是我一直特別關注的問題。他提出了解決辦法,即"只將那些公開以理學(Neo-Confucian)的立場作爲身份認同基礎的士人稱爲理學家(Neo-Confucians)"(109頁)。這種對身份認同的強調和我使用fellowship來描述早期道學的士人圈子或鬆散的社會、知識和政治網絡非常相似,後來朱熹以更系統更貫通的思想體系驅使道學進入到他所設置的狹小發展軌道。包弼德所闡述的,除了陸九淵是個例外,理學成爲朱子學這一觀點幾乎是正確的,這與我強調朱熹在道學內部逐步擁有支配地位相當相似,尤其是1181年朱熹爲吕祖謙和張栻撰寫祭文以後的階段。當然,我也強調吕祖謙的遺產是一個重要的例外。在此點上,包弼德在書中將吕祖謙描述爲"試圖把理學學説(Neo-Confucian teachings)和文學、史學融爲一體"(88頁)。此外,包弼德將吕祖謙的《古文關鍵》列入朱熹和其他"也在文學方面提出主張的理學家(Neo-Confucians)"(107頁)的著作當中。包弼德在關注哲學討論和這些思想家的公衆定位時,他的選擇有其道理,然而在我看來,當道學群體轉變爲一個政治派別、一個學派時,應該對該群體內部成員的身份給予關注。簡言之,包弼德和我觀察道學的角度或方面有所不同。

在 Localizing Learning 中，包弼德主要使用了我喜歡的術語"道學"，遠遠超過他上一本書中占主導地位的術語 Neo-Confucianism。雖然再次暗示沿著陳榮捷的思路關注程朱哲學，包弼德却將受陸九淵影響的真德秀和吳澄視爲理學(Neo-Confucian)思想家，所以他這次對這個"不普遍的觀點"——將陸王包括在理學裏——表現出更多的認可(89、193頁)。不過，我覺得仍有一處對 Neo-Confucian 的使用不够清晰，在述及婺州四賢時，包弼德說："在朱熹之後成爲道學的參與者意味著什麽？……對他們而言，'朱子學'是對道學的定義和對朱熹的正確理解，即使有人補充了朱熹的文本或是挑戰了它們，這些人仍能聲稱他們才是接續道統、傳承道的真正理學家(Neo-Confucians)。"(155—156頁)包弼德指出，朱熹堅信二程門人之所以產生困惑，是因爲二程未留下權威著作，而朱熹撰寫了數量龐大、涉及面廣的文本和注疏，確保了他的門人能够清楚地理解聖賢之說，但"矛盾的是，朱熹能讓人將學習聖賢之道等同於對朱熹的理解"(125頁)。儘管我理解包弼德所說的悖論感，但我曾經詳細論證過朱熹的這個轉變是他通向道學權威的關鍵部分，朱熹的自我矛盾還體現在其思想和行爲的其他方面。①

包弼德比以往更深入地探討了呂祖謙，強調呂祖謙作爲教師和博學典範在奠定婺州士人的文化基礎中發揮了重要作用。他還承認呂祖謙參與了朱熹對道學組織的建構，透徹理解了道學學說。正如遷就他的學生一樣，呂祖謙也試圖調和朱熹和其他人的分歧，如陸九淵和蘇軾的文學遺產。我曾經描述過呂祖謙針對朱熹易向反對者動怒和威脅而提出忠告，包弼德也對比了二者：呂祖謙願意包容和他共事的人，朱熹却堅持與那些持錯誤或危險觀點的人"鬥爭"。包弼德同樣指出陳亮的功利主義傾向引起了朱熹的警惕，朱熹借此指責故友呂祖謙對不同觀點的妥協導致了婺州道德環境的敗壞(46—55頁)。包弼德對1200年朱熹去世後婺州士人的評價和朱熹在1180年代的描述有相似之

---

① Tillman, "Zhu Xi's Prayers to the Spirit of Confucius"; Chen Xi and Hoyt Cleveland Tillman, "Ghosts, Gods, and the Ritual Practice of Local Officials during the Song: With a Focus on Zhu Xi in Nankang Prefecture," *Journal of Song and Yuan Studies*, No. 44(2014): 291 - 327; and Tillman, "Consciousness of T'ien in Chu Hsi's Thought," *Harvard Journal of Asiatic Studies* 47.1(1987): 31 - 50.

處。例如,13世紀的士人潘自牧所編纂的類書"與道學相去甚遠,他們對於'學'的理解與道學的要求彼此不合",因此,"人們從這三部著作中不會知曉道學在婺州有過追隨者,也不知道朱熹和呂祖謙曾經在這裏宣導道學"(120—121頁)。包弼德最終結論的一個重要方面是,像婺州這樣的地方,博學和"文"的傳統在很大程度上導致了道學的衰落。

儘管包弼德對於朱熹與博學、"文"之間衝突的敘述和論證頗令人信服,也確實強化了呂祖謙的遺産和朱熹道學相對立的傳統觀點,但我仍然認爲,以呂祖謙爲代表的更加包容博學和"文"的道學可作爲道學發展的另一種版本,也可以說是一種選擇。朱熹較呂祖謙年長,遺憾的是,呂祖謙的健康狀況遠不如朱熹,比朱熹早逝近二十年。在給老友的祭文中,朱熹痛悼失去的不僅是一位道學領袖,還是一位在許多領域都成就卓越之人。可以說,在"三教融合"日益發展的宋代,由程頤設立的經學、文學和道這三大直接對立衝突的儒學發展主綫,在統合方面未能取得實質性進展。雖然朱熹稍稍緩和了這種衝突,但根本的對抗並没有改變。包弼德在他的新書結尾討論了程朱道學和其他儒學立場衝突的後果,尤其是和"文"以及博學衝突之後果。我長期關注呂祖謙的博學和文學尤其是他對道學持有的宏闊視野,很大程度上是由於我對狹隘而排他的朱熹版道學及其在帝制中國晚期的正統地位所固有的後果之擔憂。因此,包弼德的研究可以支持我的推論:朱熹版道學因狹隘和排他傾向而有著根本的缺陷和問題。除了呂祖謙和郝經的告誡之外,李心傳對道學同樣持保留態度。提到李心傳,人們就會想到蔡涵墨(Charles Hartman)關於宋代歷史書寫的研究。

接下來,我們轉向蔡涵墨的 *The Making of Song Dynasty History*。這部著作主要考察皇帝的軍事、財政管理、伎術方面的專業人士和士大夫之間的鬥爭,前一群體直接對皇帝負責,而士大夫的道德觀念建立在儒家經典之上,注重官僚機構官員之間的合作。宋儒普遍尋求一種本朝治理的叙事模式,強調具有儒家道德和價值觀的君子,在利用官僚機構治理王朝,並與那些既反對君子又反對大衆呼聲的小人鬥爭的作用。[1] 在這部書的姊妹篇 *Structures of*

---

[1] Charles Hartman, *The Making of Song Dynasty History: Sources and Narratives*, 960 - 1279 (Cambridge: Cambridge University Press, 2021), e.g., pp.18 - 19, 212 - 219, 333.

Governance in Song Dynasty China 中，蔡涵墨詳細闡述了他的理論模型，展示了不同群體在政府治理過程中的爭鬥，爲 *The Making of Song Dynasty History* 提供了政治背景。他並非要細緻描述政治鬥爭，而是運用一種解釋模型來加強對複雜事件的分析。蔡涵墨指出，他的"技術官僚-儒家連續體（the technocratic-Confucian continuum）"模型和馬克斯·韋伯的"理想類型（ideal types）"相似。不過，蔡涵墨這個模型的構成是建立在閻步克的品位結構五組指標（按：蔡書中稱爲"參數"）中的四組之上，即"（1）社會階層方面的'貴與賤'；（2）職類方面的'文與武'；（3）官僚地位方面的'士與吏'；（4）與皇帝關係遠近方面的'宮與朝'"。① 蔡涵墨忽略了閻步克提到的第五組指標即"胡-漢"問題，因其在宋朝政府中不起作用，但他因宋代宮中女性的重要地位增加了對性別（男-女）的關注。從"陰-陽"關係的角度來看蔡涵墨"連續體"（continuum）中的幾組指標在宋代政治中的相互作用和不斷變化，該連續體強調了這些指標的流動性和動態關係。因此，他的模型植根于中國文化，避免了韋伯"理想類型"的主要陷阱。

蔡涵墨强調技術專家和儒士之間的區別，前者專於以技術解決具體的實際問題，後者尋求將儒家觀點和價值觀制度化，他將這類區別分析得更爲清晰，我讚賞他的縝密研究。我同樣試圖區分儒家文人，一方面，他們以儒家經典和道德價值觀爲先，另一方面，他們以犧牲道德價值觀爲代價，注重爲政府和社會帶來最大利益和效益，被朱熹指責爲"功利"。例如，朱熹痛斥浙江士人"爲功利浸漬，壞了腹心"；而且，與受到禪宗思想影響的人相比，他聲稱功利主義更難對付："若功利，則學者習之，便可見效，此意甚可憂"。② 我最近在功利主義方面的研究成果主要體現在一部合著中關於宋元時期"事功學"的章節。③

---

① 閻步克：《中國古代官階制度引論》第 11 章，北京：北京大學出版社，2010 年，第 391—438 頁；Hartman, *Structures*, esp. pp.16, 130–131.

② ［宋］朱熹撰：《晦庵先生朱文公文集》卷五六，朱傑人、嚴佐之、劉永翔編：《朱子全書》第 23 册，上海：古籍出版社，合肥：安徽教育出版社，2002 年，第 2677 頁；［宋］黎靖德編、王星賢點校：《朱子語類》卷一二三，北京：中華書局，1986 年，第 2967 頁；Hoyt Cleveland Tillman, *Utilitarian Confucianism: Ch'en Liang's Challenge to Chu Hsi* (Cambridge, Mass.: East Asian Monographs, 1982), pp. 193 and 58.

③ Hoyt Cleveland Tilman, Christian Soffel, and Lu Chentong, "Practical Learning from the Song through the Yuan," in Selusi Ambrogio and Dawid Rogacz, eds., *Chinese Philosophy and Its Thinkers: From Ancient Times to the Present Day*, vol. 2 (London: Bloomsbury Publishing, forthcoming).

儘管我主張更多地關注實用治國之道的宣導者和不同的思想家,但我和大多數同行一樣,更經常關注那些優先考慮哲學和道德問題的儒家。

在我努力加深對中國思想的這兩個派別、每個思想派別乃至思想家的內在多樣性之理解時,一些同行推測我對儒家的看法過於狹隘,(或)認爲我對儒家的其他立場缺乏興趣而不屑於研究它們。然而,研究這兩個派別的複雜性已耗盡我的能力和資源,所以我從未將研究擴展到我感興趣的所有立場和領域。爲了突出宋代思想家的多樣性和譜系,黎江南以蔡涵墨的兩套對比鮮明的術語爲基礎,增加了兩個參數——政治立場和思想/宗教傾向——將學者和官員定位在從官僚到理想、從思想上的兼收並蓄到純粹儒家思想的軸綫上。① 蔡涵墨和黎江南二人的框架有其優點,利於評估思想家之間的相對距離,防範還原論思維下的簡單對立。這些術語並非簡單地用於對特定歷史個體的描述,而是利用它們作爲一個模型,説明我們分析和理解在一個整體範圍内,個人相對於其他人或群體所處的位置。總體上,我所關注的道學最初是一個基礎廣泛的儒家群體(fellowship)或共同體(aligned group),他們共同肩負著道學使命,致力於改革宋代社會和政府的政策,一方面,他們和朱熹指責的"功利主義"儒家相對立,朱熹批評這些人以追求功和利,而不是以道德的手段和結果爲目標,蔡涵墨的模型與我所關注的道學有協同點。此外,例如,吕祖謙對於道德的關注融入了他認爲政府機構應發揮制衡獨裁統治作用之主張,而朱熹更專注於"我們反對他們"的絶對道德差異和將統治者的思想道德修養置於中心地位,因後者是治理品質和有效性的決定因素。朱熹還較多地關注地方機構而不是中央政府機構,而且非常不願意去朝廷任職。因此,相對於朱熹"醇儒"觀的極端道德排他性和强硬的道德意識形態,蔡涵墨的模型説明我們將所了解的吕祖謙形象化爲一位儒家制度主義者。

一個細微的差别是,蔡涵墨遵循蘇天爵等人的觀點,强調沉迷於功利是繼承自周代的法家和朱熹關於王安石新政的"代碼語言",② 而我受到陳亮主張的影響,認爲功、利可以和仁、義共存,功和利必不可少。③ 朱熹諷刺"功利"爲自

---

① Li Jiangnan, "The Making of Imperial Religion: State and the Three Teachings in Song China (960 – 1279)," Ph.D. dissertation, Arizona State University, 2023.
② Hartman, *The Making*, pp.211 – 213, and *The Structure*, p.278.
③ 參見 Tillman, *Utilitarian Confucianism*.

私和不道德的,這種觀點當前仍然主導著中國儒家,他們有時候借此描述與他們意見不同的人。① 因此,我沒有把功利的根源投射到古代法家和儒家之間的鬥爭,而是看到了宋代儒家多樣性的張力,這一張力也延伸到那些專注於治國理政、實踐學習和專門知識的人。

　　蔡涵墨和我都研究宋元時期道學的演變,我相信,我們各自的優勢在研究儒學變遷的全貌中是相當互補的。我在1980年代後期開始探討道學時,就對程頤的宣稱感到震驚,即只有以道爲中心的人,而不是那些專注於儒家經典或文學的人,才能稱爲"儒"。程頤尤其稱頌程顥的道學。其後,他們的弟子,特別是楊時,使用"道學"來指稱志同道合的圈子或群體。雖然這個術語較早被宋代道家所使用,但我認爲,重要的是這些北宋後期的儒家顯然開始認識到這個標籤在宗派衝突中的潛在力量,並在12世紀越來越多地使用它。道學團體不斷發展的現實肯定早於它的名稱或標籤出現。1992年,我的 *Confucian Discourse* 和包弼德的《斯文》(*This Culture of Ours*)都用大寫字母強調了"道學"(Tao-hsueh 或 Daoxue);或許包弼德和我一樣,受到賈志揚(John Chaffee)建議的影響,即大寫字母不僅適合指代中文術語,而且特別適合指代士人群體或思想學派。最終,賈志揚合編的《劍橋中國史》又重新使用了小寫字母,蔡涵墨在同一家英國出版社出版的著作也是如此。不過,賈志揚最初提出的首字母大小寫的區別對我來說仍然有意義。我的主要研究成果之一是強調道學內部的多樣性,尤其是1180年代朱熹取得道學支配地位之前的多樣性,即便在朱熹取得支配地位之後仍有一些多樣性存在。因此,蔡涵墨提到"朱熹版的道學"讓我受到鼓舞,這表明他也看到了道學的多樣性,或者至少沒有簡單地將道學簡化爲朱熹的"醇儒"觀點。不同的是,蔡涵墨將1170年代之前的二程和其他人稱爲"原型道學(proto-daoxue)"(如237、245、264、272、281頁)。

　　我非常欣賞蔡涵墨對道學歷史演變的細緻而嚴謹的闡述,以及他將歷史與編纂宏大叙事的歷史學家之政見和目的所作的結合。我在撰寫 *Confucian Discourse* 時對李心傳的著作(《道命錄》)批判得不夠,但我在這本書和其他地方對其他的主要史料持批判態度,如清人黃宗羲著、全祖望補修的中國第一部

---

① See Hoyt Cleveland Tillman and Margaret Mih Tillman, *Making China Confucian Again* (book manuscript under consideration at a press).

重要的思想史《宋元學案》。初看起來，該書包括了北宋早期不同儒家學派的開端，涵蓋了代表不同哲學立場的宋儒，這些立場有時還相互對立，兩位作者似乎是以寬闊的視野看待宋代思想的發展。儘管認識到宋代儒學的起源和構成廣泛而多樣，但二程和朱熹的正統主張對《宋元學案》產生了強烈的影響。1241年，理宗手詔朱熹從祀孔廟，南宋朝廷正式確立朱熹對儒家正統之傳承，並採用朱熹的《四書》集注作爲官學和科舉考試的教育基礎。這一決定在元朝得以延續，1313年元朝重開科舉，恢復朱熹的地位，並在官修《宋史》中專設《道學傳》。明清兩朝繼續強調朱熹的《四書》集注在科舉考試中的地位。《宋元學案》收錄的儒家看似覆蓋面廣，但它對朱熹反對的思潮和學派表現出強烈的偏見。例如，全祖望明確將女真在北方的統治時期評述爲黑暗時代，因爲宋廷南渡時"學統與之俱遷"，故"完顏一代，遂無人焉"，"百年不聞學統"；儘管趙秉文自以爲儒者，全祖望却稱其"仍然佞佛人也"；金朝統治初期倖存下來的少數儒家的著作很快散佚，像趙秉文這樣的儒者很罕見，他們不過是"晦冥中存一綫耳"。① 因此，全祖望只爲金朝編了"屏山鳴道集説略"而不是完整的"學案"，以貶低它在中國文化思想史上的地位。這個黑暗時代的唯一好處就是提升了儒家思想主流的重要性："不有狂風怪霧，無以見皎日之光明也。"② 一些現代學者，特別是吉川幸次郎，曾論述過蘇軾、王安石對金代思想和文化的影響；但對於《宋元學案》的編者而言，這些其他的儒家學派並沒有那麼重要，也不能打消他們對於金朝在佛教主導下的黑暗時期的指責。畢竟，這種針對蘇軾、王安石（全祖望亦僅爲二人修"學略"）等受佛教污染宋儒之立場，與朱熹所癡迷的正統和"醇儒"概念或理解相一致。

李心傳在《道命録》的序言中強調在朝的主要政治領袖在兩宋道學興廢中的關鍵作用，蔡涵墨的分析加強了我對這個問題的關注。蔡涵墨細述了1333年程榮秀對《道命録》的"大幅擴充和修訂"，並闡明李心傳的原稿和觀點。我

---

① [清]黄宗羲著，[清]全祖望補修，陳金生、梁運華點校：《宋元學案》卷一〇〇，北京：中華書局，1986年，第3316、3326頁。

② 《宋元學案》卷一〇〇，第3316頁；Hoyt Cleveland Tillman, "Confucianism under the Chin and the Impact of Sung Confucian Tao-hsueh," Tillman and Stephen H. West eds., *China Under Jurchen Rule: Essays on Chin Intellectual and Cultural History* (Albany: State University of New York Press, 1994), pp.71–72.

認爲李心傳注意到道學政治領袖是否佔據著朝廷的重要地位,是道學歷次興起的關鍵因素,而蔡涵墨的深入研究所提供的背景知識極大地支援了我的觀點。北宋後期司馬光在朝與否決定了道學之興廢,正如趙鼎在1130年代與趙汝愚在1190年代的朝中地位對道學興廢所起到的決定性作用。因此,儘管《道命錄》只關注道學命運,但李心傳視野恢宏,認識到政治鬥爭關乎道學之成敗。我在1980年代關於道學的研究和蔡涵墨的廣泛研究,借用他的話,都強調了李心傳關於道學"政治特徵的看法"以及對"道學思想和歷史的寬泛釋義"。① 換言之,道學演進的動力不僅僅是儒士討論哲學概念、爲經典注疏、在書院教書等。

總之,儘管蔡涵墨有時將程學稱爲"原型道學",但他還表明了李心傳如何將程頤視爲"道學的主要來源",也對道學的狹隘化以及道學對自身歷史的歪曲持批判態度。② 與我對呂祖謙的看法有些相似,包弼德強調"道學只是呂祖謙更宏大的教育計劃的一部分",呂祖謙"與朱熹一起直接參與了學習儒家之道……"③然而,我仍然傾向於認爲,相較于朱熹要求他人符合他特定的"醇儒"概念,呂祖謙所設想和提供的道學更爲包容。本文對三位漢學家研究成果的簡短討論表明,我們對道學和朱熹的理解在達成共識方面已經取得了進展。

---

① 在蔡涵墨的 *The Making of Song Dynasty History* 和 "Bibliographic Notes on Sung Historical Works: *The Original Record of the Way and Its Destiny* (*Tao-ming lu*) by Li Hsin-ch'uan," *Journal of Song-Yuan Studies* 30(2000): 1–61 之外,還參見他的 "Li Hsin-ch'uan and the Historical Image of Late Sung Tao-hsueh," *Harvard Journal of Asiatic Studies* 61.2(December 2001): 317–352, 引用見339、356頁。

② Hartman, *Making Song History*, e.g., p. 281, also his "Li Hsin-ch'uan," e.g., pp. 339, 351, 356.

③ Bol, *Localizing Learning*, e.g., pp. 47, 270.

日本接受朱子學的一個側面
——以《朱子語類》爲中心

日本大阪市立大學　三浦國雄（王秀梅譯）

摘　要：在江戶時期的日本思想界，派別林立，非常多彩。其中，山崎闇齋學派代表日本朱子學派。他們排除中國後世派生的注釋，回歸朱熹本人和朱熹的原典。本文介紹"會讀會"這個他們獨特的活動。在會讀會，他們特別重視《朱子語類》訓門人卷。他們希望以通過共同會讀訓門人卷實現"變化氣質"。

關鍵詞：日本朱子學；江戶時期；山崎闇齋學派；會讀會；《朱子語類》訓門人卷；朱門模擬

小　序

目前，日本的漢學界正在推行《朱子語類》全140卷的翻譯注釋及出版工作。這個項目始於2007年，當時溝口雄三先生呼籲在未來的20年内完成《朱子語類》的全譯工作，現在該項目的成果正在由汲古書院陸續出版。這個項目有以下幾個特點：1.其目標不是摘出一部分翻譯，而是全文翻譯；2.不僅翻譯成現代日語，還要在校勘各種版本的基礎上，對朱子學的語句（特有的術語、俗語、專有名詞等）做出注解；3.在這個研究體制中，參與者並非特定大學的特定團隊，而是從日本全國的大學中招募志願者，由每個團隊負責他們希望負責的部分。因此，這個計劃並非國家提供資金全面支援的國家級項目。

溝口雄三先生提出這一計劃的契機之一，是京都大學人文科學研究所舉辦的《朱子語類》研究會。從1970年5月開始，持續到1974年6月。我也不才蒙准參加了這個每週一次的研究會，基本上是進行文本解讀。每次由發表者發表自己的解讀抛磚引玉，然後所有研究會成員一起討論，使解讀盡力接近原作者朱熹的真正意思。解讀過的部分如下所示：

  卷一（理氣上　太極天地上）、卷二（理氣下　天地下）、卷三（鬼神）、卷四（性理一　人物之性　氣質之性）、卷五（性理二　性情心意等名義）、卷六（性理三　仁義禮智等名義）、卷一二五（老莊）、卷一二六（釋氏）

卷一到卷六是朱子學的基礎理論部分，涵蓋了存在論、宇宙論、自然學、宗教學和人類學。之所以選擇解讀卷一二五和卷一二六的異端篇，是因爲研究會成員中有佛教和老莊學的專家，而他們認爲這一部分在傳統的朱子學研究中還沒有受到太多關注。

除了探討解讀之外，這個研究會每隔幾個月還會插入研究會成員舉辦的研究報告。這種以解讀原典爲基礎，間或插入研究報告的方式，是目前日本的漢學及其他許多研究會採用的形式。通常情況下，許多研究會在會議結束後會公開發佈研究成果，但京大人文科學研究所的"朱子研究班"由於諸多原因，沒有公佈研究會總體的成果。不過，有一部分研究會的成員按照各自的興趣和研究主題，個別發表了自己的成果。以下是一些代表性的例子：

  田中謙二《朱門弟子師事年考》（《東方學報》京都第44冊，1973年）
  田中謙二《朱門弟子師事年考續》（《東方學報》京都第48冊，1975年）
  （這兩篇後來經過整理收錄在汲古書院出版的《田中謙二著作集》第三卷中）
  田中謙二《〈朱子語類〉外任篇譯注》（一）～（六）（《東洋史研究》第28～32期，1969～1973年）
  上山春平《朱子的禮學——〈儀禮經傳通解〉研究序説》（《人文學報》第41號，1976年）

山田慶兒《朱子的自然學》（岩波書店，1977年）

另外，雖然算不上是代表性的成果，也不算正式的研究成果，作爲有幸參加上述研究會的一員，我也出版了自己微小的成果《朱子集》（朝日新聞社，1976年，後來改名爲《〈朱子語類〉抄》，於2008年由講談社再版）。

最近的研究表明，這種不同於研究發表的，但旨在正確解讀原典的讀書會，在日本可以追溯到江户時代。而我今天發言的主題就是要通過這個在江户時代被稱爲"會讀"或"輪讀"的讀書會，來展示一下日本漢學乃至日本朱子學的一個側面。在進入這個主題之前，有幾個前提事項需要說明一下。

一、《朱子語類》的定位

首先有一個問題是，本次發言的主題爲什麽選擇了《朱子語類》。一般來說，《朱子語類》並非朱熹本人的親筆著述，因此要理解什麽是"朱子學"時，它在資料上具有一定的局限性，並不值得完全信任。在朱子學研究中最重要的是對以《四書集注》爲首的經典如何注釋的問題，這一點應該沒有異議。還有《周易本義》《儀禮經傳通解》以及《朱子家禮》也是必不可少的。其次是朱熹廣闊浩瀚的文集，它包含了朱子學以及朱熹生平中的一切。在這裏，我想對朝鮮歷代編纂《朱文公文集》注解的情況做一些回顧。在朝鮮，《朱文公文集》無疑與經書同樣被視爲經典[1]。

相比之下，《朱子語類》又是如何呢？如上所述，本書是門生的筆錄，因此不能否定其中會有誤聽或誤記的可能性。事實上，關於這個問題在門生們之間也有這樣的防備意識。朱熹的高徒黃榦等人說，在閱讀弟子的筆記時，雖然有一種身臨其境的感覺，但它並不一定能夠準確傳達師傅的本意，在重複抄錄的過程中也會失去一些真實（《池州刊朱子語錄序》）。那些希望將自己從師傅的言行中受到的感動傳承給後世的門生的熱情創造了被稱爲"三錄二類"的語錄集（實際上還有更多的筆記），並受到下一代學人的廣泛支援，即使是以這種間接的方式，他們也渴望共用那些罕有的經歷。這些語錄由黎靖德綜合編纂

---

[1] 參見（日）三浦國雄：《關於〈朱子大全劄疑〉：朝鮮朱子學的一個側面》，《日本學者論中國哲學史》，北京：中華書局，1986年。

爲《朱子語類大全》全140卷（1270年序），其問世時已是朱熹去世70年後的事了。這本書被稱爲"語類"，正如其名，它先將不同記録者的"語録"拆解開來，再按照"理氣""性理"等主題進行分"類"（分組）後重新編輯而成，使朱子學的全貌得以展現出來而變得有了體系。朱熹本人並没有留下展示自己學問體系的記録，這個體系僅僅是朱熹的高徒黄士毅所理解的朱子學而已，但出版後，它被視爲朱熹本人的學問而爲世人所接受。最近，有表彰黄士毅貢獻的論文問世①。

朱子學中關於《朱子語類》的定位這一問題，錢穆先生列舉出十個要點進行論證，對於這部著作在理解朱熹和朱子學上的重要性給予了肯定性的評價，我也完全同感②。例如，在第九條中，錢穆先生做了如下叙述：

> 抑且朱子之學，浩博無涯涘、其不見於文字著作者何限。今讀語類，一制度、一名物、一小書、一細節，如入寶山，觸目瑰異，俯拾不盡。故凡治朱子學而不涉獵語類，則無以知朱子學之致廣大而盡精微，於其窮理致知之教，必不能深體而確悟。

受以上所引錢穆序文的啓發，我曾經寫過如下内容。請允許我引用較長的一段：

> 到底什麽是"朱子學"？從根本上説，它必須是朱子思考、實踐的學問體系。我們可以稱之爲"原朱子學"。這一學問在近代從中國傳播至朝鮮半島、日本、越南、琉球並風靡各地是無可否認的歷史事實。然而，這些地區接受的"朱子學"與"原朱子學"並不相同。中國的"朱子學"與朝鮮的不同，朝鮮朱子學與日本朱子學也不相同。而且隨著時代的變遷，其内容也不可避免地發生了變化。之所以在"原朱子學"和所謂的"朱子學"之間必然會産生無法避免的差異和誤差，是因爲後者是關於前者的解釋。因此，説得極端一些的話，"朱子學"這一實體並不存在。當然，它既不同於佛教，也不同於道教，即便能提取出類似最大公約數的部分。但如果允許我再次説得極端些的話，學

---

① 尹波、郭齊：《簡論黄士毅的理學貢獻》，《白山中國學》2022年第28輯。
② 《明成化九年刊本影印朱子語類》序，臺北：正中書局，1961年。

習"原朱子學"的人數有多少,就會有多少"朱子學"存在。我的意思是,讀《朱子語類》並不一定要從"首先有朱子學"這一前提出發,也就是說,也可以有一種不把它看作所謂"朱子學"副文本的方式來讀的讀法。①

説到底,《朱子語類》是一部豐饒的資料集。我想表達的是,我們不應該簡單地斷定,通過這本書來理解朱熹和朱子學就是錯誤的。如前所述,該書在20世紀70年代被選爲京都大學研究所研究會的研究對象,我認爲其中的原因就在於其資料的豐富性。例如,它同時也是俗語的寶庫,負責該研究會的田中謙二先生本來是研究以元曲爲中心的通俗文學和俗語的專家,田中先生個人是想通過《朱子語類》來研究宋代的俗語(反過來説,如果不了解當時的俗語,也無法正確解讀《朱子語類》)。我在前面列舉該研究會的成果時,引用了山田慶兒先生的《朱子的自然學》,山田先生是世界知名的科學史家,在《朱子的自然學》這本著作中他把《朱子語類》卷二(理氣下、天地下)作爲主要資料來研究,爲發掘傑出的"自然學"學者朱熹做出了重要的貢獻。反過來説,如果沒有山田先生參加這個研究會,我們想必也沒能正確解讀《朱子語類》卷二。

後來在2000年,韓國的金永植先生出版了一部浩瀚之作 The Natural Philosophy of CHU HSI 1130‑1200(American Philosophical Society 美國哲學學會)。金永植先生在哈佛大學取得化學學位,在普林斯頓大學取得了科學史學位,是韓國著名的國際型碩學之士。他在這本著作中,多次把《朱子語類》作爲原始資料引用,並在書末的參考文獻 Bibliography 中列舉了前面提到的山田慶兒先生的《朱子的自然學》。據我所見,金先生的成果是受到山田先生著作的啓發,而進一步將朱熹的自然哲學深入挖掘的②。

二、江户時期的朱子學派與《朱子語類》

前言長了一點兒,現在我們書歸正傳,來探討關於江户時期《朱子語類》的解讀方式的問題。在考察這個問題時,我們不能誤解這個問題的基本前提。

---

① (日)三浦國雄:《〈朱子語類〉抄》摘要解説,第21—22頁。
② (韓)金永植著,潘文國譯:《朱熹的自然哲學》,上海:華東師範大學出版社,2003年。

生活在現代的我們面對這部著作的方式始終只是"研究",而在將儒學和朱子學作爲人生指南的年代,儘管時人正確解讀文本這一前提基本上和我們相同,但他們是要把它理解並融入自己的生存之道,落實到行爲(修行)上,這一點是他們和我們的明顯差異。

在江戶時期的日本思想界,除了朱子學派外,還有批判朱子學的古學派、陽明學派、置身漢學框架之外旨在解明日本固有文化的國學派,還有研究西方科學和西方情勢的洋學派,派別林立,非常多彩。佛教和神道等宗教,尤其是佛教,作爲信仰和習俗已融入人們生活之中。在這裏,我們要談的是其中代表日本朱子學派的山崎闇齋學派。山崎闇齋(1618—1682)力圖排除《性理大全》等後世的派生性的注釋,致力回歸到朱熹本人和朱熹的原典,在他去世之後,他的志向被他的衆多門徒所傳承。我這次發言的主題就是探討這個闇齋學派是如何面對《朱子語類》的。

《朱子語類》的版本中還有日本刻版的存在。它不是簡單的複刻,而是將明代萬曆三十二年的版本翻刻後加上了訓點,在寬文八年(1668年,清朝康熙七年)由京都的山形屋出版的。當時,對於俗語的研究還不太深入,也就是說,文言(書面語)和俗語(口語)之間的區別意識稀薄,因此它在句讀和訓點上存在不少錯誤,但這個和刻本基本上還是理解得比較到位,展示了當時日本漢學水準的高度。初刊的寬文八年,中國已經進入清朝,在此之前日本的漢學者一直閱讀的是沒有訓點的中國版本。

另外,由於《朱子語類》140卷卷帙浩瀚,所以自南宋時代開始在中國也出現了它的節略本。首先是在《蜀類》出版的嘉定十三年(1220),建安的楊與立出版了《朱子語略》10卷。雖然我沒有見到這本書,但根據友枝龍太郎先生的說法,該書沒有以太極和理氣等本體立論,而是以修養論爲主要內容編纂而成①。這本書的弘治四年(1492)版本傳入日本。在嘉熙二年(1238),朱熹的高徒黃榦的門人葉士龍出版了《晦庵先生語錄類要》18卷。該書的結構基本上繼承了140卷本中黃士毅的門目,如"太極、命"(卷一)、"心、性、心性情、氣"(卷二)等,但由於它畢竟是節略本,因此省略了140卷本中的大量經書論述及北

---

① (日)友枝龍太郎:《關於葉士龍的晦庵先生語錄類要》,《廣島大學文學部紀要》第21號,1962年。

宋的周、程、張、邵論，以及本發表在後面將會探討的訓門人卷等內容。這本書的中國版本也傳入日本，同時和刻版也刊行了兩次。第一次是在正保三年（1646年，清朝順治三年），然後是寬文八年，也就是出版《朱子語類》140卷本和刻版的那一年。關於這本《類要》，在前文所引友枝先生的論文中作爲主題進行了探討。

與節略本的關係還有一點需要補充。這本《語錄類要》共18卷，在明朝的萬曆四十年，由新安的范淶重新編纂爲《朱文公語錄類要述》18卷。該書的特點是，在保留《語錄類要》18卷體例的同時，收錄內容用朱熹的其他語錄替代，並且附加了范淶針對各個主題如"太極""命"所作的評論（"述"）。該書也在江戶時期傳入日本，但目前尚未找到日語的和刻本。

在這裏，我稍微提一下朝鮮王朝時代《朱子語類》的出版狀況。在朝鮮，朱子學一枝獨秀，被奉爲獨尊，而陽明學則被視爲"異端"，其學者不得不躲在江華島上隱秘地學習。值得注意的是，最近有突破性的研究得以發佈[1]。朝鮮對朱子學非常重視，朱熹的《文集》和《語類》分別被尊稱爲"大全"，《語類》更是以銅活字刊本和刻本的形式合計出版了7次。其中許多版本也被引入了尊重朝鮮儒學的日本[2]。

另外，在朝鮮，也是因爲《朱子語類》的廣博浩瀚而出現了對節錄版的需求。根據藤本幸夫先生的調查，據說有多達8種的節略版存在（前引《關於朝鮮的〈朱子語類〉》）。其中最特別的是由宋時烈（1607—1689）編纂的《朱子語類小分》全120卷。宋時烈是17世紀朝鮮政界和學界的重要人物，他對《語類》情有獨鍾，甚至說過"學者不可一日無語類"（引自《宋子大全》附錄卷一六），但他也意識到《語類》的廣博浩瀚可能會使學習者敬而遠之。因此，他著手編寫了《朱子語類小分》。雖然該書最終未能出版（參考前述藤本先生論文），不過最近在韓國，出版了用現代活字進行排印、附加注釋的橫排本。儘管是節錄版，但全書仍有4冊，每冊接近千頁，是相當龐大的著作（韓國SIM SAN出版社，2010年）。

---

[1] （日）中純夫：《朝鮮的陽明學——初期江華學派的研究》，汲古書院，2013年。
[2] 關於《文集》，參看藤本幸夫《日本現存朝鮮本研究》集部，京都大學出版會，2006年；關於《語類》，參看同作者的《關於朝鮮的〈朱子語類〉》，《朝鮮學報》第78輯，以及同作者《朝鮮版〈朱子語類〉考》，《富山大學人文學部紀要》第5號。

三、江戶時期的學習方法——
素讀·講釋·會讀

　　正如前面所述,山崎闇齋是一位試圖回歸朱熹原典的學人,他的主要著作《文會筆錄》全20卷,全篇乃以自己讀過的朱熹著作(主要是《文集》和《語類》)爲中心的"摘錄"(摘抄集),始終堅持"述而不作"的立場。有時會以雙行形式插入自己的評論,但其中大部分是關於出典等實證性的注記。山崎闇齋學派繼承了闇齋的這種姿態,致力秉承回歸朱熹著作的師學。給朱熹龐大的文集施加訓點標注的淺見絅齋(1652—1711)是闇齋的高徒。

　　本次發表目的並不是要全面討論闇齋學派的所有活動,而是要介紹這一學派學習《朱子語類》的獨特方法,以展現日本朱子學的一個側面。在這個過程中,首先需要提及的是"會讀"(讀書會)這一在江戶後期的各學派中開始流行的新的學習方法。這一獨創性的主題,最近得到了前田勉先生的研究發掘[1]。

　　據前田先生説,江戶時期的各個學派學習漢籍的方法可以細分爲"素讀""講釋"和"會讀"三種形式,他們是按照這個順序分階段循序漸進的。"素讀"從七八歲左右開始,即使不理解意思,也要跟著師傅發聲,看著字大聲朗讀、背誦。"講釋"從大約十五歲開始,指的是師傅在學生面前講授經書的一節內容,是一種集體授課形式。山崎闇齋的治學宗旨是效法遵循並闡述發揚朱子的學問,他喜好舉辦這種"講釋",他的嚴格要求讓弟子們心生敬畏。此後,山崎闇齋學派廣泛開展了這種"講釋",如後所述,與著述相比,該學派更注重通過講義筆記傳承始於闇齋的歷代師傅的學問。"會讀"有時與"講釋"同時進行,有時在其之後進行,基本上是指學生們圍坐在一起,主動積極地解讀所定經典的特定章節和句子。例如,前面引述的淺見絅齋,在標題爲"語錄會約"的記錄中留下了以下內容,根據其中的日期"乙酉晚冬"的記述,可以看出闇齋學派從"乙酉",即寬永二年(1705)開始,就已經舉辦"會讀"。下面加注標點,將其全

---

[1]　(日)前田勉:《江戶後期的思想空間》,ぺりかん社,2009年;同作者《江戶的讀書會——"會讀"的思想史》,平凡社,2012年。

文引用如下：

> 朱先生雅言成説，固學者所講磨佩誦，而其面命耳提，所得乎當時親炙請問者，莫詳於語類焉。惟語意難喻，記録或疑者，讀者間苦之。因念諸生會講環讀，以熟其説、質其疑，其諸生謹定句讀，細正倭點，其不審者，以貼紙識之，暇日問以明之可也。勿雜談，勿要克。平心執恭，得麗澤責輔之益，以相共進，朱先生導人千載不朽之教門。此吾今日立會之意也。乙酉晚冬十九日識。絅齋。①

這個"會讀會"使用的文本是《朱子語類》，正如文中所提到的"細正倭點"，他們使用了已經出版的和刻本，並嘗試對和刻本的句讀（倭點）和解讀進行修訂。《朱子語類》是本演講的主題，所以將在後面詳細介紹，這裏不再深入討論。在這裏只需了解在闇齋派中，一直有尊重《朱子語類》的傳統即可。還有一個需要留意的事實是他們使用了"會講環讀"這個詞。用兩個字來表達的話，應該是"會讀"，但問題在於"環讀"中的"環"字。也許是指反復閱讀文本的同一部分，或者每次換人輪流讀，比如這次是甲，下次是乙這樣吧。這種"會讀"的方式當時被稱爲"輪讀"②。在現代日本舉行的讀書會和研究會（包括前面提到的京都大學的共同研究會）以及大學裏的被稱爲"演習"的課堂形式（由負責學生展示他的解讀，然後由教師和參與者進行討論）可以追溯到江户時代的這種"會讀"和"輪讀"。而現代和江户時代在態度上有所不同的地方，即現代只是"研究"而江户時期却是"修行"，這一點前面已經提到。

四、闇齋學派與《朱子語類》訓門人卷

如前所述，山崎闇齋尊崇直接閱讀朱熹的原典。本次發言以《朱子語類》爲主題，勢必需要將焦點集中在該書上，不過在這個學派裏，《四書集注》和《近思録》當然也是必讀的文獻，他們還重視諸如《小學》和《朱子家禮》等實踐方面的書籍。其中，《朱文公文集》和《朱子語類》備受喜愛，被選爲會讀的文本，正

---

① 《絅齋淺見先生文集》卷八，ぺりかん社影印版。
② （日）前田勉：《江户的讀書會——"會讀"的思想史》，第46頁。

是因爲他們認爲從中能够感受到朱熹這位有血有肉的先覺者,這部分我將隨後講述。然而,這兩本書都是龐大的著作,而且具有獨特的難解之處,因此需要類似精簡版的東西。關於《文集》,他們使用了朝鮮的李退溪編集節錄的《朱子書節要》全20卷。從以下的描述中可以看出,闇齋對這位朝鮮的大儒及《朱子書節要》十分尊崇:

  朱子書節要,李退溪平生精力盡在此矣。退溪文集全四十九卷,予閱之,實朝鮮一人也。①

大塚退野(1677—1750)是一位從陽明學轉向朱子學的人,他不屬於闇齋學派,但作爲一個深入研究該書並成功完成自我形成的學人而聞名。本書從明曆二年(1656)的初刊開始,一直到明治初年,數次刊行了帶有訓點的日本刻本,從中可以看出該書在日本是深受喜愛的。

下面我們來看《朱子語類》。本書全卷在日本廣爲閱讀、深受喜愛的痕迹,可以從保存至今的學子們的手批中看到。在這裏,我想談談關於闇齋學派在會讀會中使用的文本訓門人卷。

訓門人卷是佔據《朱子語類》第113卷(朱子10)到第121卷(朱子18)共九卷的部分。正如標題所示,"訓門人"沒有一個特定的主題,而是以各卷中附有如"訓誰誰誰"的注釋,收集朱熹對某些門人的訓誡而成的。當然,在場的除了對這些問答留下記錄的門生之外,還有其他衆多弟子。在《語類》中,這部分最爲生動地再現了師徒之間的關係,我對黃士毅能慧眼設立這一部分非常敬佩,在前面提到的拙著第一章名爲"致門生們"中,從訓門人卷中選取了原文並進行了以下闡述:

  《朱子語類》全140卷……如果沒有這些門人,本書也不會存在。和那些面對衆多非特定的看不見的讀者,自己提出問題並自己回答的著作相比,它自然具有不同的性質,因爲在朱子面前,總是有實名實姓的人物真實存在。換句話說,在那裏,弟子們的各種問題不會局限在朱子自身的內在邏輯的延長綫上,從而孕育著完全意料不到的、從各種方位飛奔而來的偶然性,有時甚至能將提問者自己沒有察覺

---

① (日)山崎闇齋:《文會筆錄》卷二〇。

到的思維的闇處照亮，有可能因此觸發並迸發出超越自己的答案。《朱子語類》中儘管存在由於記録者的貿然判斷所造成的誤解或單純的筆誤等因素發生的曲解師説的部分，而抛去這些它之所以仍然具有意義，就在於它傳達了在没有提問的情況下無法引發的思想家的肉聲（思考）。或許和中國其他的思想家相比，其自成體系的思想本身是罕見的，如果没有據傳多達六百人的弟子，也許那種堅固的普遍性可能就無法産生。①

江戸時期日本的統治形態一般概括地稱爲幕藩體制，設立在江戸（東京）的最高權力機構德川幕府，在全國設立了被稱爲"藩"（明治之後變爲"府"或"縣"）的地方統治組織。其中之一的新發田藩（今新潟縣新發田市），將闇齋學奉爲藩學。筆者曾多次前往新發田，調查與新發田藩有關的舊藏書。在此期間注意到的一個事實，就是在多個版本的《朱子語類》訓門人卷的開卷部分以及會讀會的筆記本中，都記載著一則特定的插話。那就是闇齋和他的門人永田養庵之間的對話記録。養庵要從京都返回故鄉時詢問闇齋，自己回到故鄉後應該閲讀哪些書籍時，闇齋回答説："訓門人，訓門人啊"，即讓他讀《訓門人卷》。回到故鄉的養庵遵循師傅的教誨完成了自己的學問。在崎門，幸田誠之的話"讀了《訓門人卷》，就幾乎等同於成爲朱子的直系弟子"也傳承至今。

《訓門人卷》是從以下朱熹對廖德明的訓話開始的：

　　問：氣質弱者，如何涵養到豪勇。曰：只是一個勉強。然變化氣質最難。以下訓德明。

闇齋學派對傳統上將《訓門人卷》的開卷第一條設爲"變化氣質"賦予了重要的意義。要求弟子們通過解讀《語類》（包括會讀）成爲"朱子的直系弟子"，改變自己的氣質。以第一條爲起點，對訓門人的解讀方法進行指導的著作是稻葉默齋（1732—1799）的《訓門人開卷講義》。稻葉默齋的父親迂齋（1648—1760）是闇齋派的學子，到了他的兒子默齋這一代的時候，從江户遷往上總（今千葉縣中央部），主要向農民階層的人們傳授朱子學，培養了許多弟子，形成了被稱爲"上總道學"的獨有特色的闇齋學派。

---

① （日）三浦國雄：《〈朱子語類〉抄》，第32頁。

作爲《訓門人卷》的解讀指南，默齋的《訓門人開卷講義》這一篇，此後在闇齋學派中被代代抄寫。雖然這本書與之前提到的李退溪的《朱子書節要》的解讀方法，即《節要開卷大意》是配套的，但本次發表中不進行討論。這個講義的核心在於"氣質變化"。"氣質"是什麼？默齋説："氣質，是授于父母的肉身，出生時沾滿泥塵，與太極没有任何關係的狀態，而能洗去這身泥塵的是學問"，通過學問實現"氣質變化"，"才能達到聖賢之域，才能成爲太極真正的侍從"。

在這個講義中，還有一點值得注意的是追求"爲己之學"的徹底性。默齋説：在追求"爲己之學"時，《論語》《孟子》是最上等的教材，但只是修習這兩部書，可能只會收到大名（各藩的統治者）的就業邀請。而《語類》和《節要》，則没有任何得失利害牽涉其中，這才是真正的"爲己"之所在。

與"會讀"不可分離的是"會約"。之前引用了淺見絅齋的《語録會約》的一句，儘管其中寫有覺悟之類的内容，但對"會讀"的具體規定並没有明確記載。在前面引用的《訓門人開卷講義》中，收録了一篇名爲《諸老先生訓門人會約》的文章，以下是其中的引文。據推測，這是由擔任"會正"（負責人）的稻葉迂齋主導編寫的，日期爲享保十七年（1732）（原漢文）。在遵守這個"會約"的時候，修行的"氣質變化"應該就已經開始了：

— 每月四日十九日爲集會之日。但直日有故，别定一日，必充二會之數，不可少一矣。

— 先輩一人爲會正。

— 集會者巳時至，至晡乃退。既集，以入會之次爲序。就坐拜會正，退時亦拜如初。但有故，雖會未既，告會正許退。

— 有故不至會者，以其事可告會正。但無故而三不至者，告會正出約。

— 饋餉各自裹之。酒肴之類，不可具。但會之始及終，並歲首歲暮，許酒三行，主宜設之。

— 入會者，訓門人，日宜熟讀（一二條或一二版）。集會之日，質疑講習討論，必究於一矣。朋友講會之間，薰陶德性之意，不可忘矣。無用之雜言，不可發。

— 每日夙起，盥漱束髪，拂拭几案，危坐可讀之。

一　歲首歲末之會,及初會終會,可著上下。但朔望著袴,可對書。

同約之人,互傾倒而可規。過失小則以書譙責之,大則可面責之。但三責而不悛者,告會正,聽其出約。

五、關於渡邊豫齋的《訓門人會讀劄記》

闇齋學派在關於重視《訓門人卷》以及解讀方式的問題上,留下了重要的文獻。我前面稍微提到過新發田藩,這裏有一篇文書《豫齋先生訓門人劄記》,作者冠名爲在新發田藩的藩校擔任教授工作的渡邊豫齋(1806—1859)。這份筆記是嘉永五年(1852)新發田藩在江户所建藩校舉辦的,由豫齋主持的會讀會的記錄。持續了近一年,没有讀完訓門人全九卷,讀到第八卷的第九條結束。

首先談一下這個文獻的形式,標題裏雖然有"會讀"這個詞,但從它的内容看,它屬於是豫齋的講義記錄,應該稱爲"講釋"才更合適。然而它爲什麽被命名爲"會讀"呢? 仔細研究後,發現裏面既有豫齋提問的情況也有學生提問的情況,而且其中還記錄了學生對豫齋的解讀進行反駁的場景,所以才選擇了"會讀"而不是"講釋"的標題吧。

此外,我認爲豫齋和學生之間可能存在著一種可以叫作"朱門模擬"的意識,也就是說他們有意識地對朱子師門的問答交流進行了模擬再現。例如,記録中保留了新發田方言(俗語)而未加修正是一個事實。此外,還有對多個記録進行的對照。《朱子語類》是將各弟子的筆記(語録)按主題分别整理而成的,有時還有不少割注形式的注解,將其他在場弟子的筆記加入其中。《劄記》也承襲了這種體裁。此外,還有一些表演的因素。《語類》中有不少諸如"朱先生在此時這樣做"之類的描述,類似戲劇劇本中的"舞臺提示",而在這本《劄記》中也可以看到類似的地方。

這種"朱門模擬"在我看來具有重要的意義。對闇齋學派的學人們來説,《訓門人卷》是一部不亞於集注的重要文本,如果進一步對"朱子師門再現"(這一現象)深入思考,那麽讀《訓門人卷》幾乎等同於"扮成"朱熹的弟子。在這裏我們可以再次回想一下前引幸田誠之的話語："讀了訓門人，幾乎就等於成了朱子的直系弟子。"

接下來，我們來打開《訓門人會讀劄記》，對豫齋的解讀進行一些解析。關於《語類》和《訓門人》，以下是豫齋的一些言論：

○ 訓門人涵蓋了修身、義理以及對天下國家的論述，無所不包。（卷二—二二丁）
○ 即使不常拜訪孔孟（不讀《論語》和《孟子》），也最好不要對《語類》疏忽不顧。（卷五—二五丁）
○ 朱子的文字確實很有價值，他也說過要牢記自己的話語。與《文集》相比，《語類》更爲有益。（卷七—一〇丁）

接下來我們來探討一下他的讀書理論。首先是對正確解讀"文義"（文章的意思）的重視。這一點看起來理所當然，但做起來實際上並不容易。對於日本人來說，《語類》是外國的文獻，而且不是文言文，其中摻雜著當時的俗語。然而豫齋要求通過正確理解"文義"來品讀其中的"好處"（滋味、精彩）。他甚至說過"文義之外沒有其他精彩的意思"（卷二—九丁），這可以說是一種"文義"唯一論的觀點。

他的文義論還有更深層次的內容：

○ 只要正確理解《訓門人》的文義，就會在不知覺中自然而然地走到自己的方嚮來。而其他書籍則必須在理解文義之後，重新將其引導到自己這邊來。《訓門人》就是如此親切。（《劄記》豫齋卷頭言）
○ 如果只想理解《訓門人》的文義，那就成爲所謂的"與自家身心無干涉"（《語類》原文）。（卷一—二丁）
○ "講論自是講論，須是將來自體驗"（《語類》原文）。諸如"將來自體驗"等是《語類》的說法。很有趣。要一心把"講論"引導到這邊（自己這邊來）。（卷七—三八丁）

這就是我們的"研究"與當時的學人之間的分歧點。他們要透過"文義"凝視其背後的工夫（修行）。雖然以下的引文可能會給人一種輕視"文義"的印象，但事實並非如此，他們是在警告不要僅僅理解了文義便自以爲是、自我滿足。

○ "再見請教、因問、平日讀書時……"(《語類》原文),列席於朱門之朱子之處,並非爲了聽取文義。而是要聽取與文義緊密相關的修身方法(方法論、修行)。舉辦訓門人之會也只是爲將其(朱門)帶到這邊(豫齋的會讀會)而已。僅僅討論文義是無濟於事的。(卷六—二〇丁)

在這本豫齋的會讀記錄中,還存在著一些值得進一步探討的頗有意思的主題,比如"太極"的日常化等,這些還需留待日後研究。最後,我想介紹一下豫齋兄弟與《語類》之間的緊密關係。

渡邊豫齋的父親渡邊道遠(生卒年不詳)是新發田藩的儒臣,他有四個兒子,依次爲寬敬、默容、如水,以及最小的兒子——我們之前提到的豫齋。有趣的是,寬敬、默容和豫齋這三個人都與《朱子語類》有著深厚的聯繫。關於豫齋,前面已經提到過了,在這裏我們先説説默容(1798—1875)。默容在其生涯中至少通讀過兩次《朱子語類》的全卷,而且將《訓門人》的《會讀》這一部分反復閱讀了三次。我們之所以可以知道這些,是因爲有他親手加注的手寫本《朱子語類》被保存至今,這本書上留下了他大量的筆記。這些筆記大多出現在明治時期之後,當時他已經年逾七旬,想必在年輕時期他也讀過這本書。關於《訓門人》這一卷,我們在書籍封面的背面能夠看到他所做的以下筆記。關於對《訓門人》這一卷的評價,他與他的弟弟豫齋之間存在一些差異。

在京都,幾乎沒有聽説過有關《訓門人》的會讀活動,即使是直養公(將闇齋學引入新發田藩的藩主)也只是聽説對《朱子語類》進行了精細地品讀,但並未聽説曾經精細品讀過《訓門人》。江户的師傅們(包括闇齋的高徒佐藤直方等)則迴圈反復地閱讀《朱子書節要》和《訓門人》。據説這種解讀方式始於享保時代(享保二年,1717年)。在新發田,窪勉齋(與默齋爲同一時代的人)家裏舉辦的會讀,按照《大學》《或問》的順序進行解讀,繼而讀到了《訓門人》,這應該是新發田的最開始的會讀吧。我也參加了那個會讀。藤田畏齋(豫齋的師傅)最爲強調《訓門人》的重要性,可以説那是他專門從事的領域。我曾向日原坦齋(1762—1834,稻葉默齋的弟子)問過這個問題:"不通過《訓門人》就不能開展學問,這樣強調是否正確?雖然應該以成爲朱子直傳弟子的心態來面對,但如果把《論語》也視爲與自己□□□□□(此處五字判讀不清)的話,那應該也成爲孔子的直傳弟子了吧。"日原翁回答説:"並不需要如此偏重强調。這是在逐步品讀《語類》時,對朱子學問中的《訓門人》的理解深化後産生的説法,並不是説學問全體關鍵都在《訓門人》。"

關於默容如何面對《朱子語類》的詳細情況,請參閲拙論《〈朱子語類〉的讀法——圍繞新發田藩的一位儒者的批注》①。關於長兄渡邊寬敬,因爲他的《朱子語類》舊藏得以流傳,我們能在其中發現他遍及全卷的富有特色的批注。與弟弟默容字體獨特難以判讀,表達上自由奔放的特點不同,他的批注用整齊細緻的小字書寫下來,内容上更多涉及的是學術方面。在同樣引入闇齋學的小浜藩(位於福井縣小浜市),也留存有澤井一齋舊藏的《朱子語類》的批注本。澤井的批注對文字的校勘和釋義居多,極具考證性,而且其中還有不少關於先人見解的抄寫。在漢學中,首先有"經",然後有"注",兩者都是重要的研究對象。在這個基礎上,我想在發言的最後做一個倡議——在注釋學的研究中加入關於批注(手批)的研究進行探討,大家認爲怎麼樣?

---

① 《東方學》第 123 輯,2012 年。

朱熹文集在日本的保存和研究情況

日本廣島大學　市來津由彦（王曉芳　譯，曹傑　校）

摘　要：本文是對目前日本國內圖書館等機構收藏的、中國和日本前近代綫裝本朱熹文集的保存情況的梳理與介紹。通過《全國漢籍資料庫》（京都大學人文科學研究所管理）收集相關資料，在篩選別除近代出版、西洋裝幀的文集後，本文製作了包含約170個條目的一覽表，列出了收藏機構、地域、文集的版本、名稱、卷數、流傳事迹等值得關注的信息。中國的明刻本以及朝鮮刻本（約35件）主要收藏於由江户幕府或大名家沿革而來的古籍收藏專門機構，清刻本（60多件，含正誼堂全書本）多收藏於近代設立的專業古籍收藏機構。其餘主要爲刻於1711年、由淺見絅齋訓點的和刻本及其重印本，多收藏於各地公共及民間圖書館和大學圖書館，從中可以看出江户時期朱子學文化的普及狀況。今後應當將上述流傳至今的綫裝本朱熹文集作爲需要保護的文化遺産來看待。

關鍵詞：綫裝本朱熹文集；全國漢籍資料庫；文化遺産保護

一、寫作目的

本文是對目前日本國內圖書館等機構收藏的、近代以前刊行的綫裝本朱熹文集的保存情況的簡要介紹。[1]

---

[1]　同題目文稿綫上發表於2023年7月1日由四川大學召（轉下頁）

這個課題與江户文化研究相關，所以應該是以日本學和江户文化學方面的研究者爲主，並與中國學方面的研究者合作探索的領域。本文並非對江户文化的深入研究，而是任何一位研究中國古典學的日本學者都可以進行調查的一般性內容。本文可以看作走進日本朱子學全盛時期——江户時代的準備工作，如果能通過本文大致體會江户時代與現代具有既相互融合又各自獨立的兩面性的話，我將深感榮幸。

二、《表Ⅰ 日本朱熹文集保存現狀一覽》的製作説明

爲了撰寫本文，筆者從日本公開的漢籍資料庫中，選取並整理了存放在日本的圖書館和專業機構中的朱熹文集，製作成了後面的附表《表Ⅰ》。日本的"全國漢籍資料庫"從 2001 年開始建立，由京都大學人文科學研究所進行管理①。從網頁上可以瞭解到，該資料庫是根據圖書館相關機構的目錄，歷時多年輸入建成的，目前約有一百萬份記錄（截至 2023 年 5 月）。另外，"日本漢文文獻目錄資料庫"②是筆者任教至 2022 年 3 月的二松學舍大學建立的，也鏈接至全國漢籍資料庫。因此，用這個資料庫檢索時，也會出現不少全國漢籍資料庫的相關搜索結果。製作《表Ⅰ》時，首先檢索了"朱子＋文集"（全國漢籍資料庫中顯示 288 條）、"朱子＋大全"（111 條）、"朱子文集"（61 條）、"朱子集"（19 條），然後製作了最初的一覽表（截至 2023 年 5 月，共計收集 579 件，輸入"朱子"時，也會自動檢索到"朱文公、朱晦庵、朱晦菴、朱熹"等關鍵字），除此以外還作了若干補充。在去除重複的資料以及《四部叢刊》《四部備要》等近代發行的影印叢書，同時核對了資料庫原本附帶目錄的記述之後，再次進行整理則共計得到 170 件左右的資料記錄。

（接上頁）開的"歷史視域下的朱熹研究"論壇，本文基於此補充修訂而成。當時，筆者共享了《表Ⅰ 日本朱熹文集保存現狀一覽》的畫面，並同步進行口頭說明。由於時間所限，發言時省略了表格的結構、江户時代朱子學儒學的普及等前提條件的説明。因爲要作爲論文刊登在《宋代文化研究》上，所以就補充了其中的一部分，並修訂改寫爲適合閱讀的文章。本文對《表Ⅰ》的內容沒有進行補充修訂，論點基本上也沒有改變。

① 全國漢籍資料庫（日本所藏中文古籍資料庫）http://kanji.zinbun.kyoto-u.ac.jp/kanseki。
② 日本漢文文獻目錄數據庫 https://www.nishogakusha-kanbun.net/database/。

從整理的角度來看，《表Ⅰ》各項從左到右，依次根據"收藏機構"、"地域"、是中國或朝鮮的渡來本還是和刻本、刊刻年代等的"版本特徵"、"書名"等分類排列。在"收藏機構"與"地域"兩項中，該表將專業機構歸入"地域"中的"0 特別情況"。其中，在江户時代，政治中心是江户，古典文化中心是京都，商業中心在大阪，所以引人注目的是西日本地區的比重相對更大。

表中最重要的是"版本特徵"，分爲中國渡來本的 1 明代版本、2 清代版本、3 包括時代不明在內的其他中國版本、4 朝鮮渡來本、5 淺見絅齋訓點的正德元年刊和刻本及其重版本、6 包括年代不明在內的其他和刻本。有關 5 正德版和刻本的意義，後文會談到。"書名"根據重要度，把 1 明·嘉靖刻本、2 正德版和刻本排在前面。

關於"表Ⅰ"的符號，"No."欄的網格粗體數字指的是在後述的個別解說中提及的書籍；"機構"的數字，1 是古典收藏管理專業機構，2 是舊國立帝國大學機關，3 是現公立私立一般大學機關，4 是公立私立圖書館等機關；"印"欄是表示上述書籍中對本文來說重要程度的記號，◎是中國明嘉靖刻本，○是朝鮮渡來本，□是包括重刊在內的正德元年版和刻本。與此相對應的"版本特徵"欄也使用了粗體字。另外，在第 3 節"讀表"中解說的用語、術語也採用了粗體字。關於這些用語、術語，總結在末尾的《表Ⅱ》中，請閱讀第 3 節時參考①。

三、閱讀表格

（一）整體概括

整體上看，就《表Ⅰ》的內容而言，收藏的情況大概可以分爲兩類，一類是

---

① 需要注意的是，有相當多的資料在漢籍目錄或資料庫中都沒有記載。另外，資料庫的記錄與原漢籍目錄之間也存在一些偏差。目錄中不包括寺院、神社以及早稻田大學、慶應大學等的漢籍資料。可以認爲，《表Ⅰ》基本反映了整體有關中國或朝鮮渡來本的保存情況。不過，在後面提到的江户正德版和刻本方面，包括儒學者個人收藏的書籍和前身爲藩校的各地高中收藏的書籍等，《表Ⅰ》中記載的超過約 60 件的記錄因爲被資料庫調查遺漏而沒有得到收録。此外，我們也要注意到稍後會提及的專業機構中，江户以來延續下來的機構與近代設置的機構的變遷是不同的。另一方面，各地的圖書館等一般機構雖然主要是近代設置的，但保存於其中的書籍特別是和刻本應該是江户末期以後，由於某種特殊理由才被保存在那裏的。

No.60之前的"1 專業機構(固有名詞)"("地域"項中表示爲"0 特"),一類是61以下的"地域"的"1 東京"以下的一般機構。多數專業機構收藏了很多來自中國的明刻本、清康熙刻本。中國嘉靖刻本是江户以前刊行並通過貿易而傳入的珍貴版本。從備注欄可以看出,很多舊藏本是有其來歷的。另一方面,一般機構收藏的朱熹文集中,和刻本多,渡來本少,而且中國刻本很少有明版,康熙刻本也只在權威機構裏才有保存。研究所藏的正德版和刻本的傳承過程,對於瞭解江户時期朱子學文化的傳播與現代的關聯是非常重要的。正誼堂全書18卷本由於刊行於幕末明治初期,所以就時間而言,對認識江户時期文化交流的意義來說不太重要。

在此,我想特別談談在中國的明嘉靖刻本上加注訓點(返點,送假名)後發行的江户正德版和刻本的朱熹文集①(以下參考《表Ⅱ》)。

中國古典語文相對於日語來說是一種外語,所以一般的日語母語者如果沒有接受過一定的訓練是很難理解的。這種和刻本(特殊譯本)在1711年(正德元年)藩校興盛時期之前初次發刊,從《表Ⅰ》中也能看到1764年、1796年至少經歷過三次重版。江户前期,林羅山(號)及其繼承者林家的朱子學主張通過以四書學爲主的明代朱子學文獻普及朱子學思想。與之相對的是,稍晚於林羅山(號)的山崎闇齋(號,名字爲嘉,1619—1682)則提倡以重返朱熹的原始資料(《朱子文集》《朱子語類》)的角度來閱讀朱子學資料。這也是受到了朝鮮朝李退溪(號)朱子學的影響。淺見絅齋(號)是闇齋的得意門生之一,爲朱熹文集全篇標注訓點意味著完全理解了文字,訓點也有標注正確(岡田武彦語)的好評。藩校的設立是從18世紀中期開始盛行的,而朱子學思想在各藩得到正式普及,是在1790年代開始的寬政異學之禁以後。該和刻本是1711年出

---

① 由淺見絅齋(1652—1712)訓點。該日本正德元年(1711)刊和刻本《晦庵先生朱文公文集》,以西洋裝幀形式流通於今的有中文出版社版(1972年)和汲古書院版(1990—1993年)。筆者手頭的前者版本中,沒有淺見絅齋的序跋和刊記類,在最後的《別集》末頁的下一頁中,有"正德辛卯年八月十三日平安二條街 壽文堂藏版"的牌記(中文出版社和刻影印《近世漢籍叢刊》)。《近世漢籍叢刊》版的《解題》由岡田武彦撰寫,關於淺見絅齋及其訓點,他寫道:"絅齋,名安正,號絅齋。近江(現在的滋賀縣——筆者注)人。最初以醫爲業,但見到闇齋後心服於他,改變職業重新求教。他爲人嚴毅,不盲從闇齋的神道說,並且對其敬義內外說進行辯駁,最終被逐出師門。文集(朱熹文集——筆者注)的和刻本雖然與嘉靖版有魯魚之誤,但訓讀與《朱子語類》(鵜飼石齋、安井真佑訓點、1668年刊——筆者注)不同,極爲正確。"("解題"第7頁)

版的,遠遠早於這個時期,從這個意義上講也是非常重要。該書以其高水準的訓點標注而在日本各地受到積極搶購。從《表Ⅰ》可以一目了然地看出,它爲朱熹和朱子學在江户中期、後期普及,並被日本社會理解,提供了智力支持方面的重大貢獻①。

---

① 爲方便不是十分瞭解日本江户時代思想文化的中國讀者加深理解,下面大致將與朱子學有關的江户儒學的發展分爲前、中、後期三期,進行簡要介紹。就分期來説,前期是從德川政權事實上建立的1600年關原之戰到後述的伊藤仁齋(1627—1705)的思想活動結束,中期是從荻生徂徠(1666—1728)的思想活動到寬政異學之禁(1792)之前,後期是從寬政異學之禁以後到幕末。這些基本與公元17、18、19世紀相應,下面對各期進行簡單介紹。

Ⅰ 前期17世紀:1600年關原之戰後,德川政權事實上得到確立。隨著社會從戰亂轉向穩定,與戰國時代重視來世的佛教相對,同時代的中國明朝講求現世秩序的朱子學受到追求文治的政府的青睞,爲獨有的固定身份制的日本社會提供了一種新的秩序與倫理的解釋。林羅山(1583—1657)就是代表人物之一。但朱子學的"官學"化是在後期。與儒學處於科舉制度下的中國不同,17世紀時應該説是在没有制度保護的情況下,由傑出的知識分子進行啓蒙和認知的時期。在17世紀後半期,出現了大量爲克服讀解困難的中國漢籍訓點和刻本,以有助於儒學思想文化的普及。另一方面,源於中國的朱子學是否適合江户社會,開始被視爲問題。早期的代表人物是伊東仁齋。他以京都上層町人出身的立場,提倡回歸朱子學以前的孔子和孟子的"古學"儒學,並致力於儒學思想的教育。

Ⅱ 中期18世紀:朱子學對政府上層的滲透,導致出現了好學的五代將軍德川綱吉,六代將軍家宣、八代將軍吉宗也起用了儒學者作爲政治顧問,朱子學上升到了政治的最高層。與此同時,學者也對朱子學的適合性進行著驗證。而在提倡"古學"的儒學學者中,以荻生徂徠(1666—1728)爲代表的古文辭學(追溯語言和文字的歷史展開,追究經書文章"古"層的方法論)派認爲,作爲武士階層的儒學,朱子學不適合日本社會,而孔子所提倡的"先王之道"的社會統治機制才值得學習,這在社會輿論中風靡一時。其"古"學方法論影響了日本文化研究,"國學"學術興盛。德川吉宗把以朱子學者聞名的室鳩巢和荻生徂徠都請爲顧問,這也是儒學在社會層面上和内容上的多樣化的象徵。另外,在此階段,各藩也開始進行文治統治化。18世紀中期,各地開始設置作爲文治人才培養機構的藩校(藩的學校),講解朱子學和徂徠學(徂徠學派的儒學)。民間則很早就出現了由大阪的有實力的商人階層設立的學問所、懷德堂(始於1724),它們以朱子學爲中心並比較各種儒學學説,對包括武士到平民各階層進行公開授課。

Ⅲ 後期19世紀:對於儒學和學術文化的這種多樣化,德川政府採取了以朱子學爲中心的思想控制,這就是1790年(寬政二年)開始的寬政異學之禁。在幕府的教育機關昌平阪學問所,禁止學習朱子學以外的儒學和學術,開展基於朱子學解釋的四書五經的考試。朱子學從此確立了官學的地位。這一政策影響到了逐漸增多的各個藩校的教育,各地藩校開始推廣對朱子學的學習。儒學知識分子在江户的儒學學習後,回到各藩校教學,並形成一定的關係網絡(這一人際關係網絡爲幕末的資訊傳播做出了貢獻)。另一方面,民間的書院、私塾等學校則持續著儒學的多樣化,在初等教育中的識字教育兼讀《論語》等,使朱子學的一部分也滲透到了平民的教養中。之後,1853年佩里艦隊來到日本,引發了幕末的形勢,直至1868年明治政權的成立。

上述概説内容,基於學界20世紀70年代以降至2000年左右研究成果的重大進展,例如佐藤弘夫編《概説日本思想史》(ミネルヴァ書房,2005年);渡邊浩《日本政治思想史——17~19世紀》(東京大學出版會,2010年)。

（二）個別説明之一：專業機構

接下來，我們分别看一下各書籍資料中對中國讀者來説值得關注的地方①。首先是專業機構的資料。在對各個機構進行簡單説明的同時，本文也將列出在資料庫所依據的原目録的記述範圍内需要特别關注的書籍。

足利學校位於北關東的栃木縣，被認爲是室町、江户時代的中國古典學的最高學府，明治以後也被作爲史迹及圖書館保存下來。宫内廳書陵部是1949年由明治時期設置的圖書寮和諸陵寮（陵指陵墓）組合而成、研究並保存管理皇室圖書和文化遺産的機構。那裏也收藏著 No.5 中國明代嘉靖刻本，8—11 朝鮮刻本的各部文集，尤其是銅活字版，都是非常珍貴的古籍。7 被稱爲古賀本，可能與昌平阪學問所江户後期的儒學者古賀精裏（號）、侗庵（號）父子有關。國立公文書館是將日本重要公文書作爲歷史資料進行保存管理的機構。包括保管明治以來政府圖書、文書的"内閣文庫"在内，内閣文庫收藏了江户幕府的紅葉山文庫和昌平阪學問所的書籍，收藏有12—15 等多部中國嘉靖刻本。13 是林羅山本。20 朝鮮刻本是與朝鮮王朝有過外交關係的對馬宗氏舊藏，所以也需要關注。尊經閣文庫保存管理著江户時代最大的大名加賀前田家的藏書，1928年設置在東京的舊前田邸旁。"尊經閣"是第五代藩主前田綱紀（1643—1724）的藏書名稱。23 明萬曆88卷本比較罕見②。日本國内還收藏了21 中國明代嘉靖刻本和28 清康熙刻本。24、27 的選集，25、26、29 的古文練習選集等流傳下來的朱熹文集的明清選集也需要特别關注。蓬左文庫位於名古屋，保存管理著尾張德川家藏書。33、34 的駿河御讓本是德川家康在設立其子之"御三家"時賜予的珍貴書籍。以上都是繼承江户初期以來的漢籍書籍文化、具有代表性的保存管理機構。

以下是一些近代前期成立的專業機構，由於與江户時代的關聯不多，所以只簡單介紹一下相關機關，省略書籍的個别説明。静嘉堂文庫是1892年三菱財閥岩崎彌之助創立的藏書管理機構，1907年購買了清代藏書家陸心源的舊

---

① 以下提到的固有名詞，在日本互聯網上基本上都可以檢索到。但網絡上的解釋也有不確切的部分，有必要通過内容可信度高的日本或中國的書籍等來進一步確認。

② 筆者未見，參見［宋］朱熹著，郭齊、尹波編注：《朱熹文集編年評注·版本考略》，福州：福建人民出版社，2019年，第5430頁。

藏書，並進一步擴大其規模。皕宋樓、十萬卷樓、守先閣原來也爲陸氏藏書樓的名稱。38、40、41都是來源於陸氏的明代嘉靖刻本，40"成化"刻本在版本研究方面存在問題①。東洋文庫也是由三菱財閥岩崎久彌於1917年購買了莫里森文庫後，於1924年設立的東洋學研究管理機構。他後來還購買並公開了亞洲各國語言的書籍。最後兩處是京都大學人文科學研究所和東京大學東洋文化研究所。他們的前身是東方文化學院，該學院是東洋學、亞洲學研究機構，作爲日中共同參與的"東方文化事業"的一環，於1929年在東京和京都設立，第二次世界大戰後則成爲京都大學與東京大學的研究機構。因歷史沿革之故，兩機構中從中國傳入的朱熹文集多出版於清末以後。

（三）個別説明之二：各地機構

接下來對表中No.61以後一般機構收藏朱熹文集的情況進行説明。如前所述，各地區機構收藏的中國明刻本只有65、94（其實或爲清刻本）、135、165等三到四種，數量較少，而它們的特色是大量收藏了江户和刻本文集。相關機構保存清代道光之前的中國刻本、朝鮮刻本、正德版和刻本應該是有某種傳承上的理由的。特別是和刻本文集，一方面關聯了原收藏者與後來的收藏機構，另一方面也將江户時代和現代聯繫到一起。

下文進行個別説明時，將按照與江户的關係遠近爲順序。其中粗體數字和"印"欄的"□"重疊的部分，是前文提到的希望讀者尤其關注的正德版和刻本。

首先是東日本的東京地區。東京大學綜合圖書館内的65、68、69"紀州德川"，來自明治時期以後公開的"御三家"之一紀州德川家的圖書。84以下的東京都立中央圖書館裏，陳列著澀澤榮一（青淵四書）、井上哲治郎（井上文庫）等明治、大正時期文化人的舊藏書。其次來看東日本的其他區域。在北部的東北地區，106"伊達文庫"是江户時期東北第一大名伊達家的藏書。107"格知學舍"是明治時期以後的山形的儒學私塾。在關東地區，108"博諭堂"是埼玉縣川越松平藩的藩校。110"並木栗水"是幕府末期的朱子學者，出身於現在的千葉縣。在中部地區，115—119新發田市是新潟縣的城市，而"溝口直養"是江

---

① 筆者未見，參見［宋］朱熹著，郭齊、尹波編注：《朱熹文集編年評注·版本考略》，第5419頁。

户中期的一位好學的新發田藩君主,師從山崎闇齋門下的稻葉迂齋,據說對儒學相當熱心。123"徽典館"是江户時代甲府的學問所,是山梨大學的前身。這裏由於在江户後期是幕府領地,所以不屬於藩校。

以下是西日本近畿地區。129、132、133"懷德堂"是江户中期以來位於大阪的非常興盛的民辦學校,是大阪大學的前身之一。135、137"泊園文庫"是關西大學前身之一的泊園書院的舊藏書,而泊園書院也是江户後期一所位於大阪的興盛的民辦學校。141、144"佐藤六石"是與朝鮮李王家有關係的明治大正時期的漢詩人,因收集朝鮮刻本而聞名。接下來再看中國、四國地區,150"棲息堂"是德山毛利家的讀書室名稱,153"明倫館"是山口縣毛利藩的藩校,155"明教館"是愛媛縣伊予松山藩的藩校。再來看九州地區,從一覽表中可以看到九州大學保存了很多和刻本,160"碩水文庫"是幕府末期、明治時期儒學者楠本碩水的藏書,168"鍋島家文庫"收藏的是源於舊佐賀藩主鍋島家的藩政文書、書籍等資料。

以上雖然是極其簡略的說明,但也可以從各地機構收藏的和刻本朱熹文集看出江户時代和現代的聯繫。

四、今後對綫裝本朱熹文集研究利用的展望

首先提請讀者注意的是,《表Ⅰ》中展示的大多數綫裝本朱熹文集,除了個別未經探討的資料以外,本文不再予以研究①。直到1960年左右,研究者大多是將包括臺灣在内的現代中國刊行的西洋裝幀影印本、點校本放在手邊,同時爲了確認原文文字,一邊看綫裝本,一邊對原文做必要的筆記、卡片記錄等。在第二次世界大戰後,特別是以60年代爲界,研究的客觀環境發生了很大的變化,除了現代中國大量刊行的西洋裝幀影印本、點校本以外,還有複印機的普及、日本出版社刊行的江户時期書籍影印本、普及文字處理機進而採用電腦

---

① 口頭發表原本的計劃是討論一下各機構保存的這些書籍的利用方法。但是由於時間限制,只簡單用一句話做了概括。撰寫本文時,考慮到如果要增訂並進行討論的話,僅從篇幅來說是可行的,但是文中的解說只停留在根據資料庫進行說明的階段,筆者也沒有親眼查閱本文中各機構保存的相關書籍,所以難以提出個別的具體課題。因此,下文僅就初稿中提到的一些課題再略微詳細地做一下討論。

對文字資料進行整理、電子檢索的出現、圖書館古典文獻的數字化及其公開化,等等。這樣一來,學者在自家書桌上完成對基本文獻的文字內容探討成爲可能。如果僅僅爲了確認書籍原文,那麼就沒有必要翻閱一旦破損就無法挽回的貴重綫裝本了。

與之相應地,《表Ⅰ》中那些保存在各地的正德版和刻本等的綫裝本,正在成爲超越時代、流傳至今的需要保護的文化遺産。這些江户時代以來綫裝本的原書内容當然有其價值,但就文字等相同内容而言,基本都可以用上述幾種現代形式來代替。除此之外,每部書籍在歷史傳承過程中附加了許多版刻信息等有價值的部分,今後將尤其關注這些。這些有價值的部分包括刊記、書肆廣告、藏書人的藏書印、批注等。例如,即使同樣是正德版和刻本,由於流傳途徑不同,版刻信息也各不相同。

在江户時期,人們出於什麼目的而需要使用朱熹文集呢？就朱子學的學習而言,首先從研習《四書章句集注》和《四書或問》開始,然後閱讀理解《太極圖解》《太極圖説解》《周易本義》《詩集傳》等。如果還保持著求知慾,大概就需要關注文集中的書簡等細微之處(文集所收的《仁説》和《玉山講義》應該在概要理解階段就已經閱讀過。在此基礎上,也有必要對包括各地藩校和民間學校在内的學問所的素讀、講釋、會讀等課程内容進行考察①)。從《表Ⅰ》中各地保存的正德版和刻本可以看出,很多人積極努力地想要在較高水準上理解朱子學的思想和文化。而收藏中國、朝鮮舶來書也證明了不少人試圖理解更爲正宗的朱子學。

前文提到的舊藏者的藏書印或解讀者的題跋、批注等也是一種重要的材料,幫助我們能够從當下追溯到明治,進而上溯到江户後期、中期,以探究江户時代朱子學文化的普及方式。儘管是到處都很常見的和刻本,今後也應當從這一角度重新認識其文化歷史價值。

---

① 關於江户時代中期以後儒學的學習方法和課程,可參見武田勘治《近世日本學習方法的研究》,東京:講談社,1969 年;前田勉《江户的讀書會——會讀的思想史》,東京:平凡社,2012 年。

表I 日本朱熹文集保存現狀一覽（"印"欄：◎＝明嘉靖版刊本／○＝朝鮮渡来本／□＝正德刊和刻本）

No.	機關	地域	印	版本特徵	書名	書物構成	編著・刊者	刊年	備考
1	1足利學校	0特		2中・清	朱子集	104＋補遺1＋目錄2冊	紫霞祠堂	1860	
2	1足利學校	0特	□	5和・正德	2和・晦庵～文集	100＋目2＋11＋10	秋田屋	1711	阿部吉雄
3	1足利學校	0特	□	5和・正德	2和・朱文公文集	100＋目2＋11＋10		1711	
4	1宮內書陵	0特		？	朱文公文集	100＋目2(有闕)			德山毛利本
5	1宮內書陵	0特	◎	1中・明	朱文公文集	100＋11＋10＋目2(有闕)		嘉靖版	
6	1宮內書陵	0特		2中・清	朱子文集	18	正誼堂	重刊	
7	1宮內書陵	0特		2中・清	朱文公文集	100＋目2＋別7	臧・蔡	康熙	古賀本
8	1宮內書陵	0特	○	4朝鮮	5朝・朱子大全	無記 朝鮮版		清乾隆	
9	1宮內書陵	0特	○	4朝鮮	5朝・朱子大全文集	100＋目2＋11＋10(有闕)	朝鮮銅活		
10	1宮內書陵	0特	○	4朝鮮	重刊朱子大全文集	100＋11＋10＋首2 朝鮮刊本	元1460 閩本？		

朱熹文集在日本的保存和研究情况 | 175

续表

No.	机关	地域	印	版本特征	书名	书物构成	编者·刊者	刊年	备考
11	1宫内书陵	0特	○	4朝鲜	紫阳文集	10 骏河让本			秘阁本
12	1公文书馆	0特	◎	1中·明	1中·嘉靖晦庵	100+目2+11+10		1532	红叶山文库
13	1公文书馆	0特	◎	1中·明	1中·嘉靖晦庵	100+目2+11+10		1532	林罗山本
14	1公文书馆	0特	◎	1中·明	1中·嘉靖晦庵	100+目2+11+10		1532	佐伯毛利
15	1公文书馆	0特	◎	1中·明	1中·嘉靖晦庵	100+目2+11+10		1532	高野释迦文院
16	1公文书馆	0特		1中·明	朱子大全私抄	12	王宗沐	1553	红叶山文库
17	1公文书馆	0特		2中·清	朱子文集	18	正谊堂		
18	1公文书馆	0特		2中·清	朱子文集	18	正谊堂		
19	1公文书馆	0特		2中·清	朱子文集纂	32	陈㳫		
20	1公文书馆	0特	○	4朝鲜	5朝·朱子大全	100+11+10	柳希春		昌平坂学问所
21	1尊经阁文库	0特	◎	1中·明	1中·嘉靖晦庵	100+11+10明嘉靖版			宗氏旧藏
22	1尊经阁文库	0特	□?	1中·明	1中·正德?晦庵	100+11+10明正德版			和刻正德办

續表

No.	機關	地域	印	版本特徵	書　名	書物構成	編著・刊者	刊年	備　考
23	1 尊經閣文庫	0 特		1 中・明	3 中・明万曆	88＋11＋10		—1605	
24	1 尊經閣文庫	0 特		1 中・明	晦庵文抄/續集	6＋附錄/4	吳訥/崔銑		
25	1 尊經閣文庫	0 特		1 中・明	朱子大全選	古文正集二編		（崇禎）	
26	1 尊經閣文庫	0 特		1 中・明	朱子大全選	古文正集二編		（崇禎）	
27	1 尊經閣文庫	0 特		1 中・明	唐荊川選輯朱文公全集	15	唐順之		
28	1 尊經閣文庫	0 特		2 中・清	3 中・康熙 晦庵	100＋5＋7 清康熙版			
29	1 尊經閣文庫	0 特		2 中・清	朱子大全集抄	古文眉詮 76・7		（乾隆）	
30	1 尊經閣文庫	0 特		2 中・清	朱子文集	18	正誼堂	重刊	
31	1 蓬左文庫	0 特		1 中・明	朱子大全私抄	12	王宗沐	1553	尾陽文庫
32	1 蓬左文庫	0 特		2 中・清	朱子文集	18	正誼堂		
33	1 蓬左文庫	0 特	○	4 朝鮮	5 朝・朱子大全文集	100＋11＋10＋目錄 2	朝鮮古活字印	1543 版	駿河御讓本
34	1 蓬左文庫	0 特	○	4 朝鮮	紫陽文集	10 旧刊十行本			駿河御讓本

朱熹文集在日本的保存和研究情況 | 177

續　表

No.	機　關	地域	印	版本特徵	書　名	書物構成	編著・刊者	刊年	備　考
35	1 蓬左文庫	0 特	□	5 和・正德	2 和・晦庵～文集	100＋11＋10＋目錄 2	寿文堂	1711	
36	1 蓬左文庫	0 特	□	5 和・正德	2 和・晦庵～文集	100＋11＋10＋目錄 2	寿文堂	1711	
37	1 蓬左文庫	0 特	□	5 和・正德	2 和・正德？晦庵	存 96 欠 4 卷＋11＋10＋目錄 2			
38	1 靜嘉堂	0 特	◎	1 中・明	1 中・嘉靖 晦庵	100＋11＋10＋目 2		1532	守先閣
39	1 靜嘉堂文庫	0 特	◎	1 中・明	1 中・嘉靖 晦庵	100＋11＋10＋目 2		1532	竹添井々
40	1 靜嘉堂文庫	0 特		1 中・明	1 中・成化？晦庵	100＋11＋10		成化修	皕宋楼
41	1 靜嘉堂文庫	0 特	◎	1 中・明	1 中・明 晦庵	100＋11＋10＋目 2 別集篇			十万卷楼
42	1 靜嘉堂文庫	0 特		2 中・清	3 中・康熙 晦庵	100＋5＋7＋目 2	臧・蔡	康熙	
43	1 靜嘉堂文庫	0 特		2 中・清	朱子文集	18	正誼堂	重刊	
44	1 靜嘉堂文庫	0 特	○	4 朝鮮	朱子大全劄疑	100＋11＋10 活	宋時烈		
45	1 東洋文庫	0 特		2 中・清	3 中・康熙 大全	100＋5＋7		1688	木內旧藏
46	1 東洋文庫	0 特		2 中・清	3 中・康熙 大全	100＋5＋7＋附年譜 2		1688	

續　表

No.	機關	地域	印	版本特徵	書名	書物構成	編著・刊者	刊年	備考
47	1 東洋文庫	0 特		2 中・清	朱子集	104＋補遺 1 重刊本		1860	鰲峰書院
48	1 東洋文庫	0 特		2 中・清	朱子文集	18	正誼堂	重刊	
49	**2 京人文東方**	0 特		2 中・清	3 中・康熙 晦庵	100＋5＋7	臧・蔡	1689	
50	2 京人文東方	0 特		2 中・清	3 中・同治 晦庵	100＋11＋10	涂氏求我齋	1873	
51	2 京人文東方	0 特		2 中・清	3 中・同治 大全 文集	100＋5＋7	劉昇之	1876	伝經堂
52	2 京人文東方	0 特		2 中・清	朱子文集	18	正誼堂		
53	2 京人文東方	0 特		3 中・他	3 中・他 台北元刊本	100＋附考異	1975 景照		
54	2 京人文東方	0 特	□	5 和・正德	2 和・晦庵〜文集	100＋11＋10	壽文堂	1711	
55	2 京人文本館	0 特		2 中・清	3 中・同治 晦庵	100＋11＋10	涂氏求我齋	1873	村本文庫
56	**2 東大東文研**	0 特		2 中・清	朱子集	104＋補遺 1＋目 2		1860	
57	2 東大東文研	0 特		2 中・清	朱子文集	18	正誼堂		
58	2 東大東文研	0 特		2 中・清	朱子文集	18	正誼堂		

朱熹文集在日本的保存和研究情況 | 179

續表

No.	機關	地域	印	版本特徵	書名	書物構成	編著・刊者	刊年	備考
59	2 東大東文研	0 特	□	5 和・正德	2 和・晦庵～文集	100＋11＋10＋目2	寿文堂	1711	
60	2 東大東文研	0 特	□	5 和・正德	2 和・晦庵～文集	100＋11＋10＋目2	寿文堂	1711	仁井田文庫
61	2 東大總	1 東京		2 中・清	朱子集	104＋補遺1＋目錄2	長沙徐樹銘	1860	
62	2 東大總	1 東京		2 中・清	朱子集	104＋補遺1＋目錄2	長沙徐樹銘	1860	
63	2 東大總	1 東京		2 中・清	朱子文集	18	正誼堂		
64	2 東大總	1 東京		4 朝鮮	5 朝・朱子大全	100 目2＋11＋10＋遺2＋附12＋考異	柳希春	1771?	
65	2 東大總	1 東京	◎	1 中・明	1 中・嘉靖 晦庵	100＋目錄2＋11＋10＋考異		1532	紀州德川
66	2 東大總	1 東京		2 中・清	3 中・同治 晦庵	100＋目錄2＋11＋10＋考異	涂氏求我齋	1873	覚盦・市村
67	2 東大總	1 東京		2 中・清	3 中・同治 晦庵	100＋目錄2＋11＋10＋考異	涂氏求我齋	1873	欠36卷

續　表

No.	機關	地域	印	版本特徵	書　名	書物構成	編著・刊者	刊年	備　考
68	2 東大總	1 東京	□	5 和・正德	2 和・晦庵～文集	100＋目錄 2＋11＋10＋考異	寿文堂	1711	紀州德川
69	2 東大總	1 東京	□	5 和・正德	2 和・晦庵～文集	100＋目錄 2＋11＋10＋考異	寿文堂	1711	紀州德川
70	2 東大總	1 東京	□	5 和・正德	2 和・晦庵～文集	100＋目錄 2＋11＋10＋考異	寿文堂	1711	
71	2 東大總	1 東京	□	5 和・正德	2 和・晦庵～文集	100＋目錄 2＋11＋10＋考異	寿文堂	1711	
72	2 東大總	1 東京	□	5 和・正德	2 和・晦庵～文集	100＋目錄 2＋11＋10＋考異	秋田屋	1711	青洲文庫
73	3 國土館大	1 東京		2 中・清	朱子文集	18	正誼堂	1866	
74	3 國土館大	1 東京	□	5 和・正德	2 和・朱文公文集	100＋2＋10	寿文堂	1711	2 誤入力か
75	3 一橋大	1 東京		2 中・清	朱子集	104＋補遺 1＋目錄 2		1860	
76	3 二松學舍大	1 東京		2 中・清	3 中・同治 晦庵	100＋11＋10＋目錄 2	涂氏求我齋	1873	赤塚文庫

朱熹文集在日本的保存和研究情況 | 181

續　表

No.	機關	地域	印	版本特徵	書名	書物構成	編著・刊者	刊年	備考
77	3 二松學舍大	1 東京		2 中・清	朱子文集	18	正誼堂		
78	3 二松學舍大	1 東京	□	5 和・正德	2 和・晦庵〜文集	100＋11＋10	壽文堂	1711	那智左典
79	3 二松學舍大	1 東京		5 和・正德	2 和・晦庵〜文集	100＋11＋10＋目錄 2 闕卷 2 闕卷下	壽文堂	1711	
80	4 國會	1 東京		2 中・清	朱子集	104＋目 2			
81	4 國會	1 東京		2 中・清	朱子文集	18	正誼堂		
82	4 國會	1 東京	□	5 和・正德	2 和・晦庵〜文集	100＋目 2＋11＋10	壽文堂	1711	
83	4 國會	1 東京	□	5 和・正德	2 和・晦庵〜文集	100＋目 2＋11＋10	河內屋	1711	
84	4 都立中央	1 東京		2 中・清	朱子集	104＋目 2		1860	諸橋文庫
85	4 都立中央	1 東京		2 中・清	朱子集	104＋目 2＋附補遺		清刊	版本
86	4 都立中央	1 東京		2 中・清	朱子文集	18	正誼堂	重刊	
87	4 都立中央	1 東京		2 中・清	朱子文集纂	32 學 2 語 20 庸 3 孟 7	陳鋐		青淵四書
88	4 都立中央	1 東京	○	4 朝鮮	5 朝・朱子大全	100＋目 2＋11＋10	柳希春	1575	田中慶太郎

續表

No.	機關	地域	印	版本特徵	書名	書物構成	編著・刊者	刊年	備考
89	4 都立中央	1 東京	□	5 和・正德	2 和・晦庵〜文集	100＋目 2＋11＋10			市村
90	4 都立中央	1 東京	□	5 和・正德	2 和・晦庵〜文集	100＋11＋10	寿文堂	1711	井上文庫
91	4 都立中央	1 東京	□	5 和・正德	2 和・晦庵〜文集	54－100＋11＋10	河内屋	1711	諸橋文庫
92	4 都立中央	1 東京	□	5 和・正德	2 和・晦庵〜文集	100＋11＋10	寿文堂	1711	井上文庫
93	4 都立中央	1 東京	□	5 和・正德	2 和・朱文公集	100＋目 2＋11＋10		1711	
94	4 無窮会	1 東京	？	1 中・明	朱子集	104＋目錄 2	林雲光・王	清刊か	織田文庫
95	4 無窮会	1 東京	□	5 和・正德	2 和・重刊晦庵〜	100＋續附 23	寿文堂	1711	
96	4 無窮会	1 東京	□	5 和・正德	2 和・朱文公集	共 121	寿文堂	1711	平沼文庫
97	2 東北大	3 東北		？	朱子文集	存 1－8, 57－64			
98	2 東北大	3 東北		2 中・清	朱子文集	18	正誼堂		
99	2 東北大	3 東北	○	4 朝鮮	5 朝・朱子大全	100＋11＋10＋遺 2＋附 12	柳希春		狩野文庫
100	2 東北大	3 東北	□	5 和・正德	2 和・晦庵〜文集	100＋目 2＋11＋10	寿文河内	1711	金谷文庫

朱熹文集在日本的保存和研究情況 | 183

續表

No.	機關	地域	印	版本特徵	書名	書物構成	編著・刊者	刊年	備考
101	2 東北大	3 東北	□	5 和・正德	2 和・晦庵～文集	100＋11＋10＋目 2	京都武田	1711	狩野文庫
102	3 東北福大	3 東北		2 中・清	3 中・康熙 晦庵	100＋目錄 2＋5＋7＋考異	臧・蔡	1689	
103	4 市立米澤	3 東北	□	5 和・正德	2 和・晦庵～文集	100＋11＋10	寿文堂	1711	
104	4 八戶市立	3 東北	□	5 和・正德	2 和・晦庵～文集	100＋11＋10＋目錄 2		1711	
105	4 宮城縣圖	3 東北	○	4 朝鮮	紫陽文集	10		嘉靖万曆	初頭間刊本
106	4 宮城縣圖	3 東北	□	5 和・正德	2 和・晦庵～文集	100＋11＋10＋目 2 欠 50 卷	寿文堂	1711	伊達文庫
107	4 山形縣教育廳	3 東北		6 和・他	朱子文集	50 冊			格知學舍
108	3 群馬大	4 關東	□	5 和・正德	2 和・晦庵～文集	100＋11＋10＋目錄 2	寿文堂	1711	博諭堂/群師
109	4 館林市立	4 關東	□	5 和・正德	2 和・朱文公文集	100＋目 2＋11＋10	武村	1711	
110	4 千葉縣圖	4 關東		6 和・他	3 和他 晦庵～	殘 10	闕名鈔本		並木/林泰輔

續表

No.	機關	地域	印	版本特徵	書　名	書物構成	編著・刊者	刊年	備　考
111	3 愛知大	5 中部		2 中・清	朱子文集大全類編		朱玉	1750	
112	3 新潟大	5 中部		2 中・清	朱子文集	18	正誼堂		
113	3 新潟大	5 中部	□	5 和・正德	2 和・晦庵〜文集	100＋11＋10＋目 2	寿文堂	1711	佐野文庫
114	4 伊那高遠	5 中部	□	5 和・正德	2 和・晦庵〜文集	100＋目錄 2＋11＋10＋考異	秋田屋	1796	高遠/長野師範
115	4 新發田市立	5 中部	□	5 和・正德	2 和・晦庵〜文集	100＋11＋10＋目錄 2	寿文堂	1711	
116	4 新發田市立	5 中部	□	5 和・正德	2 和・晦庵〜文集	100＋11＋10＋目錄 2	寿文堂	1711	
117	4 新發田市立	5 中部		6 和・他	朱子文集抄略	15　鈔本			
118	4 新發田市立	5 中部		6 和・他	朱子文集抄略序	1　刊本	溝口直養	1780	
119	4 新發田市立	5 中部		6 和・他	朱子文集要語抄略	1　鈔本			
120	4 新潟縣圖	5 中部	□	5 和・正德	2 和・晦庵〜文集	100＋11＋10＋目 2	寿文堂	1711	根津旧藏
121	4 松本市立圖	5 中部	□	6 和・他	朱子文集	正＋續＋別　全 40 冊	柳原嘉兵衛	1764	

朱熹文集在日本的保存和研究情況

續表

No.	機關	地域	印	版本特徵	書名	書物構成	編著・刊者	刊年	備考
122	4 松本市立圖	5 中部		6 和・他	朱子文集後集	2 册	須原屋	1687	
123	4 山梨縣圖	5 中部	□	**5 和・正德**	2 和・晦庵～文集	100＋目 2＋11＋10	秋田屋	1711	徽典館
124	2 京大附圖	6 近畿		2 中・清	3 中・康熙 晦庵	100＋5＋7	藏・蔡	1689	順正書院
125	2 京大附圖	6 近畿		2 中・清	朱子集	104			
126	2 京大附圖	6 近畿		2 中・清	朱子文集	18	正誼堂	重刊	
127	2 京大附圖	6 近畿	□	**5 和・正德**	2 和・晦庵～文集	100＋5＋7	壽文堂	1711	
128	2 京大附圖	6 近畿		6 和・他	朱子文集輯要	5 刊本	貝原篤信	1712	
129	2 阪大總	6 近畿		2 中・清	3 中・康熙 晦庵	100＋5＋7	藏・蔡	1689	懷德堂
130	2 阪大總	6 近畿		2 中・清	朱子文集	18	正誼堂		
131	2 阪大總	6 近畿		2 中・清	朱子文集	18	正誼堂		
132	2 阪大總	6 近畿	□	**5 和・正德**	2 和・晦庵～文集	100＋11＋10	壽文堂	1711	懷德堂
133	2 阪大總	6 近畿		6 和・他	4 和・晦庵～文集	目錄 1	鈔本		懷德堂

續表

No.	機關	地域	印	版本特徵	書名	書物構成	編著・刊者	刊年	備考
134	3 神外大	6 近畿		2 中・清	朱子集	104 + 附目錄 2		1860	
135	3 關西大	6 近畿	◎	1 中・明	1 中・嘉靖？晦庵	96のみ			泊園文庫
136	3 關西大	6 近畿		2 中・清	朱子文集	18	正誼堂		
137	3 關西大	6 近畿		6 和・他	4 和・晦庵鈔+二程	抄 1 + 1 自筆寫本	小林貞亮	18c 前半	泊園文庫
138	3 神戶大	6 近畿	□	5 和・正德	2 和・晦庵〜文集	100 + 11 + 10 + 目錄 2	壽文堂	1711	
139	3 滋賀大教育	6 近畿	□	5 和・正德	誨庵〜	100 + 11 + 10		1711	
140	3 立命館大	6 近畿		2 中・清	朱文公文集	100	臧・蔡	1689	
141	4 大阪中之島	6 近畿		？	朱子文集大全	附續	板本		佐藤六石收集
142	4 大阪中之島	6 近畿		2 中・清	朱子文集	18	正誼堂		
143	4 大阪中之島	6 近畿		2 中・清	朱子文集大全類編	110 + 附年譜事實 3	朱玉	1750	
144	4 大阪中之島	6 近畿	○	4 朝鮮	朱子大全劄疑	附續集	宋時烈		佐藤六石收集
145	3 愛媛大	7 中四國	□	5 和・正德	2 和・晦庵〜文集	100 + 11 + 10 + 目錄 2	壽文堂	1711	後印本

朱熹文集在日本的保存和研究情況 | 187

續表

No.	機關	地域	印	版本特徵	書名	書物構成	編著·刊者	刊年	備考
146	3 高知大	7 中四國		2 中·清	朱子集	104＋補遺1＋目2		1860	紫霞洲祠堂
147	3 高知大	7 中四國	□	5 和·正德	2 和·晦庵～文集	100＋目2＋11＋10	寿文堂	1711	小島
148	3 廣島大	7 中四國		2 中·清	3 中·道光 晦庵	100＋11＋10	關中書院	1850	
149	3 廣島大	7 中四國		2 中·清	朱子文集	18	正誼堂		
150	3 山口大	7 中四國		2 中·清	3 中·康熙 大全	100＋別7＋續5		1688序	樓息堂
151	3 山口大	7 中四國		2 中·清	朱子文集	18	正誼堂		
152	3 山口大	7 中四國		2 中·清	朱子文集	18	正誼堂		
153	3 山口大	7 中四國	□	5 和·正德	2 和·晦庵～文集	100(20－1闕)＋11	須原屋		明倫館
154	3 山口大	7 中四國	□	5 和·正德	2 和·晦庵～文集	100＋11＋10＋目2	寿文堂	1711	小原文庫
155	4 愛媛縣立圖	7 中四國	□	5 和·正德	朱子文集	100	寿文堂	1711	藩校明教館
156	4 島根縣圖	7 中四國		2 中·清	3 中·康熙 晦庵	100＋目2＋5＋7	臧·蔡		
157	4 萩市立圖	7 中四國		6 和·他	朱子文集	？			杉家寄贈

續表

No.	機關	地域	印	版本特徵	書名	書物構成	編著・刊者	刊年	備考
158	4 萩市立圖	7 中四國		6 和・他	朱子文集	40 冊		1843	增田家寄贈
159	2 九大	8 九州	□	5 和・正德	2 和・晦庵～文集	100＋11＋10＋目錄2		1711	
160	2 九大	8 九州	□	5 和・正德	2 和・晦庵～文集	100＋11＋10＋目錄2		1711	碩水文庫
161	2 九大	8 九州	□	5 和・正德	2 和・晦庵～文集	100＋11＋10＋目錄2		1711	
162	2 九大六本松	8 九州	□	5 和・正德	2 和・晦庵～文集	100＋11＋10	寿文堂	1711	
163	3 鹿兒島大	8 九州	□	5 和・正德	2 和・朱文公文集	100＋目2＋11＋10	寿文堂	1711	
164	4 佐賀縣圖	8 九州		？	朱文公文集	100＋目錄＋11＋10			蓮池鍋島家
165	4 佐賀縣圖	8 九州	◎	1 中・明	1 中・嘉靖 晦庵	100＋11＋10		1532	
166	4 佐賀縣圖	8 九州		2 中・清	朱子集	104＋目錄2		1860	
167	4 佐賀縣圖	8 九州	□	5 和・正德	2 和・晦庵～文集	100＋11＋10＋目2	柳原喜兵衛	1764	
168	4 佐賀縣圖	8 九州	□	5 和・正德	2 和・晦庵～文集	100＋目錄＋續10	河內屋	1796	鍋島家文庫

表Ⅱ 日本朱熹文集保存現狀一覽 用語說明

○整理視點	
・機關	**1 古典籍專門機關**/2 舊帝大圖書館/3 一般大學圖書館/4 公共・民間圖書館
・地域	**0 特別**/1 東京/2 北海道/3 東北/4 關東/5 中部/6 近畿/7 中四國/8 九州
・版本特徵	**1 中國・明版**/2 中・清版/3 中・他/4 朝鮮朝/**5 和刻・正德本**（含重刊）/6 和刻・他
・書名	1 明・嘉靖・**晦庵先生朱文公文集**/**2 和刻・正德版・同**/3 清版本/4 和刻他/5 朝鮮版本
○正德版和刻本 （正德元年,1711） 藩校設立 1750～ 隆盛 1790～	淺見絅齋（あさみ・けいさい。名：安正やすまさ。1652—1712） 訓點（返點＋送假名） ・山崎闇齋（やまざき・あんさい。名：嘉。1619—1682。←朝鮮朝・李退溪。名：滉）。**朱熹一次資料**。 ▼　　▲ ・林羅山（はやし・らざん。名：信勝。1583—1657）。中國明代四書學朱子學＋朝鮮朝朱子學。
○專門機關簡介	
足利學校	足利。1439 再興。室町時期中國古典學最高學府。四書、六經、列子、莊子、史記、文選
宮內廳書陵部	皇室文書、圖書。1884 圖書寮＋86 諸陵寮→1949 書陵部。研究＋保存・管理機關。
國立公文書館	1971。**內閣文庫**＝1885 開始稱呼此名。江戶幕府**紅葉山文庫**＋**昌平坂學問所**書籍。
尊經閣文庫	1928。東京。加賀前田家（最大大名 100 萬石）藏書。第 5 代藩主**前田綱紀藏書＝尊經閣**。
蓬左文庫	名古屋。1912 開始稱呼此名。尾張德川家藏書。家康→義直三千冊＝駿河御讓本
靜嘉堂文庫	1892 岩崎彌之助創設。1907 購入清代藏書家**陸心源**"皕宋樓"舊藏書。
東洋文庫	1917 岩崎久彌購入**莫里森文庫**購入，1924 設立。購入並公開亞洲諸言語書籍。

續　表

○專門機關簡介		
	京大人文研	1929 **東方文化學院**京都研究所。1938(新)學院。1949(新)人文研建立時合並。
	東大東文研	1941 設立。東方文化學院東京研究所 1948 廢止,被東文研吸收。

※備考欄等　用語説明(《表Ⅰ》No.61 以下、各地域機關所藏)

No.	用　語	
68,9	紀州德川	きしゅうとくがわ。南葵(なんき)文庫。進入明治後公開的**紀州德川家**圖書。
106	伊達文庫	だてぶんこ。**伊達家**藏書。
107	格知學舍	かくちがくしゃ。明治時期以後山形縣内的儒學私塾。
108	博諭堂	はくゆどう。武藏(現埼玉縣)**川越松平藩**的藩校。
110	並木栗水	なみき りっすい1829—1914。幕末**朱子學**者。上總(現千葉縣)人。
118	溝口直養	みぞぐち なおやす1736—1797。現新瀉縣**新發田**(しばた)**藩**藩主。從學於崎門的**稻葉迂齋**。
123	徽典館	きてんかん。江戶後期—明治、**甲府**(こうふ)**城内學問所**。山梨大學的前身。
132	懷德堂	かいとくどう。由大商人出資的江戶中期以來,繁榮於**大阪**的**民間學問所**。阪大的前身。
135	泊園文庫	はくえんぶんこ。**泊園書院**藏書。江戶後期繁榮於**大阪**的**民間學校**。關西大學的前身。
144	佐藤六石	さとう ろくせき(號)。與朝鮮李王家有關係的明治大正時期的漢詩人。因**搜集朝鮮**刻本而聞名。
150	棲息堂	せいそくどう。**德山**(現山口縣)**藩毛利家**的讀書室名稱。
153	明倫館	めいりんかん。萩(現山口縣)藩＝**毛利家長州藩的藩校**。
155	明教館	めいきょうかん。江戶後期、伊予(現愛媛縣)**松山藩的藩校**。
160	碩水文庫	せきすいぶんこ。幕末—明治的儒學者、楠本(くすもと)碩水(號)1832—1916 的藏書。
168	鍋島家文庫	なべしまけぶんこ。收藏源於**佐賀**(現佐賀)**藩主鍋島家**的藩政文書、書籍資料。

"宇宙間精妙之書"爲何滑向"村塾學究"之蒙書

——程若庸《增廣性理字訓》版本演變考論及其反思*

北京師範大學價值與文化研究中心、哲學學院　許家星

摘　要：程若庸《增廣性理字訓》乃宋元理學字義體的大成精深之作，然在後世刊刻流傳中，該書性質及版本皆發生重大變異。原北圖元刻兩卷殘本當是刻於臨汝書院之本，由作爲正文的字義和纂集各家之說的注文兩部分構成，堪稱一部史料翔實、義理深刻的宋元理學簡史。元陳櫟提出此元刻本似爲吴錫疇補入吴儆之說的家塾本。史伯璿則提出尚有無注文之"白本"，且與注本存在較大差别，然該白本未見流傳。元刻本在元後逐漸湮没，而僅存字義一卷本大爲流行。明朱升《小四書》所收即爲此字義一卷本，且補充《性理字訓》之"善"條，對德、業、盡性、心正四條字義略加調整，並以旁注、闌上注形式作注，構成此後《增廣字訓》最通行本。明吴訥《性理群書補注》、清《四庫全書》存目本等即皆據朱升本。《增廣字訓》原本被贊爲頗不便初學者的"宇宙間精妙之書"，然後世所流行之一卷字義本，却將該書納入蒙學系列，遮蔽了其博大精深的本來面目，導致四庫館臣譏諷該書爲"村塾學究"之作。這一完全顛倒的評價根源於原本的缺失，啓示吾人在推進中國思想研究創新之際，同樣離不開對作爲思想載體的文本之創新考察，如此方能真正有效地推動傳統文化的傳承與發展。

關鍵詞：程若庸；《增廣性理字訓》；元刻殘本；白本；朱升本

---

* 本文爲國家社科基金項目（編號：21VGQ018）的階段性成果。

一、《增廣字訓》元刻六卷原本

程若庸,字達原,號勿齋,又號徽庵,安徽休寧(今安徽省休寧縣)人,宋元之際重要的理學家、教育家。作爲朱子三傳,其學上承黄勉齋(1152—1221)、饒雙峰(1193—1264),下開程鉅夫(1249—1318)、吳草廬(1255—1330)。程瞳《新安學繫録》卷九《程徽庵傳》載其生平頗詳,録於下:

> 程若庸,字達原,宋端明殿學士玠之從侄,咸淳四年(1268)陳文龍榜進士。從學雙峰饒先生魯,又師事毅齋沈先生貴瑶,得聞朱子之學。淳祐丁未(1247)爲湖州安定書院山長。庚戌(1250)馮此山去疾創臨汝書院於撫州,聘若庸爲山長,置田宅居之。咸淳戊辰(1268)爲福建武夷書院山長。若庸累主師席,及門之士最盛。在新安號勿齋,學者稱勿齋先生,如范元奕、金若洙、吳錫疇皆其高第;在撫州號徽庵,以寓不忘桑梓之意。學者稱徽庵先生,如吳澄、程鉅夫皆其高第。所著有《性理字訓》《講義》百篇及《太極圖説》《近思録注》行於世。①

據此可知,對程若庸思想產生較大影響的似有三人,一是其叔程玠②,徽庵受其影響不小。如徽庵《增廣性理字訓》以"太極"爲首,不同於程端蒙《性理字訓》《北溪字義》以"命"爲首,而程玠《洺水集》自序開篇即言,"道始於太極",以太極爲道之本始,突出太極之意義。此等相似似非偶然。其次,其師饒雙峰。饒雙峰爲勉齋高足,長期講學石洞書院、白鹿洞書院等,"四方聘講無虚日,作朋來館以居學者",故徽庵學於雙峰而傳朱子學,在《增廣字訓》中

---

① [明]程瞳輯:《新安學繫録》卷九,《四庫全書存目叢書》史部第 90 册,濟南:齊魯書社,1997 年,第 88 頁。羅大經對徽庵以此爲號極表讚賞,認爲這表達了他長期漂泊異鄉,而始終不忘家鄉的本來之心,乃仁者之心,讚賞他對朱子四書之學充養有得,功力深厚。"達原生徽公之鄉,寢飯徽公之四書,充然有得,半世羈棲,去其故鄉。此山馮先生買屋臨川以安之,而達原乃扁室以徽庵,作記數百言,詞義甚美,其可謂心乎故鄉者矣! 其可謂不忘本者矣! 其可謂求仁之士矣!"同上書,第 89 頁。

② [宋]程玠(1164—1242),休寧人,字懷古,號洺水遺民,著有《洺水集》。

引雙峰説不少。① 沈貴珤乃鄱陽董夢程弟子,董夢程爲董銖從子,同時又學於勉齋。故從學術代際來看,沈貴珤乃雙峰晚輩,與程若庸同輩,同爲朱子三傳。就年齡推測來看,沈貴珤當年長於程若庸。沈貴珤曾對程端蒙《性理字訓》加以增廣,程若庸認爲其所增補仍不夠完備,故在程、沈的基礎上進一步擴充至183條,"沈毅齋以程訓未備,增廣之。吾邑程徽庵猶以爲未備,合程、沈所訓又增廣焉"。程若庸該書可謂承襲沈貴珤之作,受其影響頗大。程若庸雖爲進士,然似未從政,而是效法其師,畢生致力書院講學,足跡遍佈浙、贛、閩、徽等地。所主講書院,既有底藴深厚的安定書院、武夷書院等,亦有新創立的臨汝書院。長期擔任山長,培育理學人才無數,成就極爲卓越,"累主師席,及門之士最盛",門下出現了程鉅夫、吳澄等人物。② 除講學育才外,徽庵著有各種講義、注説,如《增廣性理字訓》《太極圖説》《近思録注》《洪範講義》《斛峰書院講義》等。

《增廣性理字訓》乃徽庵於臨汝書院講學時所刊印,以爲講義,故程瞳以其名爲《性理字訓講義》,篇幅巨大,多達百篇。朱子弟子程端蒙(1143—1191)著有《小學字訓》(後以《性理字訓》流行),徽庵之書乃是在其基礎上的擴充增補,故名爲"增廣"(下簡稱該書爲《增廣字訓》)。③ 所謂增廣,有兩方面内容:一則是廣度範圍的擴充,將此前30個字義,增補至183個,並將如此多字義劃分爲6大門類,乃同類著作所無,爲其特色之一。二則是内容上充實,該書採用字義＋類纂的形式,以四字一句來簡明界定183條字義作爲正文,類纂則是在各條字義下匯聚理學各家之説,同時還不時以"愚謂"形式表達看法。故該書實質上由字義與類纂兩部分構成,二者近乎經之正文與注文關係,這是《性理字

---

① 危素《草廬年譜》記述:"宋季,士習惟以進取爲務,程先生嘗游石洞饒氏之門,獨以朱子之學授諸生。"見[明]程瞳輯:《新安學繫録》卷九,第89頁。
② 程鉅夫、吳澄皆於臨汝書院就學於程若庸,吳澄在臨汝書院謁見程鉅夫。程鉅夫極爲欣賞吳澄,即令吳澄與其子和侄子(程鉅夫)同學於此。"時郡守迎新安徽庵程先生若庸,以朱子之學教授郡之臨汝書院,徽庵蓋從雙峰饒氏遊。先生因鄉人謁之……徽庵曰:'吾處此久矣,未見有如子能問者。吾有子曰仔復,族子櫃之,與子年相若,可同學爲友!'"(虞集《道園古學録》卷四四《故翰林學士資善大夫知制誥同修國史臨川先生吳公行狀》,《景印文淵閣四庫全書》第1207册,第623—624頁)吳澄表達了受到徽庵讚譽提拔的感念之情,"往年吾邦部使者邀至新安君達原來臨汝書院,爲諸生講説朱子之學。達原父之爲人少所可。時予弱冠,數數及門"。[明]程瞳輯:《新安學繫録》卷九,第89頁。
③ 我們已將其點校整理,參江佳鳳、崔翔、許家星:《元刻〈增廣字訓〉殘本整理與研究》,《徽學》第十八輯,2023年6月。

訓》《北溪字義》等其同類著作所無之又一特色。① 該書在後世流傳中出現的字義與類纂之分離,恐與該書自身這一特點有關。自元刻原本外,後世所傳者皆僅存"字義"一卷本,且似渾然不覺已非完璧。

幸運的是,該書元刻殘本(存卷三、四)爲原北京圖書館所藏,王重民《中國善本書提要》已著錄。錄其文於下:

【增廣字訓】殘　　存二卷　　二册(《四庫總目》卷九十五)(北圖)元刻本〔八行二十字(20.7×14.8)〕原題:"新安程若庸類纂。"《存目》載《性理字訓》一卷,《提要》云:"舊本題宋程端蒙撰,程若庸補輯。端蒙所作凡三十條,若庸廣之,爲造化、性情、學力、善惡、成德、治道六門,凡百八十三條。門目糾紛,極爲冗雜(原文)。明初朱升又增'善'字一條,摭袁甫之説以補之,共爲一百八十四條。皆以四字爲句,規仿李瀚《蒙求》。"今疑一卷本爲朱升所定,蓋每條僅留所著出處,而刪去各條後之解説,故僅有一卷。此本爲若庸原本,每條之下,均著明所本,猶有未明,則加"愚謂"以申之。又低一格,備列程、朱及往聖舊説,以述此章大義,義有未明,復加夾注。故原書六章,即有六卷。此本僅存卷三、卷四,卷内有"願學齋"印記。②

據此所述,結合該書内容,可知該書有以下特點:

一、字義+纂文構成的理學字義體巨著。該書形式爲字義+纂文,程若庸署"類纂"二字,即表明該書重心在"類纂"而非字義。事實上,如不通過該書之"類纂",則無法真正理解"字義"之用意,二者關係近乎經與注。該書後世所流行一卷本僅保留183條字義,不過3 700來字。然就原本而論,僅卷三即78頁,頁8行,行20字(事實上,該書存在大量雙行小注,字義正文下之注緊貼"頂格",纂文之注空一格,行19字),約13 000字,共討論了30條字義(本爲32個,然殘本尚缺"教、學"二條),條均400餘字,可謂詳盡。卷四53頁。照此計算,原書六卷,當計400頁,字數應在8—12萬之間,實爲約4萬字的《北溪字義》之雙倍,可謂字義類著作中之"巨著"。注重類聚、纂集宋儒及朱子後學之

---

① 該書具體特色可參拙作:《被埋没的理學字義精妙之作:程若庸〈增廣字訓〉新探》,《四川大學學報》2023年第4期。

② 王重民:《中國善本書提要》,上海:上海古籍出版社,1983年,第224頁。

説,是元代理學的一個特色,《增廣字訓》正體現出宋元之際理學發展之新體。

二、"每條之下,均著明所本"。該書首先以大號、黑體、單行字列出字義正文,接著則以非黑體雙行小字交代字義之來源,常以"本某某"言之,指明字義所本之著作或人物説,無外乎四書、五經及理學家語。如本《大學》者:格物、致知、慎獨;本《論語》者:博文、約禮、驕吝、小道;本《孟子》者:求放心、知言、存、養、忍性、養氣;本《中庸》者:尊德性。還有交代來自多本經典者,如吉、凶"本《書》《易》";來自經典+理學家者,如狂、狷"本《語》、《孟》、朱子"。也有進一步交代來自經書某篇或某章者,如道心、人心本《尚書·大禹謨》;克己復禮本《論語·顏淵問仁》。不少字義取自程朱等説,如忠、恕本程子,孝悌本朱子。或以"本程子語"的方式表達,如尤、悔本程子語;幾"本朱子語"。亦有同本于經書與程朱者,如復"本《易》及程朱子語",義、利"本南軒語"。

另一種情況是雖不直接言"本某某",但逐一交代出處。如"已知已能,必熟諸己,是之謂習",再以雙行小字列出朱子《集注》"習"的字義解,進而列出傳而不習章朱注"熟之於己"説,可見"必熟諸己"本于朱子。又引《論語或問》"學而時習"解,認爲"人既學而知且能矣,於其所知之理,所能之事,又以時反復温繹之云云",此又交代了"已知已能"的出處。① 又如"通乎動靜,主一無適是之謂敬",下即引程子"主一之謂敬,無適之謂一";又引朱子"敬字該貫動靜;主一兼動靜而言",實即交代此説所本。又如"蒙昧之時,育其純一,是曰養正",即引《易》"蒙以養正,聖功也","頤養正則吉也"。又引朱子"赤子之心純一無僞"。如"貫乎始終,不息不雜,是之謂一"。小注引程子主一無適,朱子一則誠説。可見徽庵將明字義來歷的溯本工作放在首位,對理解字義具有直接而根本的意義,顯示其所立之字義,皆本於經典著作之語和理學大家經典之説,非私心所造,而可信據,體現了字義乃是對理學思想的普及。

三、"猶有未明,則加'愚謂'以申之"。類纂部分在類聚經典文本及程朱等理學之説後,還不時以"愚謂"形式直接表達程若庸的看法。"愚謂"涉及如下字義:卷三學力門:大學、格物、敬、一、忠恕、慎獨、養正、求放心、剛、勇、養、克己;卷四善惡門:道心、公、驕吝。可見"愚謂"之比例不算高。以其關於剛

---

① 相關引文皆見[宋]程若庸:《增廣字訓》元刻本卷三、卷四,見國家圖書館"中華古籍資源庫",該書並未標注頁碼,故本文亦不標注。

和勇的愚謂爲例,關於剛,先引朱子説討論剛與勇之不同,認爲"勇只是敢爲剛",以愚謂提出看法,"分言之,則剛爲體,勇爲用;單言剛,則勇在其中,言勇則剛在其中"。從總分論剛與勇的體用分合關係。關於勇,針對朱子勇屬於義,剛屬於仁,不可固執而要根據具體語境而論的觀點,以愚謂提出"剛則仁之體立,勇則義之用行。仁者必有勇,勇者不必有仁"。認爲剛是立仁之體的條件前提,以剛論仁;勇則是義之發用,納勇爲義;仁内在包含勇,勇則不包含仁,存在非仁之勇。可見仁作爲全德内具義、剛、勇等德性。此外,似乎還存在因爲前後相連而省略"愚謂"的情況,如求放心條,"前説以求放心爲學問之本,此説以學問爲求放心之本"云云。

四、"備列程、朱及往聖舊説,以述此章大義"。該書題名"類纂",其重心並非在由 4—16 字所定義的"字義",乃是在每條字義下多達數百字的類聚之説。正因對理學之説的大量引用,使得該書具有理學學術史的意義。所類聚之説的選擇取決於能否有助於闡發字義。如卷四善惡門的上達、下達,字義爲:"反乎天理,日進高明,是曰上達;徇乎人欲,日究汙下,是曰下達。"程若庸於此説下以雙行小字先後引張載、吕大臨、朱子説:"張子曰:上達反天理,下達徇人欲。芸閣曰:君子日進乎高明,小人日究乎汙下。朱子曰:張子、與叔之言湊説方備,究者,究竟至於極。"相當於交代字義所本之出處。進而又低一格單行大字列朱子説:"君子上達,小人下達,只是初間用心分毫之差,自此而分。""上達一日長進似一日,下達一日沉淪似一日。"接着又以雙行小字引《朱子語類》説:"君子只管透進向上,小人只管向下。""小人徇人欲,只管被它墜下去,只見沈了,如人墜水相似。因又言究竟之義,①初間只是差些子,少間究竟將去,越見差得多。"上引説皆來自《朱子語類》卷四十四,却有大字、小字之别,可見區分的標準在於與字義的距離。

在引用各説述義的過程中,該書體現出相當的學理性,而絶非僅供童蒙使用的蒙書,擺脱了字義體著作幹列條目的缺點。以下以"人欲"爲例試呈現之,首列字義,"喜怒哀樂,聲色臭味,感物而動,易流於私,是曰人欲"。接著列 3 行 6 列小字加以解析:

---

① 據《朱子語類》卷四四,作:"達只是透向上去。君子只管進向上,小人只管向下。"原文此尚有"今人多是如此"句,然節引原文乃該書特色,下不再標出。

人生而静,形氣未用事,有是性之善而已。感物而動,形氣用事,而欲之善惡分焉。喜怒哀樂(漫漶不清多字),聲色臭味,爲形之欲,以理節之,則發而中節,(漫漶,似爲"爲天理之正");不以理節之,則發不中節,爲人欲之私。(漫漶似爲"氣強")而理弱,氣粗而理微,易流於私而非出於私也。惟滅天理而窮人欲,而後所謂人欲者,始一於私欲耳。

徽庵指出①,在人生而静的狀態,氣尚未發生作用,與事物未發生關係,只有性善。在這種狀態下,照朱子的説法是"純粹至善,萬理具焉"。事物發生感應之後,形氣開始作用於心,才產生情欲(即性之欲,朱子認爲"性之欲即所謂情也"),才有善惡。喜怒哀樂,聲色臭味即是形體所產生的欲望,如能以理節制欲望,則欲望之發中節,否則即不中節,成爲人欲之私。在理氣關係上,形成氣強理弱,氣粗理微的局面,欲之所發,即易流於私欲,但其本原並不來自私欲。他刻意區別了"流於私"和"出於私",表明人心本無私欲,私欲乃後天而起,是氣用事對理遮蔽所造成的後果。只有在滅天理而窮人欲的情況下,人欲才完全變成私欲。關於欲,徽庵提出了新看法,認爲欲是中性概念,並非惡,不受理節制的欲才是惡,欲不等於私欲,私欲只是欲的一種極端情況,是滅天理後才有的。接著,低一格大字引《樂記》"人生而静,天之性也,感於物而動,性之欲也"説,即以雙行小注引朱子《樂記動静説》解之,大意是感前是純粹至善的天命之性,感物而動後則是善惡相分之情(性之欲)。又大字引伊川《顏子所好何學記》的"天地儲精……性鑿矣"一段,又雙行小注引朱子説解之,認爲"此數語與《樂記》同意",強調感物而發、是非真妄出現之後的關鍵在於是否中節。接著又大字引朱注孟子道性善章對性之解,"性者,人所禀於天以生之理也。渾然至善,未嘗有惡"。強調人性本善。又引《大學或問》"以理言之,則萬物一原,固無人物貴賤之殊;以氣言之,則得其正且通者爲人"等説,以理氣同異説解釋人物之别,同時引"氣質有蔽之心接乎事物無窮之變"等説,表明心受到五官之欲的染汙。接著以雙行小注解釋朱子説,先引上蔡天理與人欲相對説,"存一分人欲即滅一分天理";又引朱子兩條,一條説是底天理非底人欲,一條

---

① 此段雖無"愚謂",然亦未交代是他人説,據體例並結合他書所引徽庵"氣未用事"説,可斷定是徽庵説。另原文漫漶不清之處,儘量結合語境,參照他書加以復原,然多有個人揣測之處。

引《中庸章句》戒懼所以存天理,慎獨遏人欲説。又引魏了翁《合州建濂溪先生祠堂記》,從孟子寡欲論及濂溪無欲説,提出孟子主寡欲而非無欲,認爲孟子"所謂欲仁、欲善、欲立、欲達,莫非使人即欲以求諸道……即其不欲以求諸非道,必至於從心所欲不逾矩而後爲至善"。表明欲並非只有負面意義,它還有表達正面意願的意義,如己欲立而立人之欲,此欲指向的是道,故當"即欲求道",此欲不可少;反之,"己所不欲勿施於人"的不欲指向的是非道,此欲則不可有。而夫子最終的境界並非無欲,而是"所欲不逾矩"。了翁又提出"曾子得之,明六欲之目,孟子傳之,開六等之科",強調曾子、孟子皆繼承夫子精神,"即欲以求道",具有道欲合一的傾向,但同時又指出,濂溪的無欲説與此並不矛盾,性必然因感而有欲,但却要避免爲私欲所化。故聖人雖主張即欲求道,同時也反對私欲,如夫子對季康子、子路、冉求、申帳等人之"欲"即加以否定。最後落實於五峰的"天理人欲,同體異用,同行異情"説,認爲"以此求之,則養心之説備矣"。其實朱子明確反對"同體異用"説,而認可"同行異情",蓋欲是後天發出者,並無其體,不能視爲與純善的天理同體。可見了翁、徽庵在理欲關係上,並不同於朱子,而認可五峰,體現了理欲合一的思想,故特別表彰了"即欲求道"説。另外值得注意的是,徽庵將喜怒哀樂與聲色臭味並提,程朱似並無此説,而勉齋《復李公晦書》正論及此[1],可見此是朱子後學的一個新看法。它要處理的問題是喜怒哀樂屬於人心還是道心,或皆不屬於。勉齋等認爲正如人心一分爲二,喜怒哀樂亦當存在二分,或出於仁義禮智,或出於聲色臭味,此區分乃是對朱子的推進。故即類纂來看,顯然較乾巴巴的十六字定義"人欲"要豐富、精深許多,看似僅僅是做了些編纂工作,然正是在此述而不作的過程中,顯示出徽庵對理學思想的深刻把握,對思想資料的嫻熟運用,通過有意識地圍繞《樂記》説論證人欲,特別選擇魏了翁説,表達了自身與朱子不完全一樣的立場,繼承了勉齋、雙峰不拘泥朱子而勇於創新的精神。

五、保存了若干罕見的理學史料,尤其是朱子後學之説,此可謂類纂的又一價值。徽庵該書以理學爲主幹而取材廣泛,除引用周張二程、邵雍、胡寅、胡

---

[1] "來教謂'喜怒哀樂屬於人心爲未當,必欲以由聲色臭味而喜怒哀樂者爲人心,由仁義禮智而喜怒哀樂者爲道心'。以經文義理考之,竊恐不然。……形氣在我,如耳目鼻口是也;聲色臭味在物,豈得以發於聲色臭味者爲人心乎?"[宋]黃榦:《勉齋集》卷八,《景印文淵閣四庫全書》第1168册,第90—91頁。

宏、范祖禹、朱子、東萊、南軒等理學大家之説外，難得是引用大量朱子後學之説，如蔡元定、蔡沈、黄榦、李燔、陳淳、陳孔碩、真德秀、魏了翁、林少穎、葉采等，尤其是所引雙峰、馮去疾、黄義明（徽齋）、吳竹洲（徽）之説，多有他書所無者，對促進宋元朱子學研究很有意義，體現出重視朱子後學之説乃元代理學發展的普遍趨向。

二、吳錫疇家塾增補本

元代休寧學者陳櫟（1252—1335）曾透露該書似乎存在臨汝原本及吳氏家塾本之别。其《字訓注解跋》云：

> 延祐乙巳春（按：延祐有乙卯1315和丁巳1317，而乙巳乃在大德九年1309，必有一誤），介軒從子季真來見，謂聞之松峰璩君，《字訓》至徽庵而大備，惜未之見。予因盡出之，相與篝燈細玩，信其爲宇宙間精妙之書。季真謀會梓板行，此意甚佳，遂舉以授之。又聞之吾友黄求心行叟①，徽庵初刊之臨汝時，無吳竹洲論説②。其孫刊之家塾，始自增入，即今所授本也，其説甚少，亦無所悖，姑仍其舊。觀者宜知之云。③

據此可知該書在元代理學圈獲得極高讚譽，董真卿聽璩松峰贊徽庵所作《增廣字訓》乃字訓大成之作（董夢程曾注程端蒙《性理字訓》），故以未曾得見此書爲憾。陳櫟"盡出"徽庵此書（"盡出"顯示該書卷帙不小），二人共同仔細把玩，同讚嘆其爲"宇宙間精妙之書"，認爲完備精密。故董真卿打算將徽庵此書與陳櫟《字訓注解》合刊之，陳櫟正擔心其書"傳之未廣"，正中下懷，遂將二書全部交給董真卿。但值得注意的是，陳櫟又提出一説，認爲其所得《增廣字

---

① 黄求心乃陳櫟好友，婺源人。《定宇集》載二人三通書信，頗涉私事，如卷十《與黄求心》請托提攜其外甥吳仲文，卷十一《答黄求心賀發解啓》回復黄求心之賀詞等。［元］陳櫟：《定宇集》卷十《與黄求心》、卷十一《答黄求心賀發解啓》，《景印文淵閣四庫全書》第1205册，第321—322、333—334頁。

② 吳徽（1125—1183），字益恭，號竹洲，休寧人，有《竹洲集》行世。被列入《宋元學案·嶽麓諸儒學案》。其生平詳見程卓：《竹洲先生吳公徽行狀》，載程敏政《新安文獻志》卷六十九。相關研究有石磊碩士學位論文《新安理學家吳徽研究》等。

③ ［元］陳櫟：《定宇集》卷三《字訓注解跋》，《景印文淵閣四庫全書》第1205册，第197—198頁。

訓》似並非臨汝書院徽庵原刻本,蓋其好友黄求心言及該書臨汝書院本並無朱子同時之人休寧吴儆之説。故陳櫟推測此書中吴儆(1125—1183)説,當是吴之孫吴錫疇(約 1214—1276)所增補,並刻於家塾①。吴氏與徽庵交往甚密,吴錫疇師事徽庵,其父吴垕又與徽庵友善,故徽庵選取吴儆之説亦非不可能。如吴儆之説是吴錫疇所補,則陳櫟之本非臨汝原本,乃吴氏家塾增補本。然正如陳櫟所言,此家塾刻本所補吴氏之説甚少,且不與徽庵説衝突,並無所礙,故不必更改,可視爲原書。

據原北圖殘兩卷本,所引吴儆説僅兩條,照此類推,全書六卷恐不過 6 條而已。引其説如下:

> 卷三孝悌條:兄弟,天倫也;夫婦,人合也;孝友,天性也。孟子有言:"人之所以異於禽獸者幾希,庶民去之,君子存之。"今夫天倫之至親,嘗離於人合之間;言天性之至愛,常奪於人僞之滋長;君子之所存,存其天也;天之所存,人之所以異於禽獸者也。

> 卷四異端條引:"伊洛所以異于釋老者,正以其本末具舉,先後有序。故自格物致知,正心誠意,修身而後齊家治國平天下,步步有實效,非如禪家之説,推墮滉漾中也。"

孝悌條以天性、天倫、人合來解釋父子、兄弟、夫婦三種人倫之關係,強調不應以後天夫婦之合以離間兄弟天倫、奪走父子天性,表達了父子、兄弟重於夫婦的觀點。異端條以《大學》八目説爲據,讚賞二程之學具有實效,本末先後精密條理,非禪學恍惚無根之説可比。

三、史伯璿《管窺外篇》之"白文"本

元儒史伯璿(1299—1354)在其《管窺外篇》卷下提出《增廣字訓》存在白本與注本兩種情況②,比較分析了二者異同,得出白本優於被視爲定本的注本之

---

① 此生平取王京濤説,參其碩士學位論文《南宋徽州詩人吴錫疇研究》(安徽大學,2020 年)。吴錫疇有《蘭皋集》傳世。其子吴浩乃理學家,著有《大學口義》等。

② 史伯璿(1299—1354),字文璣,號牖岩,温州平陽人,元代理學家,有《四書管窺》《管窺外篇》《青華集》行世。

見。他説：

> 按：《字訓》有白本、有注本二本，文多不同，今人多以注本爲定本。愚嘗合二本參考，似乎注本不如白本之精。未敢自信，今標出二本不同處，以愚意妄論其優劣於後，以俟知者。①

所謂注本，即元刻原本，史氏視"類纂"爲注；所謂白本，即僅有字義而無類纂之本，然此"白本"並不同於後世所流行的一卷本。史氏提及的"白本"僅見於《管窺外篇》卷下所論，從未見人道及。據史氏所列來看，二本不同如下：

一是字義條目之有無。如注本有元氣，無太和；白本則反之，有太和無元氣。史氏提出："二本互見，不知當以何本爲定？"據宋元各家字義著作來看，僅陳普（1244—1315）《字義》設有"太和"條，且其書有竄入徽庵《增廣字訓》內容者。白本造化門 41 條字義，注本僅 24 條，缺失了真、精、通、復、繼善、成性、氣化、六子等史氏所認爲的"事關性理大節目"者多條。

> 右造化一篇，白本四十一條，注本二十四條。白本若真、若精、若通、若復、若繼善、若成性、若氣化、若六子，皆注本所無。此皆性理節目之大者，不應皆莫之訓，則注本未得爲定可知。②

史氏所提字義，在宋元諸家字訓類著作中皆無，故其所謂此等皆性理節目之大而當取以爲字義説，並無説服力。而"復"則在注本"善惡"門，與"幾"相對，解爲："陰反而陽，惡反而善。"陳普《字義》收之。學力門二本雖皆 32 條，然白本無"教"條，"教"爲注本本門首條。白本格物窮理分爲兩條，而注本則僅格物而無窮理。史氏於此批評白本不妥，而讚賞注本之安排。③ 善惡門白本 34 條，注本 32 條，白本多"仁賊""義殘"兩條，此兩條他書亦皆無有，故史氏據此推出"恐白本爲定，注本有缺，當考"無據。成德門白本較注本多"神（闕，似爲'妙'）"一條，注本有神化條，而陳普《字義》則有"神妙"。

二是各門字義次第之別。史氏指出，造化門白本是乾、坤、陽、陰、天、地之

---

① ［元］史伯璿著，周文明、周峰點校：《管窺外篇》，杭州：浙江文藝出版社，2015 年，第 749 頁。
② ［元］史伯璿：《管窺外篇》，第 754 頁。
③ 史伯璿《管窺外篇》："竊意教雖不可謂之學，然教字不可無訓而別無所附。以附於此，猶愈於不之訓也。格物窮理本是一事，合而訓之，似亦優於分訓之纏絆。此二者似皆當以注本爲是。"（第 762 頁）

次序,分別對應德、氣、形;注本則是陽、陰、天、地、乾、坤,依據由氣而形而德的次第。白本以道、器、天、帝居於元亨利貞四德之前,五行、五材置於四德之後;注本則是以五行、五材在前,四德次之,道、器、天、帝又次之。史氏認爲白本從作爲造化主腦的道器天帝開始,而落實于作爲造化具體條件的五行五材,優於注本以五行五材先於道器天帝。然二説皆以四德居於天帝與五行之中,四德乃是作爲天道之始、通、宜、固之義,故注本之安排未嘗不妥。又如成德門,白本置"良貴"條於至善、明德之間,史氏認爲此遵循了同類相從原則,而注本則置於天德後,不妥。其實天德、良貴亦是同類。還有字義置於不同門者,如性情門白本 44 條,較注本 47 條少明德、至善、浩氣三條,蓋白本將此三條安排于成德門,此涉及如何理解三條字義的問題。

三是解釋字義的文字次序顛倒者。如性情門誠、信之白本如下:

真實無妄,天之道也,始終不息,表裏不離,是之謂誠。
循物不違,人之道也,四端百行,必以其實,是之謂信。①

注本"天之道也""人之道也"分別置於"是之謂誠""是之謂信"前面,如此一來,則天之道、人之道不僅分別統攝真實無妄、循物無違,且分別統括了餘下兩句之義,史氏認爲注本不如白本更清晰易懂,其實注本更爲全面,似是修改本。關於善惡篇"幾",白本是"理雖已萌,事則未著",而注本次序恰相反,史氏認爲應該先理後事,其實亦未必。蓋事乃是外顯者,理是內隱者。且注本在解幾微故幽時言:"理雖已萌,事則未著,微而幽也",已是白本説。

四是字義解説的內容不同。如太極解,白本:沖漠無朕,萬象森列,渾然至理,無乎不在,是曰太極。注本:至理渾然,沖漠無朕,造化樞紐,品匯根柢,是曰太極。二本之真正區別在白本"萬象森列、無乎不在"與注本"造化樞紐、品匯根柢",二者相差甚大。史氏認爲,二者皆脫胎於《太極圖説解》及朱注,然白本兼具萬物統體太極與物物各具太極二義;注本雖來自朱子解,僅有統體太極義。其實,注本二句道出了太極之體用兩面,樞紐、根柢意即在此,同時內蘊一物一太極義。② 又如性理門"人道"條,白本解:"仁義禮智,當然而然";注本

---

① [元]史伯璿:《管窺外篇》,第 758—759 頁。
② 注本説得到後世認同,如吳訥《增廣字訓補注》即對至理、沖、漠、朕、樞、紐、品、匯皆詳加訓釋,最後特別引陳淳説,認爲"理雖無形狀方體,萬物莫不以爲根柢樞紐,以其渾淪極至之甚,故謂之太極"。

"人倫日用,當然而然(又作當然之則)",究竟作仁義禮智還是人倫日用更好？史氏認爲前者更精當,契合"道"之義。其實二説各有理據,朱子常以"日用"解"道",仁義禮智則屬五常。又如性理門"志",白本"皆由是焉"對應注本"能持於久","意""欲有謀焉"對應注本"欲有所爲"。史氏判定白本説更靈活、緊切。性理門"本",白本有"質而近厚",注本"事所由出",注本似更契合"本"的本始、源頭義,而白本"質厚"乃相對"文薄"論,而與之對應的條目正是"文"。

　　白本與注本之别多在個别文字之間。有一字之差者,如致知,白本是"學無不明",注本以"欲"替换"學",與之對應的"格物"也是"欲無不察",史氏認爲注本更精。有兩字之差者,如致曲,白本是"發見之偏",注本"器識之偏"。史氏據朱子説,認爲二解皆不妥,當是"善端發見之偏"。又如成德門"意誠",白本是"真實不欺",注本是"真實無妄"。史氏認爲"無妄"表聖人境界,"不欺"是學者境界,並以程子"無妄之謂誠,不欺其次"説證明之。三字之差者,如成德門"充",白本"推其所性",注本"推廣善端"。在史氏看來,二者皆本於《孟子》,然白本説乃是踐形之充,較注本擴充之充更爲廣大,可包括後者。四字之差者,如知言,二本首句不同,白本是"理明義精",注本是"物格知至",史氏認爲二説大意無别,然皆不妥,並提出修改。二本之别有不少是大意同,具體文字有差異者,如克己復禮,二本皆有勝私欲、還天理之義,不過白本尚有"以禮制心""閑邪存誠"説。

　　五是解説依據不同。如造化門五行、五材解,白本:"氣運於天,以木爲先。"注本:"氣運於天,迴圈無端。"史伯璿認爲,白本據五行先後次序,而注本則據"迴圈無端"之説,無端與先後正相對立,認爲陰陽可言無端,但五行不可。關於五材之説亦然,白本:"質具於地,以水爲首。"注本:"質生於地,自微而著。"史伯璿認爲白本"質具於地"乃朱子説,優於"質生於地"説。白本水木火金,據《太極圖》陰陽對待説;而注本微著説乃是據《洪範》五材説,即"水曰潤下,火曰炎上,木曰曲直,金曰從革,土爰稼穡"。史氏認爲《洪範》五行、五材説皆來自《太極圖》,並斷定其五行即五材。又如學力門博文約禮,白本:"格物致知,必極其廣,是曰博文;克己復禮,必求其要,是曰約禮。"①史伯璿指出此格物、克己説來自朱子《論語集注》所引侯仲良説,故更爲可取。成德門"定",白

---

① 〔元〕史伯璿:《管窺外篇》,第760頁。

本是"寂然之性,順應不動",史伯璿認爲此來自明道《定性書》,"無以易矣",突出了性定論,較注本"若動若静,各止其所"説更好。此所謂優劣之論乃史氏一家之見,其實未見得明乎徽庵用心,徽庵並非不知根據程朱者,然自有其不同于朱子者在。如其"若動若静"説正是在《大學》知止而定、静、安的語義下展開。

六是解説詳略、精粗、分合之别。在多數情況下,白本解較注本更爲詳備。如關於鬼神、魂魄解,史伯璿認爲白本更精密完備。蓋白本對鬼神既分别而訓,又綜合而論,言"造化之迹,屈伸聚散,魂魄之著,焄蒿悽愴,皆曰鬼神"。對鬼神的情況包含周遍,注本則以二氣、一氣解之。又如"變、化",史伯璿認爲白本是分訓,注本是合訓,存在詳略不同。白本"變"字多出"闔闢不常,爲物之遷",於"形體漸化"前補充不常物遷之義;"化"字多出"推行有漸,爲物之逝",於消融變成前補充行漸物逝之義。此多出文字分别指向造化與物,乃後四句解的前提,無此則注文所論無着落。關於性情門的命、分,白本較注本分别多出"善之繼也""性之成也",明確以繼善成性解命、分,而注本則突出了命、分的天人之分,即"天道流行"是命,"人所禀受"是分。關於性情門的氣、質,史伯璿認爲白本四句解兼言人物與人,注本三句解皆言人而不及物,故不如白本完備。其實二者在具體解説上有很大差異,如白本以禀氣於天和賦形於地相對,分别指氣、質;而注本則以禀於天和受於人相對,且注本將美惡視爲氣,而白本則視爲質;注本納昏明爲質,而白本是氣。又如魂、魄,白本多出"爲陽之靈""爲陰之靈"二句,史氏指出白本以靈、神結合,顯現了靈是神之所以然,神是靈之所以用的特點,而注本則是靈、神分别割裂。然白本、注本繁簡之别,有明顯可見是注本有意删削者,若據此而論,則注本乃白本修改本。如德、業條。

　　白本:行此之道,自得於心。日新無窮,是之謂德。推此之道,著見於事,富有無外,是之謂業。

　　注本:道得於心,日新不失,是之謂德;道著于事,富有無外,是之謂業。①

　　兩相比較,可見注本對白本之壓縮精簡,於"道"删"行此之""自"四字;於

---

① [元]史伯璿:《管窺外篇》,第758頁。

"德"删"推此之""見"。此等明顯精簡處還見諸造化門元亨利貞解，白本每條皆以五句解之，而注本僅四句。①

　　有注本較白本更詳者，如成德門知至、知止，白本各以兩句解之，而注本則皆以四句解之，史氏亦認爲此條注本語義更清晰完整，白本過於簡略，反致費解。② 又如"才"之訓，注本四句，認爲性之所能皆善，質之所能則有善惡，如此方是才，突出才具善惡；白本僅兩句，只是從材上説而未論及性。又如格物窮理白本分別爲二條，各以兩句解之，注本則以四句解格物。史氏認爲白本似採用格物窮理之互見法，然注本更優，以事事物物皆窮其理，表裏精粗無不察是格物，格物内在包含了窮理。也有雖注本較詳，然史氏仍認爲其義不如白本簡明完備者。如天理、人欲條，天理條之解注本四句，白本三句，除首句"天命流行"相同外，餘皆不同，白本是"具爲五性，純乎自然"，注本是"於穆不已，其賦於人，爲性之善"。史氏認爲，"於穆不已"多餘，後兩句亦不過是白本"具爲五性"之意，其實二説皆從天命流行於人，構成人性之善來解。

　　上述史氏所剖析的白本與注本字義之異同，見出二本雖大體相同，而異者復不小，約54條，幾佔全部字義三分之一。當然更多的是繁簡、精粗及少量字詞之別，基本意思大體一致。關於白本目前僅有史氏一家之説，無法知悉此白本之來源。至於史氏所竭力證明白本優於注本，而以白本爲定本，注本爲初本者，並無堅強理據，實出於個人之見。在我們看來，反不如説白本是注本之初本。史氏乃護朱情節極重的朱子後學，其費一生精力著《四書管窺》以批評"多不同于朱子"的饒雙峰已充分表露其護教心態。③ 故其關於白本與注本之別常據朱子之説，實不知作爲雙峰弟子的徽庵亦多持有不同於朱子之見者，並非全以朱子爲是。此外，就完備性來看，白本無注，顯然是未定本才有之情況，不可能是徽庵在修改過程中將數萬注文皆刪去之。就流傳來看，注本雖自明以來流傳甚少，然在元代南方理學界，頗爲流行，除陳櫟、史伯璿外，胡炳文、倪士毅

---

　　① 白本：乾始而大，氣爲少陽，時爲春生，在人爲仁，爲善之長，是之謂德。注本：萬物之生，于時爲春，氣爲少陽，天道之始，是之謂元。［元］史伯璿：《管窺外篇》，第751頁。
　　② 白本：心之虛靈，理悟其極，是曰知至。理之精微，心究其極，是曰知止。注本：心之虛靈，洞明此理，全體大用，舉無感蔽，是曰知至。理之精微，洞燭於心，一事一物，皆明其則，是曰知止。［元］史伯璿：《管窺外篇》，第763—764頁。
　　③ 可參許家星：《宋元朱子四書學詮釋紛爭及學術版圖之重思——以史伯璿〈四書管窺〉對饒魯的批評爲中心》，《中山大學學報》2020年第5期。

等四書著作皆引用其注本之説。可證注本在當時之流行。而白本僅史伯璿提及,後世似幾再無人提及(恕筆者寡陋)。且後世朱升、吴訥等皆主張該書應有其注,並補注之,可見注本乃衆望所歸。

四、明朱升《小四書》本

跨越元明兩朝的安徽休寧學者朱升(1299—1370)將徽庵《增廣字訓》的字義部分抽出,收入其主編的《小四書》中,是爲朱升《小四書》本①。朱升把《性理字訓》收入《小四書》的理由是該書論及"性理學問,天人之道,學問之原"。

他在《書性理字訓後》中言:

> 晦庵門人程正思《字訓》三十條,勿齋增廣之,爲六門百八十三條,今增"善"字,補以蒙齋之訓,凡百八十四條,德、業、盡性、心正四條,訓有未妥,僭易數字,余皆元文。程敬叔《讀書日程》:"八歲未入小學,教之讀此甚善。"但此書四字成言,其語既簡約,而題目多涉命性,其理又幽深,若非根據出處本義,而旁取世俗事物以開喻之,未見其有益也。試以開卷太極之訓言之。②

朱升對徽庵《增廣字訓》做了以下改造:一是僅取字義部分,使原書變爲一卷本《增廣字訓》。二是把程端蒙《性理字訓》③的"善"這一條字義及其解("純粹無妄,天理之名")補充於《增廣字訓》"善惡門",使全書所收字義由183條變爲184條。三是對《增廣字訓》德、業、盡性、心正四條訓解略加調整。原書德、業之訓爲:"道得於心,日新不失,是之謂德。道著於事,富有無外,是之謂業。"《小四書》本則圈住"日新"二字,旁標"藴而"以示替換;"富有無外"亦被

---

① 朱升,字允升,安徽休寧人,學者稱爲楓林先生。曾求學於元儒陳櫟、黄溍,至正元年,登鄉貢進士,後爲朱元璋之謀臣,頗得信用。《明史》有傳,曾旁注諸經,現有《朱楓林集》《周易旁注》行世。所謂"小四書"乃是爲了避免與朱子《四書》同名,收入四部蒙學著作,即宋方逢辰《名物蒙求》一卷,宋程若庸《性理字訓》一卷,元陳櫟《歷代蒙求》一卷,元黄繼善《史學提要》二卷。
② [清]黄宗羲撰,全祖望補修,陳金生、梁運華點校:《宋元學案・雙峰學案》卷八三,北京:中華書局,1986年,第2821頁。
③ 按:徽庵既立"善惡"一門,且有"惡"之字義,不知何故未設"善"字,蓋善字正與惡對,合乎範疇相對設置之特點,且程端蒙《性理字訓》已有之。

圈住,旁標"積而有成"以示替換。① 闌上注則言:

> 富有之謂大業,日新之謂盛德,《易》之本意,借人之德業,以言陰陽之道在造化者如此,日新、富有言其盛者、大者。此篇言人之德業,當以"蘊而不失"易"日新"一句,"積而有成"易"富有"一句。②

先釋富有、日新之義及其來源,指出《易》的本意是借助人的德業來闡明陰陽造化,以突出氣之盛大。但考慮此言人之德業,故"蘊而"較"日新"更能突出德乃道之得,是對道的含蘊義,"積而有成"則突出"業"的積累方能成就之義。

成德門"盡性"條,《增廣字訓》解爲:"至誠無息,至明無蔽,**表裏**精粗,毫髮不遺,是曰盡性。"《小四書》於"表裏"旁標"巨細"二字,旁注"綱常之大,事物之細,義理之精,形氣之粗"。從綱常與事物之大小言。闌上注道出修改的理由是根據朱注《中庸》盡性説及《周易》説,言:

> 《中庸》盡性朱子解云:"天命之性在我者,察之由之,巨細精粗,無毫髮之不盡也。"《説卦》盡性謂爻辭能使人究盡人之性耳。③

其實"表裏精粗"乃朱子格物補傳之説,朱子常用之,突出逐層深入周密透徹之意,而"巨細"則就範圍言其廣大微小無所不包,二者意無大別而各有側重。朱升的理由是直接挪用朱子"盡性"解。

成德門"心正",《增廣字訓》解爲:"**知覺所形**,虛明不偏,是曰心正。"朱升易"**知覺所形**"爲"**心體所存**"。闌上注云:

> 心正者,應物之餘,無所留滯,復還其在中之正位,以爲一身之主,不至逐物而不返也。舊訓非是,今以北溪之説易之。④

---

① 本文所據《小四書》版本爲明嘉靖二十六年楚府武岡王朱顯槐重刊本,改本在每個字義下畫圈,如"是之謂德"的德字,如此頗醒目。對要修改之徽庵説,先列出徽庵原文並圈住,旁列朱升所改之文者即爲此本,此是二説皆列的情況。另一種則是只是寫朱升所改文字,而不標出徽庵原本,亦不對此作任何解釋,讀者若非一一對照,則無從知曉此處乃朱升之説,清雍正十一年無錫鄒氏恒德堂重刊本即是如此。還有一種情況是只列出徽庵原文,如熊大年《養蒙大訓》本及明清受朱升本影響者,如四庫存目本等。
② 〔明〕朱升:《小四書・性理字訓》卷二,明嘉靖二十六年楚府武岡王朱顯槐重刊本,第 12 頁。
③ 〔明〕朱升:《小四書・性理字訓》卷五,第 29 頁。
④ 〔明〕朱升:《小四書・性理字訓》卷五,第 29 頁。

朱升説"心體所存"説來自北溪①,認爲心正指心在應物之後,不被所應之物所滯留,而是仍復歸其本來中正之位,始終成爲一身主宰,不至於陷溺於物而忘其復返。故批評徽庵"知覺所形"説未能闡明此意。其實徽庵以知覺論心,正是朱子的看法,朱升以存心、中正、不偏論心,偏於心之一面,反不如原説確切。

四是對字義加以旁注和闌上注相結合的方式。朱升認爲《增廣字訓》太過簡約而義理深奥,多涉及性命形上之理,並不適合初學,故反對程端禮主張八歲未入小學先讀此書之説。提出對該書旁注的具體做法,應先交代字義訓解的出處,並以通俗事物加以譬喻,使之更好理解,若無此等注釋解析工作,初學者未必能讀此書而受益。他並以太極條爲例證明之,認爲當從《易》入手來考察太極本義,明乎其本義出處,則於後儒各種闡發,則能當下了然。"玩諸《易》,以釋太極之本義,本義既得,則後世儒者所稱述,可一見而決。"②

故《小四書》採用了朱升所慣用的"旁注"的注經形式,《小四書序》言:"讀書不可無注解,然注解與本文相離,學者若不能以意相附,則非徒無益,而適滋其惑。故愚于諸經書往往爲之旁注,使學者但讀本文而覽其旁注,一過即了,無繁復之勞也。"③如太極字義"至理渾然",右旁注"透徹至到之理,如水之渾濁然者"。但朱升又指出,因此四書情況特殊,僅靠旁注寥寥數語尚不足以闡明之,故又特别補充了"闌上注",《小四書序》言,"今此四書者,或語約而事意多,故旁注不足,則又表注於闌上,使教者有所據依而學者易於記憶"。故又于正文上部,留出約三分之一處,以雙行小字列注,主要交代字義説的來源,基本採用周、程、朱子、陳淳等説,如剛善、剛惡、柔善、柔惡條闌上注即引《通書》周子説,其實此等工作徽庵"類纂"早已完成。

朱升絲毫未提及《增廣字訓》本有之"類纂",可見他未能接觸元刻本,否則其"旁注"實在是不必要之工作。《小四書》本所作文字調整無甚意義,最要緊者,由於朱升未能一睹帶有"類纂"之元刻本,未能如陳櫟般感知該書思想之廣

---

① [宋]陳淳《北溪大全集》卷三九《問三仁》章:"三子謂之仁者,只是即此等事變之中見他心體之所存,洞然無一毫私欲之爲累,而其所處又各當於理而無咈焉爾。"《景印文淵閣四庫全書》第1168册,第817頁。
② [清]黄宗羲撰,全祖望補修:《宋元學案》卷八三,第2822頁。
③ [明]朱升:《小四書》,第2頁。

大精深,故僅將該書限定爲蒙書,其所刻亦僅是一卷之字義本,此一卷字義本即成爲此後該書之定式,該書作爲"蒙書"的標籤從此無法撕掉,標誌著該書由"宇宙間精妙之書"向童蒙村塾教學之書的墜落。

此外,元儒豫章熊大年曾將《增廣性理字訓》字義部分收入其《養蒙大訓》中,然却誤認該書作者爲饒魯,此實不應該,遭到明楊士奇之批評。值得注意的是,該書刻意以雙行小字補充"善"字,顯然是受朱升《小四書本》之影響,然却未採用朱升對德、業等四條字義文字之改動。

五、明吴訥《性理字訓補注》

熊節《性理群書句解》曾收入程端蒙《字訓》,明吴訥(1372—1457)作《性理字訓補注》①,以程若庸《增廣性理字訓》取代《性理字訓》。吴訥於《性理字訓補注》正文前道出其以徽庵《增廣字訓》替代程端蒙《性理字訓》的原因:"後新安程復原復考濂洛關閩遺言,增廣爲六門,共百八十條,熊氏止録前本三十條,置詩文之首。今用備載,凡訓義所出,略與考究附注。"②因《性理字訓》字訓太少僅30條而《增廣字訓》已增加數倍的緣故。吴訥對《性理群書》另有多處調整,以《增廣字訓》取代原本《性理字訓》是其中之一。③ 就版本而言,《性理群書補注》所收《增廣字訓》完全採用朱升《小四書》本,可見吴訥根本未知該書元刻本之存在。吴訥的主要工作體現在"補注"上,以綜合熊剛大與朱升之注爲主。補注以低一格形式,以同樣的字體,在字義說左旁另起一行,在引程朱、陳淳、真德秀等理學家之説外,常引熊剛大解。熊節《性理群書句解》所收程端蒙《性理字訓》亦引熊剛大注,似乎熊剛大對兩種《字訓》皆有注解。此外則是大量引用朱升《小四書》之解,如鬼神條引:"朱氏升曰:魂爲神,魄爲鬼,專言在人物者;伸爲神,屈爲鬼,兼言在氣化者。"易、分、體、用、本、文等條皆引其説。更明

---

① 吴訥,字敏德,號思庵,江蘇常熟雙溪人,著有《小學集解》《文章辨體》《思庵集》《祥刑要覽》等,《明史》卷一五八有傳,讚其"博覽,議論有根柢。於性理之奥,多有發明,所著書皆可垂於後"。
② [明]吴訥:《性理群書補注》卷四,《故宫珍本叢刊》第344册影印明宣德九年刻本,海口:海南出版社,1999年,頁一。
③ 如不滿其卷首列周、張、二程、邵、司馬光、朱子七人遺像,認爲不恭而删之。認爲卷五所收伊川《易序》《禮序》皆非伊川所作,復删之。

顯的是,有關朱升所改易《增廣字訓》德業盡性正心四條,皆完全採用其説,反映出該書完全承襲朱升《小四書》本。

六、宋元"精妙之書"如何墜爲清"村塾學究"之本

《增廣性理字訓》乃程若庸執掌臨汝書院時作爲講義而著,臨汝書院以培養出程鉅夫、吴澄等著名學者而名垂於世。《增廣字訓》作爲一代理學宗師徽庵的精心之作,贏得了理學界高度認可。如元代重要理學家陳櫟反復以"精"字讚賞該書,讚此書爲"宇宙間精妙之書","徽庵視介軒所釋精深,初學恐未易及"①。指出該書不僅擴充字義條目,且注釋甚爲精深,遠超董夢程對《性理字訓》之注(即《大爾雅通釋》),其内容實非初學所能及,反對將之視爲童蒙之書。他還認爲,該書堪稱理學字義類著作的大成之作,足以與陳淳《北溪字義》、真德秀《西山讀書記》相提並論而不朽。

  問:《西山讀書記》《北溪字義》《勿齋字訓》三書,孰爲尤精?
  徽庵程公若庸,字達原,吾邑汉口人,于朱學甚用工,近年吾邑前輩之可心服者,此其尤也。《增廣字訓》一書,乃因程端蒙之《字訓》而充之,亦甚好。會聚前輩之議論,而間出己意以折衷之,但以之啓蒙後進,則不如《字義》之活而易看。要之,此三書皆不可不看,而《讀書記》尤博大精微,可以該彼二書,而彼二書不能該此一書也。論來許多道理,三公之編集議論,皆不甚相遠,可以相有,而不可以相無。②

陳櫟特別欽佩徽庵的朱子學,讚其功夫極深,令其傾心。譽其《增廣字訓》擴充字義條目甚好,對其類纂薈萃前輩之説而不時以自家思想加以評判亦認可之,但認爲該書在啓發後學上,偏於精深,不如《北溪字義》靈活易懂。總之,該書與《北溪字義》《讀書記》皆屬"不可不看"的必讀之作,三者形式相似,義理

---

① [元]陳櫟:《定宇集》卷三《字訓注解跋》,第197頁。正有見於徽庵之書過於精深,不便初學入門,故陳櫟才寫作《字訓注解》一書,目的是説明後學理解《增廣字訓》,"舊據管見釋之,一是以明白爲貴,使童習者一見了然,其於性理入門,不爲無助"(第197頁)。
② [元]陳櫟:《定宇集》卷七,第241頁。

相通,實"可以相有而不可相無"。

然而該書的命運並未如陳櫟之所想,與陳、真之書鼎立而成爲學者必讀的精妙之作。其命運轉折的關鍵即在於版本之流傳,從明代開始,體現其精深之處的"類纂"部分不知如何被遺忘或刪除了,僅剩下183條字義。原本六卷的篇幅宏大之作變爲僅剩一卷的單薄册子,且似已喪失了單獨刊刻之資格,而通常是納入與他書合刻的命運中。這種形式的單薄化使得該書性質發生了"倒轉",由不適合童蒙的精深之作被固化爲只是針對童蒙的發蒙之作。此與徽庵本人及陳櫟之看法恰恰相反。如上文所述,此一轉變主要源自明代《小四書》《性理群書補注》。然而明代學者雖將該書蒙學化,但從價值上仍然給予該書相當高的評價,且積極注釋。然而代表清代官方意見的四庫館臣則表達了對該書價值的徹底不屑:

> 《性理字訓》一卷,湖南巡撫採進本。舊本題宋程端蒙撰,程若庸補輯。……端蒙所作凡三十條,若庸廣之爲造化、性情、學力、善惡、成德、治道六門,凡百八十三條,門目糾紛,極爲冗雜。明初朱升又增"善"字一條,撫袁甫之説以補之,共爲一百八十四條。皆以四字爲句,規仿李瀚《蒙求》而不諧聲韻。不但多棘唇吻,且亦自古無此體裁。端蒙游朱子之門,未必陋至於此,疑或村塾學究所託名也。①

館臣之説存在若干錯誤。首先,張冠李戴,錯把"蒙齋"當作"袁甫",如上文所述,朱升所言之蒙齋乃程端蒙而非作爲南宋象山一系之袁甫,其所補"善"字條直接取自《性理字訓》。其次,"門目糾紛,極爲冗雜"實爲偏見。徽庵此書乃是以六門大範疇來統攝183條小範疇,儘量做到以簡統繁,並呈現出概念之間的義理歸屬。雖《性理字訓》《北溪字義》並無此等工作:一則二者條目甚少,分别爲30條、26條,二則條目之間同樣存在内在的範疇關係。如現代學者即竭力去尋找《北溪字義》各範疇之間内在聯繫並加以大類劃分。② 其三,鄙視

---

① [清]永瑢等:《四庫全書總目》卷九五,《景印文淵閣四庫全書》第3册,第84頁。按:《四庫全書總目存目》子部第4册收入該書,題名爲:《程蒙齋性理字訓》一卷,宋程端蒙撰,宋程若庸補輯,北京師範大學圖書館藏清同治至民國間刻《西京清麓叢書》本。該書完全根據朱升《小四書》本。

② 參張加才:《詮釋與建構:陳淳與朱子學》第三章"陳淳的'字義'分析與思辨精神"(北京:人民出版社,2004年);鄧慶平:《朱子門人與朱子學》第四章"義理的精緻化與規範化——以陳淳爲中心"(北京:中國社會科學出版社,2017年)。

程端蒙《性理字訓》與程若庸《增廣字訓》爲毫無學術水準的"村塾學究"之作，繼而懷疑此書作者程端蒙身份的真實性。此點學者已加以反駁。① 需要指出的是，四庫館臣末句"村塾學究"之評雖針對程端蒙而發，但顯然也内在包含了程若庸，在他們看來，二者不過是同一著作簡繁之别而已，水準同樣不敢恭維。平心而論，館臣基於《性理字訓》對程若庸學術水準的判定，不能説毫無緣由。但如館臣讀到元刻六卷本《增廣性理字訓》，則其恐當不至於發此"差評"了。由學者所讚嘆之不適合初學者的"宇宙間精妙之書"，由足以與《北溪字義》《西山讀書記》鼎立之書，而竟至淪落爲遭人鄙視嫌棄之作，實爲該書之不幸，亦是徽庵之不幸也！此一個案昭示吾人，對理學思想的研究，同樣離不開對作爲其思想載體的文獻之考察，否則吾人無法真正有效地推進中國思想史的研究，無法對傳統學術做出有意義的承傳與創新。②

---

① 王獻松：《〈四庫全書總目·性理字訓〉提要辨正——兼談〈北溪字義〉提要之誤改》，《貴州文史叢刊》2021 年第 2 期。

② 目前學界有關程若庸《增廣性理字訓》之研究，仍皆是局於世所流行的一卷字義本，學者普遍根據四庫存目本開展研究。

《濂溪志》编纂的由来及其體例變遷

四川大學歷史文化學院 粟品孝

摘　要：《濂溪志》是自明代中期開始出現，延綿至清末的一種關於宋代理學名儒周敦頤的人物專志。在這數百年的歷程中，《濂溪志》的體例幾經變遷。明朝弘治四年（1491）周冕編《濂溪遺芳集》突破了之前周子文集以周子著作爲主體、其他相關文獻爲附錄的格局，既著錄周子的詩文，也不再把大量有關周子的各種文獻作爲附錄，而是作爲全書的有機組成部分，實爲《濂溪志》系列的發端之作。在此基礎上，嘉靖十九年（1540）魯承恩編出第一部名實相副的《濂溪志》十卷，突破了《濂溪遺芳集》側重周子故鄉之"濂溪"的局限，收錄範圍寬廣，內容特別豐富，人物專志的體例特色也更爲鮮明。之後承襲其書名，對其直接改編，強調以更加嚴整的志書體來編纂濂溪文獻者，是萬曆二十一年（1593）胥從化、謝朏編纂的《濂溪志》十卷。後來在志書體例上進行全新改變的，是清代康熙二十四年（1685）吳大鎔編修的《道國元公濂溪周夫子志》十五卷。編者對以"志"成書具有更高的理論自覺，將彙集的資料分爲十大類別，並在書中的目錄和正文中皆冠以"志"名，實際形成十個分志的規模，這是之前所有《濂溪志》不曾有過的現象。一個半世紀之後的道光十九年（1839），周誥新編《濂溪志》七卷，體例較康熙本又有大變，實際是綜合多家濂溪文獻的卷目和內容而形成的一部新的志書。以上諸本中，以萬曆二十一年本和康熙本的體例最爲優善。

關鍵詞：周敦頤；《濂溪志》；人物志；理學

《濂溪志》是自明代中期開始出現的一種關於宋代理學名儒周敦頤的人物專志，在明清時期曾多次編纂刻印，形成綿延數百年的志書系列。其書"雖以濂溪爲名，似乎地志，實則述周子之事實"①，因而屬於人物傳記類的文獻。《濂溪志》内容豐富，輯錄有周子生平事迹、詩文著述和朝廷褒崇、他人贈答、紀述、詮釋周子的有關作品，是認識和研究以周子爲代表的理學思想及其影響傳播的重要文獻。目前已有一些學者對《濂溪志》展開辛勤搜集、整理研究，成果碩大，②但從志書體例視角對其編纂由來和發展演變進行縱向梳理考察者，似乎尚未見。③ 本文之作，旨在彌補這一不足。

一、《濂溪志》的發端：明弘治本《濂溪遺芳集》的體例開創之功

清人常在爲康熙二十四年（1685）吴大鎔主修《道國元公濂溪周夫子志》作跋時説："惟濂溪有志，自弘治辛亥始也，距今已一［二］百年，凡六刻矣。"④這裏所謂始於明朝"弘治辛亥"的濂溪志書，就是周子十二代孫、景泰七年（1456）欽賜翰林院五經博士周冕編修、道州知州方瓊序於弘治四年（1491）的《濂溪遺芳集》（已佚）。後來道光十九年（1839）周子二十四代孫周誥在其新編《濂溪志》後所附的《濂溪遺芳集》的卷前語中也説："宏治四年辛亥，州侯方公刻有《濂溪遺芳集》，後之守土者輯其大綱以爲志，至今因之。"⑤他們都把周冕編修的《濂溪遺芳集》視爲《濂溪志》系列的發端之作。

《濂溪志》的"濂溪"，既是地名，主要是指周子故居道州的濂溪之水，也是

---

① ［清］紀昀、陸錫熊、孫士毅：《欽定四庫全書總目（整理本）》卷六〇《史部十六·傳記類存目二》，北京：中華書局，1997年，第837頁。
② 近些年王晚霞連續整理出版《濂溪志（八種彙編）》（長沙：湖南大學出版社，2013年）、《濂溪志新編》（北京：中國社會科學出版社，2019年）、《濂溪志補遺》和《濂溪風雅》（均爲中國社會科學出版社2020年版），李寧寧、黄林燕也編纂出版了《九江濂溪志》（南昌：江西人民出版社，2016年），另有一些專題論文刊布。
③ 最近王晚霞發表的《以〈濂溪志〉爲個管窺志書編纂方法的創新》一文（《上海地方志》2022年第3期），對《濂溪志》的編纂體例稍有涉及，但比較簡略，也與本文的縱向考察思路完全不同。
④ ［清］常在：《修濂溪志跋後》，載吴大鎔主修《道國元公濂溪周夫子志》卷末，康熙二十四年本。按，本志卷十四方瓊《刻濂溪遺芳集序》題下亦有注："明弘治四年辛亥，此濂溪刻志之始。"
⑤ 此"宏治"即"弘治"，乃避清高宗乾隆皇帝弘曆的名諱而改。

人名,是周子的號,所謂"濂溪先生"是也。這種雙重屬性,在《濂溪遺芳集》中就已具備。且看編者周冕請求知州方瓊作序時所言:

> 《圖》《書》雖天下所共究,濂溪雖天下所共聞,然我舂陵之所謂濂溪,所謂月巖與營道者,人未之見。愛蓮有池,池上有亭,亭池上下有光風、霽月,人未之玩賞。我祖吟咏性情,愛蓮有説,示拙有賦,思親之類有詩。及其既往,上而追封有制,下而奉祀有祠,或序或記,不一其文。是皆散在群書,或傳録於家者,人未之悉究。他如世之文人才子,經舂陵睹遺迹,而慕濂溪者,稱讚有佳句。士大夫親見我朝崇儒重道,爲我祖而賜冕以博士之官,其垂愛及冕者,亦贈有佳什。是皆我祖之勞,默寓於山川,發越於吾儒,崇重於聖朝,垂裕於吾身,而《圖》《書》所載之未盡者也。

顯然,周冕一方面要宣揚"人未之見""人未之玩賞"的濂溪、月巖、營道山、愛蓮亭等這些周子故里的山水景點,一方面要彙集"人未之悉究"、《太極圖説》和《通書》"所載之未盡"的各種有關"濂溪先生"的文獻。方瓊心領神會,遂在序文中大加發揮道:

> 誠以營道一山,天啓周子以悟道之機;月巖一像,天啓周子以太極之理;濂溪一派,天啓周子以斯道之源。而《太極》《通書》之芳,所以耿耿不磨者,誠有所自。若夫愛蓮之説,吟咏之作,及古今人之贊詠而贈及其後裔者,乃其芳中之餘芳,是猶孔經之外復有所謂《家語》,實又"六經"大芳中之餘芳也,集以"遺芳"名,宜矣。雖然,博士是集,源流始末,井井有條,初非自多其一家之芳也。原其意,蓋欲發明周子之所以生於舂陵,而明其道以著其芳者,實本諸天。舂陵山水之芳馨,所以顯揚於天下者,實本諸元公。元公之芳,廣遠益著。而世承博士之寵芳,又本諸山水之勝。①

綜合這兩段議論,我們不難看出二人表述的邏輯:包括營道山、濂溪、月巖在内的自然山水孕育("天啓")了一代道學宗師;而"濂溪先生"周子的鼎鼎

---

① 以上兩段引文均見[明]方瓊《濂溪遺芳集序》,載[明]魯承恩主修《濂溪志》卷一〇《序類》,韓國首爾大學奎章閣藏明嘉靖二十五年刻本。

大名又反過來促使這些山水"顯揚於天下";我周冕之所以能夠獲得具有世襲特權的翰林院五經博士這一崇高榮耀,當然是源於"我祖"開啓道學的功勞,但歸根結底又"本諸山水之勝"。顯然,以"濂溪"爲代表的"春陵山水",是方瓊、周冕二人論述的出發點和歸結點,而其核心所在則是"濂溪先生"周子其人。故《濂溪遺芳集》的收錄範圍就全部是圍繞這些山水而形成的有關"濂溪先生"的各種文獻,其具體方面及其與以"濂溪"爲代表的"春陵山水"的關係可表述如下:

一是周子本人的詩文,所謂"我祖吟詠性情,愛蓮有說,示拙有賦,思親之類有詩",即《愛蓮説》《拙賦》《思親歸舊隱》等詩文。這是"春陵山水"直接孕育的産物。

二是周子死後來自朝廷褒崇方面的公文,所謂"上而追封有制",當然可能還有相應的臣僚奏疏、謝表等。

三是周子死後紀念、宣揚周子的記文,以及一些序跋文字,所謂"下而奉祀有祠,或序或記,不一其文"是也。以上兩方面是"春陵山水"孕育的周子成名後的産物。

四是文人士大夫遊歷周子故鄉後留下的詩文,所謂"世之文人才子,經春陵睹遺迹,而慕濂溪者,稱讚有佳句"是也。這裏的"遺迹"應該包括上引兩段話開頭所提到的濂溪、營道山、月巖、愛蓮亭等山水和景點以及祭祀周子的祠堂等。這是周子成名後,促使"春陵山水"顯揚於天下的結果。

五是朝廷賜予周冕翰林院五經博士的公文和士大夫贈送其榮歸故鄉的詩篇,所謂"士大夫親見我朝崇儒重道,爲我祖而賜冕以博士之官;其垂愛及冕者,亦贈有佳什"是也。這淵源於"春陵山水"孕育成功的先祖周子之勞,歸根結底又本諸"山水之勝"。

應該説,之前的周子文集收錄範圍也不限於周子著作,也包括了大量相關文獻,上述前三個方面也都有,第四個方面相對較少,第五個方面由於時代所限而没有。因此單從文獻收錄範圍,還不易區分《濂溪遺芳集》和之前的周子文集的體例之别。① 關鍵是,由於《濂溪遺芳集》的"濂溪"具有人名和地名的雙

---

① 《濂溪遺芳集》之前的周子文集,目前確知的全是南宋編刻,其序跋目録情況參見粟品孝《歷代周敦頤文集序跋目録彙編》第一部分《宋刻本(七部)》,上海:上海古籍出版社,2020年,第1—27頁。

重屬性，且重點是宣揚以"濂溪"爲代表的"舂陵山水"孕奇蓄秀之功，而之前的周子文集的"濂溪"主要是人名，重點是宣揚周子其人的道學之功，因此兩者收錄的文獻範圍雖然比較接近，但在編排格局上則有明顯不同。

之前的周子文集是按遺書、遺文、遺事和附錄的先後順序進行編排的，①雖然附錄文字龐大，但它終究只是附錄，全書的主體仍是"濂溪先生"周子的著作以及直接相關的遺事。而《濂溪遺芳集》則不同，"濂溪先生"周子的詩文只是其中的一個組成部分，其他有關周子的各種文獻不再是附錄，而是全書的有機組成部分。這就完全突破了之前周子文集以周子著作爲主體、其他相關文獻爲附錄的別集體，從而開創了一種新的專志體例。雖然其中的"濂溪"既是地名又是人名，但其核心還是在"濂溪先生"其人，因此這種專志不是描述山水一類的地理志，而是記述周子"事實"的人物專志。正是在這個意義上，我們認爲，《濂溪遺芳集》的出現，標志著一種有別於之前所有周子文集的嶄新體例即志書體的誕生，前述清人常在、周誥所謂《濂溪遺芳集》是《濂溪志》這一人物專志系列的發端者、開創者，確爲不易之論。

這裏要補充的是，從前述周冕和方瓊的表述來看，他們認爲周子的《太極圖說》和《通書》爲"天下所共究"，是猶"六經"之類的"大芳"，而散見的周子詩文和其他有關周子的各種文獻，則是"其芳中之餘芳"，《濂溪遺芳集》只收錄後者，故以"遺芳"冠名。

二、名實相副：明嘉靖本《濂溪志》的體例自覺

前述周誥所謂"宏治四年辛亥，州侯方公刻有《濂溪遺芳集》，後之守土者輯其大綱以爲志"，是指永州府同知魯承恩於嘉靖十九年（1540）在《濂溪遺芳集》基礎上編修的《濂溪志》十卷，這是《濂溪志》系列中第一部名實相副的專志。魯承恩當時似乎沒有及時付梓，後來其弟子錢尚青增補後刊刻於嘉靖二十五年（1546）。此志在國內久已失傳，目前僅知韓國首爾大學奎章閣藏有一部，原爲五册，現存後四册（卷三至卷十）。

---

① 粟品孝：《宋儒度正編纂周敦頤文集的淵源、過程及其流傳考述》，《湖南科技學院學報》2017年第 5 期。

編者魯承恩在序文中一開頭就說:"濂溪在道州西南三十里,昔爲營道縣,今爲濂溪保,宋道國周元公先生實生其地,故世皆稱曰濂溪先生。"顯然,這裏的"濂溪"既是地名又是人名,繼承了《濂溪遺芳集》之"濂溪"的雙重屬性。之後便叙述他上任後"考先生始生之迹於故里"的情況:

> 沿道山之麓,坐濂溪有本之亭,舉先生之道而詢諸永、道多士及先生之裔,皆得其言而不得其所以言。承恩憮然嘆曰:"先生之道,昭如日星,流如江海,容光必照,群飲俱適,宜人人能知之,亦宜人人能言之。今備載簡册,尚有疑而未解如是者,得非紀載之未備,傳播之未廣耶?"

魯承恩通過在周子故里山川的走訪,對"先生之道"在當地士人和周子後裔中"得其言而不得其所以言"的現狀非常不滿,認爲這是"紀載之未備,傳播之未廣"造成的結果。爲此,他決定擴充"紀載",以"志"書體例進行新的編纂:

> 承恩不敏,知是志不可已也。於是搜羅裒集,近述遠討,凡一言一字關於先生之道,而足爲斯道之發明者,首之圖像,以正其始;次之序例、目録,以明其義;次之御制,以致其尊;次之遺書,以昭其則;次之著述、踐履,以紀其迹;次之事狀、事證,以詳其實;次之譜系、譜傳、譜稽,以衍其裔;次之奏疏、公移,以取其徵;次之表、説、辨、賦、詩、記、序、跋,以備其考;次之祭文、附録,以稽其終。①

所謂"知是志不可已也",表現出魯承恩具有明確的以"志"成書的自覺意識,這是較《濂溪遺芳集》編者明顯不同的一點。我們知道,方志即一地之百科全書,注重的就是全面性和資料性。同理,作爲人物專志,講求的也是全面,旨在盡可能完備地彙集關涉該人的各方面"事實"。魯承恩提出以"志"體來編排,自然就需要"近述遠討",廣泛搜求,"凡一言一字關於先生之道,而足爲斯道之發明者",都不放過。對比之前方瓊的《濂溪遺芳集序》,魯承恩這裏所謂的"御制"、"著述"(主要就是周子的詩文),"奏疏、公移","表、説、辨、賦、詩、記、序、跋","祭文"等內容,《濂溪遺芳集》中已有部分呈現和載録,但"圖像",

---

① [明]魯承恩:《濂溪志序》,載[明]胥從化、謝覩編:《濂溪志》卷七下,中國國家圖書館藏明萬曆二十一年刻本。

"序例","遺書"(即周子的《太極圖説》和《通書》),"事狀、事證","譜系、譜傳、譜稽"等内容,基本上不在《濂溪遺芳集》的收録範圍内。且《濂溪遺芳集》只有"一册",①《濂溪志》則有"六册"的記載,②韓國奎章閣也説有"五册",内容的豐富程度遠超《濂溪遺芳集》。因此,《濂溪志》不論是卷册還是具體内容,都已較《濂溪遺芳集》大爲擴充。而且,從他"首之圖像,以正其始……次之祭文、附録,以稽其終"的編排來看,他也力圖形成一套首尾完備、編次有序的"志"書體例。從這個意義上看,魯承恩編《濂溪志》是名副其實的。

《濂溪志》在内容上之所以能夠大爲擴充,與魯承恩所處時代各種有關周子"事實"的資料大爲豐富密切相關。

結合《濂溪志》卷十的序跋情況,我們知道魯承恩在濂溪文集方面,除了吸收《濂溪遺芳集》以外,至少還參考吸收了以下三種:一是嘉靖五年(1526)吕柟編的《周子演》(後一般改稱《周子抄釋》)二卷,其潞州友人仇森的長子仇熙在嘉靖十一年(1532)將其重刻於潞州的太極書院,仇熙和知府宋圭的跋語爲《濂溪志》收載;二是嘉靖十四年(1535)周子十三代孫、周冕侄子周倫在江州編的《濂溪集》六卷,王汝賓、胡安之和林山的三篇序跋爲《濂溪志》收載;三是嘉靖二十二年(1543)道州知州王會編《濂溪集》三卷。本來王會編《濂溪集》在魯承恩之前,但魯承恩本在嘉靖二十五年(1546)才在其弟子錢尚青的努力下付梓,故魯本有機會吸收王會本,王會的序言爲《濂溪志》收載。

在魯承恩編書之前,還出現了一些關於周子的資料專集。如周子授學二程的南安軍,在南宋建立了周程書院,後改名道源書院,在宋明時期長期被作爲道學發源的聖地而得到朝野高度關注,有關活動和資料相當豐富,並在嘉靖十八年(1539)彙編有《道源書院集》。《濂溪志》不但收録了黄佐的序言,還收録了其他有關道源書院的諸多文獻。再如宋明以來有關褒崇周子及其開創的道學的各種公文和相關的奏疏、謝表等也很豐富,弘治十七年(1504)有人專門彙集成《褒崇道學制》。《濂溪志》不僅在卷十收録了知州程崧的《褒崇道學制序》,卷六收録的奏疏、公移中也有一些内容來自《褒崇道學制》。比如卷六"公

---

① 明代道州知州王會在其編纂的《濂溪集》序言中曾説當時周子後裔、世襲翰林院五經博士的周繡麟"出《濂溪遺芳集》一册相示"(《濂溪集叙》,載該集卷首,臺北"國家"圖書館藏嘉靖二十二年道州濂溪書院刊本)。

② [明]史朝富修、陳良珍纂:《永州府志》卷一二《藝文志》,明隆慶五年刻本。

移"類"第一篇《襃崇道學公移》,文字長約 2 240 字,遠比其他周子文集所載豐富。此文必然來自《襃崇道學制》,因爲《襃崇道學制序》還專門述及這篇《公移》的由來:

> 然制,吾考之,先守方君雖已梓入《遺芳》,畏其字句多繁,乃刻其概。而於國朝崇重優恤之典,向未獲盡。予叨守先生之鄉,沐先生之澤,因照刷檢其故紙,玩而讀之,乃國制也。殘陋殊甚,深爲嘆惜。即命六曹吏書遍搜別項文移,悉令呈堂,果得數紙。其字畫有魯魚亥豕之訛者,考而正之,檢其顛末,補綴而備錄之。①

顯然,之前周冕編《濂溪遺芳集》時只是節錄其文,導致直接吸收其書而來的多種周子文集如周木本、王會本收錄的《公移》都只是節文,唯有從《襃崇道學制》轉錄過來的《濂溪志》所收才最爲完整,實爲珍貴的原始資料。

魯承恩編書時可能還參考吸收了一些方志、族譜的有關內容。如弘治《永州府志》,是知府姚昺在弘治七年(1494)校刊的,作爲不久之後出任同知的魯承恩自然應當得見,他在嘉靖二十年(1541)刊印《永州府志備遺》三册,②當是在弘治本的基礎上單獨增補而成。而且,將弘治《永州府志》與《濂溪志》對勘,還發現其《藝文志》收錄的關於《謁元公》《愛蓮亭》《濂溪》等方面的很多詩文,也爲《濂溪志·詩類》收載,有些順序也一致,顯示出後者參考吸收前者的事實。前面述及的知州王會不僅編有《濂溪集》,還在嘉靖二十四年(1545)主持編刻《道州志》四册,③其中也必然有不少可資《濂溪志》的內容。另外,《濂溪志》卷五還專門著錄有《譜系》《譜傳》和《譜稽》等內容,主要是參據周冕編《周氏族譜》而來。

歸納起來,魯承恩不僅參考吸收了周冕編《濂溪遺芳集》和《周氏族譜》,而且還見到了之後的一些周子文集,如仇熙刻於嘉靖十一年的呂柟編《周子演》、嘉靖十四年周倫編《濂溪集》以及其弟子錢尚青見到的嘉靖二十二年王會編《濂溪集》;還見到了一些資料專集,如弘治十七年知州程崧彙集的《襃崇道學制》,嘉靖十八年黃佐彙編的《道源書院集》;以及知府姚昺在弘治七年校刊的

---

① [明]程崧:《襃崇道學制序》,載[明]魯承恩編《濂溪志》卷一〇,韓國首爾大學奎章閣藏嘉靖二十五年刻本。
② [明]史朝富修、陳良珍纂:《永州府志》卷一二《藝文志》,明隆慶五年刻本。
③ [明]史朝富修、陳良珍纂:《永州府志》卷一二《藝文志》,明隆慶五年刻本。

《永州府志》,他自己又在嘉靖二十年刊印《永州府志備遺》三册,其弟子錢尚青可能還利用了王會在嘉靖二十四年主持編刻的《道州志》四册。這些著作爲魯承恩本《濂溪志》的編纂,提供了大量新的資料。故他有條件對《濂溪遺芳集》進行擴展和充實,形成他理想中完備的"紀載"之"志"。

而且,《濂溪志》在編纂目的上也較《濂溪遺芳集》明顯不同。《濂溪遺芳集》的編者周冕是周子後裔,是土生土長的道州人,他編書的目的是要宣揚以"濂溪"爲代表的周子故鄉的"山水之勝",誇耀其孕育一代"道學宗師"的神妙之功。而《濂溪志》的編者魯承恩,是外地來任官者,是周子之道的崇拜者和踐行者,他編書的目的是要擴大"先生之道"的影響力,突破當地很多士人"得其言而不得其所以言"的局限,形成"宜人人能知之,亦宜人人能言之"的新局面;突破"紀載之未備,傳播之未廣"的局限,形成"紀載"完備、"廣其傳於天下"的新形勢,即是他自己所期望的:"是志也,雖非先生之精蘊,然紀載之書,亦緒餘糟粕所在,庶亦有補於後學之播傳。"[1]因此,《濂溪志》突破了《濂溪遺芳集》側重周子故鄉之"濂溪"的局限,其收錄範圍更爲寬廣,凡是"濂溪先生"周子的各種文獻,均在其彙集之列,人物專志的體例特色更爲鮮明了。

嘉靖本《濂溪志》刊行後,反響並不是很好。永州府知府王俸、署道州事推官崔惟植在萬曆三年(1575)主持編刻的《宋濂溪周元公先生集》,最早參考利用其書,但認爲"博而泛,其失也雜"。他們並沒有承襲其"志"名,而是結合嘉靖十四年(1535)周倫在江州編刻的《濂溪集》六卷、嘉靖二十二年(1543)王會在道州編刻的《濂溪集》三卷本,重編成《宋濂溪周元公先生集》十卷。嘉靖十四年本卷首是兩篇序文和像贊,卷一是《年表》,卷二是周子的著述,卷三至卷六都是附錄,除了將之前周子文集列於卷首的《年表》提至正卷外,基本上可以說保持了南宋以來長期流行的以周子著述爲主體,其他與周子相關文獻爲附錄的編排格局。嘉靖二十二年本《濂溪集》卷首爲一篇序文和三幅周子故里地圖以及像贊,卷一是遺書、事狀、雜記,卷二是年譜,卷三是歷代褒崇,之後是附錄,收載宋元時期九篇關於道州祠堂學校的記文。可見其對傳統周子文集的編排格局有明顯突破,很接近志書體了(或是受其底本《濂溪遺芳集》的影響),

---

[1] [明]魯承恩:《濂溪志序》,載[明]胥從化、謝覞編:《濂溪志》卷七下,中國國家圖書館藏明萬曆二十一年刻本。

但還不完全,還保留了"附錄"的名目,內容也比較簡略。

而萬曆三年本雖然改回了之前濂溪文獻編纂中盛行的"集"名,但完全沒有沿用之前周子文集的編排格局,而是深受嘉靖本《濂溪志》的影響,不但保持了其十卷的規模,而且沒有任何附錄,將周子著述與其他相關文獻平行對待,只是在卷目上較嘉靖本《濂溪志》有很大改變。其卷目依次是,卷首是四篇序言,卷一和卷二沒有總的卷目,内容分别是圖像和元公世系圖、元公年譜,卷三至卷十則有卷目,依次是元公遺書、元公雜著、諸儒議論、事狀、歷代褒崇、祠堂墓田諸記、古人詩、祭文。顯然,這已經不是南宋以來長期流傳的周子文集的別集體,更像是志書體,甚至可以說無志書之名,而有志書之實了。不過,編者和序者都強調其書是"集"不是"志",其中吕藿的序言還特别説:"如詩賦惟録同時者,此外雖工弗收,明此爲元公集,而非以侈玩詠也。"即在卷九的《古人詩》中只載録宋人的贈答和紀述詩篇,原先《濂溪志》中大量的明人詩則棄而不録。從這一點來看,它確實不如《濂溪志》内容豐富,在資料的全面性上是不能與志書相提並論的。

真正承襲嘉靖本《濂溪志》書名,強調以更加嚴整的志書體來編纂濂溪文獻者,是萬曆二十一年(1591)道州永明縣知縣胥從化、道州儒學署學正謝貺編纂的《濂溪志》。①

三、體例調整:明萬曆二十一年編《濂溪志》對嘉靖本的改編

萬曆二十一年本《濂溪志》是直接針對嘉靖本而改編的一部體例嶄新的志書。編者在卷首的《叙例》中對嘉靖本進行了尖鋭批評:"讀之而蕪穢也,謬誤也,重復也,款次之舛紊也。蓋參萃焉,曾是稱志,其愈能幾?"幾乎要否定它作爲人物專志的資格了。而在全部的八條凡例中,有七條都是針對嘉靖本的,批評相當細緻。在這樣的基調之下,萬曆二十一年本在體例上對嘉靖本進行了全面的調整。

---

① 萬曆二十一年本《濂溪志》在中日兩國三家圖書館有藏,日本尊經閣文庫藏本是全本,中國國家圖書館和上海圖書館藏本均殘,但兩者合觀,可爲全璧。

首先是在卷次和類別方面做了新的處理。嘉靖本《濂溪志》的分類非常獨特,每一卷都有若干以"X類""XX類"爲名的類別,這些分類或按文章的屬性,或依文章的體裁,缺乏相對統一的標準。大體説來,前五卷是按文章的屬性來分類的,依次是:卷一御制類,卷二遺書類,卷三著述類、履歷類,卷四事狀類、事證類,卷五譜系類、譜傳類、譜稽類;後五卷基本是按文章的體裁來分類的,依次是:卷六奏疏類、公移類,卷七表類、説類、辨類、賦類、詩類,卷八、卷九記類,卷十序類、跋類、祭文類,最後是附錄類。萬曆二十一年本編者對此不以爲然,在《叙例》的第一條就明確指出:

  志主圖書,苞舉雜著,他不得而先焉。唯是扶輿勃發乎千年,存著永承於萬禩。芳迹攸寓,肖圖在前,而光霽遺儀,必冠卷首,固志體然哉。爰論其世、其年表、事狀乎,乃諸儒之論核矣。自餘褒崇、紀述、題詠、祭謁,以次臚列,而所爲譜系,則翰博之以故,志於是終焉。

所謂"志主圖書""固志體然哉",所謂圖像"必冠卷首"、著錄譜系後"志於是終焉",表明編者對人物專志的體例有新的思考和把握。具體説來,其書保持了嘉靖本十卷的規模,但在卷目卷次和大類歸併方面調整明顯,卷首是序言、叙例和目錄,之後依次是:卷一元公遺範、元公芳迹(按指圖像),卷二元公遺書、元公雜著,卷三元公年表,卷四元公事狀,卷五諸儒議論,卷六歷代褒崇,卷七古今紀述,卷八古今題詠,卷九古今祭謁,卷十濂溪世系。從而將原來的二十個類別,合併爲十二類。這十卷十二類基本上是按照文章的屬性來分類編排的,且每一卷的卷目都是四字組合,從而克服了嘉靖本既按文章屬性又按文章體裁來分類分卷的混雜情況,顯得更爲清晰,編者自稱是"井井乎,繹繹乎,其得當於大觀",[1]殆非虛言。

當然,萬曆二十一年本的上述卷目卷次並非全部出自新創,有些明顯是參照上一部分論及的萬曆三年本《宋濂溪周元公先生集》。這一點其《叙例》雖然不曾提及,但實際情況不能掩蓋。爲更形象地展示萬曆二十一年本對嘉靖本在卷目卷次方面的調整,以及參照萬曆三年本的情況,茲列表對應如下:

---

[1] [明]謝睍:《濂溪志叙例》,載[明]胥從化、謝睍編:《濂溪志》卷首,中國國家圖書館藏明萬曆二十一年刻本。

表1 嘉靖本、萬曆三年本與萬曆二十一年本卷目卷次對照表

	嘉靖本	萬曆三年本	萬曆二十一年本
卷首	圖像、序例、目錄	序、目錄	序、叙例、目錄
卷一	御制類	濂溪故里祠宇書院圖、濂溪在州祠宇書院圖、月巖圖、元公像並贊	元公遺範、元公芳績
卷二	遺書類	元公世系圖、元公年譜	元公遺書、元公雜著
卷三	著述類、履歷類（按即元公年表）	元公遺書	元公年表
卷四	事狀類、事證類	元公雜著	元公事狀
卷五	譜系類、譜傳類、譜稽類	諸儒議論	諸儒議論
卷六	奏疏類、公移類	事狀	歷代褒崇
卷七	表類、説類、辭類、辯類、賦類、詩類、頌類	歷代褒崇	古今紀述
卷八	記類	祠堂墓田諸記	古今題詠
卷九	記類	古人詩	古今祭謁
卷十	序類、跋類、祭文類、附錄類	祭文	濂溪世系
卷末	跋	跋	—

　　從上表可見，萬曆三年本雖然以集名書，但它實際上是嘉靖本志書向萬曆二十一年本志書轉化的中間環節，萬曆二十一年本對嘉靖本的改編明顯利用了萬曆三年本的卷目卷次，甚至可以说其卷目卷次的安排主要就是參照萬曆三年本而來，只是較萬曆三年本更爲嚴整，具體内容也更爲豐富。①

---

① 萬曆三年本《宋濂溪周元公先生集》，不僅對萬曆二十一年本《濂溪志》的編纂有直接影響，也是之後多部題名《宋濂溪周元公先生集》的周子文集編纂的底本，影響深遠。參見粟品孝：《歷代周敦頤文集的版本源流和文獻價值》，《河北大學學報》2020年第1期。

值得注意的是，萬曆二十一年本對嘉靖本改編時還做了大量刪繁就簡的工作。編者不僅在《叙例》的開頭對嘉靖本有"蕪穢""重復"之譏，在後面的凡例中更有具體的指責，或言其將朝廷下發的詔書、公文以及臣僚的奏疏和謝表按"御制、奏疏、公移、表"四個類别分别收載有"强析""重出"和"割解舛舛"之弊，或言其"雜言、記、序重復爲甚，其蕪者、贅者各卷多有之"。對這些問題，萬曆本自稱"悉並删正"。① 其具體情況較爲複雜，這裏主要就關涉志書體例方面的内容略作説明。

一是根據萬曆本《叙例》所謂"《圖》《書》備載注解，舊志蓋因《性理》云"，可知嘉靖本卷二的遺書類著録的周子《太極圖説》和《通書》是依據官方《性理大全》而來，附有朱熹的注解，而萬曆本則只收周子作品，裁去"注解"，顯得更爲簡明。

二是嘉靖本卷五包括譜系、譜傳和譜稽三類，主體内容是編者節録自所見的《周氏族譜》。譜系類包括族譜重編者周冕所寫的《周氏支系》和《族譜》中的《濂溪宗派後圖》，《周氏支系》末有本志編者魯承恩的一段説明性文字，可名之爲《跋周氏支系》。譜傳類從二十二世周礪（周敦頤兄）寫起，下至三十三世周冕，包括12代共計73人的小傳，或詳或略。譜稽類包括《祖宗規約》九則、胡訓和何天衢分别爲周冕寫的《拙逸先生像贊》和《翰林五經博士拙逸先生行狀》，最後是本志編者魯承恩的《跋濂溪譜》。這些文獻，萬曆二十一年本編者認爲基本上不宜收載《濂溪志》，《叙例》言其理由道："《濂溪志》，爲元公設也，其以斯道乎！體與家乘殊矣。第纘蔭承休，勿俾涽越，則舊志譜其後，系義亦攸當。顧蔓及小傳、家規，與家乘何别焉？且鄙倍之辭，有元公之所不願聞者。"最後萬曆二十一年本只利用卷五譜系類的"濂溪宗派後圖"，在略做修改後製成《濂溪世系》五張圖表，其他内容一概删去。

經過萬曆二十一年本的調整和删減後，《濂溪志》的卷類編排更爲合理，"蕪者、贅者"情況顯著改善，體例更爲嚴整。職此之故，萬曆二十一年本刊行後得到廣泛重視，成爲明清時期各種《濂溪志》版本的重要依據，其他一些周子文集或也以之爲重要參考，②而原來的嘉靖本《濂溪志》則很快爲人所棄，以至不見傳統任何公私書目著録。

---

① [明]謝朓：《濂溪志叙例》，載[明]胥從化、謝朓編：《濂溪志》卷首，中國國家圖書館藏明萬曆二十一年刻本。

② 參見粟品孝：《歷代周敦頤文集的版本源流與文獻價值》，《河北大學學報》2020年第1期。

萬曆二十一年本《濂溪志》形成之後，萬曆三十七年（1609）道州知州林學閔將其改編爲四卷，萬曆末舊題"李楨撰"的《濂溪志》又在林學閔本的基礎上再次改編，仍爲四卷。其中林學閔本的編刻主要是直接利用萬曆二十一年本的版刻而來，或將原來的卷頭挖改，甚至直接抹去，或將原來的卷葉調換，多處出現前後不連貫的情况，加之版心基本照舊，以致出現版心顯示的卷目與新改的卷頭往往不符的亂象。而萬曆末的"李楨版"又是林學閔本的挖改本，是直接利用林學閔本的版刻和卷分而來，只是凡涉及林學閔名字處均剜除，甚至直接不錄其人其文。① 因此，萬曆二十一年本之後的這兩種《濂溪志》，雖然已壓縮爲四卷，但在體例上實際談不上創新。

明末道州知州李嵊慈在天啓四年（1624）主持編刻的《宋濂溪周元公先生集》十三卷本，主要依據之前萬曆二十一年本《濂溪志》，並參考天啓三年永州府推官黄克儉編刻的《宋濂溪周元公先生集》十卷本而來。此本每卷卷頭均題"宋濂溪周元公先生集"，版心則署"濂溪志"，編者李嵊慈序名也稱"濂溪周元公志序"，因此實際屬於《濂溪志》系列。此本雖較萬曆二十一年本多出三卷，實際上只是卷數分合不同，在卷目和内容上基本一仍其舊，因此也不能説其體例有什麽明顯改變。

真正對明代萬曆二十一年本《濂溪志》的體例進行全新改變的，是清代康熙二十四年（1685）知道州事吴大鎔主持編修的《道國元公濂溪周夫子志》十五卷。

四、"蹊徑"另闢：清康熙本《道國元公濂溪周夫子志》的體例更新

清代康熙二十四年（1685）知道州事吴大鎔主持編修的《道國元公濂溪周夫子志》（下稱康熙本）卷首有"凡例"四則，第一條是"仍舊"：

> 是書凡六刻矣，曰志者三，曰文集者三。雖詳略固殊，而裒輯搜羅，前人備極苦心。兹刻蹊徑雖別，然一以舊本爲宗，未敢輕爲筆削，以滋掛漏。

---

① 參見粟品孝：《萬曆〈濂溪志〉三種及其承繼關係》，《圖書館雜志》2021 年第 5 期。

據"凡例"最末一條"存疑","是書別無善本,僅存萬曆壬辰年翻刻一編",①知上引文所謂的"舊本",就是上述萬曆二十一年本《濂溪志》(下簡稱萬曆本)。此條主旨雖然是"仍舊",講求"一以舊本爲宗",但實際上"蹊徑雖別"四字才透露出了全書的新特點。將康熙本與包括萬曆本在內的舊有《濂溪志》比勘,可以發現此本在體例上確實已另闢"蹊徑"了。

首先值得注意的是,此本卷首有總論一則:

> 志者,記也。古有左右史記事記言,龍門《史記》世紀本紀、世表、年表、世家、列傳,諸體備矣。班、范因之,天文、郊祀、溝洫、食貨等志,大約祖其意而爲之。近世邦乘、通紀亦謂之志,總不離乎記事者近是。濂溪先生學綜今古,道貫天人,其遺書冠於《性理大全》之首,宗伯釐之,國史掌之,學士弟子誦習之,與魯鄒之文學等,固非一家一國之言,可得以志名者。然孔氏之書,《論語》而外復有《家語》,先生《圖》《書》而外,如論斷、褒恤之類,統匯於一編之中,則謂之志也亦可。且歷考舊刻,如魯司馬、林刺史、李刺史諸家,皆謂之志。今刻是書,亦仍舊稱曰《道國元公濂溪周夫子志》。

此論雖只有短短二百餘字,但對志書的"記事"特點、本書以"志"爲名的合理性和歷史依據,都有清楚交代。這種單獨爲"志"正名的論述,在之前所有《濂溪志》中都是不曾有過的,表明編者對以"志"成書具有更高的理論自覺。

最重要的是,康熙本將彙集的資料分爲十大類別,並在目錄和正文中皆冠以"志"名,實際形成十個分志的規模,②這也是之前所有《濂溪志》不曾有過的現象。卷首的提綱十則對這十個分志的編排次第,有簡略說明。文字不長,茲全引如下:

> 志先本傳,稽始也。不睹先生之原始,何由而見先生之大全?且人本乎祖,窮源之義也。列《周子世家》第一。
>
> 讀世家言,有不願見其人者乎?思先生,而不見得貌先生者而快

---

① "壬辰年",即萬曆二十年(1592),疑爲誤記。已知《濂溪志》有明萬曆二十一年即癸巳年刻本,此本李楨序的落款署"萬曆二十有一年冬十月十有二日壬辰",但此"壬辰"非指年份。

② 明朝崇禎年間成書的記述孔子的《闕里志》,各卷卷目皆有"志"名,不知康熙本編者是否參考而來?

意焉？列《遺像道範》第二。

　　見先生之遺範，則必思先生之行事，是必有大過乎人者。夫何不可考而知也！列《年表行實》第三。

　　先生之經濟在宦業，文章在《圖》《書》，明體達用、內聖外王也。列《遺書文獻》第四。

　　古之君子，行修於家，遯世不見，知而無悶也。先生著書立言，流風遺韻，聞者興起焉。列《先儒論斷》第五。

　　在下有定論，在上者因得據以爲表章。屈萬乘以重道德，朝廷之光也。列《歷代褒崇》第六。

　　褒崇之典，焕乎一時。俎豆之榮，逮及百世。陟降左右，如或見之矣。列《春秋享祀》第七。

　　《舜典》有言，賞延於世。善善及子孫，德厚者流光也。列《優恤後裔》第八。

　　河潤百里，海潤千里。先生繼往開來，功在萬世矣。寖遠寖昌，不亦宜乎！列《宗支蕃衍》第九。

　　哲人往矣，尚有典型。讀書好古之士，有不感慕留連者乎？長言之不足，咨嗟永嘆之。列《古今藝文》第十。

　　依次閱讀這些文字，我們明顯感覺到編者對各個分志的編排順序，有著通盤的考慮，其前後的邏輯聯繫相當清晰，層層遞進，環環相扣。十個分志如同十顆珍珠，由"濂溪"這根金綫有條不紊地貫穿起來。以此"十則"提綱，與前面已經徵引的明代嘉靖本魯承恩自序所謂的"首之圖像，以正其始；……次之祭文、附錄，以稽其終"、萬曆本謝覩《叙例》所謂的"芳迹攸寓，肖圖在前，而光霽遺儀，必冠卷首，固志體然哉。……而所爲譜系，則翰博之以故，志於是終焉"相比，康熙本編者無疑有更深入縝密的思考。

　　進一步將康熙本的十個分志與其參照的"舊本"萬曆本十二目比對，可以發現康熙本這十個分志的由來和內容可分四種情況：

　　一是志名從舊，但内容大變。典型的就是康熙本卷八的《歷代褒崇志》，卷目依從萬曆本卷六《歷代褒崇》，但內容上變化很大。萬曆本分宸綸與公移兩部分，包括朝廷給予周子的封贈、書院的賜額和財産、後人優恤和祠墓建造等方面；康熙本則分謚議、冊命、奏請、書院四部分，前三者基本上承襲舊有的内容，書院部分則增加了相關的記文，並附上與書院有關的亭臺記文，而將原來的後人優恤部分獨立成《優恤後裔志》，祠墓建造部分則歸入新增的《春秋享祀志》。

二是志名略改，内容稍增。 如康熙本卷二《遺像道範志》，是承襲萬曆本卷一《元公遺範》而來，只是新增了明末清初李、桑二人的像贊。卷三《年表行實志》，承襲自萬曆本卷三《元公年表》。編者認爲萬曆本的周子《年表》實際上是《年譜》，真正以表格形式呈現的《年表》已名存實亡。爲此，編者專門製作更方便"省覽"的《年表》，並將原來的《年表》改名《年譜》，一同作爲《年表行實》的内容。卷四至卷六的《遺書文獻志》，則是在承襲萬曆本卷二《元公遺書》和卷三《元公雜著》的基礎上，將萬曆本卷八《古今題詠》中的宋詩部分前移至此而形成的。卷七《先儒論斷志》，承襲自萬曆本卷五《諸儒議論》，稍增數則内容。卷十四、十五《古今藝文志》，是綜合萬曆本卷七《古今紀述》的三篇記文、六篇序跋和卷八《古今題詠》的明詩部分，並略增一些記文和詩作而成。

三是志名大變，内容也隨之有變。 如康熙本卷一的《周子世家志》，實際是改編自萬曆本卷四《元公事狀》。萬曆本包括周子好友潘興嗣所寫《墓志銘》、朱熹《濂溪先生行實》和《宋史·道學傳》的周敦頤傳三部分；康熙本則舍其《墓志銘》(調整至卷十一《春秋享祀志》)，新增《道州志》的《周元公世家》，同時將《濂溪先生行實》改題爲《濂溪先生本傳》，顯示出對朱熹的特別尊崇。康熙本卷十三的《宗支蕃衍志》，是在萬曆本卷十《濂溪世系》五張圖表的基礎上改編的，分爲"本支世系圖"和"大宗承襲世次圖"。萬曆本名爲五圖，實以五張表格形式呈現，不僅包括道州本支，還包括蘇州一支，一些人名下還有人物簡介。康熙本則真正以圖的形式呈現，世次之間用"—"符號連接，只列道州本支，只列人名，另將世襲翰林院五經博士者專列一張世次圖。

四是新增志名， 這主要是對萬曆本有關内容重新分類和補充的結果。如康熙本卷十、十一《春秋享祀志》，不但志名新創，内容也有新增，如"禮儀""陳設""器皿"等，非之前的《濂溪志》所有，另外還包括上述萬曆本《歷代褒崇》的祠墓建造方面的内容，特別是把一些祠堂記文臚列於此，並專門新增《祠堂説》一段議論，置於卷十一《春秋享祀二》的卷首。卷十二《優恤後裔志》，主要是把萬曆本卷六《歷代褒崇》的相關内容獨立出來後新創的名目，並增加"本朝章奏呈牒"方面的内容。

爲了更直觀地展示康熙本在"蹊徑"方面大別於之前萬曆本的情況，兹列表如下：

表2　萬曆二十一年本與康熙本卷目卷次對照表

	萬曆二十一年本		康熙本
卷首	序文二篇、叙例、目録	卷首	序文五篇、總論一則、提綱十則、凡例四則、圖三、目録
卷一	元公遺範、元公芳績	卷一	周子世家志
卷二	元公遺書、元公雜著	卷二	遺像道範志
卷三	元公年表	卷三	年表行實志
卷四	元公事狀	卷四、五、六	遺書文獻志
卷五	諸儒議論	卷七	先儒論斷志
卷六	歷代襃崇	卷八、九	歷代襃崇志
卷七	古今紀述	卷十、十一	春秋享祀志
卷八	古今題詠	卷十二	優恤後裔志
卷九	古今祭謁	卷十三	宗支蕃衍志
卷十	濂溪世系	卷十四、十五	古今藝文志
卷末	—	卷末	跋文二篇

總的來看，康熙本既有《總論》一則，明其"志"名由來，又有《提綱》十則，簡述全書十個分志的編排次第，還有"凡例"四則，從"仍舊""增新""分類"和"存疑"四個方面對全書的編排和內容進行説明。不僅如此，編者還在正文的每一個分志的首尾處，都寫有一段論贊文字，分志前的"論"主要是交代名目的由來，分志末的"贊"則是典雅的四言體形式。這些"皆舊志所無"，[1]爲康熙本新創，不但使全書的體例顯得相當嚴整，而且也表明《濂溪志》的編纂水準上升到

---

[1]　吴大鎔語，見《道國元公濂溪周夫子志》卷首《凡例》末的總結，清康熙二十四年刻本。

了一個新的臺階。

當然，康熙本的體例也並非盡善。比如卷九的《歷代褒崇志》，其中有關書院的賜額固然屬於褒崇，但關於書院興修的各種記文也入列，似乎就不妥當。再如卷十的《春秋享祀》，附錄有祭謁名文，但各種祭謁詩篇則集中在卷十五《古今藝文志》中，出現按文體而不是按類別劃分的情況，似乎值得商榷。還有，卷十五第一條的《祠堂銘》，如果歸入卷十二的"祠堂"部分，可能更好；同卷蕭子鵬《吟風弄月臺賦》、胡直《書院頌》、尹襄《謁濂溪書院》等，實際也可與卷九"書院"部分的相關內容合在一起。

五、志體再變：綜合諸家之例的清道光本《濂溪志》

志書體的濂溪文獻在清代不算發達，在康熙本《濂溪志》之後，直到道光十九年(1839)才出現第二部《濂溪志》，爲周子二十一代孫周誥(字午橋)所編，距上一部志書即康熙本已有一個半世紀之久。其間的濂溪文獻更多的是以別集和子書的形式呈現，這對周誥編《濂溪志》影響深刻。我們注意到，道光本《濂溪志》雖仍以"志"名書，但實際上在體例上較之前的志書已有很大變化了。

道光本卷首列有四條凡例，其中第一條就指出全書的卷次和依仿對象："書目有七，首《遺書》，次《雜著》，三《年譜》，四《祠墓》，五《褒崇》，六《優恤》，七《文錄》，照蘇州本家周沈珂之例而摘其要。"這七個"書目"，即是正文的七個卷目。其卷目卷次與康熙本《濂溪志》差別明顯，最後一句所謂"周沈珂之例"，是指清朝康熙三十年蘇州周氏後人周沈珂父子重輯的《宋濂溪周元公集》十卷、《世系遺芳集》五卷。① 周沈珂本卷一卷二都沒有卷目，但内容清楚，卷一是三圖(即濂溪故里祠宇書院圖、濂溪在州祠宇書院圖、月巖圖)和周元公像贊，卷二是元公世系圖和元公年譜，卷三至卷十則有卷目，依次是：元公遺書(包括

---

① 周沈珂本在清代頗受重視，乾隆年間編修《四庫全書》時，曾將其前兩卷截去並删汰《世系遺芳集》後，以《周元公集》爲題收載《四庫全書》集部別集類中，但實際此本是挖改自明朝萬曆四十二年(1614)蘇州周與爵輯《宋濂溪周元公先生集》。有關情況可參見杜澤遜《周元公集版本辨析》(《文獻》2004年第3期)和粟品孝《文淵閣四庫本〈周公集〉的提要及底本問題》(收載於張其凡、李裕民主編《徐規教授九十華誕紀念文集》，杭州：浙江大學出版社，2009年)二文。

《太極圖説》和《通書》並附錄相關的序説)、元公雜著(即周子其他詩文書劄)、諸儒議論、事狀、歷代褒崇、祠堂墓田諸記、古人詩、祭文。之後的《世系遺芳集》五卷則是彙集周子父親周輔成、周子四世孫周興裔(蘇州周氏的始祖)及其後裔的有關資料,屬於家族文集。以此與道光本比照,可以發現道光本七個卷目中竟有遺書、雜著、年譜、褒崇等四個卷目與周沈珂本同,"祠墓"或也是脱胎於周沈珂本的"祠堂墓田諸記"。另外道光本附錄的《濂溪遺芳集》,與周沈珂本的《世系遺芳集》在題名上也有相近之處。因此單從"書目"上看,編者所謂道光本"照蘇州本家周沈珂之例而摘其要",是有道理的。

又據道光本卷首延禧的《重修濂溪志序》:"舊志始前明李牧,兵燹後蕩不復存。康熙間,前牧吴君纂《濂溪先生志》十五卷,歲久,板漫漶不可辨。午橋校訛補闕,益以國朝褒崇優恤之典,並付剞劂,更數歲而後蕆事。"這是説道光本主要是在康熙本的基礎上"校訛補闕"而成。是否如此呢？通過對比,我們發現,道光本在卷目卷次上雖然與康熙本差别明顯,但在内容上確實有不少是依照康熙本並有所增減而來的。

比如卷四的《祠墓》,内容豐富,主要是綜合康熙本《遺像道範志》《歷代褒崇志》《春秋享祀志》等有關内容而成。先是完整承襲了康熙本卷二《遺像道範志》的内容和排序,接著也幾乎全部吸收康熙本卷九《歷代褒崇志二》和卷十、十一的《春秋享祀志》的内容,但作了重新編排,並補入康熙本卷十四《古今藝文志一》的三篇記文。另外,本卷還有"濂溪書院祠堂圖""故里濂溪祠堂圖""故里月巖書院圖"及其三篇記文,則源於康熙本卷首。值得注意的是,編者還做了一些增補。如宋人楊允恭爲道州書院作的《宸翰閣恭記》、明朝萬曆四年的胡直《道州濂溪先生樓田廟宇碑》、吕藿《建故里廟宇書院祭田碑》,以及莫英《月巖》文,不見於康熙本和之前的濂溪文獻,可能源於編者的搜集。祭祀方面的《享祀》和《儀注》等文獻,也是編者新輯。

再如卷六的《優恤》部分,源自康熙本卷十二《優恤後裔志》,只是在小標題上做了改動,並删去了清初順康時期大臣奏請朝廷給予周子後裔世襲翰林院五經博士的七篇疏文,在《魚塘》部分新增了康熙五十六年署道州事李世植勒石一事,應屬編者新輯。卷七的《文錄》,匯入的是道州之外的"他郡祠記"和"前賢書序",其中多數祠記源自康熙本卷九和卷十一的相關内容,"前賢書序"則全部出自康熙本卷十四的《古今藝文志一》,另外"國朝張壽祺"在順治年間所作《永州建濂溪書院祠記》，屬編者新增。道光本最後附有《濂溪遺芳集》一卷，也基本上來自康熙本卷十五《古今藝文志二》，只是標題、作者和順序有些變化。

進一步比照，我們還發現道光本對乾隆二十一年（1756）江西分巡吉南贛寧道董榕編輯的"進呈本"《周子全書》（下稱董榕本），也有較多的參考和吸收。道光本卷一的《遺書》，是對周子《太極圖說》和《通書》及其有關注解、闡釋的文獻彙集。我們注意到，編者在收錄周子《太極圖說》時，最後專門有"發明"部分，彙集了朱熹等四人共十條內容，之後有"總論"，實是《朱子語類》卷九十四的一段議論文字。《通書》的每一章之後也有"發明"，一般是一到兩條內容，以朱熹的論說為主，最後的"總論"彙集了朱熹、王陽明等十一人的議論文字。這種編排格局，是編者的新創，但似乎受到董本"太極圖說發明""太極圖說通書發明"的直接影響，不少論說文字也取材於董本。當然，一些內容也明顯溢出了董本的範圍，屬編者新輯。

卷二《雜著》內容確實很"雜"，最前面的是周子詩文，源自董本卷十七《周子遺文並詩》；接著是周子同時代人的"贈答"、後人的"紀述""留題"，出自董本卷十九《附錄諸賢贈送唱酬等作》《附錄諸賢懷仰紀述等作》。卷三的《年譜》，是在吸收董本卷二十《年譜》的基礎上，新增部分內容而成；之後的《遺事》，源自董本卷十八《遺事》，並將康熙本卷七《諸儒論斷志》的數條補列，編者自己也有所新增。卷五的《褒崇》，以編年體的形式著錄，是在吸收董本卷二十一《列代褒崇》的基礎上，補充有關內容而成，下限延至嘉慶十九年。當然也有少量刪減，主要是順、康年間事，以及雍正十三年和乾隆十七年科場考試的出題事，而乾隆五年的祭銀、廟戶事，則調整歸入卷四《祠墓》（表述文字有所不同，道光本當還有所據）。卷七的《文錄》，不但名稱上源自董本卷二十二《文錄》，也吸收了其部分內容，並從康熙本過錄了一些文獻，還有少量新增（前已述，此不贅）。

綜合以上情況，可知道光本雖以"志"名書，但在體例上已大變。從卷目上看，主要是"照蘇州本家周沈珂之例而摘其要"，即依仿了康熙年間周沈珂父子重輯的《宋濂溪周元公集》十卷、《世系遺芳集》五卷的一些卷目；也有少數卷目來自康熙本《道國元公周夫子志》和乾隆年間"進呈本"《周子全書》。從內容上看，則主要是吸收康熙本和乾隆本的有關內容，並重新編排而成，也新增了部分資料。可見道光本《濂溪志》乃是綜合多家濂溪文獻的卷目和內容而形成的一部新的志書。

道光本的體例固然有其自身的特點，但拼合的痕迹無疑過重，整體説來顯得比較粗疏。參照此本而成的道光二十七年（1847）本《周子全書》，其編者鄧顯鶴説此本"較勝原本（即康熙本），而編次亦未盡善"。[①] "較勝原本"，筆者不敢苟同；但"編次未盡善"，則屬事實。其卷目主要仿照"蘇州本家周沈珂之例"，而具體内容又主要吸納康熙本《濂溪志》和乾隆本《周子全書》，導致一些卷次的内容明顯失衡。比如卷二《雜著》和卷四《祠墓》的内容就過於龐大，與其他卷目内容相比完全不協調。而且《雜著》將周子本人的詩文和其他人的"贈答""紀述"文字合在一卷，顯得不倫不類。《祠墓》主要著録周子故鄉道州和周子寓居之地江州的有關文獻，兼及周子任官的南安軍、南康軍，而將周子後裔一支很重要的居住地蘇州和周子任官的邵州、永州等地的文獻則另外安排在《文録》中，似乎也考慮不周。編者又單獨將康熙本卷十五《古今藝文志二》的内容重新編排後形成《濂溪遺芳集》，作爲附録著於全志之後，則有損志書的整體性，也是對明代弘治本《濂溪遺芳集》書名的誤用。道光本還删去了之前所有《濂溪志》載録的周子世系圖表，雖然理由堂皇："舊志有《宗圖》一卷，每爲冒宗者所竊。今本支繁衍，難以備載，故缺之，以杜他族冒宗之端緒。"但完全删去不録，特別是把康熙本新創的"大宗承襲世次圖"也省去，似乎有些過分。另外編者在凡例中還説："至晚近名流詩賦，另有別集備登，兹不載。"從而導致清代以來圍繞周子形成的大量詩賦，没有像以前的《濂溪志》那樣得到搜薈編録，這也是十分可惜的。

儘管道光本有上述種種變化甚至不足，但它仍保持了志書"記事"的傳統。正如延禧在《重修濂溪志序》中所説："志名濂溪，主載周子之事，事係乎子，即非濂溪必録濂溪諸勝，則以子興寄所及而載之，蓋舊例也。"同時也保持了志書巨細不遺，儘量搜羅各種資料的特點。延禧對此做了一大段闡釋，他寫道：

或謂子爲有宋以來道學之祖，其遺書、遺事、年譜、祠墓等，誠

[①] ［清］鄧顯鶴：《周子全書編後記》，載其編輯的《周子全書》卷首，道光二十七年刻本。

所當志;而雜志、手帖瑣屑之語,登臨留題之名,無乃繁蕪失體。不知道學者以道爲學,一言一動隨事發付,揆諸天理、人情、事勢,罔不確中乎自然之準的,故仁義中正之旨無往不存,應接酬酢之間無施不當。……然則斯志之載及瑣屑手帖,以見子未嘗自命爲道學,而誠意懇惻,内外上下,雍然怡然,無拂情慮者,正其善志子也。至夫賢喆戾止,鄉邦艷稱,好古之士往往窮極山巔水涯,剝剔苔蘚,求得一名一字,根據討論,以寄其留連向慕。若子孫叙述先烈,瞻顧體例,闕而不書,使世之人懷疑於碑碣之未可盡憑,而往來之迹,漸以湮没,是誰之過?今取諸刻與年譜、遺事,並列卷中,彼此胳合,豈不信而有徵哉?①

其中的"手帖"之類,爲歷來《濂溪志》收錄,道光本只不過是沿襲其舊而已。但這裏所說的留題、碑碣,編者確實做了一些新的搜集和編輯。如周子遊覽名勝的一些"留題",雖然早在宋刻本周子文集中已有收錄,但至少從最早名實相副的嘉靖本《濂溪志》開始,所有的志書已不收錄,道光本依據董榕本《周子全書》重新加以收載於其卷二的《雜著》中,並新增了一則"澹山岩扃留題",而將原來題名爲"澹山岩留題"者改題"含暉洞留題"。不僅如此,編者還根據這些"留題"的落款時間,將有關情況散入《年譜》中。至於"碑碣"方面,前述道光本吸收康熙本有關内容時,特別指出其卷四《祠墓》部分的宋人楊允恭《宸翰閣恭記》、明人胡直《道州濂溪先生樓田廟宇碑》、吕藿《建故里廟宇書院祭田碑》和莫英《月巖》文,不見於康熙本和之前的濂溪文獻,很可能就是作者依據"碑碣"而來。這些確實豐富了道光本的内容,其新輯之功不可掩。

道光本之後,不見傳統的官員和學者再編《濂溪志》,只有光緒元年(1875)周子後裔周振文曾重刻康熙本《道國元公濂溪周夫子志》,②在明清時期多次編刻、體例數變的《濂溪志》系列至此走到了盡頭。不過有意思的是,道光本《濂溪志》印行數年之後的道光二十七年(1847),湖南大儒、主持周子過化之地邵州濂溪書院的鄧顯鶴,將其改編成《周子全書》,各卷卷首均刻有"道州濂溪志原本"數字,這無疑是對傳統社會編纂的最後一部《濂溪志》的莫大尊重。

---

① [清]延禧:《重修濂溪志序》,載[清]周誥編:《濂溪志》卷首,道光十九年刻本。
② 周振文重刻本爲活字印本,上海圖書館藏,六册。

結　語

　　從明朝弘治四年(1491)編纂的第一部濂溪志《濂溪遺芳集》算起,至清朝道光十九年(1839)最後一部《濂溪志》的編刻,歷時近450年,即便從第一部名實相副的嘉靖十九年(1540)本《濂溪志》算起,《濂溪志》系列在明清時期的編纂也延續了300年之久。在這數百年的歷程中,《濂溪志》的體例幾經變遷。作爲《濂溪志》系列的發端之作,明朝弘治四年(1491)本《濂溪遺芳集》無志書之名,有志書之實,但其旨在宣揚以"濂溪"爲代表的"舂陵山水"的孕奇蓄秀之力,視野明顯不夠寬廣。之後嘉靖十九年(1540)初編、嘉靖二十五年(1546)增補之後刊刻的《濂溪志》,則突破了這一局限,成爲名實相副的第一部濂溪志書,但類別過多,内容龐雜,體例不善,故流傳不廣。後來的萬曆二十一年(1593)本《濂溪志》,則對嘉靖本做了全面的改編,其新創的十卷十二目的編纂結構和順序,明顯優於嘉靖本,故能長期流傳,影響深遠。其後雖有萬曆三十四年(1606)林學閔編《濂溪志》四卷、萬曆末的"李楨版"《濂溪志》四卷和天啓四年(1624)《宋濂溪周元公先生集》(以集爲名,實爲志體)十三卷等三部志書,卷數多寡不一,但在體例上均是承襲萬曆二十一年本,没有特别創新之處。真正對萬曆二十一本體例做出全面更新者,是康熙二十四年(1685)本《道國元公濂溪周夫子志》。其十個分志不論是名稱還是編排次序,都頗爲考究,而且每一個分志的首尾都有論贊内容,可謂歷代《濂溪志》系列中體例最爲嚴整之作。一個半世紀之後的道光十九年(1839)本《濂溪志》雖在内容上大量吸取了康熙本《道國元公濂溪周夫子志》以及乾隆本《周子全書》,但在卷目上則主要"照蘇州本家周沈珂之例而摘其要",則編排粗糙,體例不佳,其品質實在不敢恭維。通觀下來,體例創新最爲明顯,也最爲優善者是萬曆二十一年本和康熙二十四年本,後來也只見這兩部志書得以重印,明萬曆二十一年本在170年之後的清乾隆二十八年(1763)爲周氏族人周南等人重新付梓,[①]康熙二十四年本在190年之後的光緒元年(1875)爲周氏族人周振文再次刻印,均顯示出二本的體例

[①] 此本現藏河南省新鄉市圖書館,卷首的時人周星聚《修濂溪志書序》冠有"修"字,落款時亦有"謹修"二字,似爲重修本,但據筆者比勘,實爲明萬曆十一年本的重刻。

優勢和長久的生命力。其中康熙本的體例更爲嚴整,生命力更強,故近年學者編纂出版《濂溪志新編》,也"略仿吳大鎔《道國元公周夫子志》而變通之"。①

本文以討論《濂溪志》的體例爲主,因此最後有必要再對《濂溪志》這種人物專志贅言幾句。人物專志,或稱人物傳,起源甚古,但大多都是一地、一時或一類人物的合傳,屬於"群體人物志",包括獨立成書的人物傳合集和作爲綜合志書組成部分的一個人物門類兩種。而本文論述的《濂溪志》,則屬於單個人物的有關資料的彙編,有學者稱爲"個體人物志"。② 這種個體人物志出現較晚,目前所知最早冠以"志"名的是南宋樊汝霖爲唐代大儒韓愈所作的《韓文公志》五卷,"集其碑志、祭文、序譜之屬爲一編"。③ 可惜已佚,體例不詳,後世也罕有繼起之作。像《濂溪志》這樣綿延數百年、反復編纂、體例不斷更改的個體人物志,在歷史上極爲罕見,恐怕僅次於記述孔子的系列《闕里志》。④ 這是我國龐大的史書之林中極其珍貴的個案,對此展開研究,不僅有助於深入認識以周子爲代表的理學思想的發展傳播,而且也有助於探討我國傳統史志體裁的傳承演進,並爲今日的史志編寫提供鏡鑑。明清時期反復編纂的《濂溪志》體量龐大、版本繁複、内容豐厚,本文的研究還只是初步的,更深入更細緻的研究還有待更多的專家學者。

---

① 王晚霞:《濂溪志新編》,北京:中國社會科學出版社,2019年,"凡例"第1頁。
② 陳澤泓:《個體人物志編修蠡思——以〈冼夫人志〉編修爲中心》,《中國地方志》2021年第5期。
③ [宋]陳振孫撰,徐小蠻、顧美華點校:《直齋書錄解題》卷一六,上海:上海古籍出版社,1987年,第475頁。
④ 關於記述孔子的系列《闕里志》之編纂及其體例變遷情況,可參見鄭立娟《孔子家族志編纂體例的嬗變》,《孔子研究》2021年第3期。

宋儒劉彝行實編年輯考

聊城大學歷史文化與旅游學院 謝繼帥

摘　要：劉彝先世因唐末動亂播遷入閩，依附王潮、王審知兄弟，入宋以後家族人才興旺，科舉登第者輩出。劉彝師從北宋大儒胡瑗，仁宗慶曆六年(1046)登進士第，起家邵武縣尉，官止桂州知州，是熙寧變法、宋交戰爭等重要歷史事件的參與者和見證者。劉彝以擅長治水見稱於世，經學方面亦卓有建樹，與陳襄、鄭穆等名士均有較爲密切之往來。作爲一名"中層"士大夫，劉彝的求學、仕宦經歷展現了北宋中葉政治與學術生態的豐富面向。

關鍵詞：劉彝；胡瑗；水利；經學；熙寧變法；宋交戰爭

　　北宋中葉是中國歷史上一個群星璀璨的時代，活躍於政治、學術與文藝界的衆多知名人物，如范仲淹、歐陽修、司馬光、王安石等，均爲後世所耳熟能詳。環繞群星周圍的一些角色，相比之下儘管不甚耀眼，但其仕宦經歷、治學成績和師友淵源，常常同樣可圈可點，而宋代史料的豐富程度，亦足以支撐相關研究的展開。本文將要介紹的劉彝，便是其中較有代表性的一位。

　　劉彝字執中，福州懷安人，先世彭城劉氏，後徙曹州南華，中間散居各地，高祖劉技唐末任鄂州節度判官，因亂棄官入閩，遂爲閩人。北宋仁宗慶曆六年(1046)，劉彝登賈黯榜進士第，歷任邵武縣尉、高郵縣主簿、朐山縣令、温州通判、權都水監丞、虔州知州等，所至多有善政，尤以長於水利見稱，但最終因知桂州期間處理交趾事務失當，遭到除名編管的重譴。學術方面，劉彝師從名儒胡瑗，著有《七經中義》一百七十卷、《洪範解》六卷等，發揮乃師"明體適用"之學頗爲有力。交遊方面，劉彝不僅與"海濱四先生"陳襄、鄭穆、陳烈、周希孟過從甚密，而且與詩人梅堯臣、學者劉攽等有所往來。因此，綜考這位"中層"士大夫的宦學經歷，對北宋人物及相關史事研究應當不無裨益。《東都事略》和《宋史》均爲劉彝立傳，但僅寥寥三百餘字，不足以反映其學行之全貌。近年陸續有學者撰文，進一步考察劉彝生平事迹，特別是其水利成績，補充了許多歷史細節①。但檢讀宋代以降之典籍，可供勾稽和利用的史料尚有不少。因此，本文嘗試更爲全面地輯録劉彝之家世、求學、仕宦與著述資料，並加以編年考證，供學界參考。

宋真宗天禧元年丁巳（1017） 一歲

是年，劉彝生，字執中，福州懷安人。

> 按：劉彝生年史無明文。《東都事略》卷八六本傳云"元祐初，以都水監丞召，卒於道，年七十"②，《宋史》卷三三四本傳同③，而《（淳熙）三山志》卷八《公廨類二·廟學》"先賢堂"條小傳云"以元祐六年卒，年七十"④。"元祐"乃哲宗年號，前後共用九年。若劉彝卒於"元祐六年"，則不可稱爲"元祐初"，故知兩者必有一誤。姜亮夫以《宋史》本傳所言"元祐初"爲元祐元年（1086），推定劉彝生年爲真宗天禧元年（1017），相關宋史論著多同此説⑤。近年，曾輝以《（淳熙）三山

---

① 賴晨：《劉彝與贛州千年不澇的秘密》，《文史春秋》2012 年第 12 期，第 51—54 頁；曾輝：《北宋水利專家劉彝生平考論》，《閩江學院學報》2018 年第 1 期，第 10—17 頁；練建安：《贛水蒼茫龍峰青——北宋水利專家劉彝的歷史碎片》，《閩都文化》2018 年第 3 期，第 72—78 頁等。
② ［宋］王稱著，孫言誠、崔國光點校：《東都事略》卷八六，濟南：齊魯書社，2000 年，第 721 頁。以下徵引本篇內容，不再重注頁碼。
③ ［元］脱脱等：《宋史》卷三三四《劉彝傳》，北京：中華書局，1985 年，第 10729 頁。以下徵引本篇內容，不再重注頁碼。
④ ［宋］梁克家著，福州市地方志編纂委員會整理：《（淳熙）三山志》卷八，福州：海風出版社，2000 年，第 94 頁。
⑤ 姜亮夫：《歷代人物年里碑傳綜表》，見《姜亮夫全集》第 19 冊，昆明：雲南人民出版社，2002 年，第 315 頁。

志》所言"元祐六年卒"爲據,推定劉彝生年爲真宗乾興元年(1022)①。今檢劉攽《彭城集》卷一一有《劉彝學士挽詩》②。劉攽卒於元祐四年(1089),故劉彝卒年應在此前,《(淳熙)三山志》記載有誤。復據李燾《續資治通鑑長編》,劉彝熙寧八年(1075)十二月免知桂州,稍後遭到除名編管的重譴,至元祐元年(1086)閏二月起爲朝奉大夫,似有重新任用之意③。《東都事略》和《宋史》本傳稱劉彝"元祐初,以都水監丞召,卒於道",當與其起爲朝奉大夫約略同時。此外,元祐元年(1086)之後,史籍中便再無有關劉彝本人活動的記載,亦可旁證所謂"元祐初"應爲元祐元年(1086)。《(淳熙)三山志》中"元祐六年"之"六"字,恐爲"元"字之訛。因此,今從姜亮夫説,推定劉彝生年爲真宗天禧元年(1017)。

又,《東都事略》和《宋史》本傳均言劉彝爲"福州人"。北宋時期,福州領有閩、侯官、福清、古田、長樂、懷安等十二縣。李綱爲劉彝之女所撰《宋故安人劉氏墓誌銘》云"夫人姓劉氏,家世福州懷安"④,則劉彝應爲懷安縣人。因宋代以福州爲長樂郡、威武軍節度,故史籍中或有"長樂劉彝"之稱。復因福州別稱福唐,故史籍中又有"福唐劉彝"之稱。

十三世祖劉晉,字進之,隋東萊縣令。

按:鄭俠《劉公南墓表》云:"公諱康夫,字公南。其先自劉累以至漢,由漢而後,劉姓益大。而公之家譜,實自唐僕射晏。"⑤墓表主人劉康夫爲劉彝之侄,當時劉氏家譜僅記唐代劉晏之下,但檢讀《新唐書》卷七一上《宰相世系表一上》,尚可前推至隋東萊令劉晉。《宰相

---

① 曾輝:《北宋水利專家劉彝生平考論》,《閩江學院學報》2018年第1期,第11頁。
② [宋]劉攽:《彭城集》卷一一,《景印文淵閣四庫全書》第1096册,臺北:商務印書館,1986年,第101頁。
③ [宋]李燾:《續資治通鑑長編》(以下簡稱《長編》)卷三七〇,哲宗元祐元年閏二月甲寅條,北京:中華書局,2004年,第8944頁。
④ [宋]李綱著,王瑞明點校:《李綱全集》卷一七〇,長沙:嶽麓書社,2004年,第1565—1566頁。以下徵引本篇内容,不再重注頁碼。
⑤ [宋]鄭俠:《西塘集》卷四,《景印文淵閣四庫全書》第1117册,第415頁。

世系表》云:"曹州南華劉氏出自漢楚元王交之後,自彭城避地徙南華,築堌以居,世號'劉堌'。隋有東萊令劉晉字進之。三子:郁、多讓、多退。"①計其世系,劉晉爲劉彝十三世祖。

十二世祖劉郁,字蔚卿,唐弘文館學士。

十一世祖劉恭,字伯寅,新井縣令。

十世祖劉知晦,字仲昌,武功縣丞。

九世祖劉暹,字士昭,剛腸嫉惡,歷典數州,皆爲觀察史所畏,官終潮州刺史。

  按:以上世系並據《新唐書》卷七一上《宰相世系表一上》,另參同書卷一四九《劉晏傳》②。劉暹爲知晦次子,兄昱,字士明,大理司直;弟晏,字士安,肅宗、代宗年間理財名相。

八世祖劉談經,字辨之,大理評事。

七世祖劉濛,字潤之,大理卿、左常侍。

六世祖劉堦,字秉中,兵部、吏部郎中。

  按:蔡襄《尚書屯田員外郎贈光禄卿劉公墓碣》云:"公諱若虚,字叔陽,姓劉氏。漢之衰,楚元王子孫不去彭城。歷魏晉以來,彭城劉猶爲著姓。至唐,司徒晏以雄材精智,用轉流輕重之術,於乾元、上元之間,飽國饑者二十年,至宰相,功名益顯。晏兄暹爲汾州刺史,治有聲稱,生大理評事談經。評事生左常侍濛,常侍生吏部郎中堦。"③墓碣主人劉若虚乃劉彝伯父,蔡襄所記劉氏譜系,與前引《宰相世系表》相合。但《宰相世系表》記劉濛任大理卿,劉堦任兵部、吏部郎中,與墓碣互有出入,今並存之。又檢《新唐書》卷一四九《劉晏傳》,劉晏長子執經、次子宗經,而濛字仁澤,乃宗經子,與劉若虚墓碣及《宰相世系表》相戾,恐誤。

高祖劉扳,字仕能,唐末任鄂州節度判官,因亂棄官入閩,居泉州,與王潮、王審

---

① [宋]歐陽修、宋祁:《新唐書》卷七一上《宰相世系表一上》,北京:中華書局,1975年,第2258頁。
② [宋]歐陽修、宋祁:《新唐書》卷一四九《劉晏傳》,第4799頁。
③ [宋]蔡襄著,吳以寧點校:《蔡襄集》卷三七《尚書屯田員外郎贈光禄卿劉公墓碣》,上海:上海古籍出版社,1996年,第680頁。以下徵引本篇內容,不再重注頁碼。

知兄弟聯姻。

  蔡襄《尚書屯田員外郎贈光禄卿劉公墓碣》："自司徒至吏部四世，或居長安，或在汾晉。吏部生伎，實公之曾祖考也，爲鄂州節度判官。湖南帥據其地自王，兵四起，乃以其孥循江入閩，居泉州，卒葬南安縣，始爲閩人。"

  鄭俠《重修蓮華永興禪寺忠懿王祠堂記》："蓮花永興寺，劉氏外祖忠懿王之祠宇也。王諱審知，字詳卿，姓王氏，其來自光州之固始。……劉祖諱技，字仕能者，爲鄂州節度使判官、檢校尚書户部員外郎。因湖南馬氏僭偽，不從。宵遁入閩，家於泉州。厥嗣三玉，長諱文質，爲王兄節度使潮公之壻。次諱文濟，娶王季女，封柔靖夫人，進封馮翊。三子諱文澤。女適王次子諱延均公，封正義夫人。蓋王以劉爲漢楚元王交之裔，遂世爲婚姻云。"①

  按：鄂州治今湖北武漢市，唐僖宗光啓二年（866）起被本州人杜洪控制，是周邊割據勢力競相爭奪的一個地區。"湖南帥"與"湖南馬氏"均是指馬殷。昭宗乾寧元年（894），劉建鋒、馬殷勢力自江西進入湖南；光化二年（899），馬殷平定湖南全境。天復三年（903），淮南楊行密勢力大舉進攻鄂州，並引發多方混戰。劉技因亂棄官入閩，當在此數年之間。福建方面，光啓二年（866），王審知與其兄潮、審邽攻下泉州，稍後漸次進占全閩，建號稱王。劉技入閩之後，能快速站穩脚根，最主要原因即與王氏兄弟實現了緊密的聯姻。復檢《新唐書》卷七一上《宰相世系表一上》，劉技爲劉埴第四子。"技"字，《宰相世系表》及鄭俠《祠堂記》同，而蔡襄《劉公墓碣》作"伎"，今暫從前者。

曾祖劉文濟，字霸源，取王審知季女柔靖夫人，徙家福州，卒官吏部郎中。

  按：前引蔡襄《尚書屯田員外郎贈光禄卿劉公墓碣》云："鄂州生文濟，是爲祖考，徙家福州，閩王王審知以其女妻之，卒官吏部郎中。"

---

① 王鐵藩：《王審知譜志彙編》，福州：福建人民出版社，2015年，第321—322頁。以下徵引本篇内容，不再重注頁碼。

鄭俠《重修蓮華永興禪寺忠懿王祠堂記》云:"王之女七人,柔靖夫人其季也,王最鍾愛之。在繈時,撫其背曰:'汝雖適他姓,終奉吾祀。'"今考,昭宗乾寧三年(896),唐廷升福州爲威武軍,以王潮爲威武軍節度使、王審知爲副使。王氏統治重心在福州,故劉文濟自泉州徙居之。

祖劉仲甫,字幹臣,先後仕閩、吴越,娶李氏,生九子,以太子洗馬致仕。

按:蔡襄《尚書屯田員外郎贈光禄卿劉公墓碣》云:"(文濟)生皇考府君諱甫,閩亡,仕錢吴越王。法自取所部以爲俸,府君不入一錢。逮王歸京師,而其官屬大小皆得仕,府君以母老辭不就禄,至今鄉閭稱其孝廉。娶李氏,生子九人。"劉仲甫表字幹臣,早期文獻失載,今據近修劉氏族譜補①。族譜記劉文濟二子,長即仲甫,次名仲申,字正臣;仲甫九子,分别爲若虚、若水、若金、若拙、若昧、若思、若冲、若愚和若能。

父劉若思,字叔屯,娶潘氏,卒贈光禄少卿。

李綱《宋故安人劉氏墓志銘》:"夫人姓劉氏,家世福州懷安。曾祖諱仲甫,太子洗馬致仕。祖諱若思,贈光禄少卿。考諱彝,朝請大夫,行都水監丞,贈銀青光禄大夫。"

黄庭堅《潘處士墓志銘》:"處士諱萃,字信夫,享年七十有二。其先河南潘氏有諱季荀者,仕唐昭宗爲太僕卿,兼御史中丞、五嶺催勘使。行部至長樂,愛其山水而家焉。太僕生仁杲,爲殿中丞。世亂,王氏擅閩粤,皆家居,不宦遊。殿中生吉甫,入朝爲國子博士,贈工部侍郎。工部生衢,爲屯田郎,治數郡有聲。其甥劉彝,嘗稱其外家政事,雖古之良吏不能遠過也。"②

按:前引劉氏族譜記劉若思字叔屯,仲甫第六子。據黄庭堅《潘

---

① 劉立身、劉士敏主修:《福州郎官巷劉氏南嶼罏峰房族譜》,2004年,第105頁。此譜雖爲近年所修,内容當有所本。
② [宋]黄庭堅:《山谷别集》卷一〇《潘處士墓志銘》,見劉琳、李勇先等校點:《黄庭堅全集》,成都:四川大學出版社,2001年,第1668頁。

處士墓志銘》,劉若思娶潘氏,乃潘吉甫女。潘氏唐昭宗年間入閩,應大約與劉氏同時。復據下文所引蔡襄《尚書屯田員外郎贈光禄卿劉公墓碣》,劉仲甫次子若虛,所娶亦為潘吉甫女。可知,潘氏與劉氏當時聯姻頗密。

是年,范仲淹二十九歲,胡瑗二十五歲,梅堯臣十六歲,歐陽修十一歲,蔡襄六歲,陳襄、周敦頤一歲。

天禧二年戊午(1018)　二歲

是年,曾祖母柔靖夫人王氏卒,享年九十九歲。

> 鄭俠《重修蓮華永興禪寺忠懿王祠堂記》:"嗣位再傳,王氏遭朱、連之變。富沙王延政公遷于金陵,而王之祠墓,誰其尸之,有齊季女乎?遂愉然記憶前言,欲綿孝思。撥賞產修治寺暨王之塋域,招一十二家給田舍看守。別推產供寺衆,以奉薌燈。西王祠,東劉祠,繪塑王象於中。……柔靖於天禧二年奄逝,享壽九十有九,信孝德之報。"

天禧三年己未(1019)　三歲

二月二十三日,伯父劉若虛卒,享年五十歲。

> 蔡襄《尚書屯田員外郎贈光禄卿劉公墓碣》:"公諱若虛,字叔陽……咸平五年登進士第,授大理評事、知溫州永嘉縣。還,上所為文章。真宗皇帝尚儒,每親程自言者,召中書試,就遷寺丞,知照州溫泉縣,移通判保定軍,再遷太常博士、通判洪州。……改尚書屯田員外郎、知邵武軍。……年五十,終於官,天禧三年二月二十三日也。其年九月八日辛酉,葬福州懷安縣越城里。公以恩受其父之太子洗馬致仕。……夫人新鄭縣君,贈工部侍郎潘吉甫之女。……男四人:長曰弇,不遇勢利,負奇自隱;曰弈,有大材智;曰異,以文學知名,皆

終尚書屯田員外郎;曰戒,未仕。"

天禧五年辛酉(1021)　五歲

十一月十三日,王安石生。

仁宗天聖八年庚午(1030)　十四歲

是年,從兄劉奕、劉異同中王拱辰榜進士。

　　按:劉奕字蒙伯,若虛次子;劉異字成伯,若虛第三子。此前,劉若虛中真宗咸平五年(1002)王曾榜進士,劉若沖中大中祥符五年(1012)徐奭榜進士①。至此,劉仲甫一族入宋之後已有四人考中進士,而若虛父子前後三人登第,尤爲盛事。

　　又,蔡襄本年亦中進士。襄字君謨,興化軍仙遊(今福建仙遊縣)人,生於大中祥符五年(1012),以書法名世,生前兩知福州。劉奕與蔡襄爲好友,蔡襄曾爲其父若虛撰《劉公墓碣》,前文已多次征引。

幼沉重介特,讀書必求其義,居鄉以行義稱。

　　按:《東都事略》與《宋史》本傳記劉彝早年事迹,因無明確繫年,姑置於此。

景祐二年乙亥(1035)　十九歲

是年,知蘇州范仲淹奏立州學,聘胡瑗爲教授。朝廷更定雅樂,詔求深通音律者,范仲淹又亟薦之,以白衣召對崇政殿。

　　按:胡瑗字翼之,太宗淳化四年(993)生於泰州,因先祖世居陝西安定,故人稱"安定先生"。專意經學,兼通律吕,曾同孫復、石介讀

---

① 〔宋〕梁克家:《(淳熙)三山志》卷二六《人物類一·科名》,第314—316頁。

書泰山,十年不歸①。

慶曆二年壬午(1042)　二十六歲

是年,陳襄中楊寘榜進士,授試秘書省校書郎、建州浦城縣主簿。

  按:陳襄字述古,福州侯官人,號古靈先生。先世爲光州固始人,唐末始隨王潮兄弟入閩,遂家於福州。早年與同鄉陳烈、鄭穆、周希孟爲友,閩中稱爲"四先生"。四人又與劉彝爲友,號爲"五先生"。劉彝與陳襄同鄉同歲,且娶其妹,故兩人極爲交好。陳襄生平參見《古靈先生文集》附陳暉《古靈先生年譜》及葉祖洽《先生行狀》,《宋史》卷三二一有傳。

  又,陳烈亦參加本年科舉,黜於禮部,此後遂不復應試②。烈字季慈,福州侯官人,《(淳熙)三山志》卷八《公廨類二》"先賢堂"條小傳稱其"甫年十四,繼失怙恃,水漿不入口五日。自壯迨老,享奉如事生。特立獨行,非禮不言不踐,雖御童僕,如對大賓。慶曆中,蔡公襄爲守,下車之始,以書問閩俗利病,先生條利害二十篇獻之",又稱其"通三代之禮,凡婚冠喪祭悉遵行之。雖博學如陳先生襄、劉先生彝,皆問禮焉"③。仁宗年間,累獲薦舉任命,均堅辭不受。哲宗元祐初年,復命爲州學教授,卒年七十六歲。

  又,本年王安石以進士第四名及第,授校書郎,簽書淮南節度判官。

劉升中諸科。

  按:劉升爲若沖子,終秘書丞④。

知湖州滕宗諒聘胡瑗爲州學教授。瑗分設經義、治事二齋,教人有法,從學者

---

① 有關胡瑗行事的詳細考訂及繫年,可參胡鳴盛:《安定先生年譜》,《山東大學文史叢刊》1934年第1期,第37—62頁。
② 《長編》卷一八七,仁宗嘉祐三年正月乙卯,第4501頁。
③ [宋]梁克家:《(淳熙)三山志》卷八,第94頁。
④ [宋]梁克家:《(淳熙)三山志》卷二六《人物類一·科名》,第317頁。

如雲。

張鎡《仕學規範》卷一《爲學》:"安定先生自慶曆中教學於蘇、湖間二十餘年,束脩弟子前後以數千計。是時方尚辭賦,獨湖學以經義及時務爲先,故學中有經義齋、治事齋。經義齋者,擇疏通有器局者居之。治事齋者,人各治一事,又兼一事,如邊防、水利之類。故天下謂湖學多秀彥,其出而筮仕,往往取高第,及爲政多適於世用,若老於吏事者,由講習有素也。"①

慶曆三年癸未(1043) 二十七歲

約是年,至湖州,從胡瑗求學,受《周禮》,兼習水利。

按:《宋史》本傳云:"從胡瑗學,瑗稱其善治水,凡所立綱紀規式,彝力居多。"《河南程氏遺書》卷二上《二先生語》云:"胡安定在湖州置治道齋,學者有欲明治道者,講之於中。如治兵、治民、水利、算數之類。嘗言劉彝善治水利,後累爲政,皆興水利有功。"②宋濂《浦陽人物記》卷下《文學篇》云:"(胡)瑗以明體適用之學教東南人士,或治經,或治事,各有條法。長樂劉彝受《周禮》,又兼習水利。"③綜合言之,劉彝從胡瑗求學,應在胡瑗任湖州州學教授期間,但具體年月史無明文。今檢梅堯臣《宛陵先生集》卷九有《劉彝秀才歸江南》詩,云:"鳳鳥不受笯,麒麟寧受靽?君思此二物,中夜忽興嘆。況值南風來,襲蘭歸楚岸。"本詩,朱東潤、吳孟復均繫於慶曆三年(1043)④。彼時,梅堯臣在湖州監稅,故此詩應是爲歡迎劉彝至湖州而作。湖州在長

---

① [宋]張鎡:《仕學規範》卷一,《景印文淵閣四庫全書》第875册,第11—12頁。
② [宋]程顥、程頤著,王孝魚點校:《二程集·河南程氏遺書》卷二上《二先生語》,北京:中華書局,2004年,第18頁。
③ [明]宋濂:《浦陽人物記》卷下《文學篇》,《宋濂全集》第6册,杭州:浙江古籍出版社,2014年,第2045頁。
④ [宋]梅堯臣著,朱東潤編年校注:《梅堯臣集編年校注》卷一三,上海:上海古籍出版社,1980年,第221頁;吳孟復:《梅堯臣年譜》,見《吳孟復安徽文獻研究叢稿》,合肥:黃山書社,2006年,第180頁。

江南岸,與"襲蘭歸楚岸"句意相合。因此,劉彝至湖州求學時間,應以本年爲是。本年之前,劉彝行止不詳。以理推之,劉彝可能與好友陳襄共同參加了慶曆二年(1042)的科舉考試,但並未考中,因獲知胡瑗在湖州州學任教,故本年自汴京南下求學。

慶曆四年甲申(1044)　二十八歲

是年,仁宗詔州縣皆立學,且建太學於京師,取胡瑗湖州教法爲太學法。

歐陽修《胡先生墓表》:"慶曆四年,天子開天章閣,與大臣講天下事,始慨然詔州縣皆立學。於是建太學於京師,而有司請下湖州,取先生之法以爲太學法,至今爲著令。"①

慶曆六年丙戌(1046)　三十歲

是年,中賈黯榜進士,授邵武縣尉②。

《宋會要輯稿·選舉二》:"(慶曆)六年五月一日,以新及第進士第一人賈黯爲將作監丞;第二人劉敞、第三人謝仲弓並爲大理評事、通判諸州;第四人張繟、第五人孫坦爲秘書省校書郎,並僉書兩使判官公事;第六人已下爲兩使推官。第二甲爲初等職官,第三甲並諸科並爲判司簿尉,第四甲已下並諸科、同出身並守選。"③

按:劉彝起家邵武縣尉,應爲進士第三甲。邵武縣爲北宋福建路邵武軍治所,今屬福建邵武市。據前引蔡襄《劉公墓碣》,劉若虛天禧三年(1019)卒於知邵武軍,任內"徹淫祠,禁巫覡,教病者藥;朋醉群鬥、賊竊恃強,置於深法。又治孔子廟,收學者爲之開説孝弟之行,

---

① [宋]歐陽修:《居士集》卷二五《胡先生墓表》,見李逸安點校:《歐陽修全集》,北京:中華書局,2001年,第389頁。
② [宋]梁克家:《(淳熙)三山志》卷二六《人物類一·科名》,第317頁。
③ [清]徐松輯,劉琳、刁忠民等校點:《宋會要輯稿》選舉二之八,上海:上海古籍出版社,2014年,第5268頁。

尊獎賢節",其施政方式或許對劉彝有一定影響。

又,本年胡瑗長子志康、次子志寧亦中進士①。

再調高郵縣主簿,移朐山縣令,治績頗著。

《東都事略》本傳:"舉進士,爲邵武尉,再調高郵簿,移朐山令。治簿書,恤孤寡,作陂池,教種藝,平賦斂,抑豪猾,扼遊惰,凡所以惠民,無不至也。類其事以爲一書,名曰《法範》。"

按:劉彝出任高郵簿、朐山令,似與任邵武尉前後相接,但均無明確繫年,姑置於此。高郵縣爲北宋高郵軍治所,今屬江蘇省高郵市。朐山縣爲北宋海州治所,今屬江蘇連雲港市。

皇祐二年庚寅(1050)　三十四歲

秋,自閩北上至越州,有《題禹廟壁》詩,表達農田水利思想。

劉彝《題禹廟壁》:"皇祐二年秋,予自閩由太末登天台,川陸間行,至於郡,凡數千里。觀山澤之可樹殖者,或荒瀦焉。田畝之可畎澮者,或漫滅焉。自剡而西,遇雨數日,農田甚豐,垂獲而遭霖潦之害。春夏斯民飢莩,癘瘠未起者,重困是水。予心哀焉。嗚呼! 宜樹殖而荒瀦,凍餒之源也;宜畎澮而漫滅,水旱之道也。天地非不生且育,然而吾民重罹飢困,贊乎化育之道未至焉耳。夜過鑑湖,人指南山而告曰:禹廟也。予具冠帶瞻望,內起恭肅,不覺感嘆泣下。既而欲志其事。厥明,次於會稽之門,遂寫屋壁,其歌曰:地生財兮天生時,聖賢之贊育兮咸適其宜。畎澮距川兮川距海,水旱罔至兮民無凍飢。畝田是起兮帝載以熙,萬世永賴兮胡不踐履而行之。嗚呼,禹乎! 誰知予心之增悲!"②

按:太末,古縣名,北宋爲衢州龍遊縣,今屬浙江龍遊縣。天台

---

① 龔延明、祖慧編著:《宋代登科總錄》,桂林:廣西師範大學出版社,2014年,第663—664頁。

② [宋]呂祖謙:《皇朝文鑑》卷三〇,見黃靈庚、吳戰壘主編:《呂祖謙全集》,第12冊,杭州:浙江古籍出版社,2008年,第593頁。

山,在今浙江天台縣境。剡縣,北宋屬越州,今屬浙江嵊州市。鑑湖,在今浙江紹興市南。會稽,北宋越州治所,今屬浙江紹興市。綜合言之,劉彝此行可能是自福州出發,北上經龍遊,東登天台山,復北過剡縣,經鑑湖時瞻仰大禹廟,至會稽縣城後題詩,詩題"題禹廟壁"應是後人所擬。詩序云"宜樹殖而荒瀦,凍餒之源也;宜畎澮而漫滅,水旱之道也",是劉彝較早明確表達其農田水利思想的文字。

再檢李庚《天台續集》卷中收錄劉彝《滌慮軒》詩一首,云:"萬事本無心,寧容意慮侵。方池唯貯月,修竹不棲禽。地靜饒真趣,風長展梵音。有人重稅駕,經宿樂幽林。"①此詩或是劉彝本次登天台山時所作,並附於此。

皇祐三年辛卯(1051)　三十五歲

春,寄居剡縣,時遇大飢,流民聚集,縣令過勛設法救濟之。

高似孫《剡錄》卷八《物外記·僧廬》:"超化院在剡門之北……劉彝嘗賦悼賢詩:越州剡縣超化院。皇祐辛卯春,予寄居是邑,民方阻饑,流孳萃千里,集於城下。縣令秘丞過公彥博勸誘豪族,得米二萬斛以救民。明年又飢,遂出常平錢萬緡請糴於明,歸以剡價,取其贏米幾萬斛,繼續民命。尚憚其不給也,乃刻俸麥七十斛爲種,而假超化院左僧民之田十餘頃,役飢民耕種之。明年,得大麥五百餘斛,嗣給流民,各俾歸業。"②

陳襄《贈剡縣過勛秘丞》:"賢哉過縣尹,德政是吾師。萬事無鋒穎,一心惟孝慈。家貧因客冗(自注:時劉彝、鄭穆盡寄居剡學),發白爲民飢。誰刻前山石,令人去後思。"③

---

① [宋]李庚等編,鄭欽南、鄭蒼鈞點校:《天台集》,上海:上海古籍出版社,2018年,第226頁。
② [宋]高似孫:《剡錄》卷八,《宋元方志叢刊》影印清道光八年(1828)刻本,第7冊,北京:中華書局,1990年,第7251—7252頁。以下徵引本篇內容,不再重注頁碼。
③ [宋]陳襄:《古靈先生文集》卷四《贈剡縣過勛秘丞》,《中華再造善本》影印南宋紹興三十一年(1161)刻本,北京:北京圖書館出版社,2005年,葉7a。

  按：過勗字彥博，臨川（今江西省撫州市）人，仁宗景祐五年（1038）進士，事父母至孝，《宋史·藝文志》著録其《至孝通靈集》三十卷。從詩序推測，劉彝自本年春寄居剡縣，延續至次年夏收。陳襄自慶曆七年（1047）起任台州仙居縣令，本年遷知孟州河陽縣。仙居在剡縣之南約百里，劉彝寄居剡縣前後應與陳襄有會面或書信往來，故陳襄知"時劉彝、鄭穆盡寄居剡學"。然而，劉彝此行目的暫不可考，緣何寄居剡縣，而未至仙居依從陳襄，亦不可知。

五月二十三日，從兄劉奕卒，享年五十三歲。

  蔡襄《尚書屯田員外郎通判潤州劉君墓碣》："君天聖八年進士及第，授惠州推官，疾不果行。次調南康軍判官，移知洪州武寧縣事，改大理寺丞。累遷尚書屯田員外郎，歷知鄭之滎陽，鳳翔府判官，通判漳州、潤州事。以皇祐三年五月二十三日終潤州，年五十三。明年正月二十四日葬福州懷安縣靈山鄉越城里。"①

是年，陳襄薦之於兩浙安撫使陳旭，同被薦者有胡瑗、王安石、陳烈、鄭穆等人。

  陳襄《與兩浙安撫陳舍人書》："某伏聞執事按部東南，首訪士民德行。……已仕者四人：有殿中丞致仕胡瑗者，博學通經，負文武之道而適用不迂。向在江、湖間，興學養士凡十餘年，弟子一千七百人，魁傑之才多出門下。今年過六十，而進德未已。有舒州通判王安石者，才性賢明，篤於古學，文辭、政事已著聞於時。有潁州司法參軍劉彝者，其人長於才而篤於義，其政與學皆通達於體要。有廬州合肥縣主簿孫覺者，材質老成，志於經學而浸有原本，觀其文辭或簡而能粹，殿中丞胡瑗門人高第數百而稱其賢。瑗雖老，其材尚可大用，惜乎未有知音者。三人者，皆賢者之資也，將置之美地，不拂其所進，以育成其美材，可量也哉？其在下者五人：福州侯官縣陳烈者，天性仁孝，其才智超特，學古明道，造大賢之域。自慶曆初下第，閉門潛心治經十餘年，兩經科詔，不應里選，身服仁義，鄉閭宗之。有同縣鄭穆者，

---

① ［宋］蔡襄著，吳以寧點校：《蔡襄集》卷三七《尚書屯田員外郎通判潤州劉君墓碣》，第683頁。

明而好學,深造於道,其心仁氣正,勇於爲義,學博而文壯。……彝、烈、穆,某之友人也,凡與並立於古人之域積二十年,辛勤事業,足見其志,使之得其志而行其道,其補助國家豈少哉?"①

按:據劉成國考證,"陳舍人"當爲起居舍人、同知諫院陳旭,是年八月受詔體量安撫淮南、兩浙路②。陳襄所薦諸人,王安石乃其同年,劉彝、陳烈、鄭穆乃其好友,胡瑗乃劉彝之師,孫覺乃胡瑗門人。薦書言劉彝時爲潁州司法參軍。潁州,今屬安徽省阜陽市。司法參軍,掌刑法、斷刑,北宋又充作選人階官。劉彝任潁州司法參軍時間不詳,亦不知是否實際到任。

皇祐四年壬辰(1052) 三十六歲

十月二日,仁宗以胡瑗爲光禄寺丞、國子監直講,同議大樂③。

《宋史》卷四三二《儒林傳二》:"(胡)瑗既居太學,其徒益衆,太學至不能容,取旁官舍處之。禮部所得士,瑗弟子十常居四五,隨材高下,喜自修飭,衣服容止,往往相類,人遇之雖不識,皆知其瑗弟子也。"

皇祐五年癸巳(1053) 三十七歲

是年,鄭穆中鄭獬榜進士④。

按:鄭穆字閎中,福州侯官人,醇謹好學,進退以禮,門人千數,與陳襄、陳烈、周希孟號"四先生"。進士登第後,歷官壽安主簿、太常博士、汾州通判、越州知州、國子祭酒等。哲宗元祐七年(1092)卒,享

---

① [宋]陳襄:《古靈先生文集》卷七《與兩浙安撫陳舍人書》,葉1b—4a。
② 劉成國:《王安石年譜長編》卷二,北京:中華書局,2018年,第271—272頁。
③ 《長編》卷一七三,仁宗皇祐四年十月甲戌,第4175頁。
④ [宋]梁克家:《(淳熙)三山志》卷二六《人物類一·科名》,第319頁。

年七十五歲,《宋史》卷三四七有傳。

嘉祐三年戊戌(1058)　四十二歲

七月五日,周希孟被命爲國子監四門助教、福州州學教授。

　　李燾《長編》卷一八七"仁宗嘉祐三年七月癸酉"條:"福州進士周希孟爲國子監四門助教、本州州學教授,以知州蔡襄言其文行爲鄉里所推也。"①

　　按:周希孟字公辟,福州侯官人,《(淳熙)三山志》卷八《公廨類》"先賢堂"條小傳稱其"通五經,尤邃於《易》,取孟子辟楊、墨之義以爲名而字焉。初與鄭先生穆爲同志友,後得陳先生襄、陳先生烈,相與講貫,力主斯道。既而劉先生彝以問學顯名,復與定交,學者師慕之。知州劉公夔、曹公穎叔、蔡公襄,皆親至學舍,質問經義。既而部使者相繼論薦,詔賜粟帛,授將仕郎,試國子監四門助教,充本州學教授。先生三表力辭,不許。尋以病終,年四十二。……有《詩義》十卷、《易義》十卷、《春秋義》三十卷、雜文二卷"②。以文義推之,周希孟約卒於本年或稍後。

嘉祐四年己亥(1059)　四十三歲

六月六日,胡瑗病卒於杭州,享年六十七歲。

　　蔡襄《太常博士致仕胡君墓志》:"嘉祐元年遷太子中允,充天章閣侍講。既而疾,不能朝,拜太常博士。還官政,從其子康杭州節度推官以就養。四年六月六日終於杭州,享年六十有七。明年十月五日,葬於湖州烏程何山之原。"③

---

① 《長編》卷一八七,仁宗嘉祐三年七月癸酉,第4516頁。
② [宋]梁克家:《(淳熙)三山志》卷八,第94頁。
③ [宋]蔡襄著,吳以寧點校:《蔡襄集》卷三七《太常博士致仕胡君墓志》,第674—675頁。

嘉祐六年辛丑（1061） 四十五歲

是年，陳襄以祠部員外郎出知常州。

  按：據葉祖洽《先生行狀》，陳襄皇祐三年（1051）知孟州河陽縣，後遷知彭州濛陽縣，又遷太常博士、判尚書祠部等，至此出知常州①。結合下文的考證，陳、劉兩家日後似定居常州宜興縣。

英宗治平二年乙巳（1065） 四十九歲

約是年，謁見同中書門下平章事曾公亮。

  魏泰《東軒筆録》卷九："一日，謁曾魯公公亮，魯公曰：'久知都官治狀，屢欲進擢，然議論有所未合，姑少遲之，吾終不忘也。'彝曰：'士之淹速詘伸，亦皆有命。今姓名已蒙記懷，而尚屈於不合之論，亦某之命也。'魯公嘆曰：'比來士大夫見執政，未始不有求，求而不得，即多歸怨，而君乃引命自安。吾待罪政府行十年，未見如君之言。'"②

  按：曾公亮字明仲，泉州晉江人，仁宗天聖二年（1024）進士，嘉祐元年（1056）擢參知政事，五年（1060）除樞密副使，六年（1061）任同中書門下平章事，神宗熙寧二年（1069）進封魯國公，三年（1070）罷為司空兼侍中、河陽三城節度使，五年（1072）以太傅致仕，元豐元年（1078）卒，《宋史》卷三一二有傳。據此，曾公亮自嘉祐元年（1056）始為"執政"，至治平二年（1065）已滿"待罪政府行十年"之數。但據下文所考，劉彝為"都官員外郎"起自熙寧元年（1068），已在治平二年（1065）之後，時間不合。如果不拘"都官"二字，僅以曾公亮"待罪政府行十年"斷之，兩人相見似是治平初年之事。治平

---

① ［宋］葉祖洽：《先生行狀》，見《古靈先生文集》附錄，葉 3b—5a。
② ［宋］魏泰著，李裕民校點：《東軒筆録》卷九，北京：中華書局，1983 年，第 101 頁。

之前十餘年，劉彝任職情況不明，大約多在地方州縣官之間流轉，甚或長期處於閒散狀態，此時有請求曾公亮舉薦之事，似亦較爲合情理，故暫繫本年之下。然而，曾公亮謂"議論有所未合"，不知具體所指何事。《東軒筆錄》本條編於劉彝知虔州救棄子事之後，但彼時曾公亮已經致仕，而劉彝遷知桂州，隨後遭貶，兩人恐無見面機會。

治平三年丙午（1066） 五十歲

約是年，任温州通判。

按：據下文所考，劉彝熙寧元年（1068）自温州通判擢升荆湖北路轉運判官。但是，劉彝出任温州通判始於何時，史無明文。《（萬曆）温州府志》卷七《秩官志》所記宋代温州通判，嘉祐年間有唐益、曹諫、薛靖和李巽四人，熙寧年間有王亨、齊景倩、李君卿、錢德臣、趙岍五人，而治平年間僅有劉彝一人，恐有遺漏①。若以前後諸任通判大約兩年一任的更迭頻率估算，劉彝本年或稍後至温州任職的可能性較大，故暫繫於此。若前文所考劉彝謁見曾公亮事繫年時間大致無誤，則劉彝本次任命或有曾公亮推薦之力。

又，温州瑞安仙岩龍須潭前巨石有"彭城執中同僧處元來"題名。清儒孫詒讓云："處元，北宋永嘉僧。此彭城執中與同遊，疑即劉彝也。……據萬曆府志，彝治平間嘗通判温州，本傳不載，蓋偶遺闕。孔延之《會稽掇英集》載彝所作《悼賢詩》序，亦云'熙寧己酉春，餘倅永嘉，就移湖北'，蓋以治平末履任，至熙寧己酉始移湖北。此題當即在其時。執中雖貫福州，而劉氏望出彭城，故以自題。……蓋宋人題名自有此例矣。"②本文下引劉彝《陳先生祠堂記》落款亦云"彭城劉彝"，可爲孫詒讓所考之佐證。

---

① 《（萬曆）温州府志》卷七，明萬曆三十二年（1604）刻本，葉12b。
② ［清］孫詒讓著，虞萬里點校：《東甌金石志》卷四，北京：中華書局，2014年，第107—108頁。

神宗熙寧元年戊申（1068）　五十二歲

二月，王安石作《舉屯田員外郎劉彝狀》。

　　按：本狀全文云："屯田員外郎、溫州通判劉彝，聰明敏達，有濟務之材，堪充升擢繁難任使。"①復檢《宋會要輯稿·選舉二八》云："神宗熙寧元年二月十一日，詔：'翰林承旨以下、知雜御史以上，各於內外文官歷一任通判以上人內，同罪保舉一員，堪充刑獄、錢穀繁難任使。'翰林承旨王珪等奏舉虞部員外郎張諷等二十員，詔見在京及得替到闕者，並令上殿。"②劉成國據此推斷，王安石舉薦劉彝應在本月，今從之③。此前，王安石與劉彝應相互知曉，但具體交際程度不明。

擢升都官員外郎、荆湖北路轉運判官。

　　按：《東都事略》本傳云："熙寧初，擢荆湖北路轉運判官。"本文下引本年冬福州摩崖題名，劉彝銜已改爲"新湖北路轉運判官、都官員外郎"，則其收到正式任命似在秋冬之間。本次任命，應與前述王安石推薦有關。

冬，同程師孟、陳襄、沈紳、湛俞、杜諤等人遊覽福州烏石山、于山等地。

　　按：今福州烏石山華嚴臺東側有題名云"程公闢、陳述古、沈公儀、湛仲謨、劉執中、杜伯通、馬損之，熙寧元年冬遊"，于山鰲頂峰有題名云"光祿卿、直昭文館、知軍州程師孟公闢，同刑部郎中、充秘閣校理陳襄述古，提點刑獄、都官郎中沈紳公儀，轉運判官、屯田郎中湛俞仲謨，新湖北轉運判官、都員外郎劉彝執中，同提點刑獄、內殿承制杜諤伯通，通判軍州、都官員外郎馬益損之遊，熙寧元年冬題"④。這兩處題名，應是劉彝赴湖北任前，自溫州返回福州省親，與程公闢、陳

---

① ［宋］王安石著，劉成國點校：《王安石文集》卷四〇，北京：中華書局，2021年，第681頁。
② 《宋會要輯稿》選舉二八之六，第5789頁。
③ 劉成國：《王安石年譜長編》卷四，第767頁。
④ 黃榮春主編：《福州十邑摩崖石刻》，福州：福建美術出版社，2008年，第6、36—37頁。

襄等人共同出遊時所刻。烏石山、于山與屏山合稱"福州三山",均在今福州市鼓樓區。程師孟字公闢,吳縣(今江蘇省蘇州市)人,景祐元年(1034)進士,熙寧元年(1068)至三年(1070)知福州,修子城、建學舍,治績頗著,暇日好遊山水,今福州多處均有其題刻。陳世隆《宋詩拾遺》卷一二收有程師孟《與陳襄、劉彝、湛俞同遊品石》詩,云:"聞說林泉便訪尋,平田一徑陟孤岑。松陰落處宜諸客,荔子生時值萬金。盡放遲回官舍近,不妨閒處石門深。四邊稻熟征輸了,稍愜微官出郭心。"①王象之《輿地紀勝》卷一二八《福建路·福州》"鳴玉堂"條,亦有程師孟詩云"鄰家不惜山中景,借與清泉作水簾",劉彝詩云"仙境自嫌塵俗見,故垂岩溜代珠簾",應當均是本年冬同遊時所作②。陳襄嘉祐六年(1061)知常州,治平元年(1064)召爲開封府推官,三年(1066)除三司鹽鐵判官,四年(1067)出知明州,本年亦還鄉省親。

熙寧二年己酉(1069) 五十三歲

春,北上赴任,道經剡縣,賦悼賢詩,追憶皇祐三年(1051)縣令過勗救濟災民之事。

> 高似孫《剡録》卷八《物外記·僧廬》:"劉彝嘗賦悼賢詩:……熙寧己酉春,予倅永嘉,就移湖北,道出剡縣,民有懷過公者,尚皆感泣,而院僧聞其云亡,尤增痛悼。因書屋壁,繼以詩:良疇十頃接晴煙,曾假過侯救旱年。俸麥一車開德濟,流民千里荷生全。人嗟逝水今亡已,俗感遺風尚泫然。獨對老僧談舊事,斜陽春色漫盈川。"

二月二十七日,尚書左丞、知樞密院事陳升之,參知政事王安石同制置三司條例司③。

> 按:制置三司條例司是熙寧變法初期的決策機構,僅存續一年

---

① [元]陳世隆編,徐敏霞校點:《宋詩拾遺》,沈陽:遼寧教育出版社,2000年,第187頁。
② [宋]王象之著,趙一生點校:《輿地紀勝》卷一二八,杭州:浙江古籍出版社,2012年,第2879頁。
③ 《宋會要輯稿·職官》五之一,第3121頁。

有餘,至熙寧三年(1070)五月罷。

四月二十一日,留爲制置三司條例司屬官,同謝卿材、程顥等受命分使諸路,相度農田水利、稅賦科率、徭役利害。

  《宋會要輯稿·食貨六六》:"四月二十一日,命權荆湖北路轉運判官劉彝,通判府州謝卿材、河北轉運司勾當公事王廣廉、知安遠縣侯叔獻、著作郎程顥、知開封府倉曹參軍盧秉、許州司理參軍王汝翼、權興化軍判官監建州買納茶場曾伉八人,於諸路相度農田水利、稅賦科率、徭役利害。從制置條例司請也。"①

  按:《東都事略》本傳云:"熙寧初,擢荆湖北路轉運判官,留爲條例司屬官。"結合上文所考,劉彝可能初至湖北,或未至湖北,就已收到新的任命,前往京師。

召對,向神宗闡明乃師胡瑗"明體適用"之學。

  朱熹《五朝名臣言行錄》卷一〇:"熙寧二年召對,上問:'從學何人?'對曰:'臣少從學於安定先生胡瑗。'上曰:'其人文章與王安石孰優?'彝曰:'胡瑗以道德仁義教東南諸生,時王安石方在場屋修進士業。臣聞聖人之道有體、有用、有文。君臣父子,仁義禮樂,曆世不可變者,其體也。《詩》《書》、史傳、子集,垂法後世者,文也。舉而措之天下,能潤澤其民,歸於皇極者,其用也。國家累朝取士,不以體用爲本,而尚其聲律浮華之詞,是以風俗偷薄。臣師瑗當寶元、明道之間尤病其失,遂明體用之學以授諸生,夙夜勤瘁,二十餘年,專切學校,始自蘇、湖,終於太學,出其門者無慮二千餘人。故今學者明夫聖人體用,以爲政教之本,皆臣師之功也。'上曰:'其門人今在朝爲誰?'對曰:'若錢藻之淵篤,孫覺之純明,范純仁之直溫,錢公輔之簡諒,皆陛下之所知也。其在外明體適用,教於民者殆數十輩。其餘政事文學,粗出於人者,不可勝數。此天下四方之所共知,而嘆美之不足者也。'上悦。"②

---

  ① 《宋會要輯稿·食貨》六六之三三,第 7881 頁。
  ② [宋]朱熹著,朱傑人、嚴佐之等主編:《朱子全書》第 12 册,上海:上海古籍出版社,合肥:安徽教育出版社,2010 年,第 316—317 頁。

  按：本次召對應在劉彝被詔入京，留爲條例司屬官前後，姑繫於此。當時，神宗正倚重王安石設計新法，謀求富强，令劉彝比較胡瑗"文章與王安石孰優"之前，心中想必已有預期答案。劉彝若欲迎合神宗，應側重表揚王安石之學，或者至少在胡、王之間作持平之論。然而，劉彝全面肯定胡瑗之學明體適用、造就人材，對王安石絲毫不假情面。這種揚胡貶王的做法，可見其信仰師説之篤，亦爲稍後因反對新法而罷條例司屬官之重要背景，而文末"上悦"二字未必是當時實情。

因言新法不變，旋罷條例司屬官。

  按：《東都事略》本傳云"旋罷"，則劉彝是否實際參加巡行諸路工作，實屬疑問。今檢蘇轍《龍川略志》第三《議遣八使搜訪遺利》云："陳暘叔雖與介甫共事，而意本異，所唱不深和之也。既召謝卿材、侯叔獻、陳知儉、王廣廉、王子韶、程顥、盧秉、王汝翼等八人，欲遣之四方，搜訪遺利，中外傳笑，知所遣必生事以迎合朝廷，然莫敢言者。"[1] 蘇轍時任條例司檢詳文字，所記"八使"有陳知儉、王子韶而無劉彝、曾伉。哪一份名單更加準確，目前暫難判定。曾伉字公立，福州侯官人，皇祐五年（1053）進士，周希孟門人，似對新法亦有批評，故王安石《臨川集》卷七三有《答曾公立書》，爲青苗法的合理性辯護。筆者推測，劉彝、曾伉二人或因反對新法，後被陳知儉、王子韶替代，並未正式參與分巡諸路的任務。

除權都水監丞。久雨汴漲，請啓楊橋斗門退水。

  按：《宋史》本傳云："神宗擇水官。以彝悉東南水利，除都水丞。久雨汴漲，議開長城口，彝請但啓楊橋斗門，水即退。"《東都事略》本傳云"旋罷，權都水監丞"，較《宋史》多一"權"字，與本文下引《宋會要輯稿》同，應是。

九月，同河北屯田都監程昉建言疏導御河，以絶黄河水患，神宗從之。

---

[1] ［宋］蘇轍著，俞宗憲點校：《龍川略志》，北京：中華書局，1982年，第16頁。

《宋會要輯稿·方域一四》:"九月五日,程昉言:'二股北流,今已閉塞。然御河水由冀州下流,尚當疏導,以絶河患。'又言:'南河、蔡河等處若以堰蓄水,可復舊日塘濼,爲久長之利。'上批:'御河等水,須合早議疏導,可速處置。其塘濼當措置事,令樞密院施行。仍差權都水監丞劉彝與昉相度以聞。'"①

《宋史》卷九五《河渠志五》:"御河源出衛州共城縣百門泉,自通利、乾寧入界河,達於海。神宗熙寧二年九月,劉彝、程昉言:'二股河北流今已閉塞,然御河水由冀州下流,尚當疏導,以絶河患。'先是,議者欲於恩州武城縣開禦河約二十里,入黄河北流故道,下五股河,故命彝、昉相度。而通判冀州王庠謂,第開見行流處,下接胡盧河,尤便近。彝等又奏:'如庠言,雖於河流爲順,然其間漫淺沮洳,費工猶多,不若開烏欄堤東北至大、小流港,横截黄河,入五股河,復故道,尤便。'遂命河北提舉糴便糧草皮公弼、提舉常平王廣廉按視,二人議協,詔調鎮、趙、邢、洺、磁、相州兵夫六萬濬之,以寒食後入役。"②

按:程昉,開封人,熙寧初爲河北屯田都監,《宋史》卷四六八有傳。本次疏通御河工程,至次年六月告成③。

是年,陳襄連上數狀,論免役法、青苗法之弊。

按:熙寧元年(1068)冬,陳襄被召回朝,以刑部郎中修起居注,知諫院,管勾國子監公事,明顯有重用之意。但變法開始後,陳襄屢次表達反對意見,《古靈先生文集》卷一三有《論役法狀》《論散青苗不便乞住支狀》等,均爲此時所上。

熙寧三年庚戌(1070)　　五十四歲

約是年,出爲兩浙路轉運判官,奏課稱最。

---

① 《宋會要輯稿·方域》一四之二二,第9563頁。
② 《宋史》卷九五《河渠志五》,第2353頁。
③ 《長編》卷二一二,神宗熙寧三年六月甲戌,第5149頁。

按：《東都事略》及《宋史》本傳未記劉彝出爲兩浙路轉運判官的具體時間。今檢李燾《長編》卷二一四，本年八月命"京西同巡轄斗門、太常博士侯叔獻，著作佐郎楊汲，並權都水監丞，專提舉沿汴淤溉民田"①。侯叔獻、楊汲權都水監丞，或即是接替劉彝之職，故暫繫於此。

熙寧四年辛亥（1071）　五十五歲

正月九日，同祝紳、林英等在衢州爛柯山會宿鬥茶。

按：阮元《兩浙金石志》卷二著録衢州西安縣（今屬浙江省衢州市）南爛柯山唐代詩刻一則，詩刻所鐫之石碑另有宋代題名，云："祝紳、林英、劉彝、錢顗、梁浹、鄭庭堅，熙寧辛亥會宿鬥茶於是，孟春九日。"②鬥茶文化起始於唐、興盛於宋，是一項綜合比拼茶葉品質、煮茶水火、沖泡技巧和飲茶器具的藝術活動。參加本次鬥茶者：祝紳，衢州江山（今浙江省江山市）人，慶曆六年（1046）進士，熙寧年間任職情況不詳。林英，慶曆六年（1046）進士，熙寧二年（1069）閏十一月提舉兩浙路常平等事，至本年四月因任内不推行新法被免③。錢顗字安道，常州無錫（今江蘇省無錫市）人，熙寧二年（1069）八月因反對王安石，自監察御史裏行貶監衢州鹽税，《宋史》卷三二一有傳。梁浹、鄭庭堅，生平不詳。總結言之，祝紳、林英乃劉彝同年，林英、錢顗亦均不與王安石合作，此爲理解與想象本次會宿鬥茶之重要背景。

熙寧五年壬子（1072）　五十六歲

約是年，知虔州。

按：《宋史》本傳云："知虔州。俗尚巫鬼，不事醫藥，彝著《正

---

① 《長編》卷二一四，神宗熙寧三年八月己未，第5198頁。
② ［清］阮元：《兩浙金石志》卷二，杭州：浙江古籍出版社，2012年，第34頁。
③ 《長編》卷二二二，神宗熙寧四年四月辛未，第5406頁。

俗方》以訓斥淫巫三千七百家，使以醫易業，俗遂變。"虔州，北宋屬江南西路，下轄贛、虔化、興國、信豐等十縣，今江西贛州市。劉彝知虔州具體時間不明，李之亮《宋兩江郡守易替考》繫於本年，今從之①。

又，劉彝知虔州任内善政頗多，除《宋史》本傳所記教民醫藥外，見於史籍者尚有拯救饑荒、興修水利、薦舉人才等事，但多不能考知確切時間，姑總繫於本年之下，特此說明。

江西饑歉，民多棄子，設法召人收養，皆全活之。

魏泰《東軒筆錄》卷九："劉彝所至多善政，其知虔州也，會江西饑歉，民多棄子於道上，彝揭榜通衢，召人收養，日給廣惠倉米二升，每月一次，抱至官中看視。又推行於縣鎮，細民利二升之給，皆爲子養，故一境凡棄子無夭閼者。"②

虔州地近南嶺，其民多疫，俗尚巫鬼，集醫作《正俗方》以教之。

曾敏行《獨醒雜志》卷三："劉執中彝知虔州，以其地近嶺下，偏在東南，陽氣多而節候偏，其民多疫，民俗不知，因信巫祈鬼。乃集醫作《正俗方》，專論傷寒之疾，盡籍管下巫師，得三千七百餘人，勒之，各授方一本，以醫爲業。楚俗大抵尚巫，若州郡皆仿執中此舉，亦政術之一端也。"③

按：《宋史·藝文志》著錄劉彝《贛州正俗方》二卷④，而陳振孫《直齋書錄解題》著錄《正俗方》一卷，云"知虔州長樂劉彝執中撰，以虔俗信巫，無醫藥，集此方以教之"⑤。兩者所記卷數不同，未知孰是。南宋周守忠《養生類纂》卷九《人事部》引《正俗方》云"有孕婦人性宜寬慈，無妄愁憂，目勿邪視，耳勿傾聽，安坐穩行，防諸不測。如此愛

---

① 李之亮：《宋兩江郡守易替考》，成都：巴蜀書社，2001年，第374頁。
② [宋] 魏泰著，李裕民校點：《東軒筆錄》卷九，第101頁。
③ [宋] 曾敏行著，朱傑人標校：《獨醒雜志》卷三，上海：上海古籍出版社，1986年，第28頁。
④ 《宋史》卷二〇七《藝文志六》，第5319頁。
⑤ [宋] 陳振孫著，徐小蠻、顧美華點校：《直齋書錄解題》卷一三，上海：上海古籍出版社，2015年，第388—389頁。

護，方保臨産無虞"①，似即劉彝集撰此書之佚文。

虔州東西瀕江，春夏多水患，令城門各造水窗，以時啓閉，水患遂息。

曾敏行《獨醒雜志》卷三："彝守章貢，州城東西瀕江，每春夏水潦入城，民嘗病浸，水退則人多疾死，前後太守莫能治。彝至，乃令城門各造水窗凡十有三間，水至則閉，水退則啓，啓閉以時，水患遂息。"②

《(天啓)贛州府志》卷二《輿地志》："福壽二溝，在府城，昔人所穿以疏城内之水也。不知創自何代，或云郡守劉彝所作，近是。闊二三尺，深五六尺，砌以磚，覆以石，縱横紆曲，條貫井然。東西南北諸水，俱從湧金門出口注於江。"③

按：虔州城位於章、貢二水交匯處，東、西、北三面臨水，夏季又多暴雨，易遭水患，故對排水系統的建設有較高要求。據《宋史》卷二九七《孔宗翰傳》，仁宗嘉祐年間，孔宗翰知虔州，針對"城濱章、貢兩江，歲爲水齧"的問題，"伐石爲址，冶鐵錮之"④，已經做了加固城牆的工作。劉彝赴任後，繼續對虔州水利系統進行改造。《獨醒雜志》僅記劉彝建造城門水窗之事，而後世復有其修築福壽二溝的傳說。福壽二溝是虔州城内的兩大排水管網，因其走向形似篆書"福""壽"二字而得名。二溝與城牆、城内池塘、城門水窗，共同組成一個比較完整的防洪、排澇系統，經過修復和改建，至今仍在發揮作用。劉彝知虔州大約僅有三年時間，未必能在任内完成如此規模的水利工程，但僅是城門水窗一項創造，亦足以體現其水利才能⑤。

---

① [宋]周守忠著，奚飛飛、王旭東校注：《養生類纂》卷九，北京：中國中醫藥出版社，2018年，第79頁。
② [宋]曾敏行著，朱傑人標校：《獨醒雜志》卷三，第25頁。
③ 《(天啓)贛州府志》卷二，清順治十七年(1660)刻本，葉13a。
④ 《宋史》卷二九七《孔宗翰傳》，第9885—9886頁。
⑤ 關於虔州水利工程的調查與研究，可參考吳慶洲、吳運江等：《贛州"福壽溝"勘察初步報告》，《2015(第二屆)城市防洪排澇國際論壇論文集》，第9—16頁；胡振鵬：《贛州福壽溝防洪排澇原理初探》，《江西水利科技》2021年第3期，第157—161頁；龔嘉榮：《贛州福壽溝排水系統研究》，鄭州大學碩士學位論文，2019年。

舉薦管下虔化縣令蕭佐,稱其"志欲靖民,使民不好鬥,真儒者"。

《(萬曆)吉安府志》卷一八《列傳一》:"蕭佐字公弼,龍泉人,嘉祐己亥進士。爲虔化令,民有醉殺人他縣者,他縣以過殺不願治也。尉喜事,喋之使鬥,致勒兵捕之。佐曰:'吾邑本無事也。'歸州兵,諭解其民,而自詣郡請白。郡將劉彝執其手曰:'君志欲靖民,使民不好鬥,真儒者。'薦之。及知汀州,汀固少士,佐爲新其學宮,置饒田以養士,州遂多茂才。"①

敦聘雩都王鴻掌虔州州學,未果。

《(天啓)贛州府志》卷一六《鄉賢志》:"王鴻字翼道,雩都人,自稱王右軍二十四世孫。工隸篆,善八分書。宋皇祐中以鄉舉遊太學,再薦省試第一,因作《衆賢和則萬物和賦》……失韻被黜……歸,擇邑治之南四十里,泉石清勝,築室隱焉。目其山曰晤山,岩曰需岩,從學者百餘人。……周茂叔倅郡,時以詩通問。鴻答謝云:'臨別溪頭承誨囑,此心當爲聖賢求。'"②

《(乾隆)雩都縣志》卷九《鄉賢志》:"王鴻字翼道……郡守劉彝以書幣聘主郡校,不就,復書云:'鴻溺於山林,未嘗挾技藝、事奔走,自鬻王公之門。木石之與交,麋鹿之與遊,於聲名之顯晦,固已無累於心矣。其於學問固已疏,進退趨翔固已放而野,語言辭氣固已迂而不切於事情矣。考行責實,無以當明公之求。不揣而往,自取羞戚,玷閣下之階庭,閣下之悔不旋踵而生矣,何以掩千里之觀聽哉。伏惟重照,使得全其性分,與蒭童牧叟謳吟於岩穴之下。'彝不能致,作詩以寄懷思,詩曰:'冬寒夜憶王夫子,獨坐需岩看古書。自恨虎符難命駕,白雲無意離山居。'"③

按:雩都,虔州屬縣,今江西省于都縣。嘉祐六年(1061)至八年(1063),周敦頤任虔州通判。前引《(天啓)贛州府志》云"周茂叔倅

---

① 《(萬曆)吉安府志》卷一八,明萬曆十三年(1585)刻本,葉14a—b。
② 《(天啓)贛州府志》卷一六,葉54a—b。
③ 《(乾隆)雩都縣志》卷九,清乾隆二十二年(1757)刻本,葉31b—32b。

郡,時以詩通問",當在此時。熙寧四年(1071)八月,周敦頤知南康軍,至十二月便掛印而去,約與劉彝赴任虔州相先後。南康軍在虔州西臨,劉彝與周敦頤是否有交集,今未可知。

熙寧七年甲寅(1074)　五十八歲

三月三日,加直史館、知桂州。

　　李燾《長編》卷二五一"神宗熙寧七年三月庚子"條:"知虔州、都官員外郎劉彝直史館、知桂州。知桂州、刑部郎中、天章閣待制、集賢殿修撰沈起令於潭州聽旨。初,廣西轉運使張覲言都巡檢薛舉擅納儂善美於省地而起不之禁,上批:'熙河方用兵未息,而沈起又於南方干賞妄作,引惹蠻事,若不早爲平治,則必滋長爲中國巨患,實不可忽。宜速議罷起,治其擅招納之罪,以安中外。'……王安石、陳升之等皆言……江淮發運副使張頡、知虔州劉彝恐可使代起,而彝便道趨桂尤近。乃詔遣彝,而又令以前日付起約束付之,且使彝體量起納善美事。後彝體量奏至,仍命起知潭州。"①

　　按:桂州治今廣西桂林市,是北宋控馭廣西地區的重心,故知桂州則兼廣南西路經略安撫使,總制一路軍事、民政。廣西南鄰交趾,本年以劉彝知桂州,與彼時宋、交關係走向有關,今結合粟冠昌、黃純豔等學者已有研究略述之②。交趾自五代時期漸趨獨立,實際與北宋建立起"册封-朝貢"的宗藩關係。但北宋仍有視交趾爲郡縣的基本觀念,以及統一交趾的戰略目標。太平興國五年(980),宋太宗借黎桓擅政之機,發動收復交趾的戰爭,却以大敗告終,從此轉而實行寬

---

① 《長編》卷二五一,神宗熙寧七年三月庚子,第6108—6109頁。
② 粟冠昌、魏火賢:《宋王朝與交趾關係叙論》,《中國邊疆史地研究》1991年第2期,第71—78頁;黃純豔、王小寧:《熙寧戰争與宋越關係》,《厦門大學學報》2006年第6期,第69—76頁;鄭維寬:《宋代中越關係變動下的嶺南邊疆治策探析》,《社會科學戰綫》2012年第11期,第113—119頁;黃純豔:《"漢唐舊疆"話語下的宋神宗開邊》,《歷史研究》2016年第1期,第24—39頁;黃純豔:《宋神宗開邊的戰争責任與政治解説——兼談古代東亞國際關係研究中的歷史邏輯與現代話語》,《厦門大學學報》2016年第6期,第41—49頁。

容政策。仁宗年間，交趾頻繁侵擾北宋邊界，並謀求控制占城，雙方關係日趨惡化。神宗即位後積極開邊，熙寧六年（1073）以沈起知桂州，取代先前較爲審慎的知州蕭注。沈起赴任後，"妄言被旨謀討交趾，又擅撫納恩、靖州儂善美及於融、宜州强置城寨，殺人以千數，交人震擾"①。因北宋當時對西夏作戰過挫，不願同時用兵交趾，故神宗以劉彞接替沈起，以圖緩和形勢。

五月二十一日，神宗詔相度施行編排教閲邕州峒丁、保甲事。

> 《宋會要輯稿·兵四》："七年五月二十一日，中書刑房言：'知桂州沈起奏："昨舉官八員，編排教閲邕州五十一州峒丁、保甲，齊會本州，同入諸峒。時屬農忙，前去未得，亦慮外界驚疑生事。本司相度，欲授與邕州並逐塞使臣規式，令使臣與逐州峒知州、峒管勾，仍罷所舉官。"'會起自罷，詔付劉彞令相度施行。"②
>
> 按：邕州治今廣西南寧市，是北宋防備交趾的最前線。宋朝對邕州溪洞少數民族，以羈縻管轄爲主。

六月八日，同張覲、傅燮遊龍隱洞。

> 按：今廣西桂林月牙山龍隱洞口有宋代題刻，云："經臣張覲、執中劉彞、志康傅燮，熙寧甲寅六月八日同尋回穴山，飯於是巖，酌石乳之溜，試郝源新芽，香色味相得皆絶，嘆賞數四，遂同舟以遊風洞。"③同遊之人：張覲字經臣，時任廣西轉運使；傅燮字志康，清江（今江西省樟樹市）人，嘉祐二年（1057）進士，時任廣西轉運判官。

六月二十七日，奏請恢復征籍土丁舊制，神宗從之。

> 李燾《長編》卷二五四"神宗熙寧七年六月癸巳"條："知桂州劉彞言：'舊制，宜、融、桂、邕、欽五郡土丁，成丁以上者皆籍之。既接蠻徼，自懼寇掠，守禦應援，不待驅策。而近制主户自第四等以上，三丁取一，以爲土丁。而傍塞多非四等以上者，若三丁籍一，則減舊丁十

---

① 《長編》卷二七一，神宗熙寧八年十二月丁酉，第6639頁。
② 《宋會要輯稿·兵》四之三三，第8694頁。
③ 杜海軍輯校：《桂林石刻總集輯校》，北京：中華書局，2013年，第61—62頁。

之七。餘三分以爲保丁,保丁多處內地,又俟其益習武事,則當多蠲土丁之籍。恐邊備有闕,請如舊制便。'奏可。"①

九月二日,奏請募人耕曠土,神宗從之。

  李燾《長編》卷二五六"神宗熙寧七年九月丁酉"條:"知桂州劉彝乞募人耕曠土,中書戶房言:'開封府界方召人開種稻田,及新置沅州,有屯田之法,與廣西事體相類。欲各錄其事付彝,令更參詳立法以聞。'從之。"②

十月二十六日,奏請蠲免邕州溪洞因積年水旱所欠稅米等,神宗從之③。

熙寧八年乙卯(1075)　五十九歲

正月二十二日,神宗因劉彝舉薦,詔融州融水縣尉蒙鼎換右侍禁,充宜、融州極邊寨柵主兵任使④。

二月二十四日,本官階遷爲祠部郎中。

  李燾《長編》卷二六〇"神宗熙寧八年二月丙戌"條:"知桂州、都官員外郎、直史館劉彝爲祠部郎中。以廣南西路提點刑獄司言彝不磨勘僅十年故也。"⑤

  按:熙寧元年(1068),劉彝本官階自屯田員外郎遷爲都官員外郎,依序應再遷爲職方員外郎,但因其"不磨勘僅十年",故此次超遷爲祠部郎中,以示恩典。

四月二十五日,神宗因劉彝反對,命廣南西路鈐轄石鑑知宣州。

  李燾《長編》卷二六二"神宗熙寧八年四月丙戌"條:"皇城使、忠州刺史、廣南西路鈐轄石鑑爲衛尉少卿、直昭文館、知宣州。鑑始換

---

① 《長編》卷二五四,神宗熙寧七年六月癸巳,第6216頁。
② 《長編》卷二五六,神宗熙寧七年九月丁酉,第6247頁。
③ 《長編》卷二五七,神宗熙寧七年十月庚寅,第6280頁。
④ 《長編》卷二五九,神宗熙寧八年正月乙卯,第6320頁。
⑤ 《長編》卷二六〇,神宗熙寧八年二月丙戌,第6346頁。

武職，至是自列願還文資，上以其有功優遷。鑑先除廣南東路鈐轄，未半歲，改西路。上初欲委鑑團結、教閱諸洞保甲，以爲朝廷差出，劉彝必忌之，就令彝委鑑。既而彝固不欲鑑來，乃言：'鑑，邕人，今鈐轄本路非便，大抵溪洞人喜生事，以動朝廷取賞。'"①

按：石鑑，邕州人，熙寧五年（1072）前後歷任廣南西路安撫都監兼知欽州、荊湖北路鈐轄兼知辰州。朝命石鑑出任廣西鈐轄，團結、教閱諸洞保甲，可能因其此前有處理相關問題的行政經驗。路分兵馬鈐轄輔佐安撫使總轄本路兵馬，而石鑑又是邕州本地人，劉彝或因此而忌之。

閏四月四日，奏報廣源州劉紀侵略邕州，歸化州儂智會逆戰有功，神宗詔賞智會，並令經略司募峒丁以爲聲援。

李燾《長編》卷二六三"神宗熙寧八年閏四月乙未"條："知桂州劉彝言，廣源州劉紀帥鄉兵三千侵略邕州，歸化州儂智會率其子進安逆戰有功。詔給智會俸錢，授進安西頭供奉官，仍令經略司選差使臣，募峒丁於近便處札寨，以爲聲援。日給口食，如遇賊，每生擒一人、獲一首級，依見行賞格外，更支絹十四。初，彝奏曰：'智會能斷絕交趾買夷馬路，爲邕州藩障，劉紀患其隔絕買馬路，故與之戰。'又曰：'智會亦不可保，使其兩相對，互有勝負，皆朝廷之利。'上曰：'彝既言智會能絕交趾買馬之路，爲我藩障，而又以爲勝負皆朝廷之利，何也？且人既歸順，爲賊所攻，而兩任其勝敗，則附我者不爲用，叛我者得志，可謂措置乖方矣。'王安石曰：'誠如聖諭，縱智會向化未純，尤宜因此結納，以堅其內附。且乾德幼弱，若劉紀既破智會，乘勝並交趾，必爲中國之患，宜於此時助智會，以牽制劉紀，使不暇謀交趾，乃中國之利。'上以爲然，故有是命。"②

按：廣源州治所在今越南高平省，因位於北宋邕州與交趾之間，兩屬或自立反復不定。仁宗皇祐年間，廣源州首領儂智高大舉攻宋，

---

① 《長編》卷二六二，神宗熙寧八年四月丙戌，第6408—6409頁。
② 《長編》卷二六三，神宗熙寧八年閏四月乙未，第6425—6426頁。

以失敗告終。劉紀是繼儂氏之後的廣源州首領,臣屬於交趾,而原本儂氏控制的部分州峒歸附了北宋,賜名歸化州①。

五月二十七日,神宗詔廣南西路安撫都監劉初落沖替。

  李燾《長編》卷二六四"神宗熙寧八年五月丁亥"條:"詔廣南西路安撫都監劉初落沖替。先是,經略使沈起遣初引兵趨正誠州,置城寨、開道路,既至,蠻人出與官兵格鬥,互有殺傷。其後劉彝代起,奏初蠻事時不親策應,怯懦避事,已詔初沖替,而起以初嘗有功,且會赦,爲初辨明,宜收功補過,故有是詔。"②

七月三日,奏廣南西路提點刑獄許彥先、轉運判官傅燮互訟事,神宗詔荆湖南路轉運判官喬執中究實以聞。

  李燾《長編》卷二六六"神宗熙寧八年七月癸亥"條:"知桂州劉彝言:'提點刑獄許彥先、轉運判官傅燮互訟。燮指彥先納金珠,而轉運使李平一亦言彥先獨差官管句告發坑冶。乞移彥先別路,體量理曲之人。'詔荆湖南路轉運判官喬執中乘驛究實以聞。時彥先已除廣南東路轉運副使矣。"③

  按:許彥先字覺之,南雄州始興(今廣東省始興縣)人,天聖二年(1024)進士,本年三月除廣南西路提點刑獄。

十月二十三日,奏請支用邕州封樁錢四萬緡糴軍糧,神宗從之。

  李燾《長編》卷二六九"神宗熙寧八年十月辛亥"條:"廣南西路經略安撫使劉彝乞支邕州封樁錢四萬緡糴軍糧。從之。"④

十月二十八日,奏蠻賊寇古萬寨事,神宗詔詳審處置,無輕出戰。

  李燾《長編》卷二六九"神宗熙寧八年十月丙辰"條:"廣南西路經

---

① 參周君愷:《儂智高起事前後廣源州建置統屬考》,《歷史地理》第36輯,上海:復旦大學出版社,2017年,第75—87頁。
② 《長編》卷二六四,神宗熙寧八年五月丁亥,第6479頁。
③ 《長編》卷二六六,神宗熙寧八年七月癸亥,第6522頁。
④ 《長編》卷二六九,神宗熙寧八年十月辛亥,第6607頁。

略司言蠻賊寇古萬寨。詔劉彝詳審處置,戒巡檢使臣嚴守備,無輕出戰。"①

  按:古萬寨在邕州治所西南,今屬廣西扶綏縣。

十一月二十日,交趾攻陷欽州,後三日又攻陷廉州②。

  按:欽、廉二州,北宋均屬廣南西路,在邕州東鄰。欽州治今廣西靈山縣,廉州治今廣西合浦縣。前已述及,神宗命劉彝代替沈起知桂州,是想緩和與交趾的緊張關係。但劉彝赴任之後,神宗先是命其相度施行編排教閱邕州峒丁、保甲事,又批准其恢復征籍土丁舊制、支用封樁錢糴軍糧等奏請。可知,宋廷上下應仍有進取之意。交趾此時率先發難,以"所部叛入中國者,官吏庇匿,訴於桂管,不報",及"桂管點閱溪峒丁,言欲見伐"等事爲由③,遣"諸道兵十萬人,分爲二道,使阮常傑領水軍出永安攻欽、廉,宗亶領陸軍出永平攻邕州。……常傑攻陷欽、廉二州,復與宗亶會圍邕"④。宋方此前雖然試圖通過編練峒丁、土丁以加強軍事量,但並無充分準備。《宋會要輯稿·蕃夷五》云:"徽宗崇寧元年九月二日,廣南西路安撫、轉運、提舉常平司言:'契勘融州武陽、羅城鎮舊系兩縣,接近蠻界,各差使臣兵甲戍守防托。昨熙寧八年經略劉彝以爲腹裏,奏廢。自後蠻情窺覘,別無控扼。"⑤《文獻通考》卷三三〇《四裔考·交趾》亦云:"初,廣西屯北兵二十指揮,交人畏之,(劉)彝奏罷正兵而用槍仗手分戍。"⑥這些可能均是造成宋方在戰爭初期極爲被動的原因。

十一月二十六日,神宗詔不得禁止交趾互市。

  李燾《長編》卷二七〇"神宗熙寧八年十一月甲申"條:"廣南西路

---

① 《長編》卷二六九,神宗熙寧八年十月丙辰,第6609頁。
② 《長編》卷二七〇,神宗熙寧八年十一月戊寅,第6624頁。
③ (越)黎崱著,武尚清點校:《安南志略》卷一二《李氏世家》,北京:中華書局,2000年,第301頁。
④ 《越史略》卷二《阮紀》,《叢書集成新編》本,第97册,臺北:新文豐出版公司,1985年,第507頁。
⑤ 《宋會要輯稿·蕃夷》五之八,第9841—9842頁。
⑥ [元]馬端臨:《文獻通考》卷三三〇,北京:中華書局,2011年,第9097頁。

經略司言：'安南靜海軍牒欽、廉二州，新有艱阻，不與通和博買，及未敢發人上京貢奉。'詔劉彝毋得止絕。時安南已入寇矣。"①

按：神宗此時尚不知交趾已陷欽、廉二州，故有是詔。

十二月十日，交趾圍邕州，知州蘇緘統領軍民堅壁固守。

李燾《長編》卷二七一"神宗熙寧八年十二月丁酉"條："丁酉，交趾圍邕州。初，沈起經略廣西，妄言被旨謀討交趾，又擅撫納恩、靖州儂善美及於融、宜州強置城寨，殺人以千數，交人震擾。詔以劉彝代起，冀使招輯之，而彝乃更妄意朝廷有攻取謀，欲以鉤奇立異爲功，始遣官入溪峒，點集土丁爲保伍，授以陣圖，使歲時肄習；繼命指使因督鹽運之海濱集舟師，寓教水戰，故時交人與州縣貿易，一切禁止之。於是交趾益貳，大集兵丁，謀入寇。知邕州蘇緘伺知其實，以書抵彝，請罷所行三事如故，無使交人興師有名。彝不聽，反移文劾緘沮議，又責令不得輒言邊事。於是交人果大舉，衆號八萬，十一月抵海岸，未旬日陷欽、廉二州，破邕之太平、永平、遷陸、古萬四寨。緘聞賊且至，閱郡兵，得廂禁卒並老弱才二千八百人，召官吏與郡人之才勇者，授以方略，使以部分地自守。"②

按：蘇緘字宣甫，泉州晉江人，景祐五年（1038）進士，熙寧四年（1071）知邕州，《宋史》卷四四六有傳。《長編》本條李燾注云："墨本《蘇緘傳》以移文劾緘事皆屬之沈起，朱本改之，今從朱本，蓋墨本誤也。""墨本"指哲宗元祐年間初修《神宗實錄》，"朱本"指紹聖年間重修《神宗實錄》，因新舊黨爭的原因，內容前後多有改動。今檢《宋史》卷三三四《沈起傳》云"妄言密受旨，擅令疆吏入溪洞，點集土丁爲保伍，授以陣圖，使歲時肄習。繼命指使因督輝鹽之海濱，集舟師寓教水戰。故時交人與州縣貿易，悉禁止之。於是交阯益貳，大集兵丁謀入寇。蘇緘知邕州，以書抵起，請止保甲，罷水運，通互市。起不聽，劾緘沮議"③，正與李燾所見"墨本"《神宗實錄》相合。《宋史》卷四四

---

① 《長編》卷二七〇，神宗熙寧八年十一月甲申，第6627—6628頁。
② 《長編》卷二七一，神宗熙寧八年十二月丁酉，第6639—6640頁。
③ 《宋史》卷三三四，第10728頁。

六《蘇緘傳》云"交阯謀入寇,以緘爲皇城使知邕州。緘伺得實,以書抵知桂州沈起,起不以爲意。及劉彝代起,緘致書於彝,請罷所行事。彝不聽,反移文責緘沮議,令勿得輒言"①,又與《長編》及李燾所見"朱本"《神宗實錄》相合。比勘可知,前述熙寧七年(1074)五月神宗命劉彝相度施行編排教閱邕州峒丁、保甲,六月劉彝奏請恢復徵籍土丁舊制,以及本年十一月神宗詔劉彝不得禁止交阯和市,應當即是蘇緘所言劉彝"遣官入溪峒,點集土丁爲保伍",及"故時交人與州縣貿易,一切禁止之"兩事。本文下引《長編》卷二七二"神宗熙寧九年正月丙寅"條亦云:"中書、樞密院言'劉彝亦相繼生事,請罷屯札兵,致所招之人未堪使;並造戰船,止絕交阯人賣買;不許與蘇緘相見商量邊事,及不爲收接文字,令疑懼爲變。'"因此,《長編》本條遵從"朱本"《神宗實錄》應當符合實情。總結言之,"妄言被旨謀討交阯,又擅撫納恩、靖州儂善美及於融、宜州強置城寨,殺人以千數,交人震擾"乃沈起所爲,而"遣官入溪峒,點集土丁爲保伍"、"集舟師,寓教水戰",以及"故時交人與州縣貿易,一切禁止之"三事乃劉彝所爲。部分史籍對沈、劉二人知桂州期間的作爲混而不別,如司馬光《涑水記聞》卷一三云"熙寧中,朝廷遣沈起、劉彝相繼知桂州,以圖交阯。起、彝作戰船,團結峒丁以爲保甲,給陣圖,使依此教戰,諸峒騷然"②,便不甚準確。

十二月二十日,奏請差使臣十數人準備從軍,並請運致軍器、差峒丁應副軍興,及暫移經略司往象州,神宗皆從之。

> 李燾《長編》卷二七一"神宗熙寧八年十二月丁未"條:"廣南西路經略司乞差使臣十數人準備從軍,詔蔡燁於湖南選差。又乞運致軍器及並差峒丁應副軍興及暫移經略司往象州,並從之。遣內侍楊税、麥文柄管押安南行營什物器械,先取水路前去。"③

---

① 《宋史》卷四四六,第13157頁。
② [宋]司馬光著,鄧廣銘、張希清點校:《涑水記聞》卷一三,北京:中華書局,1989年,第248頁。
③ 《長編》卷二七一,神宗熙寧八年十二月丁未,第6646頁。

十二月二十一日，神宗詔廣南西路經略司嚴切自守，命置安南路經略使司，以預經制其事。①

十二月二十二日，神宗詔劉彝聽旨於潭州，以知宣州石鑑知桂州。

  李燾《長編》卷二七一"神宗熙寧八年十二月己酉"條："改知宣州、衛尉少卿、直昭文館石鑑知桂州。詔知桂州劉彝聽旨於潭州。"②

十二月二十四日，神宗詔知桂州石鑑等調查交趾入寇事。

  李燾《長編》卷二七一"神宗熙寧八年十二月辛亥"條："詔：'聞儂美善歸明，因沈起令薛舉遣人招誘，及劉彝後來處置亦自乖方，遂致交趾入寇。令知桂州石鑑、廣南西路轉運判官周沃同蔡燁究實以聞。'"③

熙寧九年丙辰（1076）　六十歲

正月四日，廣南西路都監張守節戰死於崑崙關。

  李燾《長編》卷二七二"神宗熙寧九年正月辛酉"條："辛酉，廣南西路都監張守節為交賊所敗於崑崙關。先是，蘇緘遣使詣桂州請救，劉彝遣守節往援，守節聞賊衆十倍，逗留不即行，復迂取貴州路，駐兵康和驛以觀勝負。緘又遣使持蠟書告急於提點刑獄宋球，球得書驚且泣，以便宜督守節進兵。守節惶遽不知所爲，移屯火夾嶺，回保崑崙關，猝遇賊，不及陣，一軍皆覆，守節死之。"④

  按：崑崙關在邕州治所東北約百里，是扼守北上通道的衝要。交趾圍邕州在熙寧八年（1075）十二月十日，蘇緘遣使詣桂州請救，及劉彝遣張守節救援，當在圍城前後。復檢司馬光《涑水記聞》卷一三，

---

① 《宋會要輯稿·兵》八之三七，第8776頁。
② 《長編》卷二七一，神宗熙寧八年十二月己酉，第6646頁。
③ 《長編》卷二七一，神宗熙寧八年十二月辛亥，第6649頁。
④ 《長編》卷二七二，神宗熙寧九年正月辛酉，第6656頁。

"九年正月四日,廣西鈐轄張守節等過崑崙關赴援,兵少輕進,三千餘人悉爲蠻衆所掩,殺傷殆盡。劉執中與廣西提刑遁回,後更無援兵"①,則劉彝似與張守節共同隨軍前往救援。

正月九日,神宗詔安南招討司與知桂州石鑑等體量沈起、劉彝妄生邊事。

> 李燾《長編》卷二七二"神宗熙寧九年正月丙寅"條:"詔安南招討司同石鑑、周沃體量沈起、劉彝妄生邊事,具實以聞。先是,手詔中書:'沈起昨在廣西,妄傳密受朝廷意旨,經略討交州;又不俟詔,擅委邊吏,招接恩、靖州儂善美;及於融、宜州溪峒强置營寨,虛奏言蠻衆同附。既興版築,果致叛擾,殺土丁、兵校、官吏以千數。今交賊犯順,宜獠内侵,使一道生靈横遭屠戮,職其致寇,罪悉在起,了無疑者。朕爲人父母,視此遠方無辜之民横罹災害,深所哀悼。沈起可貸死,削奪在身官爵,送遠惡州軍編管。'未行,而中書、樞密院言:'劉彝亦相繼生事,請罷屯札兵,致所招之人未堪使;並造戰船,止絶交阯人買賣;不許與蘇緘相見商量邊事,及不爲收接文字,令疑懼爲變。事恐不獨起,而亦有可疑者。'乃並下招討司更訪其實焉。"②

正月二十三日,交阯攻陷邕州,知州蘇緘死之。

> 李燾《長編》卷二七二"神宗熙寧九年正月庚辰"條:"是日,交賊陷邕州,蘇緘死之。……邕州被圍凡四十二日,緘率屬將士固守,糧儲既竭,又歲旱,井泉皆涸,人饑渴,汲漚麻汁水以飲,多病下痢,死者相枕,而人無叛者。緘憤沈起、劉彝致寇,彝又坐視城覆不救,欲盡疏以聞,屬道梗不通,乃列起、彝罪牓於市,冀達朝廷。"③

> 按:據前"正月四日"條,劉彝收到蘇緘請救信息後,遣張守節前往增援,但守節先是逗留不進,後又戰敗崑崙關,故被蘇緘指責"坐視城覆不救"。

二月二日,神宗詔以宣徽南院使、雄武軍留後、判太原府郭逵爲安南道行營馬

---

① [宋]司馬光著,鄧廣銘、張希清點校:《涑水記聞》卷一三,第249頁。
② 《長編》卷二七二,神宗熙寧九年正月丙寅,第6657—6658頁。
③ 《長編》卷二七二,神宗熙寧九年正月庚辰,第6664—6665頁。

步軍都總管、招討使、兼荆湖廣南路宣撫使①。

　　按：郭逵字仲通，河南洛陽人，長期在陝西、河北等地領兵，時稱宿將，《宋史》卷二九〇有傳。熙寧八年（1075）十二月，安南道行營正式組建，以知延州、天章閣待制、吏部員外郎趙卨爲馬步軍都總管，以昭宣使、嘉州防禦使、入内押班李憲副之。因趙、李不和，至此改任郭逵，而以趙卨副之。

二月四日，責授檢校水部員外郎、均州團練副使，隨州安置。

　　李燾《長編》卷二七三"神宗熙寧九年二月庚寅"條："詔刑部郎中、天章閣待制、集賢殿修撰沈起責授檢校水部員外郎、郢州團練副使，本州安置，不得簽書公事；祠部郎中、直史館劉彝責授檢校水部員外郎、均州團練使，隨州安置。用御史蔡承禧之言也。先是，承禧奏：'……今平交之師十萬，方事之始，罰不自信，何以威懷！其沈起伏乞不以屬吏，特降前詔；其劉彝亦乞先行國典，以誡貪夫急進之人，而慰二廣生靈之意。……'於是，起、彝俱責。"②

　　按：《長編》本條云劉彝責授"均州團練使"，而後文"神宗熙寧九年三月壬午"條又稱其爲"均州團練副使"，《宋會要輯稿・職官六五》《東都事略》及《宋史》本傳並同，故此處應是脱一"副"字③。隨州，北宋屬京西南路，治今湖北省隨州市。

三月二十七日，追毁出身以來告敕，送涪州編管。

　　李燾《長編》卷二七三"神宗熙寧九年三月壬午"條："壬午，詔均州團練副使、隨州安置劉彝追毁出身以來告敕，送涪州編管。以御史中丞鄧綰言，沈起、劉彝雖已降責，尚有未盡，乞治彝張惶之罪，重行誅戮故也。"④

　　按：涪州，北宋屬夔州路，治今重慶涪陵。編管是比安置更嚴重

----

① 《長編》卷二七三，神宗熙寧九年二月戊子，第6674頁。
② 《長編》卷二七三，神宗熙寧九年二月庚寅，第6676—6677頁。
③ 《宋會要輯稿・職官》六五之四〇，第4820頁。
④ 《長編》卷二七三，神宗熙寧九年三月壬午，第6697頁。

的處罰,凡編管必先除名勒停,追毀入仕出身以來官告文書,活動受監視與管制①。

七月二十四日,神宗詔劉彝等減磨勘年、升名次。

> 李燾《長編》卷二七七"神宗熙寧九年七月戊寅"條:"詔前知虔州劉彝、知黄州路京等十五人,減磨勘年、升名次各有差;知池州鄭雍、通判海州李清臣等十四人,降考、降名次各有差。以三司上比較諸路熙寧五年鹽稅增虧故也。"②

十二月二十一日,郭逵率軍進至富良江,大勝之,交趾乞降③。

元豐三年庚申(1080)　六十四歲

三月十一日,陳襄病卒於京師,享年六十四歲。

> 按:據葉祖洽《先生行狀》,陳襄熙寧四年(1071)出知陳州,後移杭州,復移陳州,八年(1075)召還在朝任職,至是病卒。

閏九月二十三日,自涪州徙襄州。

> 按:李燾《長編》卷三〇九"神宗元豐三年閏九月壬子"條云"涪州編管人劉彝徙常州",而《東都事略》本傳云"改涪州,徙襄州",《宋史》本傳同。復檢《長編》後文亦有"詔襄州編管人劉彝放逐便"的記載,則本條所記"常州"應爲"襄州"之訛。常州,北宋屬兩浙路,治今江蘇省常州市。襄州,北宋屬京西南路,治今湖北省襄陽市。

元豐七年甲子(1084)　六十八歲

四月二十六日,獲准自由居住。

---

① 龔延明:《宋代官制辭典》,北京:中華書局,1997年,第654頁。
② 《長編》卷二七七,神宗熙寧九年七月戊寅,第6786頁。
③ 《長編》卷二七九,神宗熙寧九年十二月癸卯,第6844頁。

李燾《長編》卷三四五"神宗元豐七年四月乙未"條："詔襄州編管人劉彝放逐便。"①

九月,夜宿常州宜興縣善權寺,有詩追懷陳襄。

周必大《泛舟遊山錄》："壁間有元豐甲子秋九月彭城劉彝執中夜宿寺中追懷陳襄述古詩云:'精識世所稀,友道古難有。伊人雖云亡,遺德不可朽。嘗厭石渠遊,是邦爰出守。浚河納湖波,股派活畎畝。學宮起城隅,塗人或薪樞。既富而教之,薄俗適忠厚。矧予平生時,昏弱賴磨揉。共蹟姬孔微,肯出皋稷後。醇源浩罔涯,實行靡容苟。猶期老岩阿,寂寞待同扣。天乎奪大成,旅葬宜興阜。我來薙荆榛,雨淚滴杯酒。慟哭起秋風,落葉紛林藪。永懷三益恩,語報乏瓊玖。願子生人間,世世爲親友。'古人於交遊情誼蓋如此。述古墓去寺十餘里,州博士歲遣生員祭奠。"②

按:陳襄嘉祐六年(1061)知常州,修浚水利、興起學校,治績頗著。元豐四年(1081),陳襄葬於常州宜興縣,似生前已有定居宜興之舉措或計劃。劉彝可能是本年四月獲准自由居住之後來至常州。

元豐八年乙丑(1085)　六十九歲

九月,祭陳襄墓,撰《陳先生祠堂記》。

《陳先生祠堂記》："始與鄉人陳烈、周希孟、鄭穆友善,同志於道。比仕,則彝也又以經術政事更相琢磨,而銳於經綸天下大務。……凡於朝廷治體、州縣養民之事,必求其術之可以爲法。鰥寡孤獨、遺棄幼子、災傷水旱、凶札疾疫、恤窮安富、養老勸農、治兵牧馬、練將守邊、積穀生財、差役漕運之事,莫不夙夜圖營精密曲盡之術。……既亡,彝檢其手書,議及民政,講求治道,或以相授,或以相咨,凡餘百

① 《長編》卷三四五,神宗元豐七年四月乙未,第8281頁。
② [宋]周必大:《廬陵周益國文忠公集》卷一六七,《宋集珍本叢刊》影印傅增湘校清歐陽棨刻本,第53冊,北京:綫裝書局,2004年,第622頁。

本，或累十幅，盈紙細書，講論得失，則其以天下爲己憂也又如此，使之大用，豈可量哉？其行藝及三代，既請公卿爲之志銘，彝惜其賢而志有不得發者，既知其詳，不忍默而無傳。嗚呼！觀於是，則知吾哭之哀，爲不徒然矣。其既亡，厥子與弟皆以書來告予……元豐八年秋九月，彭城劉彝既哭公於墓，歸詣州學，謁之於祠堂，而哀情鬱鬱，弗能已也，遂爲之記而誄之，將刊於其碑焉。"①

哲宗元祐元年丙寅（1086）　七十歲

閏二月二十六日，起爲朝奉大夫。

李燾《長編》卷三七〇"哲宗元祐元年閏二月甲寅"條："以累赦放逐便人劉彝爲朝奉大夫。"②

以都水監丞召還，病卒於道，享年七十歲，贈銀青光禄大夫。

按：《東都事略》本傳云："元祐初，以都水監丞召，卒於道，年七十。"前文已經指出，"元祐初"即指元祐元年（1086）。復檢《長編》卷三七三"哲宗元祐元年三月己卯"條，云："中書舍人蘇軾言：'准刑房送到詞頭一道，三省同奉聖旨，沈起與叙朝散郎、監嶽廟者。臣伏見熙寧以來，王安石用事，始求邊功，生隙四夷。王韶以熙河進，章惇以五溪用，熊本以瀘夷奮。沈起、劉彝聞而效之，結怨安南，兵連禍結，死者數十萬人。蘇緘一家，坐受塗炭。至今二廣瘡痍未復。先帝始欲戮此二人，以謝天下，而王安石等曲加庇護，得全首領，已爲至幸。元豐六年三月二十四日聖旨：'沈起所犯深重，永不叙用。'天下傳誦，以爲至當，此乃先帝不刊之語，非今日以即位之恩所得赦也。沈起與彝各負天下生靈數十萬性命，雖廢錮終身，猶未塞責。近者只因稍用劉彝，起不自諒，輒敢披訴，妄以罪釁並歸於彝，攀援把持，期於必得。臣謂安南之役，起實造端，而彝繼之。法有首從，而彝吏幹學術，猶有

---

① ［宋］陳襄：《古靈先生文集》附録，葉 14b—23a。
② 《長編》卷三七〇，哲宗元祐元年閏二月甲寅，第 8944 頁。

可取，而起人材猥下，素行憸險，慶州兵叛，起守永興，流言始聞，被甲乘城，驚動三輔，幾致大變。所至治狀，人以爲笑。知杭州日，措置尤爲乖方，致災傷之民，死倍他郡。與張靚等違法燕飲交私，靡所不至。朝廷用彝，既不允公議；而況於起，萬無可赦之理。……所有告詞，臣未敢撰。'尋有詔，沈起敘用指揮，更不施行。"①蘇軾所謂"近者只因稍用劉彝"，應當包含本年閏二月以劉彝爲朝奉大夫之事，但朝奉大夫僅是文臣寄祿官階，似應搭配其他實際職務方能稱爲"稍用"。李綱《宋故安人劉氏墓志銘》云"考諱彝，朝請大夫、行都水監丞，贈銀青光祿大夫"，正是以"朝請大夫、行都水監丞"連言。只是《長編》云"朝奉大夫"，而墓志銘云"朝請大夫"，稍有出入。因此，以理推之，朝廷以都水監丞召還劉彝，當與授其朝奉大夫同時或稍後。蘇軾駁回沈起授朝散郎、監嶽廟詞頭在三月二十二日，尚未提及劉彝病卒之事，則其病卒於道似應在此日之後。

又，宋人追究交趾之變責任，常常以沈起、劉彝相提並論。前引蘇軾這段議論，指出沈起"妄以罪釁並歸於彝，攀援把持，期於必得"，而"安南之役，起實造端，而彝繼之。法有首從，而彝吏幹學術，猶有可取，而起人材猥下，素行憸險"，區別看待沈、劉二人的責任與品行，代表了宋人的另一種認識，亦屬持平之論。另外，前賢業已指出，沈起、劉彝對交趾入侵導致的災難固然負有操之過急、準備不足等責任，但如果考慮當時神宗積極開邊的背景，以及"責不在君"的政治文化，這種把兩人指爲最主要責任人的做法只是諉過之舉②。

劉攽撰挽詩悼念。

《劉彝學士挽詩》："傳聞四君子，同是五經師。獨以功名誤，空思俎豆爲。不成宣室召，長負雁門期。賴有銘泉室，千秋無愧詞。"③

---

① ［宋］李燾：《長編》卷三七三，哲宗元祐元年三月己卯，第9027—9028頁。
② 黃純豔：《宋神宗開邊的戰争責任與政治解説——兼談古代東亞國際關係研究中的歷史邏輯與現代話語》，《廈門大學學報》2016年第6期，第41—49頁。
③ ［宋］劉攽：《彭城集》卷一一《劉彝學士挽詩》，《景印文淵閣四庫全書》第1096冊，第101頁。

按：劉攽字貢父，臨江新喻（今江西省新余市）人，號公非先生。慶曆六年（1046）與兄敞同中賈黯榜進士。精於史學，協助司馬光編修《資治通鑑》。元祐四年（1089）卒，享年六十七歲。劉攽、劉彝二人爲同年進士，但具體交往活動不詳。

紹聖初，福州州學立"五先生祠"。

　　《（淳熙）三山志》卷八《公廨類二》"先賢堂"條："慶曆、皇祐間，陳先生襄、鄭先生穆、劉先生彝皆已登仕籍，鄉人尊師之，與周先生希孟、陳先生烈同號'五先生'。紹聖初，賢良陳昜始與提舉陳敦夫請置祠於學，郡守溫公益從之，遂立五先生祠。"①

妻陳氏，晚居宜興，得享高壽。

　　按：陳氏乃陳象之女、陳襄之妹。陳象真宗年間任邵武軍歸化縣主簿，遷台州黃岩縣尉，未赴任而卒於道。陳襄長妹適劉彝，次適倪天隱，次適鄭穆。倪天隱字茅岡，睦州桐廬（今浙江省桐廬縣）人，號千乘先生，仁宗年間進士，亦爲胡瑗弟子。

子一，名淮夫，字長源。

　　鄒浩《爲諸公作劉淮夫薦詞》："朝散郎致仕劉淮夫，故直史館彝之子，樞密直學士陳襄之甥。事父母極孝，孝於親者皆自以爲難及。元豐中爲台州判官，薦狀已有餘數，更及一考即可改官。緣父被召赴闕，不忍離左右，遂不待任了便乞侍養，隨侍以去。近監江寧府酒務，到任未久，緣母年八十七歲，思歸宜興。家雖甚貧，不復顧祿，即乞致仕奉母以歸。郡守以下再三留之，皆不可得。今方年五十九歲，無屋可居，無田可食，雖水菽不充，未嘗一毫有求於人。凡此，皆人所共知，有迹可考者。若其潛德隱行，尤不可勝舉，要之一本於孝而已。東南縉紳先生交譽，以爲至賢，而淮夫聞之恐悚退避，但曰：'此乃人子之常行，無足道也。'"②

---

① ［宋］梁克家：《三山志》卷八，第93頁。
② ［宋］鄒浩：《道鄉先生鄒忠公文集》卷三二《爲諸公作劉淮夫薦詞》，《宋集珍本叢刊》影印明成化六年（1470）刻本，第31冊，第239頁。

程俱《劉朝散長源淮夫劉先生葬之子孝悌有賢行年六十一且致仕侍其親義興爲賦詩一首》："劉侯六十衣彩衣,上堂娛戲如嬰兒。慈顏華髮顧之笑,坐令寒日生春暉。折腰斂板三十載,晚登名籍黃金閨。緋衫裏束不料暖,況坐笮庫窮刀錐。古心古貌乃天與,雖欲嫵媚將安施?一朝拂袖不回顧,擇鄰問舍荊溪湄。人言家徒四壁立,如君四壁初無之。我知劉侯有至樂,視世五鼎同糠穈。分陰不博雙白璧,啜菽自作羔豚肥。有兒教飭知禮節,不以口耳傳書詩。應門侍坐走前後,翼翼想見名家規。天恩優老命之仕,俾繼祿食安其私。……"①

《宋會要輯稿‧職官七七》："政和三年二月五日,淮西提刑司言:'朝散郎致仕劉淮夫昨監江寧府酒務,貪污不職,監司欲行追按,乃托母老申乞致仕,尋乞借補其子澈爲假將仕郎。未幾,干請求薦再任,兩浙監司乃薦淮夫緣母致仕爲孝,除落致仕。詔並令鄰路提刑司體量詣實聞奏。本司今體量,本官任內輪差雜作兵士量酒,容縱乞沽酒人錢,與監官下虞候等分受入已,並不鈐束。江東運司方欲按劾,本官托母年老陳乞致仕。"②

按:檢《(景定)建康志》卷二七《官守志》,劉淮夫元符三年(1100)四月以奉議郎知江寧府溧陽縣,至遲崇寧三年(1104)四月被替③。劉淮夫監江寧府酒務起始時間不明,比勘前述史料,知其任內有貪污不職行爲,爲躲避追查而申乞致仕,但不久又請求再任,並經兩浙監司推薦,除落致仕。兩浙監司的推薦,應與鄒浩《爲諸公作劉淮夫薦詞》有關。鄒浩字志完,常州晉陵(今江蘇省常州市)人,元豐五年(1082)進士,崇寧元年(1102)因蔡京構陷遭重譴,五年(1106)始還常州,至政和元年(1111)卒,《宋史》卷三四五有傳。因此,鄒浩薦詞應作於崇寧五年(1106)之後,當時劉淮夫五十九歲。程俱字致道,衢州開化(今浙江省開化縣)人,大觀元年(1107)至四年(1110)監常

---

① [宋]程俱:《北山集》卷五《劉朝散長源淮夫劉先生葬之子孝悌有賢行年六十一且致仕侍其親義興爲賦詩一首》,《景印文淵閣四庫全書》第1130册,第48—49頁。
② 《宋會要輯稿‧職官》七七之六〇,第5172頁。
③ 《(景定)建康志》卷二七,《宋元方志叢刊》影印清嘉慶六年(1801)刻本,第2册,第1794頁。

州市易務,本詩應作於此間①。當時劉淮夫年已六十一歲,應在第二次監江寧府酒務任內,並且似乎又有致仕計劃。另外,前引鄒浩薦詞謂劉淮夫"元豐中爲台州判官,薦狀已有餘數,更及一考,即可改官。緣父被召赴闕……隨侍以去",應即指元祐元年(1086)劉彝以都水監丞召還之事。

女二,一嫁周池,一嫁鄒夔。

　　李綱《宋故安人劉氏墓誌銘》:"……考諱彝……以文學行義爲儒林所宗,被遇神宗皇帝,奉使守邊,數更顯任。娶樞密直學士陳公襄之女弟,是生夫人,柔惠婉淑,尤爲父母之所鍾愛。女工之外,喜讀書,能通其義,嘗手書《列女傳》,師慕往烈,銀青嘉其志,爲作詩以繫之。擇配難甚,久之,以適括蒼周公諱池,仕至朝請郎致仕。夫人以恩封德安縣君,次封安人。初,朝請嘗從銀青學,淳厚篤實,尚節義,重然諾,銀青喜其爲人。居無何,銀青坐交趾事,謫徙涪陵。而朝請亦方罷官安陸,未有家室,則以書屬之曰:'環視故舊間,抱古人之義,可以托吾家無如子者,願以息女奉箕帚。'朝請不敢辭,遂以夫人歸之。先是,朝請以父命出繼叔氏,逮夫人入門時,所生所後父母俱無恙,夫人朝夕往來承事,柔聲怡色,曲盡禮意,兩堂交口稱譽。至於接娣姒,遇姻黨,皆得其歡心,內外無間言。朝請從仕,安於義命,未嘗妄求人知,循守塗轍,迨於歸老。夫人内助以成其志,同其甘苦休戚者逾四十年,相待如一日。平居雍肅,喜愠不形於色,服勤中饋,醪醴膳脩之事,以奉賓祭,至老不倦。其教子嚴甚,未嘗以顔色假借。撫諸婦以恩,雖婢妾輩,怡怡如也。事父母尤盡孝,方銀青在涪陵,朝請得官鄂渚,夫人迎奉母兄以致養,迨涪陵内徙。其後陳夫人孀居,春秋益高,夫人思慕憂勤,書問不時至,則爲之忘廢寢食。兄朝散郎淮夫年兄弟也,夫人每進見,常若有所嚴憚,移所以事父母者以事兄,不以老故少衰。……及朝請既捐館舍,服未除,夫人亦以疾終,享年若干,實宣和三年正月五日也。五年二月十有八日,祔葬於常州宜興縣

---

① 參李欣、王兆鵬:《程俱年譜(上)》,《中國韻文學刊》2006年第2期,第103頁。

永豐鄉銅坑之原，朝請之兆域。"

楊時《鄒堯叟墓誌銘》："先生諱某，字堯叟，姓鄒氏。其先出於魯國之邾。唐季之亂，避地閩中，故今爲邵武軍泰寧人。曾祖某，祖某，父某，皆不仕。先生自少有文名，尤工詞賦。比壯遊四方，始從中山劉公先生彝爲學，六經之旨、百氏之書，無不該洽，旁穿曲貫，各得其宗。汪洋大肆，發爲文章，遂以名聞於時。嘉祐中登進士第，調淮陽軍司理參軍。丁父憂，服除，再調南劍州劍浦縣主簿。監建州買納茶場，移福州閩清縣令。用薦者改宣德郎、知宣州宣城縣。元祐四年二月十八日以疾卒於官舍之正寢，享年五十有八。……先生既没，子尚幼。大觀元年十二月十五日始克葬於常州宜興縣善奉鄉横山村黃宗塢之原。娶劉氏，先生彝之女也。"①

按：楊時《與鄒堯叟書》題下注云"堯叟名虁，劉執中婿"②。墓誌銘稱鄒虁"始從中山劉公先生彝爲學"，似以劉彝之郡望爲"中山"，未詳。周池、鄒虁卒後均葬於常州宜興縣，亦可證劉氏一家已定居於此。

門人有周池、鄒虁、令狐俅等。

畢仲遊《奉議郎令狐端夫墓誌銘》："令狐端夫者，諱俅，山陽人也。……以父任試將作監主簿，從福唐劉彝先生學《左氏春秋》，得其師法。……及仕，强於吏治，必知民所便安與辛苦，務盡心力愛而利之。……大觀四年閏八月十三日，以疾卒於汝州。"③

按：《宋元學案》卷一《安定學案》列舉劉彝門人，僅有鄒虁、鄒棐二人，今據前文所考，補周池、令狐俅。此外，《安定學案》所記鄒虁、鄒棐事迹大同小異，疑有訛誤。《（乾隆）泰寧縣志》卷九上《人物志》撰者按語已經指出，楊時《鄒堯叟墓誌銘》云"先生諱某，字堯叟，姓鄒

---

① ［宋］楊時著，林海權整理：《楊時集》卷三〇《鄒堯叟墓誌銘》，北京：中華書局，2018 年，第 780—781 頁。
② ［宋］楊時著，林海權整理：《楊時集》卷一七《與鄒堯叟書》，第 465 頁。
③ ［宋］畢仲游著，陳斌校點：《西臺集》卷一二《奉議郎令狐端夫墓誌銘》，鄭州：中州古籍出版社，2005 年，第 212—213 頁。

氏"，《郳堯叟哀辭》云"宋有君子姓郳，名某，字堯叟"，後世或因誤"某"爲"棐"字，衍生出有關郳棐的一些記録①。若然，郳棐其人當在有無之間，故今不列之。

又，吕希哲《吕氏雜記》云："陳（烈）、鄭（穆）、劉（彝）三君，吾皆從之問道焉。"②據此，吕希哲亦曾從劉彝問學。希哲字原明，壽州（今安徽省壽縣）人，吕公著長子，轉益多師，事迹附見《宋史》卷三三六《吕公著傳》。

著作有《七經中義》一百七十卷、《洪範解》六卷、《明善集》三十卷等。

《七經中義》一百七十卷

按：據《玉海·藝文》引《中興書目》，劉彝所注"七經"是指《周易》《詩經》《尚書》《春秋》《周禮》《禮記》和《論語》③。原書均已亡佚，今分别考述如下：

（1）《周易中義》　卷數不詳。董真卿《周易會通》卷首《引用諸書群賢姓氏》云"劉氏彝，執中，福州人，《易注》一部"，卷八又引其説一條，則此書似元代尚存④。

（2）《詩經中義》　卷數不詳。吕祖謙《吕氏家塾讀詩記》、嚴粲《詩緝》徵引劉彝之説百餘條，遺存佚文數量尚屬可觀。《朱子語類》卷一二九記朱熹云："嘗言劉彝善治水，後來果然。彝有一部詩，遇水處便廣説。"⑤

（3）《周禮中義》　《直齋書録解題》和《玉海·藝文》著録八卷，《宋史·藝文志》著録十卷，未知孰是⑥。王與之《周禮訂義》徵引劉彝此書約三百條，項安世《項氏家説》、陳友仁《周禮集説》等亦有徵引。

---

① 《（乾隆）泰寧縣志》卷九上，抄本，葉1b—2b。
② ［宋］吕希哲：《吕氏雜記》，《景印文淵閣四庫全書》第863册，第211頁。
③ ［宋］王應麟著，武秀成、趙庶洋校證：《玉海藝文校證》卷八"咸平校定七經疏義"條，南京：鳳凰出版社，2013年，第387頁。
④ ［元］董真卿：《周易會通》卷首，清康熙間《通志堂經解》本，葉6a。
⑤ ［宋］黎靖德編，王星賢點校：《朱子語類》卷一二九，北京：中華書局，1986年，第3090頁。
⑥ ［宋］陳振孫著，徐小蠻、顧美華點校：《直齋書録解題》卷二，第45頁；［宋］王應麟著，武秀成、趙庶洋校證：《玉海藝文校證》卷五"熙寧新經周禮義"條，第219頁；［元］脱脱等：《宋史》卷二○二《藝文志一》，第5051頁。

(4)《禮記中義》 衛湜《禮記集說》卷首《集說名氏》云"長樂劉氏彝，字執中，《七經中義》一百七十卷，内《禮記》四十卷"，全書徵引其說一百七十餘條①。

(5)《尚書中義》《春秋中義》《論語中義》 卷數不詳。暫未見有傳世典籍徵引。

《洪範解》六卷

按：此書《宋史·藝文志》著録，已佚②。胡瑗有《洪範口義》一卷，劉彝此書或受乃師影響。復檢朱彝尊《經義考》卷九六著録《四先生洪範解要》一部六卷，注曰"佚"，云："四先生者，劉氏彝、曾氏鞏、蘇氏轍、吕氏吉甫也。"③此書編者不詳，篇幅僅有六卷，疑是摘録四家經解部分内容彙集而成。

《贛州正俗方》二卷

按：已佚。前已述及，本書《宋史·藝文志》著録爲二卷，《直齋書録解題》著録爲一卷，乃劉彝知虔州期間集衆醫合撰，不能算是嚴格意義的個人著作。

《明善集》三十卷
《居易集》二十卷

按：兩書均見《宋史·藝文志》著録④。《居易集》二十卷，《東都事略》及《宋史》本傳均作《居陽集》三十卷，未知孰是。現存劉彝詩文，僅有《悼賢詩》《題禹廟壁》《滌慮軒》《夜宿善權寺追懷陳述古》，以及《堯舜之德論》《陳先生祠堂記》等篇目，前文多已徵引。《(淳熙)三山志》卷八《公廨類二·廟學》"先賢堂"條小傳云"先生著書以皇極爲本，述《七經中義》，有文集三百二十卷"，卷數恐有訛誤。

---

① ［宋］衛湜：《禮記集說》卷首，清康熙間《通志堂經解》本，葉3a。
② 《宋史》卷二〇二《藝文志一》，第5043頁。
③ ［清］朱彝尊著，林慶彰、蔣秋華等主編：《經義考新校》卷九六，上海：上海古籍出版社，2010年，第1792頁。
④ 《宋史》卷二〇八《藝文志七》，第5355頁。

又，明清文獻中另有一些似是而非的著録，亦需稍加辨析。例如，朱彝尊《經義考》卷九五"劉氏彝《洪範解》"條，引蔣垣云"劉彝字執中，福州懷安人，從胡瑗學，著《洪範解》《周禮中義》《七經中義》《古禮經傳續通解》"①，而《宋元學案》卷一《安定學案》列舉劉彝著作亦有《古禮經傳續通解》②。今考蔣垣字用崇，福州侯官人，清康熙十一年（1672）舉人，著有《八閩理學諸子源流》一書，《經義考》所引或出於此。但實際上，《古禮經傳續通解》二十九卷，見於陳振孫《直齋書録解題》著録，乃黄榦續成朱熹《儀禮經傳通解》之書，而蔣垣歸之於劉彝，不知何據③。再如，《（乾隆）福州府志》卷一四《壇廟一》引明人馬森《鳳崗劉氏諸賢祠碑記》，稱劉彝有"《水經》四卷及注《禮記大全》"④，卷七二《藝文》又著録劉彝《禮記大全》十卷、《水經注補》八卷⑤。今考劉彝已撰《禮記中義》四十卷，不應再撰《禮記大全》十卷，何况"大全"之名出自明初，不應北宋時已有此稱。劉彝長於水利，或曾精研《水經》並爲之作注，但《（乾隆）福州府志》的記載本即前後乖謬，只能暫且存疑。

---

① ［清］朱彝尊著，林慶彰、蔣秋華等主編：《經義考新校》卷九五，第1786頁。
② ［清］黄宗羲原著，［清］全祖望補修，陳金生、梁運華點校：《宋元學案》卷一，北京：中華書局，1986年，第48頁。
③ ［宋］陳振孫著，徐小蠻、顧美華點校：《直齋書録解題》卷二，第42—43頁。
④ 《（乾隆）福州府志》卷一四，清乾隆十九年（1755）刻本，葉49b。
⑤ 《（乾隆）福州府志》卷七二，葉8b。

漸入佳境：近百年張栻研究述要

四川大學古籍整理研究所 楊世文 文建剛

　　近百年的張栻研究，大體上可以劃分爲三個時期：(1) 1900—1949 年，研究成果不多，偶有張栻生平考述、著述刊刻、學術及教育等方面的論述，比較可稱道的成果有胡宗楙《張宣公年譜》，此外楊東蒓《中國學術史講話》(1932)、夏君虞《宋學概要》(1937)等相關著作中有涉及張栻思想的論述。但總的來看，研究比較簡略，方法不夠精密，沒有產生有影響的論著。(2) 1950—1979 年，中國大陸地區的張栻研究陷入停滯，但中國臺灣地區的學者有一些論文發表，如程元敏《張栻"洙泗言仁"編的源委》(1966)、蔣勵材《醇儒張南軒的湘學》(1978、1979)、朱學瓊《宋代的經學風氣與張南軒經解的弊病》(1974)。日本學人也有一些研究成果，如福田殖《關於張南軒之二三考察》(1976)，《張南軒初年的思想》(1976)，高畑常信《關於張南軒的〈論語解〉"一本云"》(1970)、《朱子對張南軒的〈論語解〉的影響》(1970)、《張南軒〈論語解〉的產生過程及其特色》(1976)、《張南軒的思想變遷》(1973)等系列論文。高畑常信還整理有《張南軒年譜》(1974)。(3) 1980 年至今。由於中國大陸實行改革開放，極大地解放了學術生產力，張栻研究迎來了春天，論著出現井噴局面，在文獻整理、哲學思想研究等領域，湧現了許多突破性的成果。據我們初步統計，截至 2020 年，出版張栻研究專著(含古籍整理)十餘部，期刊論文約 400 篇，碩博士學位論文約 50 篇，全國性專題會議 5 次左右。現以改革開放以來爲重點，止於 2020

年,從六個方面對近百年張栻研究加以概述。由於篇幅所限,主要以公開出版(發表)的論著爲主,挂一漏萬,敬請讀者諒解。

一、生平·家世·家學

有關張栻生平及家族考述,主要依據朱熹、楊萬里等人所著的張栻傳記,以及《宋史》《宋元學案》等文獻。1921年,世界書局和大東書局出版《古今名人全史》,其中有《張栻全史》。① 1937年,張栻後人張恕撰有《張南軒先生事略》,②對張栻生平有簡要梳理。

20世紀90年代以來,隨著出土文物的發掘,不少學者對張栻先世和祖墓、故里等作專文考證。寧志奇《南軒故里史迹考述》(1992)③記綿竹南軒故里遺址及紀念建築物9處、墓葬6處、碑碣墓誌5種、張栻手迹刻板和摩岩題刻2種,爲研究張栻先世、祖墓和故居,以及張栻書法等提供了綫索。卿三祥以張栻裔孫張元生女士收藏《清代張氏家譜》結合神道碑、行狀、史志等文獻,考證了張栻先世與後裔世系。④ 鄒重華從地域分佈、學術交流和籍貫變遷等變化情況考察並分析宋代四川學術文化的變化發展,論述了綿竹張氏之學對蜀學形成的巨大影響。⑤ 蔡東洲對歷史文獻、方志譜牒中矛盾且混亂的記載加以考辨,對張栻後代"無後之説""有後之説"作了分析⑥。趙海萍、蔡東洲通過對張栻故里四川綿竹的實地考察,重新考辨了綿竹張氏的譜系淵源。⑦ 蔡東洲對於張栻祖墓園内《武都居士墓銘》和《宋賢良張公碑》的由來與價值、版本與文字差異等問題作了細緻考證,證明"柏林三墓"實際墓主係張咸及其夫人計氏、趙氏三人,而非張栻高祖張文炬、曾祖張紘、祖張咸。⑧ 謝桃坊通過考證史志文獻

---

① 佚名:《古今名人全史·書訊》,《申報》(上海版)1921年10月3日第17463號。
② 張恕:《張南軒先生事略》,《妙高峰中學三十周年紀念册》,出版信息不詳,1937年。
③ 寧志奇:《南軒故里史迹考述》,《天府新論》1992年第2期。
④ 卿三祥:《張栻的世系》,《天府新論》1992年第2期,第77頁。
⑤ 鄒重華:《家族與學術——對宋代四川地區幾個典型家族的考察》,《天府新論》1992年第2期。
⑥ 蔡東洲:《張栻後代辨析》,《中華文化論壇》2007年第2期。
⑦ 趙海萍、蔡東洲:《綿竹張栻祖墓的歷史考察》,《中華文化論壇》2005年第2期。
⑧ 蔡東洲:《關於張栻祖墓的重建》,《中華文化論壇》2011年第3期。

中張氏世系、張栻父子生平、籍貫記載及相關遺迹,認定張栻紹興三年(1133)出生於綿竹老家。① 此外,日本學者高畑常信有《張南軒的遺迹》(1994)②。楊世文對張栻堂兄張杅生平事迹作了詳細考證,可爲豐富和完善張栻研究、南軒學派研究提供有益綫索。③

對於張栻生平,學界多注重其理學家身份的相關經歷,但亦不乏對張栻作爲政治家、社會改革家身份及其仕宦經歷的研究。如李紹先對張栻"寬民""養民""富民"和"教民"的"重民"思想及其在廣西施行的仁政舉措作了論説④。張連勇認爲張栻恪守三綱五常、忠於君主,保證了皇權的穩定;勸君治國,一定程度上制約皇權,促進了國家的長遠發展,從而與君主之間形成了一種相對"和諧"的狀態⑤。謝鳳飛從微觀史學研究視角,以張栻知靜江府期間"憂心孔疚、黽勉求治"心態爲具體個案,對張栻政治才能、事功思想作了分析,並對張栻政治家身份形象(視像)的形成(後人構建和累積)作了還原與重構。⑥

張栻幼承庭訓,故張浚對張栻影響極大。何尊沛《張浚 張栻》(1986)⑦一書,以傳記形式,分别叙述了張氏父子生平事迹。金生楊《張浚與洛學》《張浚與佛學》《張浚與新學》⑧三篇文章對張浚思想作了深入剖析。鍾雅瓊則通過對張栻家學淵源及内在學術理路的梳理,考索了南軒之學形成的家學淵源。⑨

張栻易學思想首先受其父張浚影響。蔡方鹿認爲,"張浚把《易》作爲載道之書,其易學以重視義理並把義理建立在象數卦爻的基礎上爲特點"⑩,這對張

---

① 謝桃坊:《張栻籍屬考》,《文史雜誌》2020 年第 1 期。
② 高畑常信:《張南軒的遺迹》,《東京學藝大學紀要(人文科學)》45,1994 年。
③ 楊世文:《張杅事迹鈎沉——張栻家族人物雜考》,《西華師範大學學報(哲學社會科學版)》2016 年第 1 期。
④ 李紹先:《張栻在廣西》,《文史雜誌》1992 年第 6 期。
⑤ 張連勇:《張栻君臣關係之窺探》,《衡水學院學報》2012 年第 6 期。
⑥ 謝鳳飛:《張栻知靜江府的心態觀察與視像重構》,《桂林師範高等專科學校學報》2018 年第 6 期,第 46 頁。
⑦ 何尊沛:《張浚、張栻》,成都:四川人民出版社,1986 年。
⑧ 金生楊:《張浚與洛學》,《西華大學學報(哲學社會科學版)》2011 年第 6 期;《張浚與佛學》,《世界宗教研究》2012 年第 2 期;《張浚與新學》,《西華師範大學學報(哲學社會科學版)》2014 年第 2 期。
⑨ 鍾雅瓊:《忠孝仁義惟實爲貴——論張栻的家學淵源》,《四川師範大學學報(社會科學版)》2014 年第 5 期。
⑩ 蔡方鹿:《張浚的易學思想及其影響》,《周易研究》2004 年第 1 期,第 9 頁。

栻和朱熹都産生了重要影響。陳伯適對張浚以象數爲根柢的易學詮釋思想作了深入解析。① 黄俊棚、鍾雅瓊通過考述張氏父子的易學研究，認爲張栻易學既受其父張浚影響，又有不同和發展。②

楊國宜提出張氏父子創建"蜀湘學派"之說，認爲張栻父子具有明顯的事功思想。由此論斷，張氏父子的蜀湘學派，由蜀而湘，適應了時局變化，與時俱進，並最早旗幟鮮明地倡導事功思想，堪稱事功學派的先驅。③

張勁松對張栻生平、地位和影響作了系統分析，認爲張栻在南宋學界、政壇和民間都具有很高的威望，爲道學理論的建構和道的傳播做出了重要貢獻，被視爲"一世道學之宗主"。張栻思想對湖湘學、蜀學及近代中國社會都産生了重要深遠的影響。張栻的愛國主義精神和高尚人格、傳道濟民的教育思想、經世致用和勤政爲民工作作風等在當代中國依然不過時，探討和弘揚張栻思想的當代價值具有重要意義。④

二、理學·哲學·佛學

在中國思想文化史上，張栻的理學與哲學居於重要地位，故研究者也主要聚焦於此，近百年來各種論著層出不窮。早在 20 世紀 20 年代，甘蟄仙《南軒哲學概觀》即以唯理派（唯理主義）、經驗派（經驗主義）、本體論、人生觀、宇宙論等西方哲學理論和概念重新認識和解讀了張栻理學（道學）思想，認爲"南軒之人生天職論，乃最純粹之道德學也"⑤。紹安《南軒道學論》首先回顧道學發展史，並對張栻師承與學術淵源（承五峰、傳周程）、學術要旨（義利之辨）等作分析，認爲"得孔孟之教旨而發揮光大之者厥爲南軒"⑥。百剛《南軒先生治學之方法》

---

① 陳伯適：《張浚〈紫岩易傳〉的重要象數詮義觀點》，《彰化師大國文學志》2010 年第 20 期，第 139 頁。
② 黄俊棚、鍾雅瓊：《張浚、張栻父子易學思想比較研究》，《中華文化論壇》2018 年第 8 期。
③ 楊國宜：《張浚、張栻的生平、學派和思想特點》，《南昌大學學報（人文社會科學版）》2018 年第 4 期。
④ 張勁松：《張栻在宋代道學中的宗主地位及其影響》，《四川師範大學學報（社會科學版）》2014 年第 3 期。
⑤ 甘蟄仙：《南軒哲學概觀》，《合力週報》1925 年周年紀念刊，第 40 頁。
⑥ 紹安：《南軒道學論》，《妙高峰中學三十周年紀念册》，出版信息不詳，1937 年，選錄第 14—16 頁。

則從定志、主一、居敬、懲忿、尚勤、改過、循序、重公、崇實、有恒十個方面,對張栻治學的具體思想和方法作了歸納總結,盛讚南軒之學"足以轉移一世風俗,而流澤於無窮也",並認爲在當時"歐風東漸,異說紛騰"時代政治文化環境中,張栻"平生治學之方法,尤屬天經地義,爲今日教者與被教者所應遵守之要件"①。

1991年,蔡方鹿出版《一代學者宗師:張栻及其哲學》②,從哲學理論與方法的角度,結合歷史背景與理學發展史,對以理學爲主的張栻哲學、社會政治、教育等思想首次作了專門性、系統性解析與總結,並從與朱熹等學人學術交流、學術異同論辨等方面,分析了張栻在理學史上的地位及其影響。同年,陳穀嘉出版《張栻與湖湘學派研究》③,從湖湘學派發展歷史角度,分本體論、認識論、人性哲學、事功之學、道德學說、教育思想及湖湘學派學術特色、湖湘學與閩學、嶽麓書院等專題,對張栻思想的各個方面作了梳理與總結。陳穀嘉與蔡方鹿二書幾乎同時出版,同爲張栻研究的奠基之作。他們以現代哲學理論與方法剖析、解讀和重構張栻思想,開啓了張栻研究的新時代,促進了張栻研究向深層次、高水準開展,具有里程碑意義。

此外,陳國培《張栻思想研究》④、王麗梅《張栻的思想世界》⑤等論著對張栻思想體系及其與程、朱、胡宏的學術關聯,對宋代學術影響等宏觀層面進行較爲全面的考證和分析研究。他如侯外廬等《宋明理學史》⑥、賈順先等《四川思想家》⑦、陳來《宋明理學》⑧、朱漢民《湖湘學派與嶽麓書院》⑨、田浩《朱熹的思維世界》⑩、胡昭曦等《宋代蜀學研究》⑪、余英時《朱熹的歷史世界》⑫、蔡方

---

① 百剛:《南軒先生治學之方法》,《妙高峰中學三十周年紀念册》,出版信息不詳,1937年,選錄第14頁。
② 蔡方鹿:《一代學者宗師:張栻及其哲學》,成都:巴蜀書社,1991年。
③ 陳穀嘉:《張栻與湖湘學派研究》,長沙:湖南教育出版社,1991年。
④ 陳國培:《張栻思想研究》,香港大學碩士學位論文,1997年。
⑤ 王麗梅:《張栻的思想世界》,北京:中國社會科學出版社,2019年。
⑥ 侯外廬:《宋明理學史》,北京:人民出版社,1984年。
⑦ 賈順先主編:《四川思想家》,成都:巴蜀書社,1988年。
⑧ 陳來:《宋明理學》,瀋陽:遼寧教育出版社,1992年。
⑨ 朱漢民:《湖湘學派與嶽麓書院》,北京:教育科學出版社,1991年。
⑩ (美)田浩(Hoyt Cleveland Tillman):《朱熹的思維世界》,南京:江蘇人民出版社,2011年。
⑪ 胡昭曦、劉復生、粟品孝:《宋代蜀學研究》,成都:巴蜀書社,1997年。
⑫ 余英時:《朱熹的歷史世界:宋代士大夫政治文化的研究》,北京:生活・讀書・新知三聯書店,2011年。

鹿《中國經學與宋明理學研究》①、陳代湘等《湘學史》《湖湘學案》②等著作中亦有相關篇章專論張栻。

目前，對張栻哲學、理學（道學）思想既有從太極論、心性論、工夫論、義理觀、理欲觀、倫理觀、仁學、孝悌之學等傳統學術視域的研究，也有用西方哲學、詮釋學進行本體論、認識論和方法論的研究，殊途同歸。

對於張栻哲學、理學思想的總體認識，蔡方鹿認爲張栻哲學的基本範疇是"理"，其特點是"心理合一"，其認識論是居敬窮理，張栻哲學體系具有辯證法因素，屬於樸素辯證思想，是介於朱陸之間的心理融合論。③ 蔡方鹿還從張栻確立湖湘學派、與朱熹相互辯難中發展二程學說、論述並豐富宋代理學的一系列範疇和重要理論三方面梳理張栻的貢獻和影響，概括了張栻在宋代理學中的地位。④ 劉蘊梅從宏觀視角綜論張栻哲學，認爲張栻以二程理本論爲正宗，又突出"心"的主宰性，既講格物就是"存本心"，又強調"非躬行實踐莫由知"，既重義利之辨，又不尚空談。⑤ 劉章澤認爲張栻承其師胡宏等將理性本體與心性本體分解的研究，把辯證思想發展到新的高度。⑥ 王麗梅從太極本體論、居敬主一的工夫論、純粹的性善論、獨特的義利觀、互發並進的知行觀五方面分析張栻哲學思想，認爲張栻對宋明理學及中國思想史的發展做出了獨特貢獻。⑦ 秦偉明從陰陽相交、道器不離、義利統一、王霸互用、知行互發、重在躬行，居敬窮理、循序漸進、無適無莫、惟中則止等方面分析張栻哲學中所蘊含的辯證法思想，認爲張栻的辯證觀對宋明理學，乃至後來學術思想的發展做出了顯著而獨特的貢獻。⑧ 盧鍾鋒分析了張栻宇宙論"明義利之辨"等理學特色，認爲張栻在理學方面"發明天理而見諸人事"，論"持養"本諸"省察"，注意"涵養

---

① 蔡方鹿：《中國經學與宋明理學研究》，北京：人民出版社，2011年。
② 陳代湘等：《湘學史》，長沙：湖南人民出版社，2008年；《湖湘學案》，湖南人民出版社，2013年。
③ 蔡方鹿：《試論張栻的哲學思想》，《社會科學研究》1983年第6期。
④ 蔡方鹿：《張栻與宋代理學》，《船山學報》1988年第2期。
⑤ 劉蘊梅：《論張栻哲學的特點》，《四川大學學報》1986年第4期。
⑥ 劉章澤：《張栻哲學主題及其辯證法思維方法》，《天府新論》1992年第2期。
⑦ 王麗梅：《張栻哲學思想研究》，湘潭大學博士學位論文，2001年。
⑧ 秦偉明：《張栻辯證法思想研究》，湖南師範大學碩士學位論文，2010年。

工夫",重在"力行",奠定了湖湘學派規模。① 他還分析了張栻所處時代背景、學術環境,對張栻哲學思想中的倫理觀(義利之辨)、心性論(心主性情)、修養論(主涵養、重躬行)作了剖析,指出其思想的時代性。② 邢靖懿認爲張栻理學體系包括異取同體的本體之思,性無不善的性體論,居敬窮理的工夫論,相須互發的知行觀,同行異情的義利之辨。其理學具有開物成務的經世特質。③ 張琴討論了張栻理學體系的邏輯結構。④ 王立新從多方面對張栻與其師胡宏思想作比較分析,認爲張栻"並未得到五峰的神髓",但亦承認張栻在理學本體論、修養功夫論等方面均有相當的理論貢獻,如義利之辨、知行關係等。⑤

關於太極與性本體論問題,是張栻哲學思想中的核心。張栻承其師胡宏性本論之說,以太極爲宇宙本體,通過與朱熹對《知言》《仁說》《太極圖說》的論辨交流,提出"心主性情"之說,提倡仁學、中和之道的理欲觀,逐步構建和完善了上承濂洛、下啓湖湘的道統學脈體系。陳毅嘉論述了張栻以"性"爲本體的道德學說。⑥ 鄒嘯宇分析了張栻的本體論建構及其體用邏輯。⑦ 向世陵、郭齊、楊柱才、汪楠對胡宏與張栻心性之學的傳承關係、張栻的性善論說、張栻太極即性說、中與性作了考證。⑧ 王麗梅從"即體即用"與"體用分離"討論了張栻與朱熹的太極之辯。⑨ 吴亞楠論述了張栻、朱熹對"太極"與"性"關係的不同解讀。⑩ 陳來通過對張栻與朱熹《太極圖說》不同《解義》的比較,指出朱子《解義》注重義理的哲學分析與綜合,在本體論上有優勢,而張栻《解義》則注重功夫界

---

① 盧鍾鋒、侯外廬等主編:《宋明理學史》,北京:人民出版社,1984年。
② 盧鍾峰:《張栻與南宋理學》,《天府新論》1992年第2期。
③ 邢靖懿:《張栻理學研究》,河北大學博士學位論文,2008年。
④ 張琴:《論張栻理學體系的邏輯結構》,《中國哲學史》2014年第2期。
⑤ 王立新:《南軒的理學思想》,《船山學刊》2016年第3期。
⑥ 陳毅嘉:《論張栻以"性"爲本體的道德學說》,《求索》1990年第3期。
⑦ 鄒嘯宇:《張栻的本體論建構及其體用邏輯探析》,《哲學評論》2018年第2期。
⑧ 向世陵:《性學傳承與胡、張之間》,《求索》1999年第5期;《張栻的"性善"論說》,《湖南大學學報(社會科學版)》2014年第1期。郭齊:《胡宏性本體論對張栻的影響》,《船山學刊》2014年第1期。楊柱才:《張栻太極體性論》,《船山學刊》2014年第1期。汪楠:《張栻論"中"與"性"》,《中華文化論壇》2018年第9期。
⑨ 王麗梅:《即體即用與體用分離——張栻與朱熹的太極之辯》,《孔子研究》2016年第5期。
⑩ 吴亞楠:《張栻、朱熹對"太極"與"性"關係的不同解讀》,《江淮論壇》2016年第1期;《張栻"太極"即"性"說辨析》,《中國哲學史》2016年第2期;《從胡宏到張栻:南宋湖湘學的演變和發展》,《儒學評論》第11輯,保定:河北大出版社,2019年。

定,這是朱子解義有所忽略之處。朱子所爭者多在義理之鋪陳,故張栻解義爲朱子解義之補充,二者相結合乃構成道學在南宋中期的主流認識。①

仁學思想是張栻理學的思想的重點。東方朔從上達體悟與下學窮理論述了朱子、南軒仁說之辨所表達的工夫方嚮。② 蘇鉉盛考述了張栻早期仁學思想,認爲張栻一直關注、探索"仁"的問題,並形成了"求仁之方"的特點。③ 曾小明、肖永明論述了張栻仁學思想的發展,認爲早期仁學直接來源於胡宏,强調識仁,注重知覺言仁;後期仁學得益于與朱熹的論辯,主要表現在《仁說》一文。④ 向世陵分析了張栻的仁說及仁與愛之辨、仁禮關係。⑤

張栻和朱熹作爲當時兩位理學領袖,對諸多學術問題展開過熱烈討論,二人關於"仁"的辯論廣受學界關注。蔡方鹿認爲朱熹和張栻關於"仁"的討論主要是圍繞仁與愛、仁與心、仁與公、仁與義禮智等問題展開,兩人的觀點由不合到合,最後對仁的認識已基本傾向一致。⑥ 曾亦、陳怡論述了性情問題與朱子、張南軒辯仁愛之不同。⑦ 田静歸納張栻和朱熹關於"仁說"辯論的主要分歧體現在"觀過知仁""以覺説仁""視物爲心""公爲仁之體"以及"仁義禮智"等五方面,二人的論辯不僅體現出他們的思想差異,而且也反映出閩學和湖湘學派的思想分歧。⑧ 蘇鉉盛論述了朱熹與張栻兩人仁學思想的相互影響,認爲對"天地之心"的不同理解是朱、張"仁說"分歧的起因。⑨ 陳逢源從張栻與朱熹關於義理問題的論辯之中,尋得二程之學"道南"與湖湘學、朱子學(閩學)學脈的建構、發展關係。⑩ 賴尚清、洪明超從文獻的角度考證了朱、張對"仁説"

---

① 陳來:《張栻〈太極圖説解義〉及其與朱子解義之比較》,《周易研究》2019 年第 1 期。
② 東方朔:《上達體悟與下學窮理——朱子、南軒仁説之辨所表達的工夫方嚮》,《世界中國哲學學報》2002 年 1 月。
③ 蘇鉉盛:《張栻早期仁學思想考》,《孔子研究》2003 年第 5 期。
④ 曾小明、肖永明:《張栻仁學的發展》,《湖湘論壇》2008 年第 1 期。
⑤ 向世陵:《張栻的仁説及仁與愛之辨》,《學術月刊》2017 年第 6 期;《從程頤到朱熹、張栻的"休複下仁"解》,《社會科學家》2017 年第 12 期;《克己・複禮・爲仁——南宋湖湘學者張栻論仁禮關係》,《光明日報》2020 年 12 月 19 日第 11 版。
⑥ 蔡方鹿:《朱熹和張栻關於仁的討論》,《江西社會科學》1989 年第 2 期。
⑦ 曾亦、陳怡:《性情問題與朱子、張南軒辯仁愛之不同》,《哲學與文化》2003 年第 10 期。
⑧ 田静:《朱熹和張栻關於"仁"的辯論》,《青春歲月》2011 年第 12 期。
⑨ 蘇鉉盛:《朱子與張南軒的仁説論辨》,《湖南大學學報(社會科學版)》2012 年第 6 期。
⑩ 陳逢源:《朱熹與張栻之義理辨析與學脈建構——中和・仁説・道統》,《四川師範大學學報(社會科學版)》2019 年第 4 期。

的論辨過程。① 許家星則從不同角度對朱子、張栻"仁說"做了詳細辨析,認爲朱熹與張栻各自作有《仁說》,彼此内容有同有異,朱、張"仁説"並無"勝負"之分,二賢在切磋砥礪中仍堅持了各自的學術立場,爲儒家仁學的發展做出了各自貢獻。② 謝桃坊對朱張二人就太極、理道、原性、中庸、知行的論辨作了梳理,認可黄宗羲《宋元學案》"南軒早知持養爲本,省察所以成其持養,故力省而功倍。朱子缺却平日一段涵養工夫,至晚年而後悟也"之説,並總結道"張栻悟得進德修身的踐履甚早,在通往聖賢的道路上顯得純粹"。③

在張栻理學思想中,工夫論與倫理思想是緊密聯繫的兩方面。王麗梅認爲張栻工夫論是一個完整的、前後相續的動態系統,"察識端倪"説是其早期工夫論内容,"察識與涵養相須並進"則是其晚期的工夫論思想。④ 文碧方、洪明超也對張栻工夫論思想做了分析。⑤ 倫理思想方面,何英旋指出張栻倫理思想的基礎是太極説和性本論,其内容包括理欲義利觀;内聖外王、修德立政,德本刑輔、先教後刑,勤政愛民、整肅吏治的德治思想;傳道濟民、成就人才,儒學經典、日用倫常,格物致知、知行互發的書院道德教育。⑥ 湯寬新亦指出張栻倫理思想的理論基礎是太極、理、性及心,内容包括義利思想、道德修養與道德教育思想。⑦ 吴亞楠討論了張栻理欲觀的三個層次。⑧ 鮑希福、張卉對比了張栻、朱熹的心性論。⑨ 成中英比較了朱熹與張栻的論學,討論了"性體情用心統"與"性體心用"導向心之九義。⑩

---

① 賴尚清:《朱子與張栻"〈仁説〉之辯"書信序次詳考》,《廈門大學學報(哲學社會科學版)》2014年第4期;洪明超:《朱子與湖湘學派辯"觀過知仁"諸書次序年代考》,《朱子學研究》2019年第2期。
② 許家星:《朱子、張栻"仁説"辨析》,《中國哲學史》2011年第4期。
③ 謝桃坊:《論學辯難,窮理致知——試析張栻與朱熹關於理學觀念的討論》,《天府新論》2019年第6期。
④ 王麗梅:《"己丑之悟"新考:張栻晚期工夫論》,《求索》2006年第4期。
⑤ 文碧方、洪明超:《張栻早期、中期與晚期工夫論之演變》,《湖南大學學報(社會科學版)》2019年第4期。
⑥ 何英旋:《張栻倫理思想研究》,中南大學碩士學位論文,2008年。
⑦ 湯寬新:《張栻倫理思想研究》,湖南師範大學碩士學位論文,2009年。
⑧ 吴亞楠:《從重"欲"到"無爲而治"——張栻理欲觀的三個層次》,《孔子研究》2019年第4期。
⑨ 鮑希福:《張栻朱熹論心性》,《中國哲學史》1993年第2期;張卉:《張栻對朱熹心性論的影響》,《四川師範大學學報(社會科學版)》2013年第6期。
⑩ 成中英:《朱熹與張栻的論學:性體情用心統與性體心用導向心之九義》,《四川師範大學學報(社會科學版)》2014年第3期。

佛教在宋代影響廣泛，學人在面對佛學衝擊之時，往往要對其展開評論。在張栻著作中，也有一些關於佛教的論述。王煜著眼于頗有師承淵源的胡宏、張栻與魏了翁三人對佛教的看法，分別作了簡要的考論，認爲三人懷抱民族主義捍衛儒學，批判佛教。① 游彪認爲，張栻的儒學思想體系中包含著濃厚的佛學色彩；張栻把"實理"與"空寂"的根本對立看成儒家與佛教之間的最大差別，而唯有儒學之"實理"才是萬物之本，是顛撲不破的真理。② 李承貴梳理了張栻對佛教的評説和觀點，對張栻的排佛主張作了總結，指出張栻主張通過"反經"與"固本"來達到振興儒學、抑制佛教危害。③ 葉文舉認爲，張栻對佛學持徹底否定態度；張栻的佛學觀建立在儒釋比較分析的基礎上，並以自身理學中的"仁説""格物致知""居敬主一"等思想消解釋氏，目的在於維護儒學的正統地位，抵制釋氏對儒學的侵入。④ 劉學智著眼于宋代理學視域下以張栻爲代表的理學家對佛教的批判，如從立本虛實、心性與理欲以及修養工夫等方面，深入辨析儒佛之異，這些批判反映出了張栻崇儒與反佛立場的堅定性。⑤ 蔡方鹿、胡長海探討了張栻的"異端"觀，⑥認爲張栻以性爲本體，以儒家人倫道德及其政治治理的根本原則爲標準來界定佛老、楊墨、詞章之學、霸道之學爲"異端"，並對其進行批判以維護儒家正統學説，指出佛教理論虛妄不真，楊墨之學偏離仁義，詞章之學、霸道政治走向功利，這些反映出湖湘學派的價值和評判標準：即重視經世致用，強調對儒家倫理的躬行踐履。

張栻的道統思想，近年亦受學者關注。胡傑發現陳平甫在與張栻交流中提出"道統"的時間是在1172—1173年間，比朱熹在1179年提出道統的時間更早。⑦ 趙聊、毛麗婭對張栻的道統思想做了探討。⑧ 此外，舒大剛以"孝悌"

---

① 王煜：《胡宏、張栻與魏了翁對佛教的批判》，《湖南大學社會科學學報》1992年第1期；並刊於《天府新論》1992年第2期。
② 游彪：《張栻非佛芻議》，《天府新論》1992年第2期。
③ 李承貴：《張栻佛教觀探微》，《四川師範大學學報（社會科學版）》2007年第3期。
④ 葉文舉：《張栻佛學觀考述——兼論張栻眼中的儒、釋差別》，《湖南第一師範學院學報》2010年第1期。
⑤ 劉學智：《張栻"儒佛之辨"芻議》，《湖南大學學報（社會科學版）》2014年第1期。
⑥ 蔡方鹿、胡長海：《張栻"異端"觀研究》，《湖南大學學報（社會科學版）》2014年第1期。
⑦ 胡傑、馮和一：《張栻經學與理學探析》，成都：巴蜀書社，2015年。
⑧ 趙聊：《張栻道統思想探析》，《船山學刊》2020年第5期；毛麗婭：《張栻的道統思想及其對儒家道統傳承的貢獻》，《中國哲學史》2021年第1期。

爲主題，對《宋元學案》未能詳細論述的張栻孝悌思想作了歸納。① 胡長海討論了張栻的宗族思想。② 郭齊總論張栻學術，認爲張栻學術傳承自胡宏而直接周、程，具有篤守有餘而發明不足、略本體而詳功夫、純宋學而鄙漢唐、寬厚而少批評、穩定而少變化的特點。③

三、經學・史學・文藝

張栻的學術思想植根於六經，他在經學上也有不少著述，傳世的尚有《南軒易說》《論語解》《孟子說》等。蔡方鹿對張栻經學與理學的關係做了深入研究，認爲張栻站在宋代義理之學的立場，批評漢學流弊，提出治經而興發義理的思想，認爲"《易》之書所以載道"，解讀《論語》以求道，著《孟子說》，展開對義理的闡發。張栻以經學義理爲基礎，提出自己的理論，促進了理學的發展。④

關於張栻的易學，金生楊《張栻〈南軒易說〉考辨》從書名、篇卷、内容等研究入手，對張栻《南軒易說》作了細緻辨析。⑤ 李秋麗認爲，張栻易學思想既有義理易特色，也有象數易内容。不過較之於程頤、邵雍、朱熹等人的易學思想，顯得不是特別精緻，最終也沒有得到很好的繼承和發揚。⑥ 蔡方鹿認爲張栻易學的基本構架是以太極爲宇宙本體，太極函天、地、人三才之道，陰陽作爲天地之道，乃形而上者，非形而下，這是張栻與程朱等理學家的不同之處，體現了張栻易學的特點。張栻提出器先道後說，這也是其易學的突出特點。⑦

張栻的《南軒詩說》已經失傳，但現存著述中仍有不少有關《詩經》的論述。

---

① 舒大剛：《南軒"孝悌"學案》，《宋代文化研究》2014年第1期。
② 胡長海：《張栻宗族思想探析》，《宜賓學院學報》2016年第4期。
③ 郭齊：《張栻學術的幾個特點》，徐希平主編：《長江流域區域文化的交融與發展——第二屆巴蜀・湖湘文化論壇論文集》，成都：四川大學出版社，2014年。
④ 蔡方鹿：《張栻經學探析》，《四川大學學報（哲學社會科學版）》2007年第5期。另蔡方鹿《中國經學與宋明理學研究》（北京：人民出版社，2011年）一書亦有專章論述張栻經學與理學。
⑤ 金生楊：《張栻〈南軒易說〉考辨》，蔡方鹿、舒大剛主編：《儒家德治思想探討》，北京：綫裝書局，2003年，第601頁。另外金生楊《宋代巴蜀易學研究》（成都：四川大學出版社，2008年）第三章"二程儒理易學在巴蜀的進一步發展"中第二、三節將張浚、張栻父子二人的易學成就置於理學入蜀的學術史中進行了考辨分析。
⑥ 李秋麗：《張栻易學思想初探》，《東嶽論叢》2006年第2期。
⑦ 蔡方鹿：《張栻易學之特色》，《西南民族大學學報（人文社科版）》2007年第6期。

葉文舉認爲張栻作爲湖湘學派代表人物，主張解詩"其事異故其情異，其情異故其辭異"，既具有理學特色，也能擺脫理學思想的約束，對《詩經》的文學因素能夠有所挖掘。①

關於張栻的禮學，殷慧、郭超《傳道、濟民、修己——張栻禮學思想析論》(2015)②從以理論禮、以禮爲學、以禮爲教三個層面作了論述。

對張栻《四書》學研究，肖永明認爲《四書》是張栻思想學術體系建構的重要思想資源與學術依託，通過對《四書》思想資料的闡釋、發揮、利用，張栻建構了其本體論、人性論、義利觀、理欲觀、道德修養論。③ 胡傑、馮和一《張栻經學與理學探析》④亦有專章論述了張栻的《四書》學。

關於張栻《論語解》，肖永明認爲張栻對《論語》進行了創造性闡釋，表現出專注於闡發義理、追求義理連貫和意義圓通的特色。⑤ 唐明貴認爲張栻將《論語》視爲學術思想體系建構的重要思想資源，其本體論、仁學思想、人性論、工夫論、知行觀、義利觀的建構，都與對《論語》思想資料的闡釋、發揮、利用緊密聯繫在一起。⑥ 甘祥滿舉《論語》"性與天道"三家說，經對比分析認爲陳祥道、楊時與張栻的觀點近似，但在理論基礎和深度上，張栻之說仍不如陳、楊。⑦ 張琴從張栻之說，認爲《論語》"誠不以富，亦祇以異"非錯簡說。⑧ 陳良中對朱、張解經做了比較。⑨ 許家星通過比對《論語解》癸巳初本和淳熙改本，討論朱、張思想異同及理學演變。⑩

---

① 葉文舉：《張栻的〈詩經〉研究及其詩學思想》，《船山學刊》2014 年第 3 期。
② 殷慧、郭超：《傳道、濟民、修己——張栻禮學思想析論》，《湖南大學學報（社會科學版）》2015 年第 6 期。
③ 肖永明：《張栻之學與〈四書〉》，《船山學刊》2002 年第 3 期。
④ 胡傑、馮和一：《張栻經學與理學探析》，成都：巴蜀書社，2015 年。
⑤ 肖永明：《張栻〈論語解〉的學風旨趣與思想意蘊》，《湖南大學學報（社會科學版）》2011 年第 5 期。
⑥ 唐明貴：《張栻〈論語解〉的理學特色》，《哲學動態》2010 年第 8 期。
⑦ 甘祥滿：《〈論語〉"性與天道"章疏證》，《中國哲學史》2012 年第 3 期。
⑧ 張琴：《〈論語〉"誠不以富，亦祇以異"非錯簡說》，《蘇州大學學報（哲學社會科學版）》2014 年第 3 期。
⑨ 陳良中：《張栻與朱子解經異同考論：以〈癸巳論語解〉爲例》，蔡方鹿主編：《張栻與理學》，北京：人民出版社，2015 年。
⑩ 許家星：《朱、張思想異同及理學演變——〈癸巳論語說〉之辯與〈四庫提要〉之誤》，《哲學研究》2018 年第 8 期；《〈南軒先生論語解〉補校——兼論癸巳初本與淳熙改本之別》，《北京大學中國古文獻研究中心集刊》第 21 輯，北京：北京大學出版社，2020 年。

《孟子説》也是張栻的代表著作。何兆泉、胡曉静認爲張栻《孟子説》在義利之辨、王霸之辨、心性論等各方面均有發明創獲，不能簡單地認爲張栻歸於朱熹或張栻轉向朱熹，反映出與朱熹思想的具體差異。① 郭美華認爲張栻對孟子道德哲學的理解，突出了整體性和力行兩個方面，强調本心是源初綻放與覺悟的統一，避免了生物主義和理智主義的抽象。②

對張栻《中庸》思想的研究，汪楠有《胡宏論"中"與"性"——兼論朱熹與張栻的立場》和《張栻論"中"與"性"》二文分别對胡宏及張栻中庸思想作了考辨。③ 張守慧從君子的嚴以律己、君子與仁、君子與德、君子與居敬、君子與道、君子與理、君子與義利之辨、君子言行與對人等方面分析了張栻的君子觀。④

關於張栻的史學思想，蔡東洲細緻梳理了張栻史學論著三種、史論二十四條，從"以義利之辨爲史論尺度""以正統觀點爲史法核心""以經世資治爲治史目的"三方面對張栻史學思想作了系統歸納。⑤ 馬旭輝認爲張栻的史論具有明顯的理學化特徵，强調講學明道，申嚴義利之辨，解説人臣之義，論人事無不貫穿著儒學義理。⑥ 范立舟從兩宋理學家整體的宏觀角度，認爲張栻承繼二程，史學思想以求理爲目的，體現了史學經世資治的功用。⑦ 孫立堯從理欲與義利、論人（天資與學問）、論"誠"三方面對張栻"以心論史"的傾向與價值做了具體分析。⑧ 曹鵬程著眼于宋代義理史學産生與發展的大背景，對於理學家以經御史、以理闡史、重義輕利的史學觀作了分析。他認爲張栻以"天資"和"學問"兩個尺度評騭歷史人物，這些特點，或引領風氣，或推波助瀾，堪稱彼時史學思潮流變的時代標杆。⑨

---

① 何兆泉、胡曉静：《張栻〈孟子説〉及其思想探析》，《求索》2011年第6期。
② 郭美華：《無蔽之心與善的意藴——論張栻〈癸巳孟子説〉對孟子道德哲學的詮釋》，《社會科學》2014年第3期。
③ 汪楠：《胡宏論"中"與"性"——兼論朱熹與張栻的立場》，《武陵學刊》2018年第6期（總第43期）；《張栻論"中"與"性"》，《中華文化論壇》2018年第9期。
④ 張守慧：《張栻君子觀之探析》，《西南農業大學學報（社會科學版）》2012年第5期。
⑤ 蔡東洲：《試論張栻的史學思想》，《天府新論》1992年第2期。
⑥ 馬旭輝：《張栻的理學化史論》，《河北北方學院學報》2007年第3期。
⑦ 范立舟：《論兩宋理學家的歷史哲學》，《哲學研究》2008年第2期。
⑧ 孫立堯：《張栻以心論史説》，《中國文化研究》2012年第3期。
⑨ 曹鵬程：《歷史事實的重建與詮釋：宋代義理史學再認識》，《史學月刊》2014年第12期；《張栻的史學思想》，《中華文化論壇》2017年第1期。

張栻不僅在理學領域建樹頗豐，其文學成就也受學界關注。寧淑華出版《南宋湖湘學派的文學研究》①，在介紹南宋湖湘學派的文學成就時詳細論述了張栻文學思想，認爲是理學家文學觀和教育家文學觀的合一，持"文妨於道"思想，論文尚平和之氣，強調含蓄有味，其作品以論學爲主，表現出"知道而健于文"特色，文風和平含蓄。

　　張栻理學對其文學思想與創作有很大的影響。馮偉認爲理學大家兼詩人張栻詩雅正、無邪，其理氣詩風格平實又不失高遠，將"哲學詩化"，繼承、發展了邵雍的理氣詩，深遠地影響了後代的理學詩人。② 石明慶認爲在文道關係上，張栻主張斯道即是斯文，重視詩文的教化世用；主張以心性修養提升詩文品格，用"學者之詩"概括理學體詩以及吟風弄月的詩情與平淡閑遠的詩歌審美理想特色。③ 王利民、陶俊考察了張栻提出"學者之詩"的時代背景與理學根源，認爲張栻用"學者之詩"干預和提升詩歌實際上取得了很大成績，對"學者之詩"的歷史功績應該辯證地看待。④ 王利民、陶文鵬、周君燕、戴嬋考論了張栻的詞賦，並結合張栻理學思想闡述其文學觀念和審美趣味。⑤

　　鄧田田對朱、張同遊衡山所結《南嶽倡酬集》中顯露出的理學精神、哲理神思作了細緻分析，認爲朱、張等人對"孔顏之樂""曾點氣象"的推崇表現在四個方面，于此可見朱、張既有共同的理學修養，又體現出不同的旨趣與追求。⑥ 張長元認爲學界對《南嶽倡酬集》古藏本及集中詩之真僞、倡酬詩內涵與風格多有研究，但將"南嶽唱酬"作爲一種社會活動則鮮有考察。作者認爲，"南嶽唱酬"是南嶽旅遊史上的一次壯舉；"南嶽唱酬"是"心性之學"討論的詩意表達；

---

① 寧淑華：《南宋湖湘學派的文學研究》，長沙：湖南人民出版社，2009 年。
② 馮偉：《張南軒理氣詩論》，《中國韻文學刊》2003 年第 1 期。
③ 石明慶：《理學詩論與南宋詩學》，南開大學博士學位論文，2003 年。
④ 陶俊：《從張栻"學者之詩"看理學對詩歌的積極影響》，《廣州大學學報（社會科學版）》2010 年第 2 期。
⑤ 王利民、陶文鵬：《杞菊之眷·遂初之求·舞雩之風——簡析張栻辭賦的哲理內涵》，《船山學刊》2009 年第 2 期；周君燕：《論張栻的辭賦創作》，《齊齊哈爾大學學報（哲學社會科學版）》2014 年第 1 期；戴嬋：《一代儒宗張栻辭賦創作探賾》，《貴州師範學院學報》2020 年第 1 期。
⑥ 鄧田田：《〈南嶽倡酬集〉與"曾點氣象"》，《求索》2014 年第 12 期。

"南嶽唱酬"中朱、張的"禁詩之約"值得關注。① 譚清洋以《南嶽倡酬集》爲著眼點,分析了山水文與山水詩在敘述同一活動時的不同特點,還對理學家面對優美山水時想要作詩却唯恐玩物喪志的糾結複雜心態作了論述。②

彭敏以宋詩中筍意象爲研究對象,從張栻與張孝祥"筍脯"典故入手,對唐宋人生活及文學、思想作了對比分析,探究了現象背後的文化意義。③ 楊玉静、郝繼東著眼于張栻的散文作品,認爲張栻理學思想中"居敬主一"的工夫論對其散文在語言内容、表達方式、主旨情懷等方面產生了深遠影響,具體表現爲文字簡明、表達内斂、關懷現實,形成了精約自然又充滿人文氣息的散文風格。④ 另有學者分析張栻文學與地域的關聯。如王友勝指出,張栻通過交遊活動,對湖湘詩人聲名的提高、對湖湘文學景觀的形塑、對湖湘文化的發掘與弘揚都起到了重要推動作用。⑤ 杜海軍論及張栻在爲官桂林時的文學創作,從詩和文兩方面簡要評價張栻在文學上的貢獻。⑥

關於張栻的書法,楊萬里認爲張栻的書法思想體系是圍繞"學者"滋味進行構建的,追求一種"學者之書"的書美理想,將傳統書法家側重筆墨藝術層面轉移到主體修養層面,更重視書體本身和書帖内容所發溢出來的有關主體之學問義理、儒家倫理道德與心性存養工夫等方面的"學者"滋味。作者還認爲,張栻爲理學家建立了一套完整的書法評價體系,也爲理學書法美學範式的確立奠定了基礎。⑦ 嚴豔文對桂林現存《論語·問政》碑的藝術風格與淵源作了分析,並對比張栻與范成大楷書風格,認爲張栻書法有不隨波逐流的特點,最能代表當時楷書水準。⑧ 曲斌注意到張栻對蔡襄書法的評論中承二程思想而

---

① 張長元:《"南嶽唱酬"另面觀》,《船山學刊》2019年第4期。
② 譚清洋:《從〈南嶽唱酬集〉看理學家的山水記遊》,《南華大學學報(社會科學版)》2019年第6期。
③ 彭敏:《宋詩中筍意象的形成——從乾道年間長沙士人的筍詩唱和説起》,《中國韻文學刊》2019年第2期。
④ 楊玉静、郝繼東:《張栻"居敬主一"的主張及對其散文創作的影響》,《三明學院學報》2020年第1期。
⑤ 王友勝:《張栻湖湘詩中的文學交遊與景觀形塑》,《中華文化論壇》2020年第2期。
⑥ 杜海軍:《張栻的入桂與文學創作》,《東方叢刊》2007年第3期。
⑦ 楊萬里:《"學者"滋味與張栻書法思想體系構建》,《内蒙古大學學報(哲學社會科學版)》2015年第1期。
⑧ 嚴豔文:《張栻楷書碑刻〈論語問政〉研究》,《美與時代》(中)2016年第2期。

來的"主敬"特色。① 馬一博從書法藝術的專業角度,細緻考證了張栻在桂林的六件摩崖石刻,認爲張栻書法具有以書傳道的特點。②

四、實學・政治・教育

張栻出身於一個政治世家,其父張浚爲南宋名臣,出將入相,事功卓著。張栻本人也曾出入朝廷,獻可替否。後來又歷任要藩,治績顯著。十數年間,張栻一方面與朱熹、吕祖謙等討論學術,共同發揚光大理學,另一方面在政治上也頗有建樹。作爲一位儒家學者,張栻對孔孟的治國理政思想深信不疑,並將其貫穿于自己治國理政的實踐之中。他在自身的理論建構中,也深入思考了治道與治術問題,闡發政治哲學思想。

蔡方鹿總結張栻的經世思想及其當代價值,認爲張栻在對佛老的批判中,提出經世致用和求實、求理的實學思想。張栻思想中合理的精華對當下現實具有五點借鑒意義:集衆家之長的特點,有利於促進學術的發展;重民思想、愛國主義有利於弘揚中華民族精神;知行統一的思想,有利於推進理論與實踐相結合;重視教育的思想,可爲當前發展教育事業提借借鑒;注重道德教化的思想,有利於精神文明建設。他還給我們以反對形式主義、官僚主義、享樂主義、奢靡之風的啓示。③ 向世陵認爲,張栻繼承了二程以理爲"實理"的觀點,並從哲學上對理的實在性作了說明。④ 王麗梅探討了張栻爲官廣西期間的經世活動的史實及其意義。⑤ 何英旋、吕錫琛認爲張栻繼承並發展了儒家德治思想,進一步揭示了政治和道德的密切關係。⑥ 田萌萌則從政治背景出發,分析

---

① 曲斌:《試析宋人評蔡襄書法的向度及原因》,《中國書法》2019 年第 22 期。
② 馬一博:《張栻桂林摩崖石刻書法考略》,《中國書法》2020 年第 5 期。
③ 蔡方鹿:《張栻思想對現實的借鑒意義》,《天府新論》1992 年第 2 期;《張栻的經世致用思想探討》,《船山學刊》2014 年第 1 期。
④ 向世陵:《張栻"實"學淺論》,《天府新論》1992 年第 2 期。
⑤ 王麗梅:《經世致用的詮釋與實踐——論南宋重臣張栻的經世活動》,《社會科學家》2006 年第 3 期。
⑥ 何英旋、吕錫琛:《論張栻德治思想》,《船山學刊》2008 年第 2 期。

了張栻對知行關係的認知。① 陳寒鳴、劉偉認爲，張栻的社會治理思想，肇始於"富民"，沉潛於"以善養民"，通達於"仁民愛物"，發皇於"仁者宜在高位"，根植於規矩意識，成就於"治天下之道"。② 楊世文認爲，張栻的政治哲學，以"天理""天道"爲治道的本體依據，以"格君心之非"爲治道的大本大原，把"正己修身"作爲政治的起點，把"德刑"二柄作爲王道政治的兩面。在治術上，提倡"儒者之政"，主張寬民節用、勤政愛民、德才兼備、知人善任。天道與人道貫通，治道與治術該洽，有體有用，有本有末。張栻在繼承儒家傳統政治理論的同時，又將理學元素融入其中，不乏創新性論述。③

張栻長期從事教育活動，先後在嶽麓書院、城南書院主講，具有非常豐富的教學實踐經驗，不僅培養了大量人才，而且也形成了自己的教育理念和教育思想。民國時期著名教育家、妙高峰中學校長方克剛《南軒先生教育主旨》(1937)一文認爲張栻是"哲學家兼教育家"，並從教育學的角度對張栻哲學中蘊含的教育思想成分作了分析。方克剛認爲南軒之學窮理盡性，以明辨義利爲主，以躬行實踐爲本，其教育主旨有五：注重自覺、躬行實踐、情感教育、自由批評、平民教育。此五者"與近代教育思潮多相類似"。

蔡方鹿考證了張栻主教嶽麓書院的經過及其相關會講活動，辨析了張栻的教育思想（地位、目的、方法），並對張栻教育活動的特色和影響作了說明，認爲張栻主教嶽麓書院是其一生中的重大活動，他以書院爲基地，教學授徒、著書立説，傳播愛國主義精神和重行惟實的思想；在同朱熹的辯學中發展了理學，對促進湖南、四川乃至全國文化、學術、教育的發展，做出了卓越貢獻。④ 朱漢民對張栻教育思想理論基礎、教育目的、教學内容、教育形式與方法等作了做了總體性論説。⑤ 王麗梅認爲張栻教育思想體現在：提出"傳道濟民"的教育宗旨，以儒家經典和天下萬事萬物作爲學習的主要内容，採取了靈活多樣、

---

① 田萌萌：《論幕府背景下張栻"致用"之學的"知"與"行"》，《新亞論叢》2017 年 12 月，第 239—249 頁。
② 陳寒鳴、劉偉：《張栻社會治理思想的歷史意藴》，《國際儒學論叢》2018 年第 2 期。
③ 楊世文：《道術之間：張栻的政治哲學》，《宋代文化研究》第 25 輯，成都：四川大學出版社，2019 年。
④ 蔡方鹿：《張栻與嶽麓書院》，《社會科學研究》1991 年第 4 期；《張栻與嶽麓書院》，《孔孟月刊》1991 年 3 月，第 25—31 頁。
⑤ 朱漢民：《論張栻的教育哲學》，《天府新論》1992 年第 2 期。

豐富多彩的教學方法，培養了學生的獨立性和創造性。① 李紹先、袁能先分析認爲，張栻的人才思想具有濃烈的愛國性、人民性、倫理性和現實性，反映了張栻治國救世的政治思想。② 沈清華認爲，通過心性論，張栻實現了從宇宙論到教育論的過渡，爲其教育思想提供了堅實的理論基礎。③ 黃賜英認爲張栻將教育新理念注入嶽麓，無論在辦學方針和指導思想上，還是在教育內容和教學方法上，都不同於以往的書院教育。會講制度由張栻首創，是一種把學術活動和教學活動相結合的典型模式。④ 顧婭娣對張栻學習心理思想作了分析論説。⑤ 何英旋、吕錫琛對張栻理學思想在書院教育中所形成的德育理論作了分析。⑥ 孫海林認爲張栻創建城南書院並擔任院長的八年是其成爲哲學家、教育家，位居"東南三賢"，揚名天下的重要時期，城南書院也因此成爲湖湘文化的重要教育、學術基地。⑦ 劉哲明、朱與墨指出張栻在城南書院的八年教育實踐，形成了性善論的教育思想，確立了傳道濟民的人才培養目標，積累了豐富的教學和治學方法，積澱了城南書院教育圭臬，歷經千年，被湖南一師早期師範教育傳承發揚，在其師範教育中產生了重要影響，使得湖南一師培育了陳天華、方維夏、毛澤東、蔡和森、何叔衡、李維漢等革命志士和文化名人。⑧ 楊世文認爲，張栻的教育思想植根於儒家傳統，表現出鮮明的理學色彩。張栻的明倫教育理念，提倡仁智並重，而以"成才善俗"爲最終目標，將教育的本質落實在人的發展、社會的和諧，豐富了儒家教育思想寶庫，也可爲當今教育提供一些借鑑。⑨

對於張栻教育思想研究，以張建東《傳道濟民：名于一世的教育家張栻》⑩、《理學家張栻的教育生活研究》⑪二書最爲系統，作者借鑑社會史、生活

---

① 王麗梅：《論張栻的教育思想》，《江蘇社會科學》2006年教育文化版。
② 李紹先、袁能先：《張栻人才思想初探》，《天府新論》1992年第2期。
③ 沈清華：《張栻教育哲學的心性論》，《江西教育科研》1995年第2期。
④ 黃賜英：《張栻主教嶽麓啓示略談》，《船山學刊》2002年第4期。
⑤ 顧婭娣：《張栻的學習心理思想研究》，《船山學刊》2003年第1期。
⑥ 何英旋、吕錫琛：《張栻的書院道德教育》，《湖湘論壇》2008年第6期。
⑦ 孫海林：《張栻與城南書院研究》，《湖南第一師範學報》2005年第1期。
⑧ 劉哲明、朱與墨：《張栻的書院教育思想及其傳承》，《船山學刊》2009年第3期。
⑨ 楊世文：《張栻教育哲學論略——以明倫教育爲核心》，《江蘇科技大學學報（社會科學版）》2018年第4期。
⑩ 張建東：《傳道濟民：名于一世的教育家張栻》，北京：中國社會科學出版社，2016年。
⑪ 張建東：《理學家張栻的教育生活研究》，太原：山西人民出版社，2020年。

史、身體史、心態史等相關理論，對張栻教育思想和實踐及其意義作了深入分析。

五、淵源·學派·傳承

張栻作爲一位有巨大影響的理學家，其學術思想淵源于周、程，並通過與同時代學人朱熹、呂祖謙等的交往與商論，形成自身學術特色；通過書院講學，吸收門人弟子，形成學派。其學說通過友朋、門人、弟子，傳佈四方，而以湘、蜀爲重鎮。學人對此研究成果亦有不少。

1. 張栻的學術淵源

張栻與周敦頤。王麗梅系統分析了張栻與周敦頤的關係，主要有兩個方面：一是周的思想對張栻產生了深刻的影響，成爲張栻思想的重要來源；二是張栻對周思想與學術的肯定與推重，使周在中國思想史上的影響達到了無以復加的至尊地位。① 周建剛則具體分析了張栻對周敦頤之學發掘的兩個主要方面的貢獻：一是對周"道統"地位的強調；二是撰《太極解義》，從"太極爲性"的角度詮釋周的思想。②

張栻與二程。汪楠認爲，張栻對程顥"不容說"論做出新的解釋，進一步明確了湖湘學派（胡宏）的性體立場（性本論）。③

張栻師承胡宏，上接二程，故其學與胡宏關係甚爲密切，學人對此學脈研究較多，大體有二說：一是認爲張栻師從胡宏，思想具有很強的傳承性；④ 二是認爲張栻與胡宏師生緣淺，故總體上所受影響不大。⑤ 甚至有學者認爲張栻是

---

① 王麗梅：《論張栻與周敦頤的關係》，《鵝湖月刊》2003年總第336期；《張栻對周敦頤的肯定與推崇》，《船山學刊》2006年第2期；《周敦頤理學宗主地位的確立——張栻在周敦頤理學宗主地位確立過程中之作用與意義》，《哲學與文化》2009年第11期。
② 周建剛：《張栻對周敦頤之學的繼承與發展》，《求索》2016年第11期。
③ 汪楠：《二程對孟子性善說的不同理解——兼論張栻與朱熹的立場》，《甘肅理論學刊》2018年第4期。
④ 曾亦：《張南軒與胡五峰之異同及其學術之演變》，《湖南大學學報（社會科學版）》2009年第6期；郭齊：《胡宏性本體論對張栻的影響》，《船山學刊》2014年第1期；鍾雅瓊：《張栻對胡宏思想的傳承及調整》，《孔子研究》2014年第3期。
⑤ 郭齊：《張栻學術的幾個特點》，徐希平主編：《長江流域區域文化的交融與發展——第二屆巴蜀·湖湘文化論壇論文集》，成都：四川大學出版社，2014年。

胡宏的"不肖弟子"①。另外蔡哲修、李瑞全等對二人師承及學術關係做了具體和考證辨析。②

2. 張栻的學術交遊

張栻與朱熹、呂祖謙交誼深厚，相互切磋，以道相期，相得益彰，這種學術互動，不僅促成了南宋學術繁榮，也對學派的形成、發展和完善起到了重要的促進作用。較早對張栻與同時代學人學術思想異同作對比分析的是民國學人何魯孫，他認爲"南軒主於一"，"東萊主于平"，"象山主于明"，"南軒之學，得於忠者多；東萊之學，得於恕者多；象山之學，不欲淺求忠恕，而邊慕一貫之深"，因此，三先生都是"以聖賢之心學爲學"，其差異只在於"淺深多寡之間而已"，而又"同中有異""異中有同"，實其理同一。③ 張天傑著眼於1130 年代，明確以張栻爲當時"東南三賢"學術天才共同體的核心，對張栻與湖湘學的傳承和發揚，張栻與朱熹、呂祖謙、薛季宣、陳傅良等交遊論學過程的考證及學術思想異同作比較分析，梳理了這個天才成群而來的年代學術史脈絡，解析了成就天才群體的原因，還原了程朱理學興盛（官學化）的歷史真相。④

張栻與朱熹。朱熹是南宋時期閩學干城，而張栻則是湖湘學派的代表，兩人結下了深厚的學術友誼。陳毅嘉認爲朱熹和張栻是"同歸而一致"的道友：一是有共同的學術背景和思想淵源，二是有相同的哲學理論構架和思想內容，三是有相同的道德修養工夫，四是有共同的倫理觀念。⑤ 鮑希福分析了張栻和朱熹討論"心性"問題的内容，認爲二人交往密切，他們在討論過程中各自獲益匪淺。⑥ 陳代湘通過梳理朱熹與張栻的三次會面，論述了二人之間的深厚友誼

---

① 參見牟宗三：《心體與性體》，第二册，臺北：正中書局 1981 年修四版，第 432—433 頁；第三册，正中書局 1981 年五版，第 324—327 頁。
② 蔡哲修：《胡五峰、張南軒與南宋湖湘學統》，《吳鳳學報》1998 年 6 月，第 280—292 頁；李瑞全：《〈知言〉之版本源流和章節考訂——並論張南軒〈知言〉序"與朱子"中和舊說"期間對五峰學之理解》，《鵝湖學志》第 48 期，2012 年 6 月，第 39—86 頁。
③ 何魯孫：《論南軒東萊象山三先生學術異同》，《潭岡鄉雜誌》1929 年第 10 卷第 2 期。
④ 張天傑：《天才是如何成群而來的——論"東南三賢"張栻與朱熹、呂祖謙等學人的交遊與學術影響》，《朱子學刊》編輯部編：《朱子學刊》2017 年第 2 期。
⑤ 陳毅嘉：《張栻與湖湘學派研究》，長沙：湖南教育出版社，1991 年。
⑥ 鮑希福：《張栻朱熹論心性》，《中國哲學史》1993 年第 2 期。

和學術交往,揭示了二人之間的學術淵源以及二人在思想發展過程中的相互影響。①

朱、張二人也有許多思想分歧。王麗梅便透過朱熹與張栻的交涉與論辯論述了張栻工夫論思想。② 徐斌成從本體之歧、中和之辯、仁之繽紛三方面比較了朱熹與張栻哲學思想的異同,並從他們的差異性中透視出思想的融合和交流,從反覆的論爭中看出理學大家的成長歷程。③ 陳代湘探討了朱熹與張栻的思想異同,相同點是:在性之善惡問題上,都認爲性爲至善,在心性關係上,都認爲心統性情或心主性情。在對仁的解釋以及涵養識察之先後問題上,二人都存在一致或相近的看法。不同點有:對太極的解釋上,朱熹認爲太極即理,張栻則認爲太極即性;對心的主宰性認識上,朱熹把心的主宰性只限於性、情,張栻則把心的主宰性放大爲對宇宙萬物的主宰。④

張栻與呂祖謙、楊萬里、周必大。任仁仁對張栻與呂祖謙現存書信進行了編年考證。⑤ 田浩對朱熹、張栻、呂祖謙三人學術交往活動作了論述。⑥ 鄭曉江對楊萬里與張浚、張栻父子關係作了考證。⑦ 鄒錦良探討了周必大、張栻二人對"知行"問題論辯,對其反映的南宋時期舊儒學與新理學之間的歧異互動做了分析。⑧

3. 張栻的學術傳承

早年僧根撰有《南軒門下湖南學者姓氏籍里表》⑨,據《宋元學案》《湖南省志》《南軒文集》《鶴林玉露》《真西山集》等史志舊著,以表格形式對湖南籍南軒

---

① 陳代湘:《朱熹與張栻的學術交往及相互影響》,《東南學術》2008 年第 6 期。
② 王麗梅:《察識與涵養相須並進——張栻與朱熹交涉論辯管窺》,《孔子研究》2006 年第 4 期。
③ 徐斌成:《試論張栻與朱熹哲學思想之歧見》,廈門大學碩士學位論文,2008 年。
④ 陳代湘:《朱熹與張栻的思想異同》,《湖湘論壇》2010 年第 1 期。
⑤ 任仁仁:《張栻與呂祖謙往來書信編年考證》,《歷史文獻研究》2015 年第 1 期。此文亦即任仁仁博士學位論文《張栻往來書信研究》之一部分。
⑥ (美)田浩(Hoyt Cleveland Tillman):《朱熹與張栻、呂祖謙互動述略》,《湖南大學學報(社會科學版)》2018 年第 1 期。
⑦ 鄭曉江:《論楊萬里的儒學思想:兼及誠齋與紫陽、南軒和象山的關係》,黃東海主編:《學者詩人楊萬里:紀念楊萬里誕辰 880 周年學術研討會論文集》,南昌:江西高校出版社,2009 年。
⑧ 鄒錦良:《"知行"之辯:周必大與張栻的學術交誼考論》,《孔子研究》2013 年第 4 期。
⑨ 僧根:《南軒門下湖南學者姓氏籍里表》,《妙高峰中學三十周年紀念冊》,出版信息不詳,1937 年,選錄第 9—10 頁。

弟子19人的姓名、字號、籍里、著作、仕宦經歷等作簡要說明。王子揚考證了張栻的學術傳承，對《二江諸儒學案》所載張栻門人弟子16人中的14位川籍弟子作了簡要梳理（尤其魏了翁），對二程學術傳播入蜀作了論説。①

胡昭曦通過對宋代蜀學的系統、整體研究②，將宋代蜀學發展劃分爲五個階段、兩大高潮和三個節點，並認爲張栻得其父蜀學之教和胡宏洛學之傳，南宋中後期南軒之學返傳回蜀，通過二江九先生和魏了翁等人的傳承與發展，大大促進了蜀學的轉型，形成了"蜀學再盛"的局面，故張栻之學是整個宋代蜀學中承前啓後的重要環節，地位隆重，影響深遠。張茂澤考證，張栻一生在蜀時間不超過兩年，但張栻之學得家學淵源爲多，且交往論學的不乏蜀中師友（如史堯弼、員興宗、崔淵等），故其雖宗二程，而終身不攻三蘇，反仰畏其"忠義之氣"。南軒之學成熟於湖湘，而未嘗不得蜀學之助力。③毛麗婭也對南軒之學返傳回蜀的傳承者"二江九先生"的學術活動作了考述。④

范立舟論述南宋乾、淳年間（1165—1189）理學學派的發展，認爲張栻提出由人道而天道，試圖從日用倫常和經世活動中獲得一種本體論，建立一種"體用該貫"的學說，對矯正二程、張載以來理學過分注重抽象哲理思辨的傾向，以及湖湘學派傳播有重要促進作用。⑤

魏了翁是張栻私淑弟子，張、魏二人學問又相近，且皆爲蜀人。蔡方鹿認爲張、魏皆重實學，二人又長期在湖湘地區活動，溝通了湘、蜀兩地的文化，使湖湘文化和巴蜀文化取長補短，共同發展，他們豐富的實學與理學思想也由此

---

① 王子揚：《張栻與南宋四川理學》，《天府新論》1992年第2期。
② 胡昭曦：《宋代蜀學的轉型》，載《慶祝鄧廣銘教授九十華誕論文集》，石家莊：河北教育出版社，1997年；《宋代蜀學的轉型與衰落》，載《宋代歷史文化研究》，北京：人民出版社，2000年。以上二文均收入胡昭曦：《宋代蜀學研究》，成都：四川人民出版社，2004年。胡昭曦還有：《南宋二江諸儒與南軒之學返傳回蜀》，《宋代文化研究》第21輯，成都：四川大學出版社，2014年；《宋代蜀學轉型的再探討》，《湖南大學學報（社會科學版）》2015年第6期；《宋代蜀學研究新識》，《中國社會科學報》2016年08月19日第005版，等等。
③ 張茂澤：《張栻與宋代蜀學》，《天府新論》1992年第2期。
④ 毛麗婭：《宋代南軒之學在蜀地的傳播——以成都"二江九先生"爲中心》，四川大學歷史文化學院編：《志苑集林》，成都：四川人民出版社，2019年。
⑤ 范立舟：《南宋乾道、淳熙年間理學傳衍述論》，《暨南學報（哲學社會科學版）》2006年第4期；范立舟、江曉梅：《論南宋乾淳之際理學的發展》，《江漢論壇》2006年第4期。

得到廣泛傳播。① 彭東煥則著眼于討論從張栻到魏了翁蜀學的傳承、轉型與繁盛。②

六、文獻・整理・考辨

20世紀前半葉，商務印書館、世界書局等出版有張栻傳記、文選之類的圖書，這或許是受民國新文化運動影響，也與張栻力主抗金收復失地，反抗外來侵略的思想相關。1913年，《中國學報・經說》刊載了《南軒易說》③。傅增湘清點清宮圖書，發現宋刊本《南軒先生集》（存卷五至三十二，凡二十八卷）④，此本《天祿琳琅書目》未著錄，傅氏《校宋本南軒先生集跋》（1928）記其版刻信息，並以蜀中翻刻本與之對校。1934年，商務印書館《四部叢刊續編》影印出版張栻《漢丞相諸葛忠武侯傳》宋刊本一冊。⑤ 另外《故宮週刊》等報刊刊發了一些張栻文集、遺物圖片，如宋本《南軒先生文集》、故宮藏張栻寫經澄泥硯等。

對張栻著述的文獻學整理是當代張栻研究走向深入的基礎，此類研究以楊世文和鄧洪波爲代表。楊世文廣泛搜集現存張栻著述，通過校勘、辨訛、增補和輯佚，首次整理完成《張栻全集》⑥，出版最早，收錄較全，此後學界研究張栻多引用此本。後來楊世文又做了大量增補和修訂，2015年由中華書局出版《張栻集》⑦，收入《理學叢書》。此外，楊世文、張勁松還輯有《南軒先生語類》⑧，撰有《張栻〈太極圖說解義〉新輯》⑨《張栻〈南軒易說〉輯佚》⑩《讀〈南軒

---

① 蔡方鹿：《張栻、魏了翁的實學思想及對湘蜀文化的溝通》，《湖南大學學報（社會科學版）》2005年第1期。
② 彭東煥：《從張栻到魏了翁——南宋中後期蜀學的轉型與繁盛》，《中華文化論壇》2017年第1期。
③ 《中國學報》1913年第4期。
④ 該殘本現藏臺北故宮博物院。1981年，該院將其收入"善本叢書"影印出版。
⑤ 佚名：《本周新書》，《申報》（上海版）1934年7月22日第22003號。
⑥ ［宋］張栻撰，楊世文、王蓉貴校點：《張栻全集》（3冊），長春：長春出版社，1999年。
⑦ ［宋］張栻撰，楊世文校點：《張栻集》（5冊），北京：中華書局，2015年。
⑧ ［宋］張栻撰，楊世文、張勁松箋注：《南軒先生語類》，成都：巴蜀書社，2021年。
⑨ 楊世文：《張栻〈太極圖說解義〉新輯》，《宋代文化研究》第19輯，成都：四川文藝出版社，2011年。
⑩ 楊世文：《張栻〈南軒易說〉輯佚》，《儒藏論壇》第6輯，成都：四川文藝出版社，2012年。

集〉劄記》①《張栻著作整理的幾個問題》②《張栻詩文編年考證》③等。鄧洪波亦經過長期研究,整理完成校點《張栻集》④,輯校《張栻年譜》⑤。

除文獻整理、輯校外,學人對張栻著述也做了不少考證工作,如侯安國《〈張南軒先生文集〉三考》⑥、沈治宏《張栻著述考》⑦、許媛婷《乾坤挪移——從〈南軒先生文集〉看書估之作偽》⑧、蘇費翔《張栻〈太極圖解〉與〈西山讀書記〉逸文》⑨、粟品孝《張栻〈太極解義〉的完整再現》⑩、顧宏義《〈南軒先生語錄〉輯佚》⑪、許家星《〈南軒先生論語解〉補校——兼論癸巳初本與淳熙改本之別》等⑫。任仁仁、顧宏義編有《張栻師友門人往還書劄彙編》⑬。這些成果為張栻研究的進一步開展打下了堅實的基礎。

結　語

綜上所述,近百年來,從時局動盪中的篳路藍縷和曲折探索中的停滯不前,到新時代文化復興中的繁榮發展,張栻研究取得了豐碩的成果。成績主要體現在:第一,對張栻歷史地位的認識漸趨客觀;第二,對張栻哲學思想的研

---

① 楊世文:《讀〈南軒集〉劄記》,《蜀學》第 8 輯,成都:巴蜀書社,2014 年。
② 楊世文:《張栻著作整理的幾個問題》,《宋代文化研究》第 21 輯,成都:四川大學出版社,2014 年。
③ 楊世文:《張栻詩文編年考證(一)》,《蜀學》第 9 輯,成都:巴蜀書社,2015 年。
④ [宋]張栻撰,鄧洪波校點:《張栻集》(2 冊),長沙:嶽麓書社,2017 年。
⑤ [清]王開琸、胡宗楙著,(日)高畑常信著,鄧洪波輯校:《張栻年譜》,北京:科學出版社,2017 年。
⑥ 侯安國:《〈張南軒先生文集〉三考》,四川大學碩士學位論文,1988 年。
⑦ 沈治宏:《張栻著述考》,《天府新論》1992 年第 2 期。
⑧ 許媛婷:《乾坤挪移——從〈南軒先生文集〉看書估之作偽》,《故宮文物月刊》2006 年 7 月,第 30—39 頁。
⑨ (德)蘇費翔:《張栻〈太極圖解〉與〈西山讀書記〉逸文》,《嘉大中文學報》2009 年 3 月,第 223—250 頁。(原為 2008 年會議論文)
⑩ 粟品孝:《張栻〈太極解義〉的完整再現》,《地方文化研究輯刊》第 6 輯,成都:巴蜀書社,2013 年。
⑪ 顧宏義:《〈南軒先生語錄〉輯佚》,《中國四庫學》第六輯,北京:中華書局,2020 年。
⑫ 許家星:《〈南軒先生論語解〉補校——兼論癸巳初本與淳熙改本之別》,《北京大學中國古文獻研究中心集刊》第 21 輯,北京:北京大學出版社,2020 年。
⑬ 任仁仁、顧宏義編撰:《張栻師友門人往還書劄彙編》,北京:中華書局,2018 年。

究日益深入；第三，對張栻生平經歷及家族的考述日益明晰；第四，張栻文獻和著作也得到了系統的整理研究。這些成績既是新時代下國家和人民對於復興傳統文化的需求使然，也得益于廣大學人的辛勤耕耘。當然，張栻研究仍有不足之處，主要表現在：第一，對張栻思想的研究還要進一步加強。現代西方學術理論對近數十年來學術發展產生了深刻的影響，如何在中國自身學術話語體系下開展張栻研究，仍需繼續探討。第二，對南軒學派研究仍需深入。如對於張栻學術思想淵源，張栻與朱熹等人學術交流互動，以及南軒後學的學術傳承問題，還有待更加系統、深入地探索。第三，張栻研究還應當更上層樓，拓展空間，還有不少工作可做，其中的一項基礎工作，是對張栻文集做深加工研究，對其傳世詩文進行編年箋注。此外編撰一部內容翔實、客觀可靠的張栻學術年譜，亦有必要。第四，對張栻與蜀學關係的研究還需要進一步開展。張栻研究應當突破單一的個人生平與學術研究，需要從更爲宏觀的視角作綜合性的探索。不僅僅研究張栻個人，更需把張栻放入他所生活的大時代，在宏觀的歷史背景下來研究張栻學術，既要窺探張栻學問大旨，又要兼及整體，從而使得相關研究進一步深化。

《宋代文化研究》稿約

《宋代文化研究》由四川大學古籍整理研究所、四川大學中華文化研究院、四川大學宋代文化研究中心共同主辦,1991年作爲"四川大學學報叢刊"第五十三輯正式創刊發行。自第二輯起,以年刊方式發行,先後由四川大學出版社、綫裝書局、巴蜀書社等擔任出版工作。本刊現爲一年兩輯,由上海古籍出版社出版發行。

本刊内容以宋代歷史、文學、哲學、文獻及宋代文化等專題研究爲主,同時歡迎《宋史》《宋會要輯稿》訂誤、校正類與《全宋文》補遺類文章。祈盼海内外學者不吝賜稿。

一、來稿須未曾在任何公開出版物或網站上發表過,既歡迎三五萬字的長文,也接受千字短論,論點新穎,字體規範,標點正確,引文無誤。文章層次一般不超過四級,用序號一、(一)、1、(1)表示。

二、來稿須提供作者簡介(包括姓名、性别、出生年、籍貫、工作單位、郵編、學位、職稱、研究方嚮、電話、電子郵件等;若爲學生,須徵求導師同意並注明導師姓名)。

三、來稿須提供200字以内的論文摘要。摘要主要説明文章的主要觀點,或選録出該文最重要及富有新意的觀點,並予以客觀呈現,不舉例證,不叙述研究過程,不做自我評價。

四、來稿須提供3~6個關鍵詞。關鍵詞是反映文章主要内容的術語,用以描述文獻資料主題,以及檢索文獻資料情報搜集的標準化語言詞彙。選詞以能迅速並準確地搜尋到該篇論文爲原則,如:人名、時代、作品、術語等。

五、來稿統一使用繁體字,引文標注採用當頁脚注形式,用阿拉伯圈碼數字(①②③……)統一編碼,編碼置於引文右上角。具體格式説明如下:

1. 現代專著,依著者、文獻題名、出版地、出版者、出版年、頁碼標注。

例如:皮慶生:《宋代民衆祠神信仰研究》,上海:上海古籍出版社,2020

年,第 256 頁。

2. 古籍類,依著者、文獻題名、版本、出版地、出版者、出版年、頁碼標注。

例如:〔宋〕樂史撰,王文楚等點校:《太平寰宇記》卷一三五《山南西道三‧興州》,北京:中華書局,2007 年,第 2643 頁。

〔宋〕李心傳:《建炎以來繫年要錄》卷三,建炎元年三月壬辰條,《景印文淵閣四庫全書》第 325 册,臺北:臺灣商務印書館,1986 年,第 60 頁。

〔宋〕沈與求:《沈忠敏公龜谿集》卷四《賜川陝宣撫處置使司詔》,《四部叢刊續編》影印海鹽張氏涉園藏明刊本。

3. 析出文獻,依作者、析出篇名、文集題名、卷次、出版地、出版者、出版年、頁碼標注。

例如:陳寅恪:《論唐高祖稱臣於突厥事》,收入氏著《寒柳堂集》,北京:生活‧讀書‧新知三聯書店,2001 年,第 108—121 頁。

〔宋〕辛棄疾:《論荆襄上流爲東南重地疏》,見〔明〕黃淮、楊士奇編:《歷代名臣奏議》卷三三六《禦邊》,上海:上海古籍出版社,1989 年,第 4361 頁。

4. 期刊文章,依作者、文獻題名、刊名、年期、頁碼標注。

例如:王水照:《南宋文學的時代特點與歷史定位》,《文學遺產》2010 年第 1 期。

葉舒憲:《比較文學到比較文化——後文學時代的文學研究展望》,《東方叢刊》第 3 輯,桂林:廣西師範大學出版社,1995 年,第 116 頁。

5. 報紙文章,依作者、文獻題名、報名、日期標注。

例如:周揚:《三次偉大的思想解放運動》,《人民日報》,1979 - 05 - 07。

6. 西文書名、刊名採用斜體,文章篇名用雙引號。

例如:Parrick H. Hutton,"The Role of Memory in the Historiography of the French Revolution", *History and Theory* 30(1991), 59.

7. 凡同篇文章中脚注,再次出現時可省略出版地、出版社、出版時間。

例如:皮慶生:《宋代民衆祠神信仰研究》,第 256 頁。

〔宋〕樂史:《太平寰宇記》卷一三五《山南西道三‧興州》,第 2643 頁。

六、本刊僅接受電子稿投稿,請以.doc 或.docx 格式投稿。

七、本刊對來稿實行專家匿名審稿,隨到隨審。在投稿規範和撰寫格式方面存在明顯問題的稿件,無法通過編輯部初審。凡於寄出後的兩個月內(以電子郵件發出時間爲準)未接到處理意見,作者即可自行處理;在此期限内,若因一稿多投産生不良後果,均由作者負責。

八、來稿文責自負,但本刊有權删改或作技術性處理;重大删改當與作者商量,不願删改者請注明。

九、文章一經刊用,酌付稿酬,並贈與樣刊兩册。作者之著作權使用費與稿費一次性付清。

十、根據《中華人民共和國著作權法》有關規定,凡向本刊投稿者,皆被認定遵守上述約定。

十一、來稿請發送至四川大學古籍整理研究所《宋代文化研究》編輯部。編輯部郵箱 songdaiwenhua1991@163.com,編輯部聯繫電話:028－85432427。請優先使用電子郵件聯繫。

四川大學古籍整理研究所
《宋代文化研究》編輯部